WEICHENGNIANREN JIANCHA
SHIWU CAOZUO

未成年人检察实务操作

吴 燕/著

中国检察出版社

图书在版编目（CIP）数据

未成年人检察实务操作 / 吴燕著. —北京：中国检察出版社，2021.12
ISBN 978-7-5102-2655-7

Ⅰ.①未… Ⅱ.①吴… Ⅲ.①检察机关-工作-研究-中国②青少年犯罪-研究-中国③青少年保护-研究-中国 Ⅳ.①D926.3②D669.5③D922.74

中国版本图书馆 CIP 数据核字（2021）第 223347 号

未成年人检察实务操作
吴　燕　著

责任编辑：杜英琴
技术编辑：王英英
美术编辑：曹　晓

出版发行：	中国检察出版社
社　　址：	北京市石景山区香山南路109号（100144）
网　　址：	中国检察出版社（www.zgjccbs.com）
编辑电话：	（010）86423704
发行电话：	（010）86423726　86423727　86423728
	（010）86423730　86423732
经　　销：	新华书店
印　　刷：	北京联兴盛业印刷股份有限公司
开　　本：	710 mm×960 mm　16开
印　　张：	32.5
字　　数：	595 千字
版　　次：	2021年12月第一版　2023年2月第二次印刷
书　　号：	ISBN 978-7-5102-2655-7
定　　价：	98.00 元

检察版图书，版权所有，侵权必究
如遇图书印装质量问题本社负责调换

序 一

宋英辉*

值此《未成年人检察实务操作》付梓出版之际，吴燕主任邀我作序，我欣然接受。

未成年人司法是我近年来十分感兴趣的研究领域。未成年人是社会的一个特殊群体。一方面，这个群体承载着国家和社会的希望，是人类持续发展的后备力量；另一方面，这一群体心智发育未臻健全，需要得到特殊关怀与照顾。联合国《儿童权利宣言》写道："儿童因身心尚未成熟，其在出生以前和以后均需要特殊的保护和照料，包括法律上的适当保护。"建立有别于成人司法的未成年人司法制度，已经成为国际社会的普遍共识。未成年人司法制度亦成为衡量一国文明程度的重要标志。

党和国家历来高度重视未成年人保护工作。党的十八大以来，我国未成年人司法制度建设取得了显著成效，未成年人法律体系不断健全，未成年人司法专业化程度日益提升。与域外以法院为主导的未成年人司法制度不同，在我国未成年人司法制度体系中，检察机关具有非常特殊的地位，发挥十分重要的作用。未成年人检察制度的发展完善，是我国未成年人司法制度建设的重要成果。上海是我国未成年人检察制度的发源地。1986年6月，全国首个少年起诉组在上海市长宁区人民检察院诞生，未成年人检察制度由此萌芽。35年来，长宁少年起诉组的星星之火，已成燎原之势。全国四级检察机关均已建立未成年人检察专门机

---

* 北京师范大学教授、博士生导师，未成年人检察研究中心主任，中国刑事诉讼法学研究会副会长，少年司法专业委员会主任委员，最高人民检察院专家咨询委员。

构、专业化办案组织，未成年人检察部门的职能也由单纯的刑事检察，发展为涉未成年人刑事、民事、行政、公益诉讼检察业务统一集中办理，具有中国特色的未成年人检察制度逐步发展壮大，成熟定型。

在研究工作中，我接触过很多奋战在司法办案一线的未检检察官，他们对未成年人司法理念的深入思考，对未成年人检察事业的执著追求，对未成年人司法实践的创新探索，都给我留下了深刻的印象。本书的作者吴燕，就是其中的杰出代表。吴燕现任上海市人民检察院第九检察部（未成年人检察）主任，她从事未检工作已有19年，从基层院未检部门的负责人，到省级院未检工作掌门人；从全国首届侦查监督业务竞赛第一名，到全国检察业务专家，她将多年深耕未检事业的思考与探索、创新与实践，凝练于本书之中。

纸上得来终觉浅，绝知此事要躬行。务实是本书的一大特点。本书的写作源自于未成年人检察工作的实践，立足于未成年人检察工作实践，更面向未成年人检察工作实践。全书突出问题导向，分为四个专题、二十一讲，涵盖了涉罪未成年人帮教挽救、未成年被害人全面综合保护、罪错未成年人分级处遇、未成年人司法保护社会支持等未成年人检察的核心业务，涉及未成年人独立业务类别中的刑事、民事、行政、公益诉讼等工作。每讲聚焦一个话题进行深入论述，其中既有未成年人司法的理论展开，亦有制度的发展脉络，既有检察机关的实践探索，亦有对实务困惑的积极回应，间或穿插案例、事例，写法颇有新意，读来引人入胜，也能发人深思。对于新手未检检察官来说，本书是入门指南；对于已经具备一定工作经验的未检检察官来说，本书也可以作为案头的常备工具书。

问渠哪得清如许，为有源头活水来。创新是本书的另一特色。上海检察机关一直走在未成年人检察制度创新探索的前沿，比如观护制度就是吴燕主任在担任上海市闵行区人民检察院未检部门负责人期间推动创建的。本书对近年来上海检察机关未检部门在性侵案件未成年被害人保护、社会支持体系构建、未成年人刑事、民事、公益诉讼等领域的探索实践进行了总结提炼，又结合未成年人检察工作发展的新形势、新要求，特别是聚焦于新修订的《未成年人保护法》《预防未成年人犯罪法》的贯彻落实，对未成年人保护处分、专门教育、亲职教育等新课题进行了前瞻性的思考，对于司法实践颇具启发意义。

"少年强则国强"，未成年人是实现中华民族伟大复兴的后备军。作为一名未成年人司法的研究者，我希望更多读者都够藉由此书了解未成年人检察工作，了解未成年人司法制度，且愿意投身到未成年人保护事业中。

序 二

姚建龙*

自 1986 年上海市长宁区人民检察院建立第一个未检专门机构以来，我国未成年人检察制度的发展已经走过了 35 年的历程。与少年法庭诞生不久即在全国推广不同的是，未成年人检察在很长一段时间内并未成为全国性的制度实践，而是仅在上海等个别省市寂寥成长。正是在未检制度寂寞生长的时期，我认识了吴燕，那时候她还在上海市闵行区人民检察院未检科工作，但却给我留下了深刻的印象。彼时上海未检仍是长宁区保持先发优势的阶段，在吴燕的努力下，闵行未检很快也在上海成为代表之一，社会观护等改革探索产生了广泛的影响。

2010 年，上海市检察院成立全国省级检察机关第一个未检处（当时称"未成年人刑事检察处"），樊荣庆任处长，吴燕任副处长。此后一段时期，在樊荣庆、吴燕组合带领下，上海未检在较长一段时间内保持了一枝独秀的状态。樊荣庆升任三分院专委后，吴燕众望所归地接任未检处处长之职。未检处调整为第九检察部后，吴燕继续执掌上海未检。正是在这一时期，最高人民检察院开始高度重视未检改革，2015 年设置未检办、2019 年成立第九检察厅，未成年人检察获得了突破性发展，目前已经成为全国性司法实践和检察制度的重要组成部分。

吴燕的未检生涯，见证了我国未检制度从寂寞生成到众望所归，从一枝独放走向秀木成林的过程，这样的经历弥足珍贵。她长期沉浸于未检一线，在办理大量疑难复杂案件的同时，对于未检制度的改革创新也

---

* 上海社会科学院法学研究所所长、研究员、博士生导师，中国预防青少年犯罪研究会副会长，上海市法学会未成年人法研究会会长。

贡献良多，这些实践所积累的经验对于未检同仁的借鉴意义不言而喻。所以，当吴燕告诉我她想写一本有关未成年人检察实务操作主题的书，以作为其18年未检生涯的一个总结时，我十分高兴并满怀期待。

第一时间拜读书稿的基本感受是，这本书注定会成为国内未检实务的重磅力作，也有必要成为未检人的案头办案指南。本书有以下几个特点：一是内容完整。全书共分为涉罪未成年人的帮教挽救、未成年被害人的全面综合保护、罪错未成年人的分级处遇、未成年人司法保护的社会支持四个专题、二十一讲，几乎涵盖了未检实务的所有主要方面。二是视角独特。这本书的撰写，完全是以一线未检检察官的视角且以课堂教学的模式展开，具有师傅带徒弟、手把手教未检的特点。无论是未检新兵还是老将，这本书都是不可多得的未检操作指南。三是良心巨献。这本书是吴燕18年未检心血的凝结，令我感动的是，她在这本书里将修炼18年的"武功秘籍"无私公开，这种助力未检实践发展的心胸令人感动和敬佩。

是为序。

序 三

周楚天

想给妈妈的书写序,是萌发于阅读了高晓松在给她的母亲、建筑学家张克群作的序之后。我和妈妈同为情感细腻的文科生,凡事都颇具"仪式感"。在她从事检察工作30年、未检工作18年的节点,出版了此书,是为对检察芳华的纪念。作为晚辈,我也当留下只言片语,是为一个儿子对母亲的感恩。

原以为写序和小学命题作文《我的妈妈》并无二致,可仪式感和责任感的双重压力让我的思绪变得迟缓。提笔间,思来想去却支支吾吾,千头万绪但难以成文。我忽而幡然醒悟——我对妈妈的工作了解得太少了。

我的妈妈从事未成年人检察工作。"未成年人检察",是许多人闻所未闻的术语,是我国司法领域里一片尚在开垦的润土。未成年人检察史在我国仅有短短35年,而妈妈将全部的心血都献给了未检工作。妈妈身处这段历史中,见证着中国未检事业的发展。她不曾停歇对未检业务的探索和实践,2003年探索未成年人社会观护制度、2010年创设合适保证人制度、2017年建立入职查询制度……都被新修订的《未成年人保护法》《预防未成年人犯罪法》等法律法规吸纳。这本著述中,还有许多妈妈在未检工作中考察研究的概念、课题,探讨了对未成年人的帮教、挽救、保护。这本书不仅是她的"仪式感",是她检察岁月的"答卷",更是一份给上海乃至全国未检同仁的礼物。

这些高屋建瓴的文字背后,是一个低调、努力、善良的妈妈。她热爱这份工作,是因为她不想看到正处花季的孩子们遭受伤害,想尽力扶起不慎跌倒的孩子们。建立在这份温暖、纯良之上的,是她的上进与执着。依稀记得妈妈参加上海和全国业务竞赛的那年，她备赛时挑灯夜战的背影。而今翻阅此书，每一个脚注、链接、案例，都是她一字一字输入的。她一定还有许多荣誉未曾向我提起——我想，这些都不重要了。最重要的是，她将她的精神和品质都带给了我。

于是，当我在国内获得两个学士学位，在美国取得两个硕士学位，工作后依然每天学习代码、精算、金融到凌晨两点，总能溯源至妈妈给我的示范效应。只是，从上海，到广州，再到圣地亚哥、纽约，我离她越来越远了。今年是我离开她远行的第十年。有多少个农历春节未能与她团聚，我陪伴她太少，亏欠她太多。这篇序，也饱含了我的歉意和内疚。

行文至此，当我回看序言伊始《我的妈妈》这个命题时，我有了答案。备受好评的电影《少年的你》，反映的是校园欺凌、未成年人保护等问题。我的妈妈和她的同事们夙夜匪懈于光鲜电影背后的"隐秘战线"上，甘当绿叶——她是飒爽英姿的检察官妈妈。而每次我与她视频时，她是做着家务、听我絮叨、带给我无数优秀品质的普通妈妈。我的妈妈是青少年们的"隐形守护者"，也是我的"获胜联盟"（winning coalition）。

14年前，我的妈妈以未检检察官的身份，从66名专门从事侦查监督工作的检察官中脱颖而出，获得首届"全国侦查监督十佳检察官"第一名。得知喜讯后，还是初中二年级的我给她发去一条短信："妈妈，我真为你骄傲！"

14年后，能为妈妈的书写序又让我重温了彼时的喜悦、感到了无上的光荣。谢谢妈妈，第无数次给了我做你儿子的骄傲与幸福。

妈妈，我真为你骄傲！

目 录

序 一 ·· 宋英辉 1
序 二 ·· 姚建龙 1
序 三 ·· 周楚天 1

专题一　涉罪未成年人的帮教挽救 ·· 1
　　第一讲　未成年人羁押必要性审查 ·· 3
　　第二讲　讯问未成年犯罪嫌疑人 ·· 29
　　第三讲　合适成年人到场 ·· 53
　　第四讲　社会调查 ·· 68
　　第五讲　附条件不起诉 ·· 84
　　第六讲　犯罪记录封存 ·· 112
　　第七讲　未成年人刑事执行检察 ·· 125

专题二　未成年被害人的全面综合保护 ·· 155
　　第八讲　未成年被害人的特殊保护机制 ·· 157
　　第九讲　性侵案件未成年被害人的综合保护 ·· 177
　　第十讲　监护侵害案件未成年人的综合保护 ·· 204
　　第十一讲　未成年人民事检察 ·· 224
　　第十二讲　未成年人行政检察 ·· 239
　　第十三讲　未成年人公益诉讼检察 ·· 248

专题三　罪错未成年人的分级处遇 ·· 269
　　第十四讲　罪错未成年人的分类干预 ·· 271
　　第十五讲　保护处分 ·· 282

  第十六讲 专门教育 ··· 295

专题四 未成年人司法保护的社会支持 ························· 313
  第十七讲 社会观护 ··· 315
  第十八讲 合适保证人 ·· 337
  第十九讲 家庭教育指导 ··· 353
  第二十讲 心理干预 ··· 377
  第二十一讲 司法保护转介机制 ································· 410

附 录 ··· 431
  附录一 上海检察机关未成年人刑事执行检察工作规程 ········ 433
  附录二 关于加强本市中小学校法治副校长工作的若干意见 ··· 438
  附录三 上海市检察机关未成年人民事案件办案规程 ············ 442
  附录四 上海市检察机关未成年人行政案件办案规程 ············ 456
  附录五 上海市检察机关未成年人公益诉讼案件办案规程 ······· 463
  附录六 未成年人司法社会工作服务规范 ··························· 485

参考文献 ··· 497
后 记 ··· 503

专题一　涉罪未成年人的帮教挽救

　　对涉罪未成年人应当贯彻"教育、感化、挽救"的方针和"教育为主、惩罚为辅"的原则，同时还应当坚持"少捕慎诉少羁押"的刑事司法政策，以切实保护未成年人的合法权益，为未成年人顺利回归社会铺平道路。本专题根据办理未成年人犯罪案件的特殊要求，围绕如何落实特别程序等提出具体操作建议。

第一讲 未成年人羁押必要性审查

羁押是保障刑事诉讼顺利进行的重要手段，但同时也意味着对犯罪嫌疑人、被告人人身自由的剥夺，需要通过严格的审查来平衡这两种价值。本讲所说的对未成年人的羁押必要性审查是指广义的审查，审查阶段涵盖捕前、捕中和捕后所有诉讼环节，审查原则、审查内容和审查方式等也与对成年人的羁押必要性审查有着较大区别。

一、概述

（一）概念及意义

由于未成年人身心发育处于特殊阶段，羁押带来的"染缸效应"等可能造成一系列对其个人成长极为深远的不良影响，所以无论是国际少年刑事司法准则，还是各国的刑事法律和政策，都更为强调未成年人羁押审查制度在人权保护方面的功能，提出有别于成年人的羁押条件和处遇措施。在我国，羁押直接体现为嫌疑人在看守所被剥夺人身自由的状态，而带来羁押状态的则是刑事拘留和逮捕措施。实践中，这种状态一般是从刑事拘留开始一直维持到法院裁判生效时止。

未成年人羁押必要性审查制度对涉罪未成年人的权益保障是非常重要的，因为羁押措施不但限制了未成年人的人身自由，也具备一定的预判效力，极易因为已被羁押而造成原本不应当被判处实刑而被判处实刑，此外羁押制度本身也易于造成被羁押人之间的"交叉感染"，有悖于恢复性司法理念。少年司法本身便具备宽容性更高的性质，对于未成年人，更应当以羁押为例外，以不羁押为常态。本讲阐述的羁押必要性审查涵义作广义理解，即未成年犯罪嫌疑人进入刑事诉讼程序后，检察机关对其被羁押的必要性、被羁押的时间等情况进行全面审查，并作出是否有必要予以继续羁押的相关处理决定。即便在决定适用羁押措施后，对未成年人的羁押必要性也要进行持续审查，一旦发现其不再具有继续羁押必要时，检察机关应自行决定或者建议公安机关或者人民法院变更强制措施或者予以释放。

（二）常用法律政策依据

1.《刑事诉讼法》

第95条 犯罪嫌疑人、被告人被逮捕后，人民检察院仍应当对羁押的必要性进行审查。对于不需要继续羁押的，应当建议予以释放或者变更强制措施。有关机关应当在十日以内将处理情况通知人民检察院。

第96条 人民法院、人民检察院和公安机关如果发现对犯罪嫌疑人、被告人采取强制措施不当的，应当及时撤销或者变更。公安机关释放被逮捕的人或者变更逮捕措施的，应当通知原批准的人民检察院。

第97条 犯罪嫌疑人、被告人及其法定代理人、近亲属或者辩护人有权申请变更强制措施。人民法院、人民检察院和公安机关收到申请后，应当在三日以内作出决定；不同意变更强制措施的，应当告知申请人，并说明不同意的理由。

2.《人民检察院刑事诉讼规则》（以下简称《刑诉规则》）

第575条 负责捕诉的部门依法对侦查和审判阶段的羁押必要性进行审查。经审查认为不需要继续羁押的，应当建议公安机关或者人民法院释放犯罪嫌疑人、被告人或者变更强制措施。

审查起诉阶段，负责捕诉的部门经审查认为不需要继续羁押的，应当直接释放犯罪嫌疑人或者变更强制措施。

负责刑事执行检察的部门收到有关材料或者发现不需要继续羁押的，应当及时将有关材料和意见移送负责捕诉的部门。

3.《人民检察院办理未成年人刑事案件的规定》

第21条 对未成年犯罪嫌疑人作出批准逮捕决定后，应当依法进行羁押必要性审查。对不需要继续羁押的，应当及时建议予以释放或者变更强制措施。

第22条（第3款） 未成年犯罪嫌疑人被羁押的，人民检察院应当审查是否有必要继续羁押。对不需要继续羁押的，应当予以释放或者变更强制措施。

4.《未成年人刑事检察工作指引（试行）》

第144条 人民检察院审查逮捕未成年犯罪嫌疑人，应当根据其涉嫌的犯罪事实、主观恶性、成长经历、犯罪原因以及有无监护或者社会帮教条件等，综合衡量其妨碍诉讼或者继续危害社会的可能性大小，严格限制适用逮捕措施，可捕可不捕的不捕。

对于依法批准逮捕未成年人的，应当认真做好跟踪帮教考察工作，进行羁押必要性审查，一旦发现不需要继续羁押的，及时建议公安机关释放或者变更强制措施。

二、审查阶段

(一) 刑事拘留阶段

最高人民检察院《关于对涉嫌盗窃的不满16周岁未成年人采取刑事拘留强制措施是否违法问题的批复》规定:"根据刑法、刑事诉讼法、未成年人保护法等有关法律规定,对于实施犯罪时未满16周岁的未成年人,且未犯刑法第17条第2款规定之罪的,公安机关查明犯罪嫌疑人实施犯罪时年龄确系未满16周岁依法不负刑事责任后仍予以刑事拘留的,检察机关应当及时提出纠正意见。"由此可见,检察机关在刑事拘留阶段对侦查机关刑事拘留措施的适用具有监督权,如发现不应当承担刑事责任的未成年人被公安机关刑事拘留的,检察机关应及时提出纠正意见。

【案例】检察机关纠正公安机关不当拘留

某检察院在提前介入中发现,公安机关对实施转化型抢劫(未造成重伤、死亡后果)的不满16周岁未成年犯罪嫌疑人采取刑事拘留,该院认为根据相关司法解释的规定,该名涉罪未成年人对此类犯罪不承担刑事责任,参照最高人民检察院《关于对涉嫌盗窃的不满16周岁未成年人采取刑事拘留强制措施是否违法问题的批复》,应予纠正,遂发文督促公安机关对该名未成年人解除刑事拘留并予以释放。

【案例】检察机关建议公安机关变更强制措施

2020年4月,两名未成年在校生因涉嫌诈骗被公安机关刑事拘留。检察官在提前介入时发现其中一人没有充分证据显示其帮助同伙实施诈骗,不应该继续被羁押;另一名未成年人实施诈骗的证据充分,但金额不大,并已将犯罪所得积极退赔被害人,且认罪悔罪态度较好,再犯可能性也较小。而此时全国新冠肺炎疫情趋于平稳,学校陆续开学,这两名未成年在校生如果继续被关押,将面临无法上学的情况。综合考量后,检察机关建议公安机关对其中一名犯罪证据不足的未成年人予以释放,另一名未成年人由于再犯可能性较小,无羁押必要,遂建议变更强制措施为取保候审,公安机关最终采纳了检察机关的建议。

(二) 审查逮捕阶段

依据《刑诉规则》第462条之规定,人民检察院对未成年犯罪嫌疑人审查逮捕,应当根据未成年犯罪嫌疑人涉嫌犯罪的性质、情节、主观恶性、有无监护与社会帮教条件、认罪认罚等情况,综合衡量其社会危险性,严格限制适用逮捕措施。

在审查逮捕阶段，是否对未成年人适用羁押措施，除了需要依据《刑事诉讼法》第81条关于逮捕的规定，判断是否可以对其适用一般逮捕、径行逮捕、不捕转捕等条件，同时还需要结合《刑诉规则》关于未成年人的特殊规定准确理解适用，及时掌握未成年人是否符合不捕条件，最大程度上做到"少捕慎捕"。其中，不捕的条件大致可以分为以下三类：

一是应当不捕（即绝对不捕），包括以下几种情况：（1）未达刑事责任年龄的；（2）不存在犯罪事实或者犯罪事实非其所为的；（3）情节显著轻微、危害不大，不认为是犯罪的；（4）犯罪已过追诉时效期限的；（5）经特赦令免除刑罚的；（6）依照刑法规定告诉才处理的犯罪，没有告诉或者撤回告诉的；（7）其他法律规定免予追究刑事责任的情形。

二是证据不足不捕（即存疑不捕），具体是指对于现有证据不足以证明有犯罪事实，或者不足以证明犯罪行为系未成年犯罪嫌疑人所为的，应当作出不批准逮捕决定。

三是无社会危险性不捕（即相对不捕），主要是指对于未成年犯罪嫌疑人可能被判处3年有期徒刑以下刑罚，具备有效监护条件或者社会帮教措施，不逮捕不致再危害社会和妨害诉讼正常进行的，人民检察院一般应当不批准逮捕。

此外，对于罪行较重，但主观恶性不大，有悔罪表现，具备有效监护条件或者社会帮教措施，具有下列情形之一，不逮捕不致再危害社会和妨害诉讼正常进行的，可以不批准逮捕：（1）初次犯罪、过失犯罪的；（2）犯罪预备、中止、未遂的；（3）防卫过当、避险过当的；（4）犯罪后有自首或者立功表现的；（5）犯罪后如实交待罪行，真诚悔罪，积极退赃，尽力减少和赔偿损失，与被害人达成和解的；（6）不属于共同犯罪的主犯或者集团犯罪中的首要分子的；（7）属于已满14周岁不满16周岁的未成年人或者系在校学生的；（8）身体状况不适宜羁押的；（9）系生活不能自理人的唯一扶养人的；（10）其他可以不批准逮捕的情形。

对于罪行较轻，具备有效监护条件或者社会帮教措施，没有社会危险性或者社会危险性较小，不逮捕不致妨害诉讼正常进行的，应当不批准逮捕。

依据在案证据不能认定未成年犯罪嫌疑人符合逮捕社会危险性条件的，应当要求公安机关补充相关证据，公安机关没有补充移送的，应当作出不批准逮捕的决定。

【重点提示】不批捕案件的释法说理

检察机关对于不批准逮捕的案件，应当制作不批准逮捕理由说明书，连同案卷送至公安机关，必要时也可以向被害人进行释法说理。需要注意的是，上述三种不同情况下不捕的释法说理不应同质化，而应当各有侧重。

【文书范例】

××××人民检察院
不批准逮捕理由说明书

×检未检不捕说理〔××××〕×号

×公安局×分局：

你局于×年×月×日以×公（×）提捕字〔××××〕×号文书向本院提请审查逮捕的犯罪嫌疑人毕某某涉嫌妨害信用卡管理罪一案，经审查，本院认为犯罪嫌疑人毕某某的行为已构成犯罪，但对其不可能判处有期徒刑以上刑罚，采取取保候审措施不致发生社会危险性。根据《中华人民共和国刑事诉讼法》第六十七条之规定，决定对犯罪嫌疑人毕某某不批准逮捕。现将不捕理由说明如下：

1. 犯罪嫌疑人毕某某具有法定从轻情节。犯罪嫌疑人毕某某行为涉嫌妨害信用卡管理罪，但其犯罪时是已满十六周岁不满十八周岁的未成年人，根据《中华人民共和国刑法》第十七条第一款、第四款，应当从轻或者减轻处罚。

2. 犯罪嫌疑人毕某某犯罪情节较轻。从主观方面看，毕某某买卖信用卡的目的，是为依靠自己的力量赚点钱给家人和亲属购买春节礼物，其主观恶性较小。从客观危害结果看，其非法持有的他人信用卡，已被公安机关缴获，未造成严重后果，属于罪行较轻。

3. 犯罪嫌疑人毕某某社会危险性较小。社会调查显示，毕某某系×职校在校学生，平时表现较好，乐于帮助他人，本次犯罪系初犯。其已经深刻认识到自己行为错误，认罪悔罪态度良好。

4. 犯罪嫌疑人毕某某具有良好的监护帮教条件。毕某某的父母均在本地有固定居所和工作，家庭关系和睦。案发后，其父母均表示愿意对毕某某加强监护，并配合司法机关对其进行教育。毕某某所在×职校，也愿意接纳毕某某继续就读，并配合司法机关对毕某某进行帮教。

综上所述，犯罪嫌疑人毕某某罪行较轻，具备有效监护帮教条件，社会危险性较小，不逮捕不致妨害诉讼正常进行，根据《人民检察院刑事诉讼规则》第四百六十三条第一款的规定，应当不批准逮捕。

根据《中华人民共和国刑事诉讼法》第九十二条之规定，如你局认为本院不批准逮捕决定有错误而要求复议的，应当在收到《不批准逮捕决定书》后五日内制作《要求复议意见书》，送交本院进行复议。

×× 年 × 月 × 日
（院印）

（三）捕后阶段

1. 侦查阶段的羁押必要性审查

依据《刑事诉讼法》第 95 条的规定，在未成年犯罪嫌疑人、被告人被逮捕后，检察机关仍需要开展羁押必要性审查，对不需要继续羁押的，应当建议予以释放或者变更强制措施。有关机关应当在十日以内将处理情况通知人民检察院。

【重点提示】延长侦查羁押期限属于羁押必要性审查的一种

根据《人民检察院办理延长侦查羁押期限案件的规定》第 12、13 条之规定，是否批准延押，应当重点审查罪错未成年人是否有继续羁押的必要。因此，对是否延长侦查羁押期限的审查实质上也是一种羁押必要性审查的形式。

> 【随堂问题】未成年犯罪嫌疑人不在案，对于公安机关的报捕应当怎么办？
>
> 检察机关应当根据当前的在案证据作出相关决定，有观点认为由于根据规定对未成年犯罪嫌疑人应当讯问，故不在案无法讯问，就应不捕。笔者认为，无法讯问不能作为不捕理由，因为讯问是程序要求，不是逮捕条件，不讯问无法查明是否符合逮捕条件，应存疑不捕。但特殊情况下，如取保候审期间已经讯问犯罪嫌疑人、犯罪嫌疑人脱保后报捕等情况，则可根据相关在案证据作出是否逮捕的决定。

2. 审查起诉阶段的羁押必要性审查

依据《刑诉规则》第 575 条规定，审查起诉阶段，负责捕诉的部门经审查认为不需要继续羁押的，应当直接释放犯罪嫌疑人或者变更强制措施。

在 2019 年《刑诉规则》修改前，羁押必要性审查业务归口于刑事执行检察部门，其办案模式当前也可供未检部门[①]参考。其中，主要有依申请办理和

---

① 本书所指的未检部门包含独立建制的未检部门、专门负责办理未成年人案件的办案组和专门从事未检工作的人员。

依职权办理羁押必要性审查两种路径。依据《人民检察院办理羁押必要性审查案件规定（试行）》（以下简称《羁押必要性审查规定》）第11条，对本院批准逮捕和同级人民法院决定逮捕的犯罪嫌疑人、被告人，未检部门应当依职权对羁押必要性进行初审。

相关人员也可申请检察机关办理羁押必要性审查案件，根据《羁押必要性审查规定》第7条之规定，犯罪嫌疑人、被告人及其法定代理人、近亲属、辩护人申请进行羁押必要性审查的，应当说明不需要继续羁押的理由。有相关证明材料的，应当一并提供。

此外，在办理羁押必要性审查案件时还需注意办案的时间节点，可以根据《羁押必要性审查规定》第9条、第20条、第21条的规定确定办案期限：检察机关收到羁押必要性申请的材料后，应当进行初审，并在三个工作日以内提出是否立案审查的意见。办理羁押必要性审查案件，应当在立案后十个工作日以内决定是否提出释放或者变更强制措施的建议。案件复杂的，可以延长五个工作日。经审查认为无继续羁押必要的，检察官应当报经检察长或者分管副检察长批准，以本院名义向办案机关发出释放或者变更强制措施建议书，并要求办案机关在十日以内回复处理情况。

最高检《关于贯彻执行〈人民检察院办理羁押必要性审查案件规定（试行）〉的指导意见》要求：犯罪嫌疑人、被告人被逮捕后，应当在五个工作日以内进行羁押必要性审查权利告知；对于十个工作日的办案期限的延长，也予以细化：案件复杂或者情况特殊的，经检察长或者分管副检察长批准，可以延长五个工作日。

【重点提示】开展羁押必要性审查时对同案犯的审查

依据《刑事诉讼法》第97条的规定，检察机关依申请变更羁押措施时需要在三日内作出决定，如果不同意变更措施的，也需要说明理由。同时，为保障全案的处理平衡，在对申请对象开展羁押必要性审查的同时，有必要对其同案人员开展羁押必要性审查，审查其是否也具备变更强制措施的条件。

3. 审判阶段的羁押必要性审查

《刑诉规则》第575条第1款规定：负责捕诉的部门依法对侦查和审判阶段的羁押必要性进行审查。据此，在审判阶段，如果检察机关认为未成年被告人确无羁押必要的，应当建议法院释放被告人或者变更强制措施。

但司法实践中还有一些特殊情况，比如某检察院发现当事人在审判阶段达成和解，建议法院对被告人变更强制措施，但法院答复次日就要开庭，可以根据具体情况当庭判缓刑。笔者认为，在这种情况下，如果再行变更羁押措施无疑会增加司法成本，检察机关可以考虑更改量刑建议，建议法院对被告人适用缓刑。

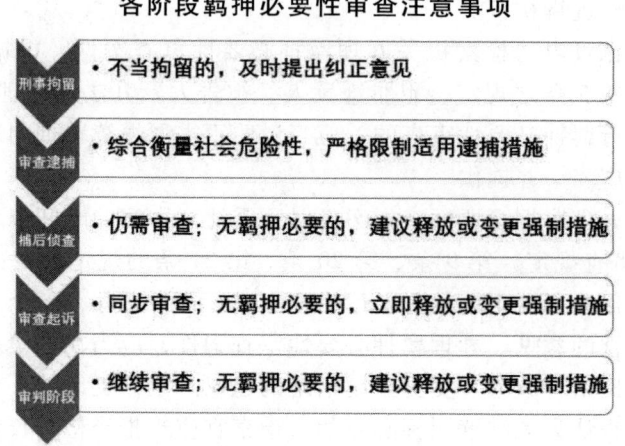

各阶段羁押必要性审查注意事项

- 刑事拘留：不当拘留的，及时提出纠正意见
- 审查逮捕：综合衡量社会危险性，严格限制适用逮捕措施
- 捕后侦查：仍需审查；无羁押必要的，建议释放或变更强制措施
- 审查起诉：同步审查；无羁押必要的，立即释放或变更强制措施
- 审判阶段：继续审查；无羁押必要的，建议释放或变更强制措施

三、审查的原则

（一）全程审查

对未成年人开展羁押必要性审查，应涵盖所有的诉讼环节，包括侦查、起诉、审判等环节，均应当开展羁押必要性审查，能不羁押的就不羁押。

（二）全面审查

办案中，需要结合案件事实与证据、未成年人的犯罪原因、监护帮教条件、认罪认罚与否、退赔谅解情况等进行综合审查，以判断未成年人有无羁押必要。全面审查的另一目的在于避免滥用逮捕权。

（三）主动审查

检察机关不仅应当在批捕、起诉环节主动开展羁押必要性审查，在侦查、审判环节也应当积极履职，对经审查认为不需要继续羁押的未成年人，应当及时建议公安、法院变更强制措施或者视情判处非监禁刑。

（四）客观审查

检察机关在进行审查时应当秉持公正客观的立场，仔细审查案件事实和证据。证据审查中需要证明以下几点：一是有证据证明发生了犯罪事实；二是有证据证明该犯罪事实是犯罪嫌疑人实施的；三是证明犯罪嫌疑人实施犯罪行为的证据已经查证属实。需要注意的是，审查逮捕阶段的证据并不一定要达到"确实、充分"的标准，只要对定罪起关键作用的证据查证属实即可。

四、审查的内容

犯罪嫌疑人、被告人是否具有社会危险性以及其社会危险性程度是否可能妨碍刑事诉讼顺利进行等情况，对检察机关审查犯罪嫌疑人、被告人是否具有羁押必要性至关重要，审查的具体内容主要包括犯罪嫌疑人是否具有《刑事诉讼法》第81条规定的情形。

（一）《刑事诉讼法》第81条第1款

《刑事诉讼法》第81条第1款将逮捕的社会危险性条件分为五种情况：（1）可能实施新的犯罪的；（2）有危害国家安全、公共安全或者社会秩序的现实危险的；（3）可能毁灭、伪造证据，干扰证人作证或者串供的；（4）可能对被害人、举报人、控告人实施打击报复的；（5）企图自杀或者逃跑的。《刑诉规则》对上述五种情况又进行了细化。

1. 可以认定为"可能实施新的犯罪"的情况：

（1）案发前或者案发后正在策划、组织或者预备实施新的犯罪的；

（2）扬言实施新的犯罪的；

（3）多次作案、连续作案、流窜作案的；

（4）一年内曾因故意实施同类违法行为受到行政处罚的；

（5）以犯罪所得为主要生活来源的；

（6）有吸毒、赌博等恶习的；

（7）其他可能实施新的犯罪的情形。

2. 可以认定为"有危害国家安全、公共安全或者社会秩序的现实危险"的情况：

（1）案发前或者案发后正在积极策划、组织或者预备实施危害国家安全、公共安全或者社会秩序的重大违法犯罪行为的；

（2）曾因危害国家安全、公共安全或者社会秩序受到刑事处罚或者行政处罚的；

（3）在危害国家安全、黑恶势力、恐怖活动、毒品犯罪中起组织、策划、指挥作用或者积极参加的；

（4）其他有危害国家安全、公共安全或者社会秩序的现实危险的情形。

3. 可以认定为"可能毁灭、伪造证据，干扰证人作证或者串供"的情况：

（1）曾经或者企图毁灭、伪造、隐匿、转移证据的；

（2）曾经或者企图威逼、恐吓、利诱、收买证人，干扰证人作证的；

（3）有同案犯罪嫌疑人或者与其在事实上存在密切关联犯罪的犯罪嫌疑人在逃，重要证据尚未收集到位的；

（4）其他可能毁灭、伪造证据，干扰证人作证或者串供的情形。

4. 可以认定为"可能对被害人、举报人、控告人实施打击报复"的情况：

（1）扬言或者准备、策划对被害人、举报人、控告人实施打击报复的；

（2）曾经对被害人、举报人、控告人实施打击、要挟、迫害等行为的；

（3）采取其他方式滋扰被害人、举报人、控告人的正常生活、工作的；

（4）其他可能对被害人、举报人、控告人实施打击报复的情形。

5. 可以认定为"企图自杀或者逃跑"的情形：

（1）着手准备自杀、自残或者逃跑的；

（2）曾经自杀、自残或者逃跑的；

（3）有自杀、自残或者逃跑的意思表示的；

（4）曾经以暴力、威胁手段抗拒抓捕的；

（5）其他企图自杀或者逃跑的情形。

（二）《刑事诉讼法》第 81 条第 2 款

《刑事诉讼法》第 81 条第 2 款规定，检察机关批准或者决定逮捕，应当将犯罪嫌疑人、被告人涉嫌犯罪的性质、情节，认罪认罚等情况，作为是否可能发生社会危险性的考虑因素。

【重点提示】认罪认罚情况应作为审查重点

除了《刑事诉讼法》81 条第 1 款列明的社会危险性条款外，犯罪嫌疑人、被告人的认罪认罚情况也是检察机关在羁押必要性审查过程中需要重点予以关注的。依据"两高三部"《关于适用认罪认罚从宽制度的指导意见》，检察机关应当将犯罪嫌疑人、被告人认罪认罚作为其是否具有社会危险性的重要考虑因素，对于罪行较轻、采用非羁押性强制措施足以防止发生《刑事诉讼法》第 81 条第 1 款规定的社会危险性的犯罪嫌疑人、被告人，根据犯罪性质及可能判处的刑罚，依法可不适用羁押性强制措施。对提请逮捕的，人民检察院认为没有社会危险性不需要逮捕的，应当作出不批准逮捕的决定。已经逮捕的犯罪嫌疑人、被告人认罪认罚的，人民法院、人民检察院应当及时审查羁押的必要性，经审查认为没有继续羁押必要的，应当变更强制措施为取保候审或者监视居住。

（三）《刑事诉讼法》第 81 条第 3 款

《刑事诉讼法》第 81 条第 3 款规定，检察机关对有证据证明有犯罪事实，可能判处10年有期徒刑以上刑罚的,或者有证据证明有犯罪事实,可能判处徒刑以上刑罚,曾经故意犯罪或者身份不明的,应当予以逮捕。

对符合上述情况的逮捕,一般称为径行逮捕。

【随堂问题】某人未成年时因故意犯罪被检察机关作出相对不起诉决定,之后再犯罪仍是未成年人,可否适用《刑事诉讼法》第81条第3款,对其径行逮捕?

一方面,对涉罪未成年人应当严格适用逮捕措施,在理解径行逮捕的条件时要做严格解释。所以对于未成年人曾因故意犯罪被相对不起诉的,不应认定为"曾经故意犯罪"而予以径行逮捕。另一方面,对于客观存在的曾经故意犯罪的事实,也不能视为不存在,因为我国刑事诉讼法规定的是犯罪记录封存而不是消灭,所以不能简单将该未成年人作为普通初犯处理,可以结合案件和嫌疑人的具体情况,把未成年时的犯罪事实作为判断其是否具有社会危险性的重要依据。

【重点提示】实践中需要重点关注的几个问题

一是根据全国检察机关第四次侦查监督工作会议精神,对侦查机关以"曾经故意犯罪"报捕的案件,检察机关应审查公安机关是否提供生效裁判文书或者刑满释放证明文件等材料证明该名未成年人的前科情况。二是对"可能判处十年有期徒刑以上刑罚"这一条款的理解应当认为是宣告刑可能为十年有期徒刑以上刑罚,而非法定刑。三是审慎把握批捕尺度,经审查,如果未成年人涉嫌罪行轻微,不可能判处徒刑以上刑罚的,则不应当批捕。

【课堂讨论】未成年时曾经故意犯罪被判处拘役,刑满释放后再次故意犯应当判处有期徒刑以上刑罚的罪行(再犯时仍为未成年人),可否适用径行逮捕的规定?

第一种观点认为,该情形符合径行逮捕的适用条件,应当予以逮捕。第二种观点认为,根据刑事诉讼法中关于犯罪记录封存的规定,其前科记录应予封存,不能作为径行逮捕的依据,因此无论犯罪嫌疑人再犯时是否成年,都不能适用径行逮捕的规定。第三种观点认为,根据刑事诉讼法中的未成年人刑事案件特别程序规定,对未成年人应当严格限制逮捕措施的适用,径行逮捕的规定属于刑事诉讼法总则的一般规定,按照特别规定优于一般规定的原则,对再犯时仍未成年的犯罪嫌疑人不应当适用径行逮捕的规定。

综合来看,第一种观点更为合理。第二种观点将犯罪记录封存等同于犯罪记录消灭，忽视了刑事诉讼法关于犯罪记录封存规定的例外情形，即司法机关根据办案需要可以查询。第三种观点混淆了原则和规则的关系。法理学告诉我们，只有在没有规则或规则不明确的情况下，才能适用原则作为办理个案的依据。对未成年人严格适用逮捕措施的规定，实质上是一种原则性规定，而径行逮捕的规定则明显属于规则，在径行逮捕的规则较为明确的情况下，不存在在个案中直接适用原则的前提。此外，在总则与分则关系方面，总则规定对分则具有普遍的指导意义，除非分则条文明确作出与总则规定不同的要求。径行逮捕属于总则规定，特别程序中原则性的规定并没有明确何谓"严格限制"，因此不影响总则的适用。

（四）《刑事诉讼法》第 81 条第 4 款

《刑事诉讼法》第 81 条第 4 款规定，被取保候审、监视居住的犯罪嫌疑人、被告人违反取保候审、监视居住规定，情节严重的，可以予以逮捕。

《未成年人刑事检察工作指引（试行）》第 165 条对上述内容进行了细化，未成年犯罪嫌疑人有下列违反监视居住、取保候审规定行为，人民检察院可以予以逮捕：

（1）故意实施新的犯罪的；

（2）企图自杀、自残的；

（3）毁灭、伪造证据、串供或者企图逃跑的；

（4）对被害人、证人、举报人、控告人及其他人员实施打击报复的；

（5）未经批准，擅自离开所居住的市、县或者执行监视居住的处所，造成严重后果的；

（6）两次未经批准，无正当理由擅自离开所居住的市、县或者执行监视居住的处所的；

（7）未经批准，擅自会见他人或者通信，造成严重后果的；

（8）经传讯无正当理由两次不到案的；

（9）经过批评教育后依然违反规定进入特定场所、从事特定活动，或者发现隐藏有关证件，严重妨碍诉讼程序正常进行的。

对于符合上述规定情形，或者具有其他违反取保候审、监视居住规定的情节严重的情形，检察机关应当核实原因，并结合帮教效果等有关情况慎重作出逮捕决定。

> **【随堂问题】** 除《刑事诉讼法》第 81 条规定外,对未成年犯罪嫌疑人适用非羁押措施还有哪些考量因素?
>
> 除《刑事诉讼法》第 81 条规定外,对未成年人适用非羁押措施,还可以从以下几个方面来判断:一是羁押替代性措施是否完备。是否可以采用取保候审、监视居住等措施保障刑事诉讼顺利进行。二是社会调查是否全面。社会调查报告作为对未成年人是否具有社会危险性的重要评估依据,只有在全面调查的基础上,检察人员才能将其作为羁押与否决定的参考。三是是否可以适用当事人和解制度。如果案件当事人双方能够在协商一致的基础上达成谅解,加害人会更清晰认识自己行为的错误,从而真心悔过;而被害人获得了经济赔偿,情绪会得到宣泄。这也符合恢复性司法的基本理念。

五、审查的方式

(一) 一般方式

依据《刑诉规则》第 577 条的规定,检察机关可以采取以下方式进行羁押必要性审查:

(1) 审查犯罪嫌疑人、被告人不需要继续羁押的理由和证明材料;

(2) 听取犯罪嫌疑人、被告人及其法定代理人、辩护人的意见;

(3) 听取被害人及其法定代理人、诉讼代理人的意见,了解是否达成和解协议;

(4) 听取办案机关的意见;

(5) 调查核实犯罪嫌疑人、被告人的身体健康状况;

(6) 需要采取的其他方式。

此外,根据最高检《关于贯彻执行〈人民检察院办理羁押必要性审查案件规定(试行)〉的指导意见》第 19 条之规定,检察机关还可采取向看守所调取有关犯罪嫌疑人、被告人羁押期间表现的材料或者自行查阅、复制原案卷宗中有关证据材料的方式进行羁押必要性审查工作。

(二) 特殊方式

1. 不公开听证

依据《未成年人刑事检察工作指引(试行)》第 156 条之规定,人民检察院对于在押的未成年犯罪嫌疑人是否应当逮捕存在较大争议的,可以举行不公开听证,当面听取各方意见。

羁押必要性审查的听证也可参照该规定开展。

（1）适用范围：有证据证明犯罪事实，但是否可能判处有期徒刑以上刑罚或者采取取保候审措施是否足以防止社会危险性存在较大争议的案件。

（2）参与人员：一般应当通知未成年犯罪嫌疑人及其法定代理人或者合适成年人、辩护人、侦查人员、被害人及未成年被害人的法定代理人、诉讼代理人等到场。必要时，可以通知羁押场所监管人员、社会调查员等到场。听证过程应当形成书面记录，交听证参与各方签字确认。

【重点提示】对未成年人案件的听证应严格适用不公开原则，《未成年人刑事检察工作指引（试行）》列举的听证参与人员仅包括诉讼参与人。实践中，一些检察机关在听证时邀请人民监督员或者人大代表、政协委员等参与听证，应审慎决定，注意对未成年人的隐私保护。

（3）听证场所：对犯罪嫌疑人没有在押的，不宜进行听证。犯罪嫌疑人在押的，可以在看守所举行听证，也可以采用远程视频方式进行听证。

（4）听证程序：①书记员宣读听证纪律；②主持人宣布听证程序开始，宣布案由、听证的内容及目的，告知当事人诉讼权利和义务，宣读承办检察官、书记员、参与人员名单，并询问是否申请回避；③公安人员说明提请批准逮捕的理由和依据，并可以出示社会危险性证明材料；④被害人及未成年被害人的法定代理人或诉讼代理人先后就有无羁押必要等发表意见；⑤未成年犯罪嫌疑人及其法定代理人或合适成年人、辩护律师，先后就未成年犯罪嫌疑人是否达到刑事责任年龄、是否构成犯罪、是否具有社会危险性、是否合适羁押、是否具备取保候审条件等情况发表意见，并提供相关证据材料；⑥羁押场所监管人员、社会调查员等就有无羁押必要等发表意见；⑦主持人可以根据案件审查需要，要求参与人员补充发表意见；⑧主持人宣布听证程序结束。

听证程序结束后，承办检察官应当在案件审查意见书中写明听证的情况，并根据案件审查情况、参与人员意见及其提供的相关材料，综合评判，依法提出处理意见。

【案例】某检察院召开审查逮捕听证会

2019年5月，某检察院对公安机关提请批准逮捕的一起未成年人利用担任收银员的职务便利盗窃本单位财物的案件，召开审查逮捕听证会。会上，侦查人员、辩护人、法定代理人、被害单位负责人均到场，被羁押在看守所的未成年犯罪嫌疑人通过远程视频的方式参与听证。在充分听取各方意见后，检察机关经审查认定未成年人朱某某的职务侵占行为不构成犯罪，于是作出不批准逮捕的决定，并通过听证会向公安机关和被害人说明了不捕的理由，同时，对朱某某进行了教育。未成年犯罪嫌疑人朱某某通过远程视频当场向被害单位负责人赔礼道歉，其家属亦向被害单位进行赔偿并获得谅解。

2. 非羁押措施可行性评估

非羁押措施可行性评估制度，是指人民检察院在审查逮捕未成年人刑事案件时，结合案件和未成年犯罪嫌疑人的具体情况，通过社会调查等途径综合考察未成年人所犯罪行的社会危害程度及其人身危险性，对该未成年犯罪嫌疑人是否有羁押必要进行评估的制度。评估内容主要包括以下四个方面：

（1）对犯罪嫌疑人犯罪行为的评估。包括犯罪类型、犯罪形态、是否共同犯罪、犯罪情节、处罚情节、量刑幅度、作用地位、作案次数、作案频率等；

（2）对犯罪嫌疑人个人情况的评估。包括刑事责任年龄、教育程度、自控能力、个人品行、就读就业、居住状况、犯罪记录、认罪悔罪等；

（3）对犯罪嫌疑人家庭情况的评估。包括监护人对其监管情况、家庭收入情况、监护人品行、家庭关系情况等；

（4）对犯罪嫌疑人保障支持条件的评估。包括学校教育环境、非在校未成年人的社区管理情况、司法机关监督情况、有无其他帮教条件等。

对上述评估内容，每项设置高、中、低风险值，通过量化综合评估未成年犯罪嫌疑人的犯罪行为、个人及家庭情况及保障支持条件等，算出评估结果。对低风险对象作出适用非羁押强制措施决定，建议公安机关采取非羁押措施继续侦查或直接移送检察机关审查起诉；对中风险对象慎重对待，经过全面考察、论证，努力创造条件，控制与克服风险，酌情处理；对高风险对象作出批准逮捕决定。

六、常用文书参考[①]

（一）《批准逮捕决定书》（未检专用）（略）

（二）《不批准逮捕决定书》（未检专用）（略）

（三）《认罪认罚从宽制度告知书》（未检认罪认罚案件）（略）

（四）《认罪认罚具结书》（未检认罪认罚案件）（略）

（五）《羁押必要性审查建议书》（略）

---

① 文书（一）至（五）参见《人民检察院刑事诉讼法律文书格式样本（2020版）》。

（六）《羁押必要性审查立案报告书》

××××人民检察院
羁押必要性审查立案报告书

姓名		性别		年龄	
拘留时间		逮捕时间			
羁押地点		涉嫌罪名			
诉讼阶段及办案机关					
来源	依职权/依申请		发现/收到时间		
简要案情					
检察官意见					
备注					

（七）《羁押必要性审查立案决定书》

××××人民检察院
羁押必要性审查立案决定书
（存　根）

检未羁审立〔　〕号

原案案由_____

涉案人员基本情况：

姓名_____

性别_____

年龄_____

职业_____

批准人_____

承办人_____

填发人_____

填发时间_____

第一联　统一保存

××××人民检察院
羁押必要性审查立案决定书

检羁审立〔　〕号

根据《中华人民共和国刑事诉讼法》第九十五条之规定，本院决定对羁押于_____看守所的犯罪嫌疑人（被告人）_____进行羁押必要性立案审查。

20××年×月×日

第二联　附卷

(八)《羁押必要性审查不立案通知书》

××××人民检察院
羁押必要性审查不立案通知书
(存　根)

检未羁审不立〔　〕号

原案案由_____

申请人基本情况:

姓名_____

年龄_____

与被申请人关系_____

不立案原因_____

批准人_____

承办人_____

填发人_____

填发时间_____

第一联　统一保存

××××人民检察院
羁押必要性审查不立案通知书
（副 本）

检羁审不立〔 〕号

_____：
　　你申请对羁押于_____看守所的犯罪嫌疑人（被告人）_____进行羁押必要性审查一案，本院经审查认为，_____，不符合《中华人民共和国刑事诉讼法》第九十五条之规定，决定不予立案。
　　特此通知。

20××年××月××日

第二联　附卷/第三联　送达申请人

（九）《羁押必要性审查报告》

××××人民检察院
羁押必要性审查报告

一、犯罪嫌疑人（被告人）基本情况

犯罪嫌疑人（被告人）_____，居民身份证_____，_____（性别），____族，_____年_____月_____日出生，_____（文化程度），户籍所在地为_____，住_____。被逮捕前在_____（工作单位/所在学校），职务为_____（职务）。因涉嫌犯_____，于____年____月____日（强制措施采取日期）被采取_____（强制措施）。____年____月____日以____（逮捕书文号）被_____（审结处理结果），现羁押于_____（强制措施地点）。

二、原案简要情况和诉讼阶段

犯罪嫌疑人（被告人）_____涉嫌犯罪的主要事实是：_____未捕受〔____〕____号涉嫌_____案。目前案件处于_____阶段。

三、审查经过

（一）立案情况

____年____月____日，我院决定对犯罪嫌疑人（被告人）_____进行羁押必要性立案审查，理由是：……，主要证据是：……。

（二）审查情况

立案后，我们进行了以下工作：

（包括对犯罪嫌疑人、被告人提出的证明材料进行审查，听取犯罪嫌疑人、被告人及其法定代理人、近亲属、辩护人的意见，听取被害人及其法定代理人、诉讼代理人的意见，了解是否达成和解协议，听取现阶段办案机关的意见，听取侦查监督部门或者公诉部门的意见，调查核实犯罪嫌疑人、被告人的身体健康状况，调查犯罪嫌疑人、被告人在看守所羁押期间的表现，开展公开审查的情况，公开审查过程中各方的一致性意见或者存在的主要分歧，量化评估情况等），形成了以下证据材料：……。

四、承办人意见

承办人认为，……（通过对办理该羁押必要性审查案件过程中所取得证据的综合分析和评估，得出犯罪嫌疑人、被告人是否具有继续羁押必要性、是否向办案机关提出释放或者变更强制措施建议的意见)。

以上意见妥否,请示。

承办人:×××
20××年××月××日

（十）《未成年犯罪嫌疑人非羁押措施风险跟踪评估表》

未成年犯罪嫌疑人非羁押措施风险跟踪评估表

未成年犯罪嫌疑人：　　　　　　案号：　[　　]　号

风险类型	风险因素	低风险	分值1分	中风险	分值2分	高风险	分值3分，并可酌情加1-2分
一、个人情况	认罪和悔罪态度及表现	承认罪错，并积极对被害人进行物质或精神补偿、赔偿		承认罪错，但未对被害人进行物质或精神补偿、赔偿		对自身行为认识不清，认罪和悔罪态度变差	
	是否按时汇报思想、生活、学习、工作情况	主动与帮教人员联系，及时汇报各种情况		按时与帮教人员联系，汇报各种情况		不能按时汇报各种情况	
	在校表现/工作表现	坚持在校学习/有固定工作或积极寻求学习、工作		不能坚持在校学习或无固定工作		非在校生或无业人员	
	不良行为习惯的改变或改善	正在努力地改变不良行为习惯或已经改好		有改善不良行为习惯的意愿，但尚未有行动或成效		沾染上不良行为习惯或不良行为习惯加重	
	是否主动改善交友环境	主动脱离不良群体		认识到不良群体的危害性，但尚未见明显行动		与不良群体保持联系	
	是否积极参加活动	积极参加帮教人员安排的活动		参加活动，但态度不积极		拒绝参加帮教人员安排的活动	
合计分值 低风险（6-9分） 中风险（10-15分） 高风险（16分以上）				风险度		备注 对酌情加分的，应简要阐明理由	

续表

风险类型	风险因素	低风险	分值1分	中风险	分值2分	高风险	分值3分，并可酌情加1-2分
二、家庭情况	监护人自身的道德、法制观念状况	有健康的道德和法制观念，对被帮教人有正面影响		道德和法制观念一般，对被帮教人影响不大		道德和法制观念不太健康，对被帮教人有负面影响	
	监护人对被帮教人的态度	给被帮教人以宽容和接纳		尚能接受被帮教人		不能接受被帮教人	
	监护人对帮教人员的态度	积极支持、配合帮教人员开展工作		不关心帮教人员开展工作		对帮教人员不认可，不配合其开展工作	
	监护人履行监护义务状况	切实履行监护义务并为改善监护环境或教育方式积极努力		履行监护义务一般		不履行监护义务或不愿意承担监护帮教职责	
合计分值 低风险(4-6分) 中风险(7-10分) 高风险(11分以上)				风险度		备注 对酌情加分的，应简要阐明理由	

续表

风险类型	风险因素	低风险	分值1分	中风险	分值2分	高风险	分值3分，并可酌情加1-2分
三、保障支持①	（一）社区环境	积极接纳并帮助被帮教人		接纳被帮教人，但未做出积极行为		不接纳被帮教人	
	（1）学校教育环境	组织相关帮教小组，积极接纳并帮助被帮教人		组织相关帮教小组，但未进行积极帮教或帮教措施不到位		未组织相关帮教小组或未开展跟踪帮教	
	（2）工作单位环境	组织相关帮教小组，积极接纳并帮助被帮教人		组织相关帮教小组，但未做出积极有效的行动		未组织相关帮教小组	
	（二）单位帮教情况	有志愿单位愿意承担帮教且帮教状况良好、效果明显		志愿单位不愿意帮教，但负面影响不大		无志愿单位进行帮教或原志愿单位不愿意承担帮教责任，以致帮教受严重影响	
合计分值 低风险（2-3分） 中风险（4-5分） 高风险（6分以上）				风险度		备注 对酌情加分的，应简要阐明理由	

---

① （一）（二）项中可以根据被帮教对象实际情况，单选社区环境、单位帮教情况，也可选社区环境与学校教育环境或社区环境与工作单位环境两项。如选填一项的，把该项的分数乘以2，得出最后的分数。

续表

		风险因素	分值1-3分,并可酌情加1-2分
四、良好表现	立功表现①		
	获得表彰奖励		
	好人好事		
	其他		

合计分值 该部分分数应在 总风险得分中减去		备注 对酌情加分的, 应简要阐明理由	

帮教人员综合 评估及处理意见	
	签名:　　　　日期

观护工作总站 处理意见	
	签名:　　　　日期

检察机关部门 负责人意见	
	签名:　　　　日期

---

① 立功表现包括:检举、揭发他人犯罪行为,包括共同犯罪案件中的犯罪分子揭发同案犯共同犯罪以外的其他犯罪,经查证属实;提供侦破其他案件的重要线索,经查证属实;阻止他人犯罪活动;协助司法机关抓获其他犯罪嫌疑人;具有其他有利于国家和社会的突出表现。

第二讲　讯问未成年犯罪嫌疑人

对未成年犯罪嫌疑人的讯问，在讯问人员、讯问方式等方面均与对成年犯罪嫌疑人的讯问有所区别，本讲将围绕讯问未成年犯罪嫌疑人的特殊要求，对讯问的意义、内容和方式等展开论述。

一、概述

《刑事诉讼法》第280条规定：人民检察院审查批准逮捕，应当讯问未成年犯罪嫌疑人。《刑诉规则》第465条规定：在审查逮捕、审查起诉中，人民检察院应当讯问未成年犯罪嫌疑人。据此，在办理未成年人刑事案件中应当讯问未成年犯罪嫌疑人。

（一）讯问未成年犯罪嫌疑人的意义

1. 有利于进一步核实案件事实和证据

通过讯问未成年犯罪嫌疑人，进一步核实犯罪事实、主体身份以及是否有自首、立功、坦白等情节，听取其有罪的供述或者无罪、罪轻的辩解，可以及时排除阅卷时发现的矛盾和疑点，发现阅卷时未发现的新疑点和新问题，以便进一步核实案件事实和证据情况。

2. 有利于进一步开展侦查监督

通过讯问未成年犯罪嫌疑人，可以深挖漏罪漏犯，尤其是组织、利用、胁迫、引诱未成年人实施犯罪或者与未成年人实施共同犯罪的成年漏犯，有效开展追捕追诉，严惩犯罪，这也是检察机关履行监督职能的重要手段。

3. 有利于落实对未成年犯罪嫌疑人"少捕、慎诉、少监禁"政策

讯问未成年犯罪嫌疑人，能进一步核实未成年犯罪嫌疑人在侦查阶段供述的年龄证据的真实性，并及时了解未成年犯罪嫌疑人的认罪悔罪态度、成长经历、犯罪原因、监护情况等，对准确把握其是否具有"社会危险性"，落实对未成年人的"少捕、慎诉、少监禁"政策，均具有重要的意义。

(二) 常用法律依据

1. 《刑事诉讼法》

第280条（第1款） 对未成年犯罪嫌疑人、被告人应当严格限制适用逮捕措施。人民检察院审查批准逮捕和人民法院决定逮捕，应当讯问未成年犯罪嫌疑人、被告人，听取辩护律师的意见。

2. 《刑诉规则》

第465条（第1款） 在审查逮捕、审查起诉中，人民检察院应当讯问未成年犯罪嫌疑人，听取辩护人的意见，并制作笔录附卷……

（第5款） 讯问女性未成年犯罪嫌疑人，应当有女性检察人员参加。

第466条（第2款） 讯问未成年犯罪嫌疑人一般不得使用戒具。对于确有人身危险性必须使用戒具的，在现实危险消除后应当立即停止使用。

3. 《人民检察院办理未成年人刑事案件的规定》

第17条（第2款） 讯问未成年犯罪嫌疑人，应当根据该未成年人的特点和案件情况，制定详细的讯问提纲，采取适宜该未成年人的方式进行，讯问用语应当准确易懂。

（第3款） 讯问未成年犯罪嫌疑人，应当告知其依法享有的诉讼权利，告知其如实供述案件事实的法律规定和意义，核实其是否有自首、立功、坦白等情节，听取其有罪的供述或者无罪、罪轻的辩解。

4. 《未成年人保护法》

第102条 公安机关、人民检察院、人民法院和司法行政部门办理涉及未成年人案件，应当考虑未成年人身心特点和健康成长的需要，使用未成年人能够理解的语言和表达方式，听取未成年人的意见。

5. 《未成年人刑事检察工作指引（试行）》

第94条 人民检察院讯问未成年犯罪嫌疑人，应当充分照顾不同年龄段未成年人的身心特点，注意营造信任、宽松的沟通氛围，采用平和的讯问方式和通俗易懂的语言，做到耐心倾听、理性引导。

第95条 讯问未成年犯罪嫌疑人，不仅要查明犯罪事实、核实主体身份以及是否有自首、立功、坦白等情节，听取其有罪的供述或者无罪、罪轻的辩解，还应当深入了解未成年犯罪嫌疑人的成长经历、犯罪原因、监护教育等相关情况，充分获取其不良行为、违法犯罪、是否曾经遭受侵害以及回归社会的实际需求、有利条件、不利因素等方面的信息，并适时对未成年犯罪嫌疑人进行教育引导。

二、讯问未成年犯罪嫌疑人的内容

（一）讯问前的准备

1. 审查案卷材料

讯问未成年犯罪嫌疑人前，承办人应当认真审阅案卷材料，对案件证据进行复核。对于未成年人犯罪案件，尤其要注意审查其主体身份、责任年龄、责任能力、监护情况、就学就业、前科劣迹、社会危险性、羁押必要性等。可以通过核实社会调查报告全面掌握未成年犯罪嫌疑人的基本情况，必要时，也可联系侦查人员、管教民警、法定代理人、近亲属、法律援助律师、社区工作人员或学校老师等，进一步了解未成年犯罪嫌疑人的基本情况，以保障讯问的针对性。

此外，还需要密切关注公安机关是否有管辖权、是否已经开展社会调查、是否为未成年犯罪嫌疑人落实法律援助，以及讯问时是否依法通知法定代理人或者合适成年人到场等。需要注意的是，对于实践中公安机关将不具有管辖权的案件提请逮捕的情况，检察机关应当先受理案件，并依法决定是否逮捕，然后再建议公安机关报上级公安机关指定管辖或者移送有管辖权的同级公安机关继续侦查。对于侦查阶段社会调查报告没有随案移送的，检察机关应当建议公安机关补充移送。如果公安机关没有制作社会调查报告，但拟批准逮捕的，可以建议公安机关在继续侦查的同时补充制作社会调查报告。在审查逮捕阶段阅卷时发现未成年犯罪嫌疑人没有辩护人的，应依法予以纠正，并通知公安机关及时落实法律援助。对于阅卷中发现讯问笔录中没有法定代理人或者合适成年人签名的，应当要求公安机关说明情况，对于确实存在违法情况的，应当及时纠正。①

2. 制作讯问提纲或者讯问方案

承办人应当根据阅卷情况、案件事实和证据以及未成年犯罪嫌疑人的身心特点、成长情况、家庭结构、社会交往、就学就业情况等，制作详细的讯问提纲或讯问方案。

3. 准备法律文书

讯问未成年犯罪嫌疑人，应当根据案件情况，准备相关法律文书，如《提讯提解证》《未成年犯罪嫌疑人权利义务告知书》《法定代理人或者合适成年人到场通知书》《法定代理人或者合适成年人权利义务告知书》《心理测评

---

① 吴燕主编：《未成年人检察实务教程》，法律出版社2016年版，第44-45页。

告知书》《认罪认罚具结书》等。

4. 通知法定代理人或合适成年人到场

《刑事诉讼法》第281条及《人民检察院办理未成年人刑事案件的规定》第17条规定，讯问未成年犯罪嫌疑人，应当通知法定代理人或者合适成年人到场。通知法定代理人或者合适成年人到场，主要是为了维护未成年犯罪嫌疑人的合法权益，安抚其情绪，促进有效沟通交流，监督办案人员诉讼活动，保障讯问活动顺利开展。

根据《刑事诉讼法》第108条第3项规定，法定代理人主要是指未成年人的父母、养父母、监护人和负有保护责任的机关、团体的代表。负有保护责任的机关、团体，是指经过法定程序确认的未成年人的父母所在单位或者未成年人住所地的居民委员会、村民委员会或者其他社会团体、组织等。

依据《未成年人刑事检察工作指引（试行）》第108条第2款规定，讯问前应当将讯问的时间、地点提前通知法定代理人或者合适成年人，并要求其携带到场通知书、身份证或者工作证、户口簿等身份证明文件。

讯问未成年犯罪嫌疑人时，法定代理人可以代为行使未成年犯罪嫌疑人的诉讼权利，包括申请检察人员回避、进行辩护、对侵犯未成年人诉讼权利和人身侮辱的行为提出控告等，但行使时不得侵犯未成年人的合法权益。[①] 讯问未成年犯罪嫌疑人时，法定代理人或合适成年人有权在场，并在讯问结束阅看、核对讯问笔录无误后逐页签名确认，确实无阅读或书写能力的，办案人员应当向其宣读，并要求其捺指印确认。拒绝签名、捺指印或没有书写能力的，办案人员应当在笔录上详细注明相应情况，并签署姓名和日期。

> **【随堂问题】** 讯问未成年犯罪嫌疑人时，能不能对法定代理人一并询问？
>
> 实践中，曾发现办案人员在对未成年人进行讯问时对法定代理人一并询问，并由法定代理人对主体身份和案件事实等进行陈述。需要明确的是，讯问未成年犯罪嫌疑人的目的主要是为了查明犯罪事实、核实主体身份，了解从轻、减轻处罚情节，并适时进行教育引导。因此，讯问未成年犯罪嫌疑人时主要应由未成年犯罪嫌疑人进行供述，除法定代理人在讯问时行使法定代理人到场的相关维护未成年人合法权益的情形进行陈述外，检察机关不能对法定代理人一并询问。

---

① 吴燕主编：《未成年人检察实务教程》，法律出版社2016年版，第47页。

> 【随堂问题】法定代理人兼具证人身份时，如何讯问？
>
> 司法实践中，常常存在这样的情形，未成年犯罪嫌疑人的法定代理人同时也是本案的证人。实践中曾发现办案人员先让法定代理人在讯问未成年犯罪嫌疑人时到场，然后再将法定代理人作为证人进行询问的情况。这种做法虽然从表面上看没有违反相关规定，但实质上很可能会影响证人的作证内容和证据的证明效力。根据《刑事诉讼法》第62条的规定，证人是以知道案件情况、有作证义务为前提条件的，具有不可替代性。因此，在证人地位与法定代理人身份兼具的情况下，较为可行的做法是依据《未成年人刑事检察工作指引（试行）》第108条第3款的规定，对需要到场参与讯问的法定代理人取证的，应当先行对其进行询问并制作笔录。

（二）讯问的主要内容

讯问未成年犯罪嫌疑人的内容主要包括程序、实体两个方面。

1. 程序方面

（1）告知诉讼权利和义务

办案人员在告知时，应当用未成年人能够理解的语言进行必要的解释，以帮助其了解相关内容。如告知其如实供述有获得从宽处理的权利，认罪认罚从宽处理的原则，申请回避的权利，辩护及获得法律援助的权利，接受讯问时有法定代理人或合适成年人到场及女性未成年犯罪嫌疑人有女性工作人员到场的权利，还有申请变更及解除强制措施的权利，控告、申诉及获得国家赔偿的权利等。

（2）了解身体健康、精神状况

在案件办理中要了解未成年犯罪嫌疑人是否有影响羁押的严重疾病，以排除身体不健康、患精神疾病或智力低下等情况。此外，对于女性未成年犯罪嫌疑人还要专门了解其是否怀孕或正在哺乳期。

（3）核实相关诉讼权利保障情况

办案人员要在讯问中向未成年犯罪嫌疑人核实其被采取何种强制措施、适用的时间、方式、强度和原因等；了解讯问时是否每一次都有法定代理人或合适成年人到场；了解未成年犯罪嫌疑人是否委托辩护人，并核实公安机关是否通知法律援助机构为其指派律师提供辩护；公安机关是否已告知随身物品、涉案物品的查封、扣押情况；公安机关是否告知相关财产估价、人身伤害等鉴定意见，并听取其意见；公安机关是否为未成年犯罪嫌疑人落实分押分管；侦查活动中有无采取刑讯逼供等非法手段获取证据的情况；有无申诉、控告情况等。

【案例】检察机关督促公安机关纠正违法、健全工作机制

某检察院在办理刘某某等人涉嫌聚众斗殴案时，发现某公安局案件承

办人 2019 年 11 月至 12 月三次讯问未成年犯罪嫌疑人刘某某时均无法定代理人或合适成年人到场，遂向该局制发《纠正违法通知书》。

  该公安局及时回复并开展了以下工作：一是落实专办机制，在派出所、各办案责任队设专人办理未成年人刑事案件，提升专业化水平；二是加强教育培训，通过与检察机关未检部门联合培训、"以老带新"等方式，提高规范办案水平；三是落实机制保障，由法制办负责监督，在后续未成年人案件办理中均落实法定代理人或合适成年人到场制度。

2. 实体方面

（1）核实未成年人主体身份情况

  问明未成年犯罪嫌疑人的基本情况，包括具体出生日期（农历与公历）、属相、成长经历、受教育经历、家庭成员情况等；了解其就学就业、交友情况、兴趣爱好等，还需注意掌握未成年犯罪嫌疑人的健康情况和前科情况。

  【重点提示】应注意讯问未成年犯罪嫌疑人的出生日期

  办理未成年人刑事案件尤其需要注意审查未成年人年龄的关键节点，例如 12、14、16、18 周岁的时间节点。讯问中，应重点关注未成年犯罪嫌疑人对其年龄的供述和辩解。若其供述的出生年月日与户籍证明资料不一致的，应对此重点加以有针对性的讯问。除了详细问明其具体出生年月日、该日期是公历还是农历、生肖属相、年龄发生变化的理由等，还应进一步问明其家庭成员的年龄情况、本人的入学情况、每年过生日的情况等，必要时还应问明其同学、老师、邻居及其他同龄亲友情况，以便及时补充收集或复核相关证据，查明其真实年龄。

  【案例】检察机关通过讯问发现未成年人未达刑事责任年龄

  某检察院在审查起诉黄某涉嫌盗窃一案时，发现黄某于 2009 年 10 月 27 日参与盗窃犯罪，户籍资料证实其出生日期为 1992 年 4 月 14 日。但讯问时黄某辩称自己属狗，系农历 1994 年 4 月 1 日出生，其父也提出了相同的辩解。如果这一辩解成立，则黄某不承担盗窃罪的刑事责任。后经承办人补充侦查，调取到黄某老师、同学等多份证人证言及村委会户籍登记档案、学籍登记档案卡等书证。证人证言均证实黄某出生于 1994 年。学籍登记档案卡记载黄某系 1993 年出生，按照当地学生登记学籍资料普遍采用虚岁填写的情况，推断黄某应该为 1994 年出生，与其辩解吻合。村委会户籍登记档案记录的黄某的出生日期是 1992 年，但明显有涂改痕迹，且是从 1994 年更改而来，经手的村干部证实此次更改系之前黄父以外出打工方便为由要求的。经综合审查案件所有主体证据，办案人员认为，犯罪嫌疑人黄某的出生日期系 1994 年，作案时未满 16 周岁，不构成盗窃罪。检察机关最终对黄某作出绝对不起诉决定。

(2) 讯问犯罪时的主观方面

问明案发的前因后果，了解未成年人的作案动机、目的，实施行为时的认识和意志；如系共同犯罪，了解是否有预谋和分工，是否有被组织、胁迫、引诱或者被教唆犯罪的情况；犯罪未完成的，需详细问明原因和辩解等；了解案发后的主观心态。

【案例】检察机关层层深挖追诉零口供成年主犯

2019 年，某检察院在审查未成年人小 A 聚众斗殴案时，小 A 供述有个叫郑某某的成年人，其手下有一伙未成年人专门为其实施盗窃。通过细致审查，承办检察官发现该院之前承办的未成年人小 B、小 C、小 D、小 E 等人均系该盗窃团伙成员。

发现线索以后，承办检察官找到尚在取保候审中的未成年人小 C 核实，经过反复释法说理，打消其顾虑后，小 C 交代郑某某纠集并控制着包括其在内的多名未成年人实施盗窃，赃物也均上交郑某某，其中在外地某县实施的一次盗窃数额较大，有现金 2 万元、手提电脑、白金戒指等财物。检察机关遂以该节事实作为突破重点，通过某县检察院协助，结合案情特点找到了被害人及当时的报案笔录，根据小 C 等人的供述，并通过公安机关协查，查明郑某某的真实身份，发现其在某监狱服刑。2019 年 4 月 14 日，检察机关向公安机关发出《要求说明不立案理由通知书》，公安机关于当月 20 日对郑某某盗窃案立案侦查，并成立了专案组。专案组兵分多路寻找郑某某的几个"徒弟"，从外围加紧固定证据。后经审查，未成年人小 B、小 D、小 E 的证言与小 C 的供述完全印证。

尽管郑某某否认全部犯罪事实，但涉案未成年人均指证郑某某系多起盗窃案背后的指使者，平时均以"师父"相称，专案组已经取得了大量证据，形成了完整的证据锁链。2020 年 3 月，公安机关将郑某某案移送检察机关审查起诉。2020 年 5 月，郑某某被法院从重判处刑罚。

(3) 讯问犯罪时的客观行为

问明未成年人实施行为的具体时间、地点、参与人员、对象、手段、结果和相关情节等；如系共同犯罪，各行为人在共同犯罪中的地位、作用；作案工具、赃款赃物的具体特征、去向等情况。

(4) 其他法定、酌定情节

问明未成年人到案情况，是否具有自首、坦白情节；核实立功情况，到案后是否具有检举揭发他人犯罪行为或协助公安机关抓捕其他犯罪嫌疑人等情形；前科劣迹情况；是否有其他未处理的涉嫌犯罪的事实；到案后的认罪悔罪态度、是否认罪认罚，是否愿意赔偿被害人及退赔退赃情况，和解是否自愿、合法等。

【重点提示】应注意对监护帮教条件的讯问

是否具有良好的监护帮教条件，是决定是否对未成年犯罪嫌疑人采取非羁押强制措施，对其开展针对性帮教，以及是否有必要开展家庭教育指导等工作的基础。因此，在讯问中，要特别注意了解未成年人的家庭情况，包括家庭结构、监护人的联系方式、品行、经济能力、教养方式、与嫌疑人的相处模式等。对非本地籍的未成年犯罪嫌疑人，还应当问明其在本地是否有固定住所及收入来源，其父母是否在本地、本地有无其他成年亲友，是否具备监护能力和有效的监护帮教条件，如无本地亲友的，需要问明在本地就学、就业情况以及学校、单位帮教能力等情况。

3. 教育内容

根据《未成年人刑事检察工作指引（试行）》的要求，办案人员在对未成年犯罪嫌疑人的主要犯罪事实讯问完毕后，可以结合案情及未成年犯罪嫌疑人个体情况，有针对性地开展教育。要注意把握教育感化的契机，适时向未成年犯罪嫌疑人讲解相关法律，帮助其明辨是非，促使其认罪悔罪，增强法治意识。要注意掌握未成年犯罪嫌疑人的优点、特长并予以肯定，未成年犯罪嫌疑人认错悔罪或者表现好时，应及时予以鼓励。

为释放未成年犯罪嫌疑人的心理压力，促使其深刻反省错误，办案人员根据情况可以建议其给被害人写致歉信。

【案例】检察机关通过讯问未成年犯罪嫌疑人突破重大案件

某检察院在办理一起境外裸聊敲诈勒索恶势力犯罪集团系列案件过程中，在到案的首要分子拒不认罪、积极参与者部分供罪的情况下，为查清集团组织架构及案件全貌，承办人从突破三名未成年人入手，重点对三人的社会调查报告及以往供述加以研判，深入分析三名涉案未成年人参与作案的主客观原因及性格特点，利用未成年人易感性、易变性的特点，逐一制定策略，各个讯问突破。

一是攻其软肋。针对案件中的未成年人小A，其拉拢初中同学及老乡加入组织享受分成，但自己作为一线人员却未实际参与敲诈，承办人分析其性格中带有投机取巧、胆小谨慎的特点，且其与集团首要分子关系较为密切，故将其作为第一个突破对象。在讯问前，抓准其害怕重刑的心理，重点对其进行耐心的政策教育，通过驻所检察官专门谈话、管教民警旁敲侧击，加大对认罪认罚从宽制度的宣讲，并留给其充分的权衡考量时间，使其主动坦白并有力指证首要分子。

二是正义感化。针对本案中的未成年人小B，其家庭经济情况较好，仅出于朋友义气加入组织参与犯罪，承办人抓住其朋辈观念偏轨的问题，引导其换位思考，体会被害人的痛苦，并选取典型案例进行类比说理，从而唤起其正义感，培树其正确的价值观，促使其真诚悔过，并主动交代了其他公安机关尚未掌握的案件线索。

三是亲情感召。针对本案中的未成年人小 C，其年纪最小但作案次数最多，承办人发现其对家庭依赖较重，且对奶奶怀有特殊情感，故以亲职教育为抓手，在讯问小 C 之前，先行对其父母及奶奶进行释法说理，引导提升法定代理人的教育感化能力，让父亲在参与讯问过程中传达奶奶的殷切期盼，促其知行之所错，思罪之所致，念家之所安。讯问过程中小 C 多次流泪，如实供述了参与的每一起犯罪事实，为查清案件全貌奠定了坚实基础。

三、讯问的特殊要求

根据《人民检察院办理未成年人刑事案件的规定》《未成年人刑事检察工作指引（试行）》等规定，讯问未成年犯罪嫌疑人时应当注意以下特殊要求：

（一）人员特殊

讯问女性未成年犯罪嫌疑人，应当有女性检察人员参与。此外，根据案件情况，经事先征得未成年犯罪嫌疑人及其法定代理人的同意，可以聘请心理专家到场或者通知具有心理学专业知识的人到场，通过面谈或者隐蔽观察等方式关注未成年犯罪嫌疑人的心理状况，必要时，对未成年犯罪嫌疑人开展心理疏导和心理测评。

（二）场所特殊

讯问未成年犯罪嫌疑人时可以不使用讯问室、讯问台，有条件的地方可以设置专门的未成年犯罪嫌疑人的讯问室，讯问室的布置应当有利于缓解未成年犯罪嫌疑人的紧张情绪。讯问也可以采取圆桌或者座谈的方式进行。讯问未被羁押的未成年犯罪嫌疑人，可以传唤其到检察机关专门的司法办案区进行，设有独立未检司法办案区的，应当在未检司法办案区进行。一般不宜到未成年犯罪嫌疑人的住处、学校或工作单位进行讯问，如确需要到未成年犯罪嫌疑人住所、学校或工作单位进行讯问的，应当避免采取影响该未成年人名誉的方式，例如不驾驶警车、不着检察制服等。

【随堂问题】未成年人办案场所的建设及其作用

根据最高人民检察院《关于进一步加强未成年人刑事检察工作的通知》第 3 条之规定，要根据办案需要，建立未成年人刑事检察工作室，并

> 规范讯问（询问）未成年人和不起诉训诫、宣布、不公开听证等特殊程序。上海市检察院为进一步深化司法规范化建设，提升司法公信力，自2012年起，先后下发了《上海市检察机关司法办案区建设指导意见》《上海市人民检察院司法办案房使用管理规定（试行）》等多个文件对办案区建设等作出专门规定，明确要求设置与其他办案区域相对独立的未检办案工作室两间，总使用面积一般不小于40m²，一间用于未检执法办案、一间用于对未成年人进行心理疏导、帮教等，并对办案区的主要功能、设施配置等提出具体要求。上海各基层检察院通过对未检司法办案区的特殊布置，除营造庄重的司法气氛和凸显检察机关的客观中立外，还根据未成年人案件特点，关注对未成年人心理问题的疏导、个性化帮教及亲职教育的开展等。

（三）时间特殊

司法实践中，讯问未成年犯罪嫌疑人单次持续时间一般不得超过4小时，一天内总时间一般不得超过8小时，且两次讯问时间间隔一般不得少于1小时。但即便如此，还要充分考虑未成年犯罪嫌疑人的身心状态，如果讯问过程中，未成年犯罪嫌疑人乐于吐露心声，不应当以超过讯问时间或工作时间为由轻易打断，草率结束讯问。如果未成年犯罪嫌疑人情绪低落、抵触、烦躁，不配合讯问时，不能因为讯问时间还没有超限，就强制未成年人回答问题，从而加重其对抗情绪。当未成年犯罪嫌疑人出现恐慌、紧张、激动或者疲劳等情形时，办案人员应当立即中止讯问，在法定代理人或者合适成年人协助下消除上述情形后再进行讯问。必要时，可以安排具有心理咨询师资质的检察人员或者专门的心理咨询师进行心理干预和情绪疏导。

（四）着装特殊

办案人员在讯问时可以不着检察制服，要注意穿着端庄大方，有亲和力，当然也不能一味强调沟通而过分随意，不符合检察官的身份和职责。[①] 2015年11月，上海市检察院专门下发《上海市人民检察院讯（询）问未成年人规则》第8条明确规定，讯（询）问未成年人一般不着检察制服，着装应端庄大方。办案人员至未成年人的住所、学校、工作单位或者其提出的地点进行讯（询）问的，应当避免穿着检察制服、驾驶警车或者采取其他可能暴露未成年人身份、隐私，影响其名誉的方式。上述基于保护未成年人隐私的工作机制，

[①] 吴燕主编：《未成年人检察实务教程》，法律出版社2016年版，第50页。

《未成年人刑事检察工作指引（试行）》第33条、第100条亦有规定。

（五）语言特殊

办案人员讯问时用语要通俗易懂，针对未成年人的不同情况和心理承受能力，用灵活、和缓的方式，消除其紧张心理和抵触情绪。讯问过程中要注意耐心倾听，让未成年犯罪嫌疑人有充分的机会表达自己观点。对于未成年犯罪嫌疑人提出的疑问或者法律问题，应当充分予以解释和说明。对于表达能力较强的未成年犯罪嫌疑人，应当尽量鼓励其陈述尽可能详细的事实细节，对于表达能力欠佳的未成年犯罪嫌疑人，注重启发式提问，但应避免诱供。

（六）方式特殊

讯问时，一般不得使用戒具，对于确有人身危险性，必须使用戒具的，在现实危险消除后，应当立即停止使用。讯问未成年犯罪嫌疑人，应当采用非对抗的讯问方式，详细告知其如实供述案件事实的法律规定和国家对未成年人的保护政策，鼓励其理性决策。

（七）笔录特殊

办案人员应当忠实记录讯问过程，讯问笔录应当充分体现未成年人的语言风格。

讯问完毕后，讯问笔录应当交未成年犯罪嫌疑人、到场的法定代理人或者合适成年人阅读或者向其宣读。经未成年犯罪嫌疑人、法定代理人、合适成年人核对无误后，分别在讯问笔录上签名并捺指印确认。

【重点提示】讯问未成年犯罪嫌疑人进行录音录像的事由

依据《未成年人刑事检察工作指引（试行）》第104条的规定，有下列情形之一的，可以对讯问未成年犯罪嫌疑人的过程进行录音录像：（1）犯罪嫌疑人不认罪的；（2）犯罪嫌疑人前后供述不一的；（3）辩护人提出曾受到刑讯逼供、诱供的；（4）其他必要的情形。

需要注意的是，录音录像应当全程不间断进行，保持完整性，不得选择性地录制，不得剪接、删改。

讯问未成年人的细化要求

- 1 讯问未成年人
- 2 合适成年人到场拒绝权
- 3 保护人格尊严原则
- 一次询问原则

四、讯问的其他形式

(一) 远程视频讯问

当前,运用远程视频系统进行讯问已被广泛适用于司法实践。这种形式的讯问,既有利于节约有限的司法资源,也有利于提高司法办案效率。但讯问未成年犯罪嫌疑人时,一般情况下不宜采用远程视频讯问形式,主要原因是由于办案人员如果不与未成年人直接接触,缺乏亲历性则难以开展有效的教育,同时,法定代理人或合适成年人到场的作用也会因远程视频的形式被削弱。但是在一些特殊情况下,如逮捕听证和补充讯问,则可以采用远程视频系统进行讯问。[1] 再如2020年初,为了做好新型冠状病毒感染肺炎疫情防控工作,防止病毒扩散,在疫情防控期间一般不采取当面讯问犯罪嫌疑人的方式,而是通过电话或者视频讯问等方式进行远程提审,并在检察讯问端做好同步录音录像等工作。

(二) 讯问未被羁押的未成年犯罪嫌疑人

根据最高检《关于在审查批捕、审查起诉中讯问未被羁押的犯罪嫌疑人严格防范安全事故的通知》的规定:讯问未被羁押的未成年犯罪嫌疑人时,应有"监护人或合适成年人陪同,并注意讯问方法,稳定其情绪,避免使用刺激性语言,讯问结束后保证其安全离开。"因此,讯问未被羁押的未成年犯罪嫌疑人,办案人员应结合阅卷情况及社会调查情况等,先进行办案安全风险评估,并制定安全防范预案。

依据《未成年人刑事检察工作指引(试行)》规定,讯问应在检察机关未检办案区进行,且应由两位熟悉未成年人身心特点的检察人员进行。办案人员还应注意讯问方式和用语,使用平和的讯问方式和通俗易懂的语言,做到耐心倾听、理性引导。适时进行法治教育及人生观教育,促使罪错未成年人深刻反省,吸取教训,讯问结束后保证其安全离开。

此外,讯问未被采取强制措施的未成年犯罪嫌疑人,讯问前应当征求公安机关的意见,对其背景情况进行调查,着重了解以下情况:侦查机关未采取拘留措施的原因;犯罪嫌疑人认罪情况及目前的心理、生理状态;犯罪嫌疑人与被害人及其家属、亲友的矛盾对立程度;侦查机关开展刑事和解的情况,若当事人不同意和解,不同意和解的原因等。

---

[1] 吴燕主编:《未成年人检察实务教程》,法律出版社2016年版,第53页。

五、常用文书参考①

（一）《提讯提解证》（略）

（二）《传唤证》（未成年犯罪嫌疑人适用）（略）

（三）《未成年犯罪嫌疑人诉讼权利义务告知书》（审查逮捕阶段适用）（略）

（四）《未成年犯罪嫌疑人法定代理人诉讼权利义务告知书》（审查逮捕阶段适用）（略）

（五）《委托辩护人/申请法律援助告知书》（略）

（六）《未成年人法定代理人到场通知书》（略）

（七）《合适成年人到场通知书》（略）

（八）《讯问笔录》

×××人民检察院
讯 问 笔 录
（审查逮捕阶段）

时　　间：＿＿年＿月＿日＿＿时＿＿分至＿＿年＿月＿日＿＿时＿＿分
地　　点：＿＿＿＿＿＿＿＿＿＿＿＿＿＿＿＿＿＿＿＿＿＿＿＿＿＿
检 察 员：＿＿＿＿＿＿＿＿＿＿＿＿＿＿＿＿＿＿＿＿＿＿＿＿＿＿
记 录 人：＿＿＿＿＿＿＿＿＿＿＿＿＿＿＿＿＿＿＿＿＿＿＿＿＿＿
未成年犯罪嫌疑人：＿＿＿＿＿＿＿＿＿＿＿＿＿＿＿＿＿＿＿＿＿
法定代理人（成年亲属或合适成年人）：＿＿＿＿＿＿＿＿＿＿＿＿
案　　由：＿＿＿＿＿＿＿＿＿＿＿＿＿＿＿＿＿＿＿＿＿＿＿＿＿
移送案件单位：＿＿＿＿＿＿＿＿＿＿＿＿＿＿＿＿＿＿＿＿＿＿＿
诉讼程序：审查逮捕
（第一次讯问必须问清犯罪嫌疑人姓名、曾用名、年龄、出生年月日、属相、过生日日期、籍贯、文化程度、民族、户籍地址、现在住址、工作单位、

---

① 文书（一）至（七）参见《人民检察院刑事诉讼法律文书格式样本（2020版）》。

个人简历、有无前科、家庭成员及本市有无监管条件等情况)

　　告知：我们是××检察院的工作人员，现在依法对你进行讯问，你要如实回答。你可以进行有罪的陈述或者无罪的辩解。但与本案无关的问题，你有拒绝回答的权利。根据法律规定，如实供述自己罪行可以依法从宽处理。你听懂了吗？

　　答：听懂了。

　　告知：（针对需要同步录音录像的情形）根据规定，我们将对今天讯问的全过程录音录像，你听明白了吗？

　　答：听明白了。

　　告知：你是未成年人，这是《未成年犯罪嫌疑人诉讼权利义务告知书（审查批捕阶段）》，如果你无法阅读，我们可以向你宣读。

　　答：（阅看或者向其宣读后，签名、捺印）

　　问：是否需要回避？（包括翻译人员的回避）

　　答：_____

　　关键环节一：告知法定代理人（成年亲属、合适成年人）、女性工作人员到场相关规定

　　问：1. 为保障你的合法权益，根据法律规定，我们通知了你的法定代理人到场，参与今天的讯问。2. 根据法律规定，我们应当通知你的法定代理人到场，参与今天的讯问，但是无法通知、法定代理人不能到场，所以我们请来你的成年亲属（需要写明与犯罪嫌疑人的关系及姓名）或合适成年人××机构的某某某到场参与今天的讯问。你知道了吗？

　　答：知道了。

　　问：在公安机关的每一次讯问时法定代理人或成年亲属或合适成年人是否全程在场？

　　答：_____

　　问：因你是女性未成年人，根据法律规定，讯问时应当有女性工作人员在场，你知道了吗？

　　答：我知道了，今天我看到有女性工作人员在场。

　　问：公安机关几次讯问，是否都有女性工作人员在场参与讯问？

　　答：_____

　　关键环节二：核实未成年人身份情况

　　问：你的基本情况？

　　答：（姓名、曾用名、绰号、性别、出生年月日、公历农历、生肖属相、民族、籍贯、文化程度、个人简历、职业、户籍地及居住地）

问：你父母基本情况？

答：姓名、年龄、住址、户籍、职业及其联系方式。

问：你是否有兄弟姐妹？其出生年月日、生肖属相情况？

答：

问：公安机关户籍登记、身份证资料显示你的出生日期是公历的某某年某月某日，你对此有无异议？

答：

情况一：针对自报年龄和公安机关登记材料不一致的

问：为什么你供述的出生日期和公安机关登记不一致？有无证人或者其他线索证明？

答：（详细记录原因以及证人姓名、联系方式）

问：你供述的出生日期是公历还是农历？你是否知道公历、农历的区别？

答：

问：你平时什么时候过生日，是否就是前面所说的出生日期？

答：

情况二：针对关于出生日期的供述发生变化的

问：为什么今天陈述与之前不一样？

答：

问：有什么证据或者线索（比如出生地点、接生人员、出生证或者接种卡、学籍登记卡等）？

答：（详细记录其提供的证人姓名、联系方式）

关键环节三：未成年人身体健康、精神状况

问：目前有无患严重疾病？是否生过大病以及服用精神类药物等？为什么不读书（为什么学习成绩不好）？（有针对性排除身体不健康、精神疾病及其智力低下等情况）

答：

问：（针对具体情况）发病、就医、服药、诊治情况？家族中是否患有遗传精神疾病？

答：

问：（针对女性犯罪嫌疑人）你是否怀孕或者正在哺乳自己的婴儿？

答：

关键环节四：落实辩护和获得法律援助的权利

问：公安机关是否告知你聘请律师和获得法律援助的权利？你是否已经聘请律师或获得法律援助？

答：_____

情况一：对尚未聘请律师、尚未获得法律援助的

问：根据刑诉法的规定，未成年人没有委托辩护人的，公安机关、检察机关应当通知法律援助机构指派律师为你辩护。

答：_____

情况二：对已经聘请律师或者获得法律援助的

问：律师是否已经会见过你？会见过几次？

答：_____

关键环节五：关于前科劣迹情况

问：你以前是否被刑事处罚或行政处罚？

答：（若有，应记明处罚的原因、时间、处罚单位、处罚情况、释放时间等内容）

关键环节六：讯问主要犯罪事实

问：你这次因何事于何时被采取何种强制措施？

答：_____

问：你一共向公安机关作过几次供述？每次供述的时间、地点？

答：_____

问：你所供述的内容是否反映你的真实意思？

答：_____

问：公安机关在讯问过程中，是否有刑讯逼供等违法行为？

答：（如犯罪嫌疑人称有刑讯逼供等违法行为，则需记录刑讯逼供的时间、地点、行为人和行为方式，以及相关证明线索）

问：对于公安机关的讯问笔录，你是否阅读过（或者宣读过）并经确认后再签字？

答：_____

问：你是否有犯罪行为？

答：_____

情况一：对于犯罪嫌疑人作有罪供述且前后一致的

问：具体供述你的行为？

答：（记明主要犯罪事实，围绕犯罪构成进行询问，特别是定案关键事实的细节、特征）

问：你对犯罪事实还有什么辩解？（具体理由是什么？）

答：_____

情况二：对于犯罪嫌疑人翻供、变供的

问：你今天的供述与在公安机关的供述并不一致，为何发生变化？改变供述的理由是什么？

答：_____

问：具体供述你的行为？

答：_____

情况三：对犯罪嫌疑人始终拒供的

问：根据刑诉法的规定，对一切案件的判处都要重证据，重调查研究，不轻信口供。只有被告人供述，没有其他证据的，不能认定有罪和处以刑罚；没有被告人供述，证据确实、充分的，可以认定有罪和处以刑罚。你听明白了吗？

答：听明白了。

问：你是否实施过公安机关指控的犯罪行为？

答：_____

问：（根据案件情况，结合犯罪构成的相关要求，进行针对性讯问）

答：_____

问：你是否还有其他违法犯罪行为？

答：_____

问：你是何时、如何到案的？

答：（被抓获、父母陪同或自行投案自首等）

问：你有无涉案物品被查封、扣押？

答：_____

问：你有无随身物品被扣押？公安机关是否已开具清单给你？

答：_____

问：你对公安机关的查封、扣押，有无异议？（围绕查封、扣押的规范性问题展开讯问）

答：_____

问：公安机关是否已告知你鉴定意见的情况，你有无异议？

答：_____

问：有无协助公安机关抓获其他犯罪嫌疑人？

答：_____

问：你是否有检举揭发他人的违法犯罪行为？

答：_____

关键环节七：未成年人监管和帮教条件

问：你目前和谁一起居住？父母是否对你进行管教？平时和谁沟通交流

较多？

答：＿＿＿＿＿＿＿＿＿＿

问：（如果在本地无法定代理人或近亲属）在本地有无亲戚朋友，有无居住或者暂住地，有无收入或者经济来源？

答：＿＿＿＿＿＿＿＿＿＿

问：（针对轻微犯罪，可能具备帮教条件、可能采取非羁押措施的案件）你是否要求被取保候审？

答：＿＿＿＿＿＿＿＿＿＿

问：（对于有被害人的案件）是否已经赔偿，若没有赔偿是否愿意赔偿？有无赔偿条件？

答：（如有意愿，可详细记录）

关键环节八：教育环节

问：（结合未成年犯罪嫌疑人案件和自身实际，进行教育）

答：（个人认识情况）

问：（请法定代理人、成年亲属或者合适成年人进行教育）

答：＿＿＿＿＿＿＿＿＿＿

问：（批捕阶段进行心理测试时）为了解你这次犯罪动因、重新犯罪可能性以及悔过程度等，我们需要对你进行心理测试。你同意吗？

答：同意（不同意，须问明原因）。

问：你今天所讲的是不是事实？

答：＿＿＿＿＿＿＿＿＿＿

问：其他还有什么补充？

答：＿＿＿＿＿＿＿＿＿＿

问：根据告知你的诉讼权利和义务，你对我们今天的讯问有无意见？

答：＿＿＿＿＿＿＿＿＿＿

问：阅看（或者宣读）笔录，请仔细核对笔录是否和你说的相符，如果有遗漏或者差错，可以补充或者改正；认为笔录没有错误，请在笔录上逐页签名按指印。

答：＿＿＿＿＿＿＿＿＿＿

问：法定代理人（或者合适成年人）阅看（或者宣读）笔录。有需要补充或更正的，可以提出来。

答：＿＿＿＿＿＿＿＿＿＿

犯罪嫌疑人若无异议，由其亲笔书写以下内容并签字、捺手印：

以上笔录共__页,我看过(或向我宣读过),和我说的一样。

法定代理人(成年亲属、合适成年人)亲笔书写以下内容签字:

讯问过程我在场,笔录我看过(或向我宣读过),和某某某说的一样。

若拒绝签字,请写明情况。

××× 人民检察院

讯 问 笔 录

(审查起诉阶段)

时　　间:＿＿年＿月＿日＿＿时＿＿分至＿＿年＿月＿日＿＿时＿＿分

地　　点:＿＿＿＿＿＿＿＿＿＿＿＿＿＿＿＿＿＿＿＿＿＿＿＿＿＿＿

检察员:＿＿＿＿＿＿＿＿＿＿＿＿＿＿＿＿＿＿＿＿＿＿＿＿＿＿＿＿

记录人:＿＿＿＿＿＿＿＿＿＿＿＿＿＿＿＿＿＿＿＿＿＿＿＿＿＿＿＿

未成年犯罪嫌疑人:＿＿＿＿＿＿＿＿＿＿＿＿＿＿＿＿＿＿＿＿＿＿

法定代理人(成年亲属或合适成年人):＿＿＿＿＿＿＿＿＿＿＿＿＿

案　　由:＿＿＿＿＿＿＿＿＿＿＿＿＿＿＿＿＿＿＿＿＿＿＿＿＿＿

移送案件单位:＿＿＿＿＿＿＿＿＿＿＿＿＿＿＿＿＿＿＿＿＿＿＿＿

诉讼程序:审查起诉＿＿＿＿＿＿＿＿＿＿＿＿＿＿＿＿＿

(讯问再次核实犯罪嫌疑人姓名、曾用名、年龄、出生年月日、阴历、阳历、属相、过生日日期、籍贯、文化程度、民族、现在住址、工作单位、个人简历、有无前科、家庭成员情况及本市有无监管条件等情况)

告知:我们是××检察院的工作人员,现在依法对你进行讯问,你要如实回答。你可以进行有罪的陈述或者无罪的辩解。但与本案无关的问题,你有拒绝回答的权利。根据法律规定,如实供述自己罪行可以依法从宽处理。你听懂了吗?

答:听懂了。

告知:(仅针对需要同步录音录像的情形)根据规定,我们将对今天讯问的全过程录音录像,你听明白了吗?

答:听明白了。

告知:你是未成年人,这是《未成年犯罪嫌疑人诉讼权利义务告知书(审查起诉阶段)》,如果你无法阅读,我们可以向你宣读。

答:(阅看、签名)

问:是否需要回避?(包括翻译人员的回避)

答:

关键环节一：告知法定代理人（成年亲属、合适成年人）、（女性工作人员）到场相关规定

问：1. 为保障你的合法权益，根据法律规定，我们通知了你的法定代理人到场，参与今天的讯问。2. 根据法律规定，我们应当通知你的法定代理人到场，参与今天的讯问，但是无法通知、法定代理人不能到场，所以我们请来你的成年亲属（需要写明与犯罪嫌疑人的关系及姓名）或合适成年人××机构的某某某到场参与今天的讯问。你知道了吗？

答：知道了。

问：在公安机关的每一次讯问时法定代理人或合适成年人是否全程在场？

答：

问：因你是女性未成年人，根据法律规定，讯问时应当有女性工作人员在场，你知道了吗？

答：我知道了，今天我看到有女性工作人员在场。

问：公安机关几次讯问，是否都有女性工作人员在场参与讯问？

答：

关键环节二：核实未成年人身份情况

问：你的基本情况？

答：（姓名、曾用名、绰号、性别、出生年月日、公历农历、生肖属相、民族、籍贯、文化程度、个人简历、职业、户籍地及居住地）

问：你父母基本情况？

答：父母的姓名、年龄、户籍、住址、职业及其联系方式。

问：你是否有兄弟姐妹？其出生年月日、生肖属相情况？

答：

问：公安机关户籍登记、身份证资料显示你的出生日期是阳历的某某年某月某日，你对此有无异议？

答：

情况一：针对自报年龄和公安机关登记材料不一致的

问：为什么你供述的出生日期和公安机关登记不一致？有无证人或者其他线索证明？

答：（详细记录原因以及证人姓名、联系方式）

问：你供述的出生日期是公历还是农历？你是否知道公历、农历的区别？

答：

问：你平时什么时候过生日，是否就是前面所说的出生日期？

答：

情况二：针对关于出生日期的供述发生变化的
问：为什么今天陈述与之前不一样？
答：_____

问：有什么证据或者线索（比如出生地点、接生人员、出生证或者接种卡、学籍登记卡等）？
答：（详细记录其提供的证人姓名、联系方式）

关键环节三：未成年人身体健康、精神状况
问：目前有无患严重疾病？是否生过大病以及服用精神类药物等？为什么不读书（为什么学习成绩不好）？（有针对性排除身体不健康、精神疾病及其智力低下等情况）
答：_____

问：（针对具体情况）发病、就医、服药、诊治情况？家族中是否患有遗传精神疾病？
答：_____

问：（针对女性犯罪嫌疑人）你是否怀孕或者正在哺乳自己的婴儿？
答：_____

关键环节四：落实辩护和获得法律援助的权利
问：公安机关是否告知你聘请律师和获得法律援助的权利？你是否已经聘请律师或获得法律援助？
答：_____

情况一：对尚未聘请律师、尚未获得法律援助的
问：根据刑诉法的规定，未成年人没有委托辩护人的，公安机关、检察机关应当通知法律援助机构指派律师为你辩护。
答：_____

情况二：对已经聘请律师或者获得法律援助的
问：律师是否已经会见过你？会见过几次？
答：_____

关键环节五：关于前科劣迹情况
问：你以前是否被刑事处罚或行政处罚？
答：（若有，应记明处罚的原因、时间、处罚单位、处罚情况、释放时间等内容）

关键环节六：讯问主要犯罪事实
问：你这次因何事于何时被采取何种强制措施？
答：_____

问：你一共向公安机关作过几次供述？每次供述的时间、地点？
答：_____
问：你是否有犯罪行为？
答：_____
问：（如果犯罪嫌疑人被逮捕）你被依法逮捕之后，公安机关讯问时，你有没有供述新的事实？或提供新的证据？
答：（若有，需详细讯问并记录犯罪嫌疑人的供述情况及其发生变化的原因。若没有变化，也应让犯罪嫌疑人完整供述事实经过）
问：你所供述的内容是否反映你的真实意思？
答：_____
问：公安机关在讯问过程中，是否有刑讯逼供等违法行为？
答：（如犯罪嫌疑人称有刑讯逼供等违法行为，则需记录刑讯逼供的时间、地点、行为人和行为方式，以及相关证明线索）
问：对于公安机关的讯问笔录，你是否阅读过（或者宣读过）并经确认后再签字？
答：_____
问：你是如何到案的？
答：（被抓获、父母陪同或自行投案自首等）
问：你有无涉案物品被查封、扣押？
答：_____
问：你有无随身物品被扣押？公安机关是否已向你开具清单？
答：_____
问：你对公安机关的查封、扣押，有无异议？（围绕查封、扣押的规范性问题展开讯问）
答：_____
问：公安机关是否已告知你鉴定意见的情况，你有无异议？
答：_____
问：你是否还有其他违法犯罪行为？
答：_____
问：有无协助公安机关抓获其他犯罪嫌疑人？
答：_____
问：你是否有检举揭发他人的违法犯罪行为？
答：_____

关键环节七：未成年人继续羁押必要性评估（适用在押未成年人）

问：父母或近亲属是否在本地，有无居住或者暂住地，有无收入或者经济来源？

答：_____

问：（针对轻微犯罪，可能具备帮教条件、可能采取非羁押措施的案件）你是否要求被取保候审或者监视居住？

答：_____

问：（对于有被害人的案件）是否已经赔偿，若没有赔偿是否愿意赔偿？有无赔偿条件？

答：（如有意愿，可详细记录）

关键环节八：未成年人刑事案件的特殊程序

问：为了解你这次犯罪动因、重新犯罪可能性以及悔过程度等，我们需要对你进行心理测试。你同意吗？

答：同意（不同意，须问明原因）。

关键环节九：关于简易程序适用的意见

问：根据法律规定，案件事实清楚、证据充分的；犯罪嫌疑人对指控的犯罪事实没有异议的，可以适用简易程序。（告知相关权利义务）你是否同意适用简易程序审理？

答：_____

关键环节十：教育环节（参考审查批捕模板）

问：（结合未成年犯罪嫌疑人案件和自身实际，进行教育）

答：（个人认识情况）

问：（请法定代理人、成年亲属或者合适成年人进行教育）

答：_____

问：你今天所讲的是不是事实？

答：_____

问：其他还有什么补充？

答：_____

问：根据告知你的诉讼权利和义务，你对我们今天的讯问有无意见？

答：_____

问：阅看（或者宣读）笔录，有需要补充或更正的，可以提出来；认为笔录没有错误，请在笔录上逐页签名按指印。

答：_____

问：法定代理人（或者合适成年人）阅看（或者宣读）笔录。有需要补充或更正的，可以提出来。
答：_____

犯罪嫌疑人若无异议，由其亲笔书写以下内容并签字、捺手印：
以上笔录共____页，我看过（或向我宣读过），和我说的一样。
法定代理人（成年亲属、合适成年人）亲笔书写以下内容签字：
讯问过程我在场，笔录我看过（或向我宣读过），和某某某说的一样。
若拒绝签字，请写明情况。

第三讲 合适成年人到场

合适成年人是否能替代法定代理人？合适成年人参与刑事诉讼活动的职责有哪些？本讲将从合适成年人制度的渊源入手，阐述合适成年人参与刑事诉讼活动的适用条件、权利义务，以及具体作用、参与诉讼活动的流程和相关配套制度等。

一、概述

（一）渊源与概念

在刑事诉讼中，当犯罪嫌疑人或被告人为未成年人时，因其社会经验、法律知识、自身保护意识和防御能力等诸多方面能力欠缺，导致其在诉讼中处于明显弱势地位。而诉讼过程中，维持控方与辩方力量的对比相对均衡始终是立法的重点，司法中也会采取各种方略以平衡控辩双方的诉讼地位。因此，世界各国也都在立法与司法方面重视对未成年人诉讼力量的帮扶。如英国于1984年因Confait案件而设立的合适成年人参与制度，再如美国刑事诉讼过程中针对未成年人犯罪设立的审前服务与缓刑官制度。[1]

2002年，上海市长宁区检察院、云南省昆明市盘龙区检察院率先在办理未成年人刑事案件时探索适用合适成年人参与讯问制度。2010年5月，上海市检察院与多部门共同制发《关于合适成年人参与刑事诉讼的规定》，明确合适成年人参与刑事诉讼的资格条件、义务履行、享有权利等事项；上海市检察院还联合市公安局、市高级法院、市司法局共同组建了一支400余人的合适成年人队伍，部分基层检察院建立了合适成年人夜间值班制度。

根据我国刑事诉讼法的相关规定，合适成年人到场，主要是指在未成年人刑事案件诉讼过程中，未成年犯罪嫌疑人、被害人、证人的法定代理人无法或不宜到场时，依法由办案机关通知负有未成年人保护责任的机关、团体选派符

---

[1] 刘立霞、郝小云：《论未成年人刑事案件中的合适成年人制度》，载《法学杂志》2011年第4期。

合一定条件的成年代表,作为诉讼参与人到场,行使法定代理人的部分诉讼权利,维护涉罪未成年人合法权益,并履行监督、沟通、抚慰、教育职责的拟制的法定代理人到场制度。

(二) 常用法律政策依据

1.《刑事诉讼法》

第281条（第1款） 对于未成年人刑事案件,在讯问和审判的时候,应当通知未成年犯罪嫌疑人、被告人的法定代理人到场。无法通知、法定代理人不能到场或者法定代理人是共犯的,也可以通知未成年犯罪嫌疑人、被告人的其他成年亲属,所在学校、单位、居住地基层组织或者未成年人保护组织的代表到场,并将有关情况记录在案。到场的法定代理人可以代为行使未成年犯罪嫌疑人、被告人的诉讼权利。

（第2款） 到场的法定代理人或者其他人员认为办案人员在讯问、审判中侵犯未成年人合法权益的,可以提出意见。讯问笔录、法庭笔录应当交给到场的法定代理人或者其他人员阅读或者向他宣读。

2.《刑诉规则》

第465条（第3款） 无法通知、法定代理人不能到场或者法定代理人是共犯的,也可以通知未成年犯罪嫌疑人的其他成年亲属,所在学校、单位或者居住地的村民委员会、居民委员会、未成年人保护组织的代表到场,并将有关情况记录在案。未成年犯罪嫌疑人明确拒绝法定代理人以外的合适成年人到场,且有正当理由的,人民检察院可以准许,但应当在征求其意见后通知其他合适成年人到场。

（第4款） 到场的法定代理人或者其他人员认为检察人员在讯问中侵犯未成年犯罪嫌疑人合法权益提出意见的,人民检察院应当记录在案。对合理意见,应当接受并纠正。讯问笔录应当交由到场的法定代理人或者其他人员阅读或者向其宣读,并由其在笔录上签名或者盖章,并捺指印。

3.《人民检察院办理未成年人刑事案件的规定》

第17条（第5款） 未成年犯罪嫌疑人明确拒绝法定代理人以外的合适成年人到场,人民检察院可以准许,但应当另行通知其他合适成年人到场。

4.《未成年人保护法》

第110条 公安机关、人民检察院、人民法院讯问未成年犯罪嫌疑人、被告人,询问未成年被害人、证人,应当依法通知其法定代理人或者其成年亲属、所在学校的代表等合适成年人到场,并采取适当方式,在适当场所进行,保障未成年人的名誉权、隐私权和其他合法权益。

人民法院开庭审理涉及未成年人案件,未成年被害人、证人一般不出庭作证；必须出庭的，应当采取保护其隐私的技术手段和心理干预等保护措施。

5. 最高人民法院《关于适用〈中华人民共和国刑事诉讼法〉的解释》

第555条　人民法院审理未成年人刑事案件，在讯问和开庭时，应当通知未成年被告人的法定代理人到场。法定代理人无法通知、不能到场或者是共犯的，也可以通知合适成年人到场，并将有关情况记录在案。

到场的法定代理人或者其他人员，除依法行使刑事诉讼法第二百八十一条第二款规定的权利外，经法庭同意，可以参与对未成年被告人的法庭教育等工作。

适用简易程序审理未成年人刑事案件，适用前两款规定。

第556条（第1款）　询问未成年被害人、证人，适用前条规定。

第579条　定期宣告判决的未成年人刑事案件，未成年被告人的法定代理人无法通知、不能到场或者是共犯的，法庭可以通知合适成年人到庭，并在宣判后向未成年被告人的成年亲属送达判决书。

6.《未成年人刑事检察工作指引（试行）》

第48条　人民检察院对同一名未成年人进行多次讯问、询问的，一般应当由同一合适成年人到场。

合适成年人参与其他诉讼活动的，参照上述规定。

二、适用条件

（一）适用范围

根据《刑事诉讼法》第281条以及《未成年人刑事检察工作指引（试行）》第46条第2款的规定，在办理未成年人刑事案件过程中，对于法定代理人具有下列情形之一，不能或者不适合到场的，应当通知合适成年人到场：

（1）与未成年犯罪嫌疑人构成共同犯罪的；

（2）已经死亡、宣告失踪或者无监护能力的；

（3）因身份、住址或联系方式不明无法通知的；

（4）因路途遥远或者其他原因无法及时到场的；

（5）经通知明确拒绝到场的；

（6）阻挠讯问或者询问活动正常进行，经劝阻不改的；

（7）未成年人有正当理由拒绝法定代理人到场的；

（8）到场可能影响未成年人真实陈述的；

（9）其他不能或者不宜到场的情形。

需要注意的是，通知到场的法定代理人或者合适成年人一般为一名。而且当法定代理人不能或者不宜到场的情形消失后，人民检察院应当及时通知法定代理人到场。讯问、询问女性未成年人的,一般应当选择女性合适成年人到场。

> 【随堂问题】如何理解刑事诉讼法中关于"法定代理人"的定义范围?
>
> 根据《刑事诉讼法》第108条第3项之规定,"法定代理人"是指被代理人的父母、养父母、监护人和负有保护责任的机关、团体的代表。由此可见,我国刑事诉讼程序中法定代理人的范围涵盖较广,除了父母、养父母之外,还包括其他监护人以及负有保护责任的机关、团体的代表。
>
> 但法定代理人到场制度中的"法定代理人"是否也应作上述的广义理解呢?笔者认为不然。《刑事诉讼法》第281条规定"无法通知、法定代理人不能到场或者法定代理人是共犯的,可以通知未成年犯罪嫌疑人、被告人的其他成年亲属,所在学校、单位、居住地基层组织或者未成年人保护组织的代表到场"。可以发现,实践中的"法定代理人"只能作狭义理解。因为如果对于此处的"法定代理人"按照总则的规定理解,则会包含负有保护职责的机关、团体的代表,与《刑事诉讼法》第281条规定的未成年人保护组织存在重叠适用的情况,根据特别程序规定优于总则规定的原则,对此处的"法定代理人"作狭义解释较妥,即其范围应界定为未成年人的父母、养父母、监护人等。

> 【随堂问题】法定代理人和合适成年人的区别?
>
> 二者的区别主要表现在权利保护本位、适用位阶顺序、权利范围不同。首先,在权利保护本位上,法定代理人到场权是一种以法定代理人为本位的权利,合适成年人到场是一种以未成年人为本位的权利。也就是说,司法机关通知法定代理人到场不需要征询未成年人意见,而法定代理人具有决定是否到场的决定权,其不到场不承担任何法律责任。其次,在位阶顺序上,法定代理人具有优先顺序。只有司法机关在通知法定代理人遇到以下障碍时,才退而求其次通知合适成年人到场,即法定代理人无法通知、不能到场或是共犯的。最后,到场的法定代理人在刑事诉讼程序中具有独立的诉讼地位,其诉讼行为不受被代理人意志的约束,在行使代理权时无须经过未成年人的同意,可以根据自己的意志独立行使未成年人的诉讼权利。① 而合适成年人参与制度是基于维护未成年人最大利益而设计的机制,未成年人有拒绝合适成年人的决定权,合适

---

① 史华松:《合适成年人参与制度的"吴中经验"研究》,载《常熟理工学院学报(哲学社会科学)》2011年第1期。

> 成年人行使诉讼权利也必须符合未成年人的最大利益，合适成年人的权利更应当被视作义务，不可基于自身意志和利益考虑而推却或不适当地行使。①

（二）主体范围

合适成年人的选择中，与未成年犯罪嫌疑人关系越密切的人越有助于对未成年人进行帮教和挽救，也越容易被未成年人所接受，故合适成年人的选择原则应当是根据监护条件、未成年人意愿及其他实际情况，按照法律规定顺位选择，优先选择未成年人的其他成年亲属。

当然，如果在确无其他成年亲属合适到场的情况下，一般由熟悉未成年人身心特点，掌握一定未成年人心理、教育或者法律知识，具有较强社会责任感，并经过必要培训的人员担任合适成年人。未成年犯罪嫌疑人犯罪行为所在地政府部门或者相关单位组建了合适成年人队伍的，可以从合适成年人名册中选择。检察机关应当加强与相关职能部门、社会组织的沟通协调，共同组建合适成年人队伍、制作合适成年人名册，协助健全日常运行和管理机制并开展相关培训等。

一般来说，合适成年人群体除未成年人的近亲属以外，主要包括以下几类主体，各地可以根据实际情况进行选择：

（1）专业社会工作者；
（2）学校教师；
（3）共青团干部；
（4）青保干部；
（5）居村委干部；
（6）律师；
（7）关心下一代工作委员会成员；
（8）离退休人员；
（9）志愿者等。

【案例】 上海市长宁区检察院探索建立合适成年人制度

2002年11月，上海市长宁区检察院未检科在受理一起故意伤害案件中发现，该案的犯罪嫌疑人李某在幼年时父母离异，跟随父亲生活至十岁

---

① 吴燕：《新刑诉法成年人到场制度实务研究》，载《青少年犯罪问题》2013年第6期。

时父亲因病过世，随后爷爷奶奶也相继过世，自此李某过着居无定所的生活。再婚后的生母虽然时常收留他居住，但是案发后其生母与李某的姑妈互相推脱谁也不肯承担起监护人的责任。为了让已经缺少家庭温暖的李某在羁押期间不再承受来自家庭原因方面的不快，确保未成年犯罪嫌疑人的诉讼权利得到充分保障，使其在接受检察机关讯问时能得到最大的帮助，能保持一种舒缓的心态，长宁区检察院在前期开展理论研究的基础上，决定对该案尝试适用合适成年人制度。为李某安排了一名长宁区法律援助中心的工作人员作为合适成年人参与了该次讯问。

在讯问之前，合适成年人与李某进行了交谈，使其消除了恐惧感，放下了心中的思想包袱，正视自己的犯罪行为，对司法机关表示出认罪悔罪的态度。由于李某在与合适成年人的交谈中流露出了对生母的想念和求助之情，合适成年人及时将这一情况反馈给未检科的承办人。为了在此后诉讼阶段中使李某能得到其监护人的帮助，在合适成年人的协同下，未检科的承办人多次约见了李某的生母，使其承诺今后一定担负起监护人的职责，并对李某故意伤害行为造成他人经济和精神上的损失承担一定的补偿，被害人表示谅解。这也是长宁区检察院创设合适成年人制度后在具体案件中的首次适用，案件取得较好效果。

【案例】 检察机关适用合适成年人制度

某检察院在审查李某等四人涉嫌故意伤害一案中，发现其中一名犯罪嫌疑人王某（17周岁）的父母均在外省打工，无法取得联系，其亲属因害怕承担责任，讯问时也拒不到场。该院立即与王某所在学校联系，该校指派了王某的班主任老师以"合适成年人"身份在依法讯问王某时履行到场职责，并发表意见。承办人将有关情况如实记录在案，切实保障了未成年犯罪嫌疑人的诉讼权利。

【随堂问题】 如何理解《刑事诉讼法》第281条规定"无法通知、法定代理人不能到场或者法定代理人是共犯的，也可以通知未成年犯罪嫌疑人、被告人的其他成年亲属，所在学校、单位、居住地基层组织或者未成年人保护组织的代表到场"中的"可以通知"？

有观点认为，"可以通知"是指可以根据实际情况酌情通知。笔者认为，这里应当联系法条上下文来理解，《刑事诉讼法》第281条的规定主要是指在未成年人刑事案件的讯问和审判过程中要为未成年人落实法定代理人或者合适成年人到场制度，因此，"可以通知"并非是指对通知的酌情裁量权，而是指在通知对象上存在先后选择顺序，即应当首先通知法定代理人，在无法通知、法定代理人不能到场或者法定代理人是共犯的情况下，再通知合适成年人到场，但法定代理人和合适成年人的到场二者必居其一。因此"可以通知"不能理解为"可以不通知"。

【课堂讨论】辩护律师可否同时兼任合适成年人？

观点一：可以。理由在于，辩护律师可以作为未成年人保护组织的代表，其身份符合刑事诉讼法规定担任合适成年人的范畴，因此其可以担任合适成年人。

观点二：不可以。理由在于，辩护律师不仅具有律师身份，还可能成为刑事案件中未成年犯罪嫌疑人的辩护人。其辩护人身份与合适成年人的功能并不相同，辩护人长于辩护，而合适成年人的主要作用是见证并监督相关诉讼活动的合法性，辩护权和合适成年人权利的行使在某些时候可能会存在冲突，例如辩护人在侦查阶段，不能参与侦查机关的讯问活动，而合适成年人在符合条件情况下可以参与讯问，此时辩护人如果以合适成年人的身份参与讯问，则违背了刑事诉讼法的相关规定。

综合上述观点，考虑到各级律师协会下均设有未成年人权益保护委员会，笔者认为该组织可视为未成年人保护组织，律师本人则可以作为未成年人保护组织的代表，以合适成年人的身份到场参与讯问，但不得同时兼任该名未成年犯罪嫌疑人的辩护人。

【课堂讨论】同案两名以上未成年人可否共用同一名合适成年人？

观点一：可以。理由在于，合适成年人制度与辩护人制度设置的目的不同，只要不损害同案犯之间的利益，可以共用同一名合适成年人。

观点二：不可以。理由在于，对于未成年人专业的帮教矫治，由不同的合适成年人开展效果更好，因为可以确保投入足够的精力。

笔者认为，合适成年人的设置目的与辩护人存在实质不同，其在参与刑事诉讼过程中，并不行使辩护权，不存在导致同案犯利益冲突的问题，兼任无明显不当之处。但是，实践中一般要求讯问和庭审应保证合适成年人的同一性，还要考虑到庭审中共用合适成年人可能会有顾此失彼之嫌，因此以不共用为宜。

（三）任职资格

1. 基本要求

合适成年人选任时，应满足以下几个条件：

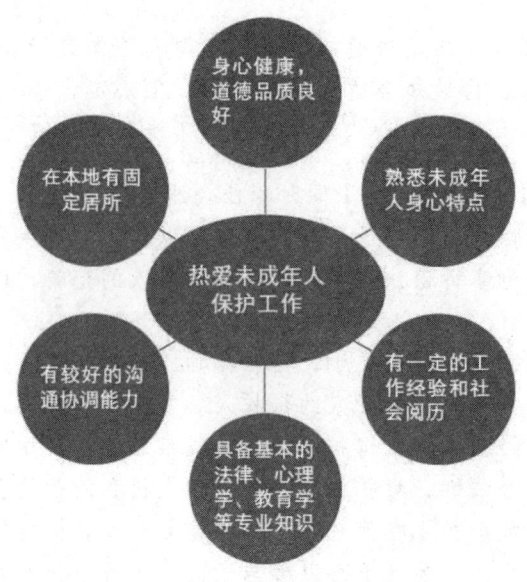

2. 限制条件

办案机关应当对到场的合适成年人情况进行事先审查。依据《未成年人刑事检察工作指引（试行）》第 51 条的规定，有下列情形的，不得担任合适成年人：

（1）属于正在被剥夺或限制人身自由期间的，如刑罚尚未执行完毕或者处于缓刑、假释考验期内的；

（2）无行为能力或者限制行为能力的；

（3）系案件的诉讼代理人、辩护人、证人、鉴定人员、翻译人员以及公安机关、检察机关、审判机关、司法行政机关的工作人员；

（4）与案件处理结果有利害关系的；

（5）其他不适宜担任合适成年人的情形。

【课堂讨论】有前科劣迹的人，能否担任合适成年人？

观点一：可以。法律没有限制性规定。

观点二：不可以。系罪错未成年人的反面教材。

笔者认为，虽然现行法律并未对有前科劣迹的人做限制性规定，但是从合适成年人的作用来看，其中重要的一点就是在刑事诉讼中教育感化涉案的未成年人，而如果合适成年人存在前科劣迹，难称对未成年犯罪嫌疑人有榜样和引导作用，可能会影响最终的教育效果。因此，对于有前科劣迹的未成年人保护组织的代表可以作严格限制，即不宜由其担任合适成年人；但是如果是未成年人的其他成年亲属担任合适成年人的，则不宜受前科劣迹的限制。

（四）合适成年人的变更

一般来说，为确保对未成年人的教育、感化和挽救效果，提高工作效率，合适成年人工作应保持一定的连续性，尽量不要变更。因此《未成年人刑事检察工作指引（试行）》第48条规定，人民检察院对同一名未成年人进行多次讯问、询问的，一般应当由同一合适成年人到场。合适成年人参与其他诉讼活动的，参照上述规定。

确有必要变更合适成年人的，要注意变更方式和变更次数。

1. 变更方式

（1）依申请变更：未成年人如有正当理由，要求变更合适成年人的，应当准许。

（2）依职权变更：未成年人虽然没有提出更换合适成年人，但表露出对合适成年人抗拒、不满等情形时，导致诉讼活动不能正常进行的，办案人员可以在征询未成年犯罪嫌疑人的意见后，及时更换合适成年人。

2. 变更次数

原则上，更换合适成年人以两次为限，但是第二次更换的合适成年人确实不能正确行使权利、履行义务，不能依法保障未成年人合法权益的除外。除首次通知合适成年人或者法定代理人以外，更换时可以不再以书面形式通知上述人员到场。

三、合适成年人的权利、义务

（一）合适成年人的权利

合适成年人参与刑事诉讼时，可以行使以下权利：

（1）了解情况。了解涉罪未成年人的身心特点、兴趣爱好、家庭情况、教育条件、日常表现、成长轨迹等情况；

（2）会面交谈。讯问时或庭审前，在办案人员陪同下与未成年犯罪嫌疑人会面交谈，了解其健康状况、权利义务知晓情况、合法权益有无遭受侵犯等情况；

（3）即时监督。发现办案人员有诱供、逼供或者其他侵犯未成年犯罪嫌疑人合法权益的情形，向办案人员所在机关反映；

（4）阅看笔录。阅看讯问笔录或庭审记录，核对无误后签字确认；

（5）法治教育。对未成年犯罪嫌疑人进行针对性法治教育；

(6) 其他权利。其他有利于维护未成年犯罪嫌疑人合法权益的权利。

需要注意的是，到场的法定代理人除了具有上述权利外，还有一项特殊权利，即代为行使未成年犯罪嫌疑人、被告人的诉讼权利，当然，在行使该项权利时不得侵害未成年人的合法权益。

【随堂问题】合适成年人的意见能够代替法定代理人的意见吗？

合适成年人权利与法定代理人权利最大的区别就在于法定代理人可以代行未成年人的诉讼权利，而合适成年人不可以。刑事诉讼法及相关司法解释专门规定，在决定附条件不起诉前应当征求法定代理人的意见。由于是否适用附条件不起诉涉及未成年人重大诉讼利益，直接影响对未成年人的司法处理结果，因此这些权利只能由法定代理人行使，合适成年人不能代行。实践中，特别要防止一些可能会影响未成年人重大利益的选择中，基于诉讼便利直接用合适成年人的意见代替法定代理人意见的情况。当然，如果合适成年人系未成年人近亲属，且得到法定代理人授权的，承办人员可以听取合适成年人的意见。但此时，合适成年人必须是受法定代理人委托，代行法定代理人的职责。

【随堂问题】对未成年犯罪嫌疑人认罪认罚如何适用合适成年人制度？

根据《关于适用认罪认罚从宽制度的指导意见》，人民法院、人民检察院办理未成年人认罪认罚案件，应当听取未成年犯罪嫌疑人、被告人的法定代理人的意见，法定代理人无法到场的，应当听取合适成年人的意见，但受案时犯罪嫌疑人已经成年的除外。未成年犯罪嫌疑人签署认罪认罚具结书时，其法定代理人应当到场并签字确认。法定代理人无法到场的，合适成年人应当到场签字确认。

【随堂问题】法定代理人与未成年犯罪嫌疑人的意见冲突时如何处理？

法定代理人代为行使诉讼权利时，如果未成年犯罪嫌疑人仍未满18周岁，且法定代理人行使诉讼权利的行为有利于维护其利益的，不需要征得其同意，但是如果法定代理人行使诉讼权利的行为不利于维护未成年人利益的，则应以未成年人的意见为准；如果未成年犯罪嫌疑人在检察环节已满18周岁，则应当征得其同意。这个问题的解决可以参照上诉

> 权的行使，最高人民法院研究室《关于未成年人犯罪案件法定代理人出庭及上诉问题的电话答复》中曾规定，上诉期间，未成年被告人及其法定代理人均享有独立的上诉权；如被告人已满18周岁，原法定代理人要求上诉的，则必须征得被告人的同意。该答复虽已废止，但其要义已被刑事诉讼法吸收，精神仍可参照适用。

（二）合适成年人的义务

合适成年人参与刑事诉讼时，应当履行下列义务：

（1）按时到场。接到办案机关通知后及时到场；

（2）表明身份。向未成年犯罪嫌疑人表明自己的身份和承担的职责；

（3）如实记录。将未成年犯罪嫌疑人在讯问中表现出的认罪态度、心理状况、情绪波动，以及司法工作人员是否依法讯问，是否有侵犯未成年犯罪嫌疑人的合法权益等情况进行如实记录；

（4）沟通理解。协助未成年人与讯问人员沟通，帮助未成年人准确理解司法人员的讯问内容；

（5）安抚情绪。安抚未成年犯罪嫌疑人，帮助消除焦虑、抵触情绪和对抗心理；

（6）不得妨害诉讼。帮助未成年犯罪嫌疑人正确理解讯问含义，但不得以诱导、暗示、威胁等方式妨碍涉罪未成年人独立回答问题，不得私自为在押未成年人传递口信、信件、物品等；

（7）保密义务。不得以任何形式公开或向他人透露相关案情或未成年犯罪嫌疑人的个人信息；

（8）及时告知。发现本人与所参与的案件存在利害关系或其他不宜担任合适成年人的情况后，应及时告知检察机关；

（9）其他义务。其他有利于维护未成年犯罪嫌疑人合法权益的义务。

需要注意的是，法定代理人到场时，也必须履行上述义务。

> **【随堂问题】** 合适成年人履行沟通职责的积极意义？
>
> 由于未成年人身心发育不成熟，理解能力和知识面均有欠缺，对于讯问人员的问题可能并不能准确地理解，也可能并不能准确预知自己言语及行为的后果，或者不能准确、适当地表达自己的真实意思，甚至在紧张对抗的讯问过程中出现语言、读写等方面的困难，产生与讯问人员之间沟通的障碍。在对抗性的氛围下，办案人员也可能与未成年犯罪嫌

疑人之间难以充分沟通。这些情况的出现均可能影响供述的真实性、准确性，妨碍讯问的顺利进行，导致案件出现疏漏，既损害未成年犯罪嫌疑人的利益，也影响讯问人员的判断。合适成年人（尤其是经过专业训练的合适成年人）的参与，一方面可以帮助未成年犯罪嫌疑人理解自己在讯问过程中所拥有的权利和义务，理性理解自己言语和行为的后果，准确表达真实意思；另一方面，也可以协助讯问人员以未成年犯罪嫌疑人所能理解和接受的方式讯问，准确理解未成年犯罪嫌疑人的真实意思表示。由此创造一个和缓的氛围，在未成年犯罪嫌疑人与讯问人员之间建立有效沟通的桥梁，减少和消除误解，促进讯问的顺利进行。

【案例】合适成年人积极发挥沟通抚慰作用

未成年人刘某寻衅滋事案开庭当日，刘某的法定代理人未到场，由于法官开庭前已要求刘某代为通知开庭事宜，但刘某始终表现出抗拒情绪，不愿说明未通知的理由，法官据此拟对其取保候审措施变更为逮捕的强制措施。庭审休庭期间，担任合适成年人的社工利用与未成年人刘某之前的信任关系，耐心安抚并详细了解情况，通过沟通后了解到因开庭当日系刘某父亲的生日，故刘某不希望其涉案的事情影响父亲。社工将此情况与法官沟通后，法官决定择期庭审。

四、工作流程

为规范合适成年人到场参与刑事诉讼活动，应当确定规范的工作流程。具体如下：

（一）确定人选

办案机关根据案件情况，结合合适成年人的职业、特长、住所地等实际情况，确定合适成年人人选。

（二）通知到场

办案人员通过电话等方式提前与合适成年人沟通，确定参与刑事诉讼活动的时间、地点等，并制发《合适成年人到场通知书》。合适成年人应当持工作证、身份证等身份证明文件，按通知要求准时到场参与刑事诉讼活动。

（三）告知权利义务

合适成年人到场后，司法机关应当告知合适成年人依法享有的诉讼权利和承担的诉讼义务，在合适成年人要求时，对相关内容进行必要的解释说明，并要求合适成年人在《合适成年人诉讼权利义务告知书》上签名。

（四）履行工作职责

合适成年人到场后，应当先与未成年人进行必要的沟通和交流，初步了解未成年人的相关情况，在讯问过程中如发现未成年人情绪不适宜继续讯问时，应先对其情绪进行安抚。讯问结束后，合适成年人应认真阅看笔录，对于发现笔录内容与未成年人所述情节不一致的，应及时提出。在核对笔录无误后，合适成年人应在笔录上签名确认。

（五）整理归档

合适成年人参与刑事诉讼结束后，及时记录其参与刑事诉讼的相关情况，以存档备查，必要时可反馈至其推荐单位。

五、配套措施

（一）经费保障

依据《未成年人刑事检察工作指引（试行）》第52条规定，由社会组织的代表担任合适成年人的，其在人民检察院审查逮捕、审查起诉阶段因履行到场职责而支出的交通、住宿、就餐等费用，人民检察院应当给予补助。对上述合适成年人因履职所需要的其他必要条件，人民检察院应当予以保障。

（二）业务培训

合适成年人正确履职的前提，不仅是知晓相关权利义务，还应对检察机关办理未成年人刑事案件的基本程序有大致了解，此外掌握未成年人的身心特点，也可对其开展后续释法教育工作打下良好基础。因此，有必要通过联合开班、专题研讨、总结反馈等形式，定期对合适成年人开展业务培训。

（三）开展监督

合适成年人到场参与讯问，应遵守相应的行为规范。如发现合适成年人有滥用权利、违背义务或者怠于行使权利的情形，违反监管规定或者妨碍正常讯问的，监管人员或者办案人员应当立即纠正并劝阻。如劝阻无效的，应当及时将其带离监管场所或讯问场所，并记录在案。如严重危害监管秩序或者影响刑事诉讼活动正常进行的，应当取消其担任合适成年人的资格，并根据情节轻重，追究其法律责任。司法实践中，法定代理人或合适成年人到场参与其他刑事诉讼活动，也可参照执行。

【案例】合适成年人积极履行监督职责

未成年人蔡某涉嫌抢劫罪被取保候审，公安机关直接将案件移送检察机关审查起诉。社工小李作为合适成年人参与诉讼。小李为了尽快了解未成年人蔡某的情况，根据委托开展社会调查，并与蔡某进行了充分的沟通交流，在得知蔡某父亲因车祸过世时，小李请蔡某画两张家庭水族图表现父亲去世前后家庭结构的变化，蔡某花了40分钟才完成。小李发现图形不正常，加之前期在交流和调查过程中，发现蔡某反应较一般人迟缓，走访学校后蔡某老师反映蔡某成绩很差，智商测定处于临界线。小李及时将相关情况告知检察机关。后经某精神卫生中心鉴定，蔡某属于精神发育迟滞，但具有刑事责任能力。检察机关综合案件情况对蔡某提出轻缓量刑建议被法院采纳。

【随堂问题】法定代理人到场可能妨碍讯问或询问正常进行或者不利于涉罪未成年人如实供述或陈述的，可否由合适成年人到场替代？

实践中确实存在这种情况，但刑事诉讼法及相关司法解释都没有对上述情况作出允许合适成年人到场替代的规定，主要考虑到一旦放开，可能导致合适成年人到场规定的滥用，反而影响法定代理人正常的诉讼权利。所以，原则上还是应该先通知法定代理人到场，只有在法定代理人到场后实施了妨碍行为，劝阻无效的，或者已经有证据或迹象表明法定代理人到场可能会影响未成年人如实供述或陈述的，才可以由合适成年人替代到场。但需要明确的是，这是一种极少数情况下的例外情形。

【随堂问题】检察机关如何监督保障合适成年人正确履职？

检察人员在工作中应当尽到督促合适成年人全面履行义务的职责。如果合适成年人存在未经允许擅自发言、传递消息、探听案情、采用暗示或引诱等方法妨碍未成年人如实作答等行为影响讯问正常进行的，办案人员应及时制止。经劝阻无效的，应当将其带离现场，并将该情况记录在案。此外，检察机关应当在刑事诉讼过程中监督公安机关、审判机关正确行使权力以保障合适成年人履职。如果发现有违法行为的，应及时以制发《纠正违法通知书》等方式予以纠正。

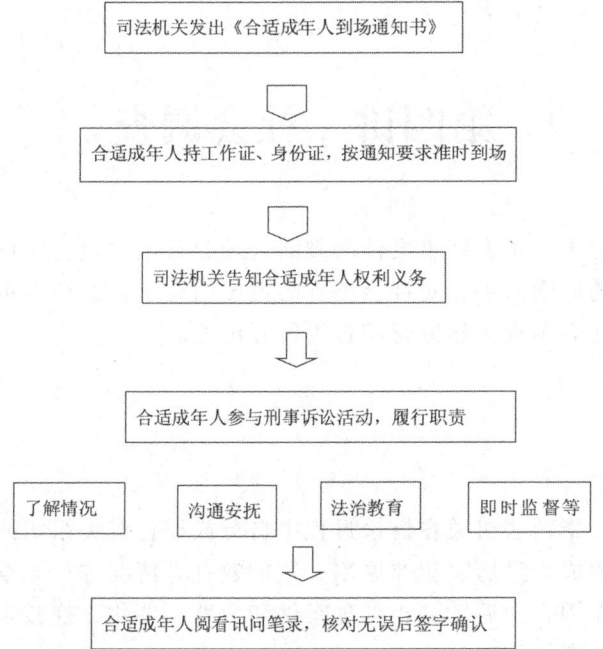

合适成年人参与刑事诉讼活动的流程

六、常用文书参考[1]

（一）《合适成年人到场通知书》（略）

（二）《合适成年人诉讼权利义务告知书》（略）

---

[1] 文书（一）至（二）参见《人民检察院刑事诉讼法律文书格式样本（2020版）》。

第四讲　社会调查

社会调查对未成年人刑事案件的判断处理起着至关重要的作用。本讲将从社会调查工作的原则入手，对社会调查的主要内容、社会调查报告的制作及运用以及如何对社会调查工作进行监督等展开论述。

一、概述

（一）概念

社会调查，指司法机关在诉讼过程中自行或委托有关组织或机构，就未成年犯罪嫌疑人的成长经历、犯罪原因、监护教育等情况进行调查，分析其作案的主观、客观原因，为后续公正处理案件和教育、感化、挽救未成年犯罪嫌疑人提供的重要参考依据。

（二）常用法律政策依据

1. 《刑事诉讼法》

第279条　公安机关、人民检察院、人民法院办理未成年人刑事案件，根据情况可以对未成年犯罪嫌疑人、被告人的成长经历、犯罪原因、监护教育等情况进行调查。

2. 《刑诉规则》

第461条　人民检察院根据情况可以对未成年犯罪嫌疑人的成长经历、犯罪原因、监护教育等情况进行调查，并制作社会调查报告，作为办案和教育的参考。

人民检察院开展社会调查，可以委托有关组织和机构进行。开展社会调查应当尊重和保护未成年人隐私，不得向不知情人员泄露未成年犯罪嫌疑人的涉案信息。

人民检察院应当对公安机关移送的社会调查报告进行审查。必要时，可以进行补充调查。

人民检察院制作的社会调查报告应当随案移送人民法院。

3.《未成年人刑事检察工作指引（试行）》

第28条 人民检察院办理未成年人刑事案件，应当对公安机关或者辩护人提供的社会调查报告及相关材料进行认真审查，并作为审查逮捕、审查起诉、提出量刑建议以及帮教等工作的重要参考。

第29条 对于未成年人刑事案件，一般应当进行社会调查，但未成年人犯罪情节轻微，且在调查案件事实的过程中已经掌握未成年犯罪嫌疑人的成长经历、犯罪原因、监护教育等情况的，可以不进行专门的社会调查。

第30条 对于卷宗中没有证明未成年犯罪嫌疑人的成长经历、犯罪原因、监护教育等情况的材料或者材料不充分的，人民检察院应当要求公安机关提供或者补充提供。

未成年犯罪嫌疑人不讲真实姓名、住址，身份不明，无法进行社会调查的，人民检察院应当要求公安机关出具书面情况说明。无法进行调查的原因消失后，应当督促公安机关开展社会调查。

第31条 人民检察院对于公安机关移送审查起诉的未成年人刑事案件，未随案移送社会调查报告及其附属材料，经发函督促七日内仍不补充移送的；或者随案移送的社会调查报告不完整，需要补充调查的；或者人民检察院认为应当进行社会调查的，可以进行调查或补充调查。

此外，涉及社会调查的政策文件还有中央综治委预防青少年违法犯罪工作领导小组等六机关《关于进一步建立和完善办理未成年人刑事案件配套工作体系的若干意见》《最高人民法院关于适用〈中华人民共和国刑事诉讼法〉的解释》和《公安机关办理刑事案件程序规定》等，在此不做展开叙述。

二、工作原则

（一）应当调查

虽然《刑事诉讼法》第279条规定，公安机关、人民检察院、人民法院办理未成年人刑事案件，根据情况可以开展社会调查，并没有要求"应当"调查，但是社会调查报告不仅有利于案件承办人对未成年人的个人情况、监护状况、人身危险性、是否具备帮教条件等情况进行总体把握，及时作出是否对未成年人适用羁押措施、附条件不起诉等处理决定，同时也有利于在后期对其开展针对性帮教等，最终将教育、感化、挽救的方针落到实处。因此一般情况下，都应当就未成年犯罪嫌疑人、被告人的成长经历、犯罪原因、监护教育等情况开展社会调查。当然也有例外情况，如果检察机关发现该名未成年犯罪嫌疑人犯罪情节轻微，且在调查案件事实的过程中已经掌握该名未成年犯罪嫌疑人的成长经历、犯罪原因、监护教育等情况的，则可以不开展上述调查。

（二）及早调查

从域外探索及各地实践经验来看，越早开展社会调查对尽快落实未成年人的保护措施越为重要。因此，制作社会调查报告的最佳时间是在侦查阶段，这不仅可以解决起诉、审判环节社会调查时间不充裕的现实状况，也有利于办案人员尽早掌握未成年犯罪嫌疑人的总体情况。因此检察机关对于公安机关移送审查案件的卷宗中没有相关社会调查材料或者调查材料不充分的，应当要求公安机关提供或者补充提供。对于未成年犯罪嫌疑人不讲真实姓名、住址，身份不明，无法进行社会调查的，检察机关应当要求公安机关出具书面情况说明。无法进行调查的原因消失后，应当督促公安机关开展社会调查。

（三）全面调查

为了准确掌握未成年犯罪嫌疑人的情况，社会调查必须全面开展。既要调查未成年犯罪嫌疑人本人基本情况，也要调查包括其家庭、学校及社区情况，还需要注意一些其他与案件有关的情况，如该名未成年犯罪嫌疑人是否有前科劣迹、其认罪悔罪态度及有无帮教条件等。通过上述全面调查，可以帮助承办人全面掌握未成年犯罪嫌疑人的相关情况，从而作出准确判断，切实对未成年人落实少捕慎诉少监禁的刑事司法政策。

（四）保密原则

《刑事诉讼法》第285条、第286条分别规定了对未成年犯罪嫌疑人的不公开审理和未成年人轻罪记录封存制度，上述制度的立法初衷均在于最大程度保障未成年人隐私，从而顺利实现未成年犯罪嫌疑人再社会化。同样，如果在开展社会调查的过程中不注重对未成年犯罪嫌疑人相关信息以及调查内容的保密，不仅可能使被调查的未成年人遭受歧视、影响其就学、就业，甚至在标签效应的影响下，其在违法犯罪的道路上会越走越远。因此社会调查一定要遵循保密原则。

> **【随堂问题】** 如何处理社会调查与未成年人隐私保护的关系？
> 一是在开展社会调查工作前要充分保障未成年人及其法定代理人的知情权，尤其需要注意就调查范围、调查方式等充分征求未成年人及其法定代理人的意见。二是要注意调查的方式和方法，按照《未成年人刑事检察工作指引（试行）》规定，司法工作人员在调查时不得驾驶警车、着制服，调查也不得采用座谈会等多人在场的形式进行。调查人员在调查过程中及调查结束后都应对未成年犯罪嫌疑人的信息严格保密，不得

> 对被调查的相关人员以及外界透露。三是如果某项社会调查工作与未成年人隐私保护发生矛盾，依据最有利于未成年人原则，可以调整调查方向、调查对象、调查方式等。

三、主要内容

（一）社会调查的主体

根据《刑事诉讼法》第279条的规定，公安机关、人民检察院和人民法院可以作为社会调查的启动、委托、指导、审查主体和补充调查主体。

办案机关除可以自行开展社会调查外，也可以将社会调查工作委托给有关组织和机构进行，不仅可以保证司法资源的合理化配置，提高诉讼效率，更有利于保障未成年人的合法权益。因此，司法实践中社会调查也可以由法定的社会调查主体，如检察机关委托司法行政机关、共青团组织、未成年人保护组织以及其他专业的社会力量等开展。需要注意的是，如果当地有社会工作者等专业社会支持力量的，检察机关应当主动与其联系，以政府购买服务等方式，将社会调查交由其承担，同时定期开展相关业务培训，以保障社会调查工作的质量。

> 【随堂问题】司法行政机关以及社工组织等开展社会调查的优势如何体现？
>
> 在目前的司法实践中，上述单位、组织承担了许多后续帮教工作，可以在前期社会调查工作的基础上，更好地开展专业化帮教并与社区矫正等工作及时衔接；其次，协助开展社会调查工作有利于通过工作的专业化促进规范化，落实精准帮教；再次，有利于实现司法资源的充分利用，避免出现"全能司法官"。在司法实践中，可以将基层司法行政部门或专业社会组织等作为委托社会调查的首选力量。

> 【随堂问题】辩护人能否担任社会调查员？
>
> 根据刑事诉讼法的规定，公安机关、人民检察院、人民法院办理未成年人刑事案件，根据情况可以对未成年犯罪嫌疑人、被告人的成长经历、犯罪原因、监护教育等情况进行调查。也就是说，法律授权的社会调查主体是公、检、法，实践中这些办案机关也会将社会调查委托给社工等社会组织进行。是否允许辩护人开展未成年犯罪嫌疑人的社会调查

或者其提交的社会调查报告是否具有效力，实践中存有争议。辩护人基于其地位和职责，一般会寻找对未成年犯罪嫌疑人有利的证据，而排除对其不利的证据。如果由辩护人进行社会调查，难免也会有这样的倾向性，因此其出具的社会调查报告的中立性和可信度存疑。①

最高人民法院《关于审理未成年人刑事案件具体应用法律若干问题的解释》也明确了将辩护人提交的有关未成年被告人情况的书面材料，与社会调查报告并列作为法庭教育和量刑的参考。虽然辩护人提交的有关未成年被告人情况的书面材料与社会调查报告的法律属性和地位相似，②但是辩护人提供的是基于其辩护职能、用以证明未成年人无罪或罪轻等情况的材料，与刑事诉讼法规定的具有中立意义的社会调查报告有所不同，因此，辩护人不宜担任社会调查员。

（二）社会调查的人员

开展社会调查时，调查人员不得少于二人。需要注意的是，不得指派被调查人的近亲属或者与本案有利害关系的人员参与社会调查，社会调查员对社会调查的真实性负法律责任。

【随堂问题】为什么需要两名以上社会调查员共同开展社会调查？

社会调查将对未成年犯罪嫌疑人的羁押、起诉、量刑和矫正等诉讼活动产生重大影响，因此社会调查必须体现程序公正，保障调查行为严肃性和可信度，两名以上的社会调查员共同参加调查，可以互相帮助、相互监督、降低违法违规操作的风险。

【课堂讨论】合适成年人能同时担任社会调查员吗？

观点一：可以。我国现行法律并无限制性规定。

观点二：不可以。合适成年人与社会调查员各自的职责分工和诉讼参与阶段不同。

根据《刑事诉讼法》第279条的规定，公安机关、人民检察院和人民法院办理未成年人刑事案件，可以对涉案未成年人开展社会调查。从法律规定看，这是授权性规定，也就是说，公安机关、人民检察院和人民法

---

① 陈建明、钱晓峰、吴寅星：《未成年人刑事案件社会调查制度的实践与完善》，载《青少年犯罪研究》2010年第1期。

② 吴燕、胡向远：《新〈刑诉法〉对未成年人案件社会调查制度的构建》，载《上海政法学院学报（法治论丛）》2014年第1期。

院有权开展社会调查,但法律同时并未对其他调查主体进行限制。司法实践中,司法机关除自行调查外,也可以委托社工等主体开展社会调查。而合适成年人的设置目的就是为了在刑事诉讼过程中维护未成年人权益并适时开展教育挽救工作,合适成年人进行社会调查有利于其提前了解涉案未成年人的成长经历、家庭背景、交友情况等。因此,合适成年人可以担任社会调查员。

(三)社会调查的对象

依据《未成年人刑事检察工作指引(试行)》第 34 条第 2 款规定,开展社会调查应当走访未成年犯罪嫌疑人的监护人、亲友、邻居、老师、同学、被害人或者其近亲属等相关人员。

(四)社会调查的方式

1. 委托调查

检察机关可以委托有关组织或者机构开展社会调查工作。委托调查的实施步骤具体如下:

一是调查启动。检察机关可以联系当地的司法行政机关、共青团组织以及其他社会团体等,也可以以政府购买服务的方式,委托相关机构、组织承担对未成年犯罪嫌疑人的社会调查职责。需要注意的是,在社会调查主体的选择中,可以优先委托专业机构或组织。

二是制发委托函。检察机关需要向专业机构或组织发出委托函,载明被调查对象的基本信息、案由、基本案情、调查事项、调查时限等,该机构或组织应在规定时限内完成应调查事项并形成报告。

三是移送调查材料。在社会调查完成后,受委托的专业机构或组织需要将社会调查报告、调查的原始材料包括调查笔录、调查问卷、社会调查表、有关单位和个人出具的证明材料、书面材料、心理评估报告、录音录像资料等,一并移送委托调查的检察机关。

2. 自行调查

检察机关可以自行开展社会调查工作。但需注意以下几个工作环节:

一是审查督促。检察机关对于公安机关移送审查起诉的未成年人刑事案件,未随案移送社会调查报告及其附属材料,检察机关经发函督促七日内仍不补充移送的;或者公安机关随案移送的社会调查报告不完整,需要补充调查的;或者检察机关认为应当进行社会调查的,可以进行调查或补充调查。

检察机关开展社会调查需要以侦查阶段未开展、未移送调查报告或者调查报告不完整为前提。一般应当先对公安机关开展社会调查进行督促。

二是开展调查。检察机关开展社会调查主要应当采取走访的方式进行。必要时,可以通过电话、电子邮件或者其他方式向身在外地的被害人或其他人员了解情况。经被调查人同意,可以采取拍照、同步录音录像等形式记录调查内容。

【重点提示】制作调查笔录

调查情况应当制作笔录,并由被调查人进行核对。被调查人确认无误,签名后捺手印。以单位名义出具的证明材料,由材料出具人签名,并加盖单位印章。以个人名义出具的证明材料,由材料出具人签名,并附个人身份证复印件。

【随堂问题】开展社会调查应注意哪些问题?

首先,为提高社会调查的精准度和科学性,社会调查员应与未成年犯罪嫌疑人面对面交流为主,通过走访其家庭、社区、学校、工作场所等获取第一手资料,避免仅依靠传来证据。只有在法律明确规定或者鉴于客观条件所限,难以当面交流和实地走访的情况下,才使用电话、书信、网络等方式开展社会调查。

其次,社会调查的方式必须经得起委托机关的复核和辩护人的质疑,因此面谈和走访内容应当以笔录的方式予以固定,电话、网络等辅助方式也应以书面记录等必要的方式进行记载。笔录和相关记录必须完整地作为调查报告的附件提交。

再次,从司法实践来看,调查人员开展社会调查时可以查阅部分诉讼文书并向未检检察官了解案件基本情况;会见被调查的未成年犯罪嫌疑人,未被羁押的,会见前应征得其法定代理人的同意,并到未成年犯罪嫌疑人的住所或者其他适当场所会见;如未成年犯罪嫌疑人被羁押的,经公安机关审查同意,调查人员可以到羁押场所会见。

最后,依据《未成年人刑事检察工作指引(试行)》第32条的规定,开展社会调查还需要注意充分保障未成年人及其法定代理人的知情权,并在调查前将调查人员的组成、调查程序、调查内容及对未成年人隐私保护等情况及时告知未成年人及其法定代理人。

需要注意的是,在社会调查的过程中,无论是委托调查或者是自行调查,经未成年犯罪嫌疑人及其法定代理人同意后,视案情需要才可以进行心理测评。

社会调查的注意事项

01 调查人员	02 调查对象	03 调查的方式	04 调查内容	05 调查载体
两名以上检察人员	监护人、亲友、邻居、老师、同学、被害人或者其近亲属等相关人员	走访、电话、电子邮件；拍照、同步录音录像；心理测评；注意隐私保护	个人基本情况；社会生活状况；与涉嫌犯罪有关的情况；其他	调查笔录证明材料

四、调查报告的制作及运用

（一）社会调查报告的内容

社会调查报告应涵盖以下内容：

1. 个人基本情况

包括未成年人的年龄、性格特点、健康状况、成长经历（成长中的重要事件）、生活习惯、兴趣爱好、教育程度、学习成绩、一贯表现、不良行为史、经济来源等。

2. 社会生活状况

包括未成年人的家庭基本情况（家庭成员、家庭教育情况和管理方式、未成年人在家庭中的地位和遭遇、家庭成员之间的感情和关系、监护人职业、家庭经济状况、家庭成员有无重大疾病或遗传病史等）、就学就业情况（就学就业时间、地点、职业类别、工资待遇、在校或者就业表现、与老师和同学或者同事的关系等）、社区环境（所在社区治安状况、邻里关系、在社区的表现等）、社会交往情况（交往对象及范围、朋辈往来及活动情况等）。

3. 与案件有关情况

包括未成年犯罪嫌疑人受处罚的情况，未成年犯罪嫌疑人此次涉案的主观因素、客观行为，未成年犯罪嫌疑人涉案情况与其再犯可能性的关联及程度评估等，社会各方意见，包括被害方的态度、所在社区居村委会及辖区派出所的意见等。

4. 对涉案行为的认识

包括未成年犯罪嫌疑人的目的、动机以及对涉案的消极或积极态度等。

5. 帮教条件

包括未成年犯罪嫌疑人生活、学习、工作情况，未成年犯罪嫌疑人家庭监护条件，未成年犯罪嫌疑人所处外部环境情况，被害人及其家属的态度，未成年犯罪嫌疑人是否退赔,双方是否达成谅解协议或者民事赔偿和解协议,未成年犯罪嫌疑人的具体帮教条件及与其再犯可能性的关联程度评估等。

6. 其他认为应当调查的内容。

(二)调查程序的记载

该部分内容主要用于社会调查的程序性和合法性评价,包括社会调查日期、调查地点、调查人员、被调查人员、调查方式、调查目的、调查过程等内容。社会调查结束后,应当制作社会调查报告,由调查人员签名,并加盖单位印章。

(三)社会调查的运用

依据《未成年人刑事检察工作指引(试行)》第44条的规定,检察机关的承办人应当在案件审查报告中对开展社会调查的情况进行详细说明,并在决定理由部分写明对社会调查报告提出的处罚建议的采纳情况及理由。同时,在制作附条件不起诉决定书、不起诉决定书、起诉书等法律文书时,应当叙述通过社会调查或者随案调查查明的未成年犯罪嫌疑人、被不起诉人、被告人的成长经历、犯罪原因、监护教育等内容。

检察机关提起公诉的案件,社会调查报告及相关资料应当随案移送人民法院。如有必要,可由调查人员出庭宣读调查报告并说明情况。

【课堂讨论】 社会调查的证据属性问题

《刑事诉讼法》第279条仅规定了司法机关根据办案需要,可以进行社会调查,但是并未规定社会调查报告的审查认定及具体运用,从而引发了理论界和实务界对社会调查报告是否具有证据属性的争论。目前对于社会调查报告的属性有以下几种代表性的观点:

一是参考资料说,认为社会调查报告不是证据,只是司法机关办理案件的参考资料。

二是证据说,认为社会调查报告具有证据属性。但系何种证据,认识同样并不统一,有专家证据、品格证据、意见证据、量刑证据等不同看法。

根据《刑诉规则》第461条规定,人民检察院制作的社会调查报告,作为办案和教育的参考。根据最高人民法院《关于适用〈中华人民共和国刑事诉讼法〉的解释》第575条,对未成年被告人情况的调查报告,可以作为法庭教育和量刑的参考。是否可以依据上述规定认为社会调查报告具有证据的属性?答案是肯定的。理由如下:首先,从调查主体看,社会调查报告由特定主体,也就是公安、检察机关、法院等机关自行或者委托其他单位制作；其次，从证明力看，社会调查报告内容涵盖与案件相关的内容，对于司法案件处理和后续帮教措施产生直接影响；最后，从采信方式看，社会调查报告须经法庭质证。根据2020年"两高三部"《关于规范量刑程序若干问题的意见》第18条规定："人民法院、人民检察院、侦查机关或者辩护人委托有关方面制作涉及未成年人的社会调查报告的，调查报告应当在法庭上宣读，并进行质证。"故此，社会调查报告已经实质上具备了证据的相关要素，应当认为具有证据属性。另外，从证明的内容及所起的作用看，社会调查报告符合品格证据的特性，但目前我国刑事诉讼法中并未设置这一证据种类，暂时可以将其归为书证类。

> 【随堂问题】是否可以有多个社会调查主体提供多份社会调查报告？
> 　　社会调查主体的多样性并不意味着社会调查报告的多样性。对一个未成年犯罪嫌疑人、被告人原则上只能有一份调查报告。前阶段诉讼已完成了调查，后诉讼阶段原则上不需再调查。当然如果前诉讼阶段的调查有遗漏的，后诉讼阶段可以进行补充调查。①

五、社会调查的监督

为确保社会调查报告的质量，委托调查的机关需要对受托机构和组织的履职行为进行监督，明确调查标准，量化调查指标，并对调查的程序合法性及实质合法性进行审查。择优选择受托机构和组织进行社会调查，从而保障社会调查的实质化和精准性落实到位。

检察机关作为法律监督机关，需要对受托机构、组织的调查过程进行监督，对调查报告进行审查。对同质化严重或者调查不够细致，流于表面的调查报告，可以要求重新调查或者不予采信，并记录在案。此外，检察机关还需对公安机关、审判机关及司法行政机关是否依法开展并运用社会调查报告等履行监督职能。

根据《未成年人刑事检察工作指引（试行）》第43条的规定，在下列情况下，检察机关应当重新进行社会调查：（1）调查材料有虚假成分的；（2）社会调查结论与其他证据存在明显矛盾的；（3）调查人员系案件当事人的近亲属或与案件有利害关系，应当回避但没有回避的；（4）人民检察院认为需要重

---

① 曾新华：《未成年人全面调查制度若干问题之探讨》，载《法律科学（西北政法大学学报）》2014年第2期。

新调查的其他情形。

> **【随堂问题】** 检察机关为何要对社会调查工作进行监督？
>
> 当前，由于社会调查专业力量缺乏、专业化程度亟待提升以及调查报告质量缺乏科学合理的评价标准等原因，出现一些调查报告粗制滥造、同质化现象严重等问题，这也导致部分社会调查报告因证明力不足，难以成为检察官、法官判断对未成年犯罪嫌疑人适用何种处遇措施的重要参考。检察机关既是社会调查的主体，也对社会调查工作负有监督责任，可以从调查程序、调查内容、调查报告运用等多方面对社会调查工作进行监督。

【案例】 检察机关对社会调查报告质量进行监督

某检察院在日常办案中委托当地社工组织对未成年犯罪嫌疑人开展社会调查，但社工出具的多份社会调查报告存在调查问题固定化、缺乏对调查对象性格特征和心理情况的深入研究、形成的调查报告对犯罪的归因过于雷同、对未成年犯罪嫌疑人犯罪的主观、客观原因分析不够具体、鲜明及缺乏个性化等问题。对此，检察机关及时向社工组织所属业务管理部门制发情况通报，建议采取有效措施切实提高社会调查报告制作的质量，协助司法机关全面掌握未成年人的成长经历、家庭环境和性格特征，不断提升教育、感化、挽救未成年犯罪嫌疑人的成效。

该部门根据检察机关的建议立行立改：一是第一时间对近年来制作的社会调查报告开展自评、互评，对获评优秀的社会调查报告及调查员予以表彰、鼓励。并对照优秀社会调查报告，开展查缺补漏工作。二是专门开设未成年人社会调查报告制作培训课程，针对社会调查员普遍存在的调查能力弱、调查意识不强、调查责任感缺乏等问题，邀请资深检察官讲解社会调查报告中注意事项，帮助社工提高相关业务能力。三是创设"三多"工作法，提升社会调查针对性。即多问一人，改变以往只向未成年犯罪嫌疑人本人及家庭了解情况，要求社工向未成年人所在学校老师、住所地村居委干部等人进行全面调查；多问一题，改变以往只问涉罪未成年人成长经历、监护教育等情况，要求社工多询问与涉罪未成年人性格特点、心理情况、犯罪原因等相关的问题；多跑一地，改变以往只跑未成年人住所地询问的情况，要求社工多去涉罪未成年人就读学校或就业单位等处广泛开展社会调查。

【案例】 检察机关合作开展异地社会调查

某区检察院在办理未成年犯罪嫌疑人陈某寻衅滋事案时发现，陈某系因一时冲动而伤害他人，事后真诚悔罪，主动投案自首，并认罪认罚。但陈某系外地人员，在该区无固定住所和工作，无法在其暂住地开展社会调查。考虑到陈某主观恶性不大，有通过教育进行挽救的可能，该区检察院主动作为，突破地域限制，与陈某家乡所在地某县检察院取得联系，县检察院表示全力配合，并委托当地司法局通过走访、面谈等方式开展社会调查。通过三方协作，该区检察院全面了解了未成年犯罪嫌疑人陈某的成长经历、个性特点、家庭环境、监护状况等，为制定个性化的教育矫正方案提供了重要的参考。区检察院在后续办案中，积极鼓励陈某向被害人赔礼道歉，促成陈某的父母对被害人赔偿损失，修复受损的社会关系；根据陈某易冲动的性格特点，定期为其进行心理疏导，安排其参加公益劳动，促进其与他人之间开展交流互助，提升参与感和获得感；鉴于陈某没有固定职业，根据其本人想从事运输职业的意愿，区检察院联系陈某住所地驾校为其培训驾驶技能；针对陈某父母平时疏于管教等情况，将其父母作为亲职教育对象，安排他们定期参加家庭教育辅导，指导他们用家庭关爱进一步触动和感化陈某。通过异地社会调查、跨地区协作帮教，陈某有了较大转变，该区检察院也积极携手某县检察院等建立未成年人检察一体化协作机制，为实现资源共享、优势互补、互利共赢的未成年人保护大格局打下坚实基础。

【案例】 检察机关通过社会调查制定个性化帮教方案

2019年11月，未成年人尚某在某继续教育学院上课时，多次趁教室空无一人或仅有个别同学在的机会，从同学小颖放在双肩包中的皮夹内窃取人民币共计600余元。事发后，罪错未成年人尚某向被害人小颖承认了盗窃其财物的行为，尚某的家长代为赔偿并获得了被害人的谅解。

检察机关承办人通过走访社区、联系学校、与尚某面谈等形式，进一步了解尚某的学习、生活情况。社会调查显示：尚某父母在本地有固定的住所和正当职业，家庭生活条件较好。其父亲学历较高，平时对独生女儿的教养也比较严格，夫妻两人都对女儿寄予厚望，准备送女儿出国留学。但是夫妻两人都过于关注尚某学业，忽略了对女儿思想道德等方面的引导，在教育女儿的过程中也存在单纯说教、沟通不畅等问题，导致尚某对父母极为不满。检察机关经审查认为，尚某的行为虽然不构成盗窃罪，但已违法，属于严重不良行为。于是会同公安机关对尚某进行训诫；同时对尚某父母开展亲职教育，责令其严加管教，并改善与女儿的沟通方式，重视对其思想道德教育；同时建议学校对尚某开展针对性管理教育。

六、常用文书参考[①]

（一）《社会调查委托函》（略）

（二）《社会调查报告》（略）

（三）《社会调查报告》

社会调查报告

未成年犯罪嫌疑人姓名（曾用名）：张某某

性别：男

出生年月：××年×月×日

公民身份号码：××××××

电话号码（家庭、手机、工作单位）：××××××

户籍地：××××××

户籍地所在街道和居（村）委会：××村委会

实际居住地：在本地无固定住所

实际居住地所在街道和居（村）委会：无

涉嫌案由：盗窃

社会调查方式：

1. 走访了张某某学校、家庭、居委会，通过谈话了解其情况；

2. 了解查询张某某相关档案；

3. 电话联系张某某实际居住地片警，了解其在社区情况。

一、家庭背景

1. 父母的基本情况

张某，系张某某继父，43岁，在原籍务农；

李某某，系张某某母亲，41岁，在原籍务农。

2. 未成年犯罪嫌疑人的家庭情况

张某某生父母在其5岁时离异，此后张某某与奶奶梁某某共同生活。上小学后，张某某母亲李某某与张某再婚。但张某某很少与继父、生母共同生活。张某某户籍证明显示户主姓名为张某某的奶奶梁某某，户籍证明没有登记其父

[①] 文书（一）至（二）参见《人民检察院刑事诉讼法律文书格式样本（2020版）》。

母亲的信息。

3. 父母对未成年犯罪嫌疑人的监护情况

张某某父母长期不与张某某共同生活，相互之间联系很少，无法实现对张某某的有效监护。

4. 未成年犯罪嫌疑人对家人的态度

张某某自幼缺乏父母关心呵护，家庭监护严重缺位，其较早独立生活，导致生活出现困境。由于父母对其缺乏沟通、照料，亲子关系出现疏离，张某某不愿和家人共同生活，喜欢独自在外闯荡。此次张某某来本地，其家人也不知情。

5. 未成年犯罪嫌疑人居住情况

张某某在本地没有暂住处、没有亲朋好友、没有经济来源，有时到网吧留宿。

未成年犯罪嫌疑人家庭情况与其再犯可能性的联系程度评估：

张某某父母均在原籍务农，且与张某某关系疏离，父母对其监护教育能力较差。张某某奶奶年迈，也无法对其进行有效的监护教育。张某某自幼缺乏父母关爱教育，较早独立生活，造成其成长背景复杂，是非观念不强，法制意识淡漠，如不及时加以教育矫治，再犯风险较高。

与其最有感情的人系其奶奶梁某某。

住址：××××××

联系电话：无

二、个性特点

1. 未成年犯罪嫌疑人健康状况及有无不良行为、嗜好

张某某身体健康，无重大疾病。

张某某平时有抽烟、喝酒、小偷小摸、打架等不良行为。

2. 未成年犯罪嫌疑人心理情况

经对张某某进行心理测评，显示：（1）其在应对方式方面，容易自责，较倾向报怨他人，较易逃避；（2）精神病态方面，亲情缺失明显，妄想明显；（3）行为倾向方面问题，较易狂躁，强迫行为较多；（4）社会支持方面，对社会支持利用度很低，较缺乏邻里支持，支持来源较少，家人支持较差；（5）认知偏差方面，较自我贬损，较易自轻自贱；（6）实务诉讼方面，不太相信法律，较倾向违法犯罪，认罪悔罪较差，家庭和社交环境较差。

综上，其心理存在一定偏差，需要进一步跟进疏导。

3. 未成年犯罪嫌疑人思维及行动情况

正常。

4. 未成年犯罪嫌疑人社会交往情况

张某某在本地无亲朋好友，平时经常与一些社会闲散人员交往。

5. 未成年犯罪嫌疑人个人爱好及是否受过表彰情况

张某某爱好网络游戏。

无受表彰情况。

未成年犯罪嫌疑人个性特点与其再犯可能性的联系程度评估：

张某某文化程度较低，自控能力差，存在一定程度的心理偏差，如不及时进行心理行为矫治，再犯可能性较大。

三、与案件有关情况

1. 未成年犯罪嫌疑人受处罚情况

经向张某某的户籍地派出所核实，没有发现张某某有其他违法犯罪行为。

2. 未成年犯罪嫌疑人此次涉案主观因素

张某某在本地无亲无故，无固定的住所和收入来源，其盲目到本地寻找工作，对现实困难估计不足，直接影响到其正常生活，有时在网吧留宿。最终，导致其走上犯罪道路。

3. 未成年犯罪嫌疑人此次涉案客观行为

张某某伙同与其年龄相近、境遇相似的未成年人王某等人多次至居民小区，入户盗窃他人财物，所窃财物均已被张某某花用。

未成年犯罪嫌疑人涉案情况与其再犯可能性的联系程度评估：

张某某此次犯罪，虽一定程度上是由于生活困顿所致，但其盲目跟从王某等人多次入户盗窃，行为较恶劣，再犯可能性较大。

四、对涉案行为的认识

1. 未成年犯罪嫌疑人对涉案的消极认识情况

认为犯罪后前途渺茫。

2. 未成年犯罪嫌疑人对涉案的积极认识情况

张某某到案后能够积极认罪，表示要痛改前非。

未成年犯罪嫌疑人涉案行为的认识与其再犯可能性的联系程度评估：

张某某到案后，经办案人员教育，已经能够认识到其行为的社会危害性，认罪、悔罪态度较好，有利于避免再犯。

五、帮教条件

1. 未成年犯罪嫌疑人自身生活、学习、工作情况

张某某在本地无业，无经济收入。

2. 未成年犯罪嫌疑人家庭帮教条件情况

家庭无监护帮教能力。

3．未成年犯罪嫌疑人所处环境情况

张某某在本地无固定住所。

4．受害者的态度

本案受害者财物损失均未得到赔偿，其要求司法机关依法处理案件。

未成年犯罪嫌疑人、被告人帮教条件与其再犯可能性的联系程度评估：

张某某在本地不具备有效的监护帮教条件，采用社会观护方式难以预防再犯。

六、综合评价意见

张某某文化程度较低，是非辨别与自控能力较弱，行为易受他人影响，其在本地没有固定的住所和收入，没有亲朋好友可以对其进行监护。张某某父亲在原籍务农，但其不愿意和家人一起生活，家庭无有效的方法进行监护。张某某较早的脱离监护独立生活，成长背景也比较复杂，故综合考虑认为其不具备有效监护帮教条件。

调查人员：××，×× （两名调查人员签名）

××年×月×日

（印章）

第五讲　附条件不起诉

附条件不起诉制度源于 20 世纪 90 年代上海检察机关未检部门进行的"暂缓起诉"探索，目的在于为涉罪未成年人创造非刑罚条件，更好地实现教育挽救的目的。本讲将附条件不起诉制度的适用分为条件审查、听取意见、审查决定、送达宣布、监督救济、监督考察、处理决定、宣布回访八个环节，并逐一展开论述。

一、概述

（一）概念及意义

附条件不起诉是指对于未成年人涉嫌刑法分则第四章、第五章、第六章规定的犯罪，可能判处 1 年有期徒刑以下刑罚，经审查符合起诉条件，但有悔罪表现的，可以结合案件的实际情况作出附条件不起诉的决定，并进行监督考察，视情况提起公诉或不起诉的决定。[①]

附条件不起诉制度的确立意义重大。首先它符合"恢复性司法"理念。通过修复社会关系，对罪错未成年人尤其是轻罪未成年人尽可能适用非犯罪化、非刑罚化的处理方式，在坚持双向保护原则的前提下，促进未成年犯罪嫌疑人认罪悔罪，积极赔偿或参与某种公益活动，从而有效化解矛盾纠纷，维护社会和谐稳定。其次是节约司法资源。通过刑事诉讼的繁简分流，让社工等社会力量介入开展考察帮教等工作，司法转介工作在链接各方社会资源的同时进行有效整合，避免冗长烦琐的司法程序导致的讼累。再次促进了罪错未成年人的再社会化进程。通过避免适用羁押措施可能给未成年人带来的"交叉感染"，同时也防止给罪错未成年人贴上"罪犯"标签，为其顺利回归社会提供积极保障。

（二）常用法律政策依据

1. 《刑事诉讼法》

第 282 条　对于未成年人涉嫌刑法分则第四章、第五章、第六章规定的犯

[①] 吴燕主编：《未成年人检察实务教程》，法律出版社 2016 年版，第 137 页。

罪，可能判处一年有期徒刑以下刑罚，符合起诉条件，但有悔罪表现的，人民检察院可以作出附条件不起诉的决定。人民检察院在作出附条件不起诉的决定以前，应当听取公安机关、被害人的意见。

对附条件不起诉的决定，公安机关要求复议、提请复核或者被害人申诉的，适用本法第一百七十九条、第一百八十条的规定。

未成年犯罪嫌疑人及其法定代理人对人民检察院决定附条件不起诉有异议的，人民检察院应当作出起诉的决定。

第283条　在附条件不起诉的考验期内，由人民检察院对被附条件不起诉的未成年犯罪嫌疑人进行监督考察。未成年犯罪嫌疑人的监护人，应当对未成年犯罪嫌疑人加强管教，配合人民检察院做好监督考察工作。

附条件不起诉的考验期为六个月以上一年以下，从人民检察院作出附条件不起诉的决定之日起计算。

被附条件不起诉的未成年犯罪嫌疑人，应当遵守下列规定：

（一）遵守法律法规，服从监督；

（二）按照考察机关的规定报告自己的活动情况；

（三）离开所居住的市、县或者迁居，应当报经考察机关批准；

（四）按照考察机关的要求接受矫治和教育。

第284条　被附条件不起诉的未成年犯罪嫌疑人，在考验期内有下列情形之一的，人民检察院应当撤销附条件不起诉的决定，提起公诉：

（一）实施新的犯罪或者发现决定附条件不起诉以前还有其他犯罪需要追诉的；

（二）违反治安管理规定或者考察机关有关附条件不起诉的监督管理规定，情节严重的。

被附条件不起诉的未成年犯罪嫌疑人，在考验期内没有上述情形，考验期满的，人民检察院应当作出不起诉的决定。

2.《刑诉规则》

第469条　对于符合刑事诉讼法第二百八十二条第一款规定条件的未成年人刑事案件，人民检察院可以作出附条件不起诉的决定。

人民检察院在作出附条件不起诉的决定以前，应当听取公安机关、被害人、未成年犯罪嫌疑人及其法定代理人、辩护人的意见，并制作笔录附卷。

第470条　未成年犯罪嫌疑人及其法定代理人对拟作出附条件不起诉决定提出异议的，人民检察院应当提起公诉。但是，未成年犯罪嫌疑人及其法定代理人提出无罪辩解，人民检察院经审查认为无罪辩解理由成立的，应当按照本规则第三百六十五条的规定作出不起诉决定。

未成年犯罪嫌疑人及其法定代理人对案件作附条件不起诉处理没有异议，仅对所附条件及考验期有异议的，人民检察院可以依法采纳其合理的意见，对考察的内容、方式、时间等进行调整；其意见不利于对未成年犯罪嫌疑人帮教，人民检察院不采纳的，应当进行释法说理。

人民检察院作出起诉决定前，未成年犯罪嫌疑人及其法定代理人撤回异议的，人民检察院可以依法作出附条件不起诉决定。

3.《人民检察院办理未成年人刑事案件的规定》

第29条 对于犯罪时已满十四周岁不满十八周岁的未成年人，同时符合下列条件的，人民检察院可以作出附条件不起诉决定：

（一）涉嫌刑法分则第四章、第五章、第六章规定的犯罪；

（二）根据具体犯罪事实、情节，可能被判处一年有期徒刑以下刑罚；

（三）犯罪事实清楚，证据确实、充分，符合起诉条件；

（四）具有悔罪表现。

4.《未成年人刑事检察工作指引（试行）》

第181条（第1款） 对于符合以下条件的案件，人民检察院可以作出附条件不起诉的决定：

（一）犯罪嫌疑人实施犯罪行为时系未成年人的；

（二）涉嫌刑法分则第四章、第五章、第六章规定的犯罪的；

（三）可能被判处一年有期徒刑以下刑罚的；

（四）犯罪事实清楚，证据确实、充分，符合起诉条件的；

（五）犯罪嫌疑人具有悔罪表现的。

（第2款） 人民检察院可以参照《最高人民法院关于常见犯罪的量刑指导意见》并综合考虑全案情况和量刑情节，衡量是否"可能判处一年有期徒刑以下刑罚"。

二、附条件不起诉的适用

关于附条件不起诉的适用，依照法律规定，结合办案步骤，可以分为八个阶段或八个环节。

（一）条件审查

1. 年龄条件：犯罪时已满14周岁不满18周岁的未成年人。既包括犯罪时和审查起诉时均不满18周岁的未成年人，也包括犯罪时未满18周岁但审查起诉时已满18周岁的人。

2. 罪名条件：涉嫌刑法分则第四章、第五章、第六章规定的犯罪，也即侵犯公民人身权利、民主权利罪，侵犯财产罪，妨害社会管理秩序罪。

> 【随堂问题】《刑法》第三章第 196 条第 3 款 "盗窃信用卡并使用的，依照本法第二百六十四条的规定定罪处罚。"是否可以适用附条件不起诉制度？
>
> 虽然信用卡诈骗罪是属于第三章破坏社会主义市场经济罪的罪名，但根据法律规定，盗窃信用卡并使用的，依照盗窃罪定罪处罚，而该罪名规定在刑法第五章内，因此，对盗窃信用卡并使用的行为可以适用附条件不起诉。同理，未成年人实施的犯罪行为适用刑法分则第四章、第五章、第六章规定罪名的，可以适用附条件不起诉。

【课堂讨论】刑法分则第四章、第五章、第六章的罪名是否均能适用附条件不起诉？刑法规定走私、贩卖、运输、制造毒品，无论数量多少，都应当追究刑事责任，予以刑事处罚。那么，未成年人实施上述行为，是否可以适用附条件不起诉？

观点一：不能适用。因为附条件不起诉并非刑事处罚措施，故《刑法》第 347 条第 1 款规定实际上是排除了对这类犯罪适用附条件不起诉。这也符合我国对毒品犯罪实施严厉处罚的刑事政策。

观点二：可以适用。附条件不起诉适用的前提是符合起诉标准，而且需要判处刑罚，跟定罪量刑的性质是一样的，并不违反刑法关于追究刑事责任、予以刑事处罚的要求。

总的来看，两种观点都有一定道理，笔者支持第二种观点，也即涉嫌毒品犯罪的，可用附条件不起诉。理由如下：

第一，刑事诉讼法关于附条件不起诉适用罪名范围并没有明确排除毒品犯罪。依照规定，附条件不起诉涉及罪名包含刑法分则第四章、第五章、第六章的规定，故涉及这三章的罪名当然均可适用附条件不起诉。

第二，《刑法》第 347 条的规定也并没有排除刑法总则中其他的从轻或减轻情节的适用，比如未成年人、自首、立功等。此外，从刑事诉讼法关于附条件不起诉适用罪名范围的规定来看，并未排除毒品犯罪，且附条件不起诉是以符合起诉条件并可能判处 1 年有期徒刑以下刑罚为适用条件，实际上是认可包含涉毒品罪名的。

第三，刑法关于毒品犯罪的规定要求防止实践中以毒品数量少为由直接适用《刑法》第 13 条或第 37 条的规定而对这类犯罪不予处罚。而附条件不起诉的前提是符合起诉条件，是可以定罪的，只是为了体现对未成年人的特殊保护，通过附条件不起诉防止给未成年人留下前科。事实上，司法实践中相当部分涉嫌贩卖、运输毒品罪的未成年犯罪嫌疑人,不仅涉案毒品数量少,而且存在自首、立功等多个从轻或减轻甚至是免罚的情节,主观恶性和社会危害性都不大,完全可以通过附条件不起诉来体现对他们的宽宥和教育。只是基于对未成年人特殊刑事政策的需要,而采取附条件不起诉处理,因此与《刑法》第347条的规定并不矛盾,可以适用附条件不起诉。

> 【随堂问题】未成年犯罪嫌疑人涉嫌犯数罪的,能否适用附条件不起诉?
>
> 未成年犯罪嫌疑人涉嫌数罪的,一方面需要关注数罪是否均可以按照第四章、第五章、第六章的罪名处理,另一方面也要注意数罪并罚是否可能判处1年有期徒刑以下刑罚,同时还要综合考虑未成年犯罪嫌疑人的主观恶性和人身危险性等,审慎适用。

3. 事实证据条件:犯罪事实清楚,证据确实、充分,符合起诉条件。

需要注意的是,如果事实不清、证据不足的,应当作出存疑不起诉决定,而不能适用附条件不起诉,切忌将附条件不起诉变成"消化"问题案件的渠道。

【案例】某检察院错误适用附条件不起诉

2017年8月某日凌晨,犯罪嫌疑人李某某等四人经共同商量预谋,于当日上午以做模特为名,将犯罪嫌疑人沈某的同学王某诱骗至某小区顶楼处,以威胁、殴打的方法欲强行劫取被害人的手机和相机,后因被害人极力反抗未果,犯罪嫌疑人沈某前来假意安抚被害人,后四人仅劫得被害人的钱包一只,内有人民币500余元。事发后犯罪嫌疑人李某某等四人将上述赃款分赃花用。经司法鉴定,被鉴定人王某遭外力作用致颈部软组织挫伤,腰部软组织挫伤,四肢多处软组织挫伤,其伤势构成轻微伤。后该院对李某某等四人作出附条件不起诉决定。

上级院在备案审查李某某等四人抢劫案时发现,承办人虽然已经查明了该节抢劫的事实,案件中还涉及敲诈勒索、盗窃等事实均未查清,在尚未全面查清案件事实的情况下,承办人对本案中的李某某等四人适用附条件不起诉属确有错误,遂提出撤销附条件不起诉决定意见。

4. 刑罚条件:可能被判处1年有期徒刑以下刑罚。

"可能被判处"是以宣告刑而非法定刑作为判断依据的,因此测算出可能判处的刑罚无需达到精确的程度,估算出一个大致幅度即可。例如经过测算刑罚在有期徒刑10个月到1年2个月之间,就可以认为可能判处的刑罚为1年有期徒刑以下,而不必苛求刑罚区间精确在1年以下。

【课堂讨论】未成年人入户抢劫未遂，能否适用附条件不起诉？

观点一：不能适用附条件不起诉。根据《刑法修正案（八）》的规定，具有减轻处罚情节的，应当在法定量刑幅度的下一个量刑幅度内判处刑罚。入户抢劫的法定刑是10年以上，减轻处罚后也只能在3到10年的量刑幅度内判处刑罚，不可能判处1年以下，因此并不符合附条件不起诉的刑罚条件。

观点二：可以适用。认为对于《刑法修正案（八）》的上述规定，司法实践中存在不同理解。有人认为这是针对只有一个减轻处罚情节的情形，如果具有两个减轻处罚情节的，只减轻一个幅度仍然无法实现罪刑相适应的，则可以降低两个幅度量刑。所以，虽然入户抢劫法定刑在10年以上，但具有未成年人、未遂两个减轻情节，则可能减轻到3年以下的刑罚幅度，再加上其他酌定情节，完全有可能判处1年有期徒刑以下刑罚，因此可以适用附条件不起诉。

两种观点论据都有一定的道理。上述情况涉及到两个层面的问题。

第一个层面是，具有两个减轻处罚情节时可否降低两个幅度量刑？关于这个问题，司法实践中争议很大。对未成年人而言，笔者认为第二种观点更为合理。因为刑罚裁量的基本原则是罪刑相适应，未成年人刑罚裁量的特殊原则在于轻缓化、个别化，不能脱离这些原则来机械理解《刑法修正案（八）》关于减轻处罚的规定。如果具有两个减轻处罚情节，降低一个幅度量刑，罪刑明显不相适应的，可以考虑降低两个幅度量刑。但是，这只是对未成年人而言、对于极为特殊的个案而言，而且即使可以降低两个幅度量刑，也不等于一定要降到1年以下，还要看案件的具体情节和未成年人的具体情况。

第二个层面是，检察机关对附条件不起诉刑罚条件的把握，是否等同于法院的刑罚裁量？关于这个问题，笔者认为第一种观点有可取之处。虽然我们判断附条件不起诉的刑罚条件，需要参考法院量刑规范化的标准，但不能将二者完全等同，检察机关应当有自己独立的判断。附条件不起诉的法律后果是无罪，而入户抢劫法定刑在10年以上，对这样的案件作无罪处理，同样是罪刑明显不相适应。而且，这么大的自由裁量权，没有严格的程序约束，容易被滥用。

基于上述理由，在没有严格程序约束的情况下，检察机关对于法定刑在10年以上的未成年人，首先应当尽量避免适用附条件不起诉；对于其中极其特殊的个案，确需适用附条件不起诉的，可以考虑层报上级检察机关审核等方法，来实现实体上的公正和程序上的严格。

【重点提示】 关于附条件不起诉适用的两个争议点

在司法实践中，对可能判处的刑期在6个月以下或者法定刑在10年以上的未成年犯罪嫌疑人是否可以适用附条件不起诉有一定争议。笔者认为，上述两种情况的处理方式应有所区别。刑期在6个月以下的，为使未成年犯罪嫌疑人顺利回归社会，不留有罪"标签"，即便进行考察帮教可能增加讼累也应尽可能适用附条件不起诉；而对法定刑可能在10年以上的未成年犯罪嫌疑人，则应当慎重适用（理由参见前述课堂讨论）。

5. 悔罪条件：未成年犯罪嫌疑人具有悔罪表现

依据《未成年人刑事检察工作指引（试行）》第181条的规定，悔罪的主要表现形式有：

(1) 犯罪嫌疑人认罪认罚的；
(2) 向被害人赔礼道歉、积极退赃、尽力减少或者赔偿损失的；
(3) 取得被害人谅解的；
(4) 具有自首或者立功表现的；
(5) 犯罪中止的；
(6) 其他具有悔罪表现的情形。

【案例】 检察机关对一漏罪未成年人适用附条件不起诉

陈某某在19周岁时因犯寻衅滋事罪被法院判处有期徒刑6个月，在刑期执行完毕后，陈某某又供述了自己的另一节故意伤害事实。经审查，陈某某实施故意伤害犯罪时年龄为17周岁，且有自首情节，依照法律规定可以从轻或者减轻处罚，可否对其故意伤害的漏罪适用附条件不起诉？

案件承办人认为，从刑罚预测来看，犯罪嫌疑人陈某某伙同他人寻衅滋事并致一未成年人轻伤二级，作案时已满16周岁未满18周岁，具有自首情节，赔偿被害人损失并得到谅解，本次作案后随即逃亡外地并在外地犯罪被判处刑罚，根据量刑指导意见的测算，可能判处6个月以下拘役或免除处罚。

从监护帮教条件来看，犯罪嫌疑人陈某某的父母在考察地有暂住处，均有相对较为稳定的工作，并承诺履行监管职责，故具备基本的帮教条件和监管条件。

从悔罪表现和社会危害性来看，有以下几点：（1）犯罪嫌疑人陈某某具有自首情节；（2）案发后，犯罪嫌疑人陈某某已经赔偿被害人损失并得到谅解，被害人请求司法机关对其从轻处罚；（3）犯罪嫌疑人陈某某的心理测试结果表明，其应对方式、精神病态、行为倾向、社会支持、认知偏差、实务诉讼方面均基本正常；（4）社会调查报告显示陈某某主要因法律意识淡薄、自我约束不强而犯罪；（5）观护帮教期间，犯罪嫌疑人陈某某表现尚可，能主动汇报思想、积极配合帮教工作，但其与家人有时有争吵、争执的情况。

综上情况，承办人对犯罪嫌疑人陈某某作出附条件不起诉决定，并制定了专门的教育矫治方案。

【重点提示】附条件不起诉的适用原则

一是积极原则。为了促使未成年犯罪嫌疑人积极自我改造，从而达到教育挽救的目的，因此对于符合条件的未成年人刑事案件，应当依法积极适用附条件不起诉；对于不具备有效监护条件或者社会帮教措施的未成年犯罪嫌疑人，则应当积极为其创造条件，实现平等保护。二是结合原则。为了尽量达成对被害人的精神抚慰、物质补偿，从而促进未成年犯罪嫌疑人回归社会，因此在适用附条件不起诉时需要与当事人和解制度紧密结合，通过和解工作促使未成年犯罪嫌疑人认真悔罪、赔礼道歉或者赔偿损失等，化解矛盾纠纷，修复受损的社会关系。三是优先原则。人民检察院对于既可以附条件不起诉也可以起诉的未成年犯罪嫌疑人，应当优先适用附条件不起诉；对于既可以相对不起诉也可以附条件不起诉的未成年犯罪嫌疑人，应当优先适用相对不起诉。如果未成年犯罪嫌疑人存在一定的认知偏差等需要矫正，确有必要接受一定时期监督考察的，可以适用附条件不起诉。

【随堂问题】当事人和解制度与当事人和解的公诉案件诉讼程序的区别？

《未成年人刑事检察工作指引（试行）》第67条中的"当事人和解制度"适用范围更为宽泛，并不局限于刑事诉讼法特别程序中规定的"当事人和解的公诉案件诉讼程序"规定的情形，是指刑事诉讼过程中犯罪嫌疑人一方以认罪悔罪、退赃退赔、赔礼道歉等形式获得被害人一方谅解的情形。虽然当事人和解并不意味着必须作出附条件不起诉决定，但是为了帮助未成年犯罪嫌疑人认罪悔罪，保护被害人合法权益，进一步化解社会矛盾，检察机关应当积极促使当事人双方达成和解。

【随堂问题】退赃退赔或被害人谅解是否为悔罪的必要条件？

法律规定的悔罪表现，是要通过嫌疑人内心外化于行的各种表现综合判定，检察机关要作出科学合理的认定需要结合各种实际情况。比如在人赃俱获的情形下，再要求嫌疑人退赃退赔，显然不合理；再如即便犯罪嫌疑人退赃退赔，但有的被害人还是会漫天要价，无法达成和解，这种情况下，就应该实事求是认定犯罪嫌疑人有悔罪表现。

【重点提示】附条件不起诉与相对不诉间的联系和区别

从理论上讲，虽然二者刑罚条件存在明显区别，附条件不起诉是可能判处1年以下刑罚的，相对不起诉则是不需要判处刑罚或者免除处罚的。然而，从司法实践经验来看，二者的界限并不分明，存在竞合。主要因为四个不确定：第一，条件不确定。"可能"判处1年以下刑罚，既然是"可能"，就会存在不确定性，可能需要判处刑罚，也可能不需要。第二，情节不确定。刑法中规定的量刑情节，大多是多功能的，既可以从轻、减轻，也可以免除处罚，如何选择存在不确定性。第三，刑罚不确定。对可能判处的刑罚进行推算，只能得出一个概数，存在一定的幅度，当然可能同时包含判处刑罚和免除处罚。第四，测算不确定。对刑罚的测算，是一种主观判断，不同的人来推算，可能得出的结果就不同。因此，有必要解决这两种措施适用的竞合问题。

关于这个问题，最高人民检察院《关于进一步加强未成年人刑事检察工作的决定》进行了明确：对于既可相对不起诉也可附条件不起诉的，优先适用相对不起诉。笔者认为，此处的"优先"不能理解为"一律"，并不是所有相对不起诉与附条件不起诉竞合的情况下，都首选适用相对不起诉，还需要考虑未成年犯罪嫌疑人是否有继续接受一段时间监督考察的必要性，要以有利于教育、感化、挽救未成年犯罪嫌疑人，有利于预防未成年人重新犯罪为工作导向，防止对上述政策理解和执行的绝对化和片面化。

从司法实践的角度来看，可以采用刑罚标准并辅以人身危险性标准来加以区分。比如一个未成年人盗窃了一部价值3000多元的手机，事后退赃并得到了被害人的谅解。从刑罚标准来看，已经构成犯罪。从人身危险性看，如果系初犯、偶犯，平时表现尚可的，可以适用相对不起诉；如果是平时就有小偷小摸习惯或有其他严重不良行为的，则可以适用附条件不起诉；如果是盗窃惯犯，劣迹累累，屡教不改的，甚至可以考虑提起公诉。

【重点提示】附条件不起诉的慎用情形

对于附条件不起诉，法律规定是"可以"适用，这就意味着在某些情形下不可以适用。除了法律明确规定的适用条件外，有必要设置一些排除性条件，来限制检察机关的自由裁量权，防止选择性适用。犯罪嫌疑人如出现以下情形之一,应当对其慎重适用附条件不起诉:(1)有故意犯罪前科的;(2)曾因涉嫌故意犯罪被人民检察院根据《刑事诉讼法》第177条2款、第284条第2款作出不起诉决定的;(3)曾受过3次以上行政拘留处罚的;(4)涉嫌罪行的法定刑在10年有期徒刑以上的;(5)可能激化矛盾或引发不稳定因素的;(《人民检察院办理未成年人刑事案件的规定》第31条第2款)(6)其他不宜适用附条件不起诉的情形。

(二)听取意见

《刑诉规则》第469条及《人民检察院办理未成年人刑事案件的规定》第30条中均规定人民检察院在作出附条件不起诉决定以前,应当听取公安机关、被害人、未成年犯罪嫌疑人及其法定代理人、辩护人的意见,并制作笔录附卷。

1. 听取未成年犯罪嫌疑人及其法定代理人意见

依据《刑事诉讼法》第282条的规定,人民检察院在作出附条件不起诉的决定以前,应当听取公安机关、被害人的意见。未成年犯罪嫌疑人及其法定代理人对人民检察院决定附条件不起诉有异议的,人民检察院应当作出起诉的决定。

从上述法条表述看,法律并没有明确规定要听取未成年犯罪嫌疑人及其法定代理人的意见。然而,对检察机关附条件不起诉的决定,未成年犯罪嫌疑人及其法定代理人有异议权,他们的意见可以说具有决定性意义,所以其实也暗含了要听取他们的意见。听取意见时可与权利义务告知相结合。

2. 听取辩护人意见

《刑诉规则》和《人民检察院办理未成年人刑事案件的规定》都明确了应当听取辩护人的意见。但有观点认为辩护人一般都会同意适用附条件不起诉,如果表示不同意就违背了律师的职责,所以听取辩护人意见意义不大。但是,辩护人也可能提出无罪或应当适用其他不起诉的辩护意见,因此承办人一定要高度重视辩护人意见,并结合案件证据进行认真审查,依法决定是否采纳。

3. 听取被害人及其法定代理人、诉讼代理人意见

根据刑事诉讼法规定,应当听取被害人意见。被害人不服附条件不起诉决定的,应当告知其不适用《刑事诉讼法》第180条关于被害人可以向人民法院起诉的规定,并做好释法说理工作。被害人对附条件不起诉的决定提出申诉的,具体程序参照《刑诉规则》第379条至第383条的规定。

在听取被害人意见时,应当对附条件不起诉的含义及法律后果作必要的解释,以避免因被害人理解不到位而在后续案件处理中产生执法风险甚至造成矛盾激化。

> **【随堂问题】** 如果联系不到被害人，无法听取意见，怎么处理？
>
> 对于可以作附条件不起诉处理的案件，虽然刑事诉讼法规定在适用附条件不起诉时应当听取被害人意见，但即便被害人不同意适用，也不能阻却检察机关的程序适用，况且被害人还有申诉救济权，所以检察机关一方面应当穷尽一切手段来查找和联系被害人，尽量避免听取被害人意见程序的缺失。对于确实联系不到被害人的情况，需要根据案件具体情况，区别对待。对于犯罪行为没有对被害人造成实际损失的（例如犯罪未遂或中止），或者被害人的损失已得到足额赔偿，或者有证据证明被害人曾经明确表示谅解涉罪未成年人的，可以作出附条件不起诉决定；对于被害人因为犯罪行为造成的实际损失没有得到足额赔偿的，或者存在刑事附带民事诉讼情形的，则要慎用附条件不起诉。在必要情况下，可以参照民事提存制度，由犯罪嫌疑人一方先将赔偿款项存入指定账户，待查找到被害人后再行赔付。在上述情况下，也可以考虑先行适用附条件不起诉。

【课堂讨论】 未成年犯罪嫌疑人与法定代理人意见不统一或者联系不到法定代理人，怎么处理？

观点一：从法条的文义来看，应该是法定代理人和未成年犯罪嫌疑人两个都反对时，才不能适用附条件不起诉。如果只有一方反对，或者法定代理人态度不明确时，可以适用附条件不起诉。

观点二：从国家对未成年人的政策来看，应把附条件不起诉的适用范围尽量扩大，所以如果出现一方不同意或者找不到法定代理人无法听取其意见的情况下，只要有利于未成年人，就可以适用附条件不起诉。

观点三：如果只有一方同意或者找不到法定代理人，仍然适用附条件不起诉，那么在帮教方面肯定会出现问题，而且适用附条件不起诉不一定必然就是对未成年人有利的，所以可以考虑不适用附条件不起诉。

在实践中，承办人首先一定要尽一切可能听取未成年人及其法定代理人的意见，并取得双方的同意。如果犯罪嫌疑人及其法定代理人意见不统一，要尽量做工作；如果联系不到法定代理人，一定要穷尽一切手段去联系查找。法定代理人并不限于未成年人的父母，还包括未成年人的养父母、监护人和负有保护责任的机关、团体的代表，如果还找不到，就要慎重适用。对那些犯罪时未成年、审查起诉时已成年的犯罪嫌疑人，应当尊重其本人意见，以本人意见为准。

4. 听取公安机关意见

《刑诉规则》第 469 条规定，人民检察院在作出附条件不起诉决定以前，应当听取公安机关意见。《刑诉规则》和《人民检察院办理未成年人刑事案件的规定》要求检察机关在听取相关意见时要制作笔录附卷。但是根据公安部《公安机关办理刑事案件程序规定》第 329 条规定：人民检察院在对未成年人作出附条件不起诉决定前，听取公安机关意见时，公安机关应当提出书面意见，经县级以上公安机关负责人批准，移送同级人民检察院。该规定要求公安机关以书面形式反馈意见。

上述规定对听取意见出现了两种不同的处理方式，那么，承办人是找侦查人员做份笔录？还是让公安机关出具书面意见？

笔者认为，实践中首先应当注意避免将侦查人员的个人意见等同于公安机关的单位意见。所以，做笔录的对象，应该是有权代表公安机关出具意见的人，如果此人无权代表，那么可以根据公安部的规定，经县级以上公安机关负责人批准，以书面形式反馈意见并加盖单位公章。

5. 召开听证会

听取意见，除了分别听取三方意见以外，还有一种特别的形式，就是当面听取三方意见，也即通过召开不公开听证会的形式来听取意见。这种形式摒弃了以往案件审查的行政化色彩，具有透明性、亲历性等特点，是司法化审查的重要体现。

（1）听证事由。《人民检察院办理未成年人刑事案件的规定》第 31 条规定：公安机关或者被害人对附条件不起诉有异议或争议较大的案件，人民检察院可以召集侦查人员、被害人及其法定代理人、诉讼代理人、未成年犯罪嫌疑人及其法定代理人、辩护人举行不公开听证会，充分听取各方的意见和理由。

据此，召开听证会的主要事由有二：一是公安机关或者被害人有异议的案件；二是争议较大的案件。当然，除了这两种情况，对于社会影响较大的案件、检察机关认为有必要听证的案件、未成年犯罪嫌疑人及其法定代理人或者辩护人提出听证申请的案件，也可以召开听证会。

（2）听证参与人员。根据《人民检察院办理未成年人刑事案件的规定》，听证参与人员包括：①检察人员；②侦查人员；③被害人及其法定代理人、诉讼代理人；④未成年犯罪嫌疑人及其法定代理人、辩护人。

（3）听证方式。原则上应当不公开听证。也即除了参与主体，其他人员不得参加听证。但是实践中，一些社会帮教组织的代表也参与了听证。一方面，他们参与听证，类似于最高人民法院《关于适用〈中华人民共和国刑事诉讼法〉的解释》中关于不公开开庭的规定中，可以通知学校或未成年人保护组织的代表到场的规定，不违反不公开的原则。另一方面，我们也可以在帮教人员参与听证时，查明他们是否具备监督考察能力，实现与监督考察的高效衔接。

另外，对于犯罪时不满18周岁，审查起诉时已满18周岁的，原则上也应当不公开听证，但在确有必要的情况下，也可以允许人大代表、政协委员等旁听，但事先应当征求未成年人及其法定代理人的意见，并严格限制人数，告知他们遵守保密义务，不得对外披露相关信息。

【重点提示】听证会的不公开原则

根据《人民检察院办理未成年人刑事案件的规定》第31条规定，附条件不起诉听证会应当遵循不公开原则。召开听证会时，检察机关一般应当通知公安人员，未成年犯罪嫌疑人及其法定代理人或合适成年人、辩护人，以及被害人及未成年被害人的法定代理人、诉讼代理人到场。必要时，可以通知社会调查员、帮教人员到场。

【案例】某检察院对一起附条件不起诉案件进行公开听证

某检察院对两名未成年犯罪嫌疑人决定适用附条件不起诉前进行公开听证。该院邀请了该地区人大代表、政协委员、群众代表和老师代表参与听证，并在听证之前，把相关的案件事实和法律规定形成文字材料，提前发放给参会代表。在听证会现场，参会代表纷纷就案件的事实、法律规定、相关理由、办案效果等方面充分发表意见和建议。该检察院的做法明显违反了《人民检察院办理未成年人刑事案件的规定》第31条关于不公开听证的规定要求，应予以纠正。

（4）听证会席位设置。目前，听证席位的设置并没有统一的模式，此处以上海检察机关采用的模式为例。听证场所一般设置在司法办案区。检察官和书记员居中，右侧为侦查人员和被害人及其法定代理人、诉讼代理人一方，左侧为犯罪嫌疑人及其法定代理人、辩护人一方。有观点认为应当参照法院的庭审模式，让未成年犯罪嫌疑人坐在检察人员对面。笔者不认同这一观点，理由是既然听证是为了提高审查方式的司法属性，那么让未成年犯罪嫌疑人与法定代理人、辩护人坐在一起，一方面可以弱化纠问式诉讼的色彩，体现犯罪嫌疑人的诉讼主体地位和控辩双方的平等地位，另一方面也能为未成年人提供必要的心理支持；此外，拟作附条件不起诉的未成年嫌疑人的人身危险性相对较小，妨碍听证或者脱逃的可能性不大，一般也不会出现安全问题。

听证会席位设置

（图示：检察官、检察官助理居中，书记员在前；侦查人员、法定代理人、被害人在左侧；法定代理人、辩护人在右侧）

【重点提示】听证需要注意的问题

一是检察官不宜在听证过程中就双方争议问题当场发表倾向性意见，更不宜当场作出处理决定。听证结束，应当将听证笔录交由各参与人签字确认，并归入案卷。二是听证程序毕竟不是审判程序，一般没有必要设置类似于法庭调查的举证质证环节。但是，如果控辩双方提出新证据，例如辩方提出了刑事和解，也可以进行举证、质证。三是听证的内容实质上是对适用条件进行听证，因此重点针对存在争议的部分，如果控辩双方无异议的，则无必要听证。四是如果法定代理人不能或不宜到场，可以由合适成年人到场。五是被害人对附条件不起诉持反对意见的，应当通知其参加听证。被害人如果不愿意参加听证，也不必强求，但是必须听取其意见。

（三）审查决定

经听取各方意见，未成年犯罪嫌疑人及其法定代理人同意适用附条件不起诉的，承办人可以提出适用附条件不起诉的意见。

根据《人民检察院办理未成年人刑事案件的规定》第32条的规定，适用附条件不起诉的审查意见，应当由办案人员在审查起诉期限届满15日前提出，并根据案件的具体情况拟定考验期限和考察方案，连同案件审查报告、社会调查报告等，经部门负责人审核，报检察长或者检察委员会决定。

1. 决定时间

适用附条件不起诉的审查意见，办案人员应当在审查起诉期限届满15日前提出。

【课堂讨论】审查起诉期限怎么理解？犯罪嫌疑人被取保候审的，审查起诉期限是否为12个月？

观点一：实践中，对于犯罪嫌疑人取保候审的案件，审查起诉期限都是按照12个月来把握的。如果严格按照审查起诉30天的规定，那受案后15天就要提审查意见，实践操作中根本来不及。所以，审查起诉期限应该是12个月。

观点二：应该严格按照30天的法定审查起诉期限来把握更稳妥。审查期限和强制措施期限是两回事，不宜等同。对于附条件不起诉的案件，考验期限长达6至12个月，而且不计入审查起诉期限，如果再用取保候审的1年，将可能出现24个月审查起诉时间；同时，附条件不起诉案件一般也不是重大、复杂案件，不符合《刑诉规则》关于延长审查起诉期限的规定，承办人应当抓紧时间及时提出审查意见。15天就要提出审查意见，实践中确实有点紧，但是审查起诉期限依法可以延长15天的，30天应该是来得及的。

《刑事诉讼法》第172条规定，人民检察院对于公安机关移送起诉的案件，应当在1个月以内作出决定，重大、复杂的案件，可以延长15日。人民检察院审查起诉的案件，改变管辖的，从改变后的人民检察院收到案件之日起计算审查起诉期限。2012年全国人大常委会法工委编写的《中华人民共和国刑事诉讼法释义》对原第169条（现第172条）的解释为：一是应当严格按照法律规定的期限办结案件；二是如果在规定的期限内不能办结的，可以按照本法第96条（现第98条）的规定采取取保候审或者监视居住的办法。取保候审、监视居住期间，不计入本条规定的办案期限，但不能中断审查。① 2013年12月，高检院检委会通过《关于审查起诉期间犯罪嫌疑人脱逃或者患有严重疾病的应当如何处理的批复》，其中，对如何理解刑事诉讼法规定的审查起诉期限以及对在押与非在押的犯罪嫌疑人的审查起诉期限是否存在差异予以明确。关于刑事诉讼法审查起诉期限是否针对被采取强制措施的犯罪嫌疑人，经研究认为：刑事诉讼法固定的1个月以内审查起诉期限针对的是犯罪嫌疑人被采取羁押措施的情形。② 也就是说，犯罪嫌疑人非羁押的不受此限制。实践中，特别是新冠疫情期间，很多基层检察机关对采取取保候审的犯罪嫌疑人适用12个月的审查起诉期限。

2. 决定主体

根据案件的具体情况，承办人需要拟定考验期限和考察方案，连同案件审查报告、社会调查报告等，经部门负责人审核，报检察长或者检察委员会决定。此外，需要注意的是，为简化决定程序，可以直接报请检察长决定。对于争议较大的，应当提交检委会决定。

---

① 郎胜主编：《中华人民共和国刑事诉讼法释义》，法律出版社2012年版，第364页。

② 吴孟栓、李昊昕、王佳：《〈关于审查起诉期间犯罪嫌疑人脱逃或者患有严重疾病的应当如何处理的批复〉解读》，载《人民检察》2014年第4期。

3. 决定内容

除了是否适用附条件不起诉制度外,根据《人民检察院办理未成年人刑事案件的规定》,还应包括考验期限和考察方案、案件审查报告、社会调查报告等,特别是考验期限和考察方案,一定要报批,同时说明依据和理由,有利于作出准确决策。

【随堂问题】对在押未成年人适用附条件不起诉后宜采取何种强制措施?

依据《人民检察院办理未成年人刑事案件的规定》第34条,未成年犯罪嫌疑人在押的,作出附条件不起诉决定后,人民检察院应当作出释放或者变更强制措施的决定。但是由于释放意味着嫌疑人没有强制措施,为了确保诉讼顺利进行,故在实践中,变更强制措施为取保候审更加妥当。

【随堂问题】附条件不起诉考验期内可否对犯罪嫌疑人采取强制措施?

实践中,在附条件不起诉考验期间内对未成年犯罪嫌疑人一般采取取保候审强制措施,目的在于保障诉讼顺利进行,有利于及时发现附条件不起诉对象的违法违规行为,也有利于在出现妨碍诉讼的情形时督促公安机关协助抓捕。如果能够认定附条件不起诉对象确实不存在任何妨碍诉讼的可能性,或者在考验期限尚未届满而取保候审期限已经届满的情况下,根据《未成年人刑事检察工作指引(试行)》第193条第2款的规定,考验期未满、取保候审期限届满的,应当解除取保候审强制措施,继续进行监督考察。故可以不对附条件不起诉对象采取任何刑事强制措施。

需要注意的是,附条件不起诉并不意味着诉讼终结,也就意味着强制措施不能自动解除。监督考察规定与取保候审规定的性质、功能与后果完全不同,具体如下:(1)前者在于判断起诉的必要性,后者在于保障诉讼顺利进行;(2)违反监督考察规定,未必达到撤销附条件不起诉的条件,即使达到,也未必符合逮捕条件;而违反取保候审规定,则可以批准逮捕。

因此,如果受理审查起诉时已决定重新取保候审的,没有必要解除该强制措施;如果没有强制措施的(被释放),建议对犯罪嫌疑人采取取保候审强制措施,以保障诉讼顺利进行。

(四) 送达宣布

1. 送达时间及对象

依据《刑诉规则》第 471 条规定,附条件不起诉决定书应当在 3 日以内送达公安机关、被害人或者其近亲属及其诉讼代理人、未成年犯罪嫌疑人及其法定代理人、辩护人。

2. 宣布形式及内容

根据《人民检察院办理未成年人刑事案件的规定》第 33 条第 3 款规定,人民检察院应当当面向未成年犯罪嫌疑人及其法定代理人宣布附条件不起诉决定,并告知以下相关事项:(1) 考验期限;(2) 在考验期内应当遵守的规定;(3) 违反规定应负的法律责任;(4) 可以对附条件不起诉决定提出异议。宣布过程中,要重点提醒未成年人在监督考察期内应当遵守的规定、应履行的义务以及违反规定的法律后果。此外,还应当告知被害人或者其近亲属及其诉讼代理人,如果对附条件不起诉决定不服,可以自收到附条件不起诉决定书后 7 日以内向上一级人民检察院申诉。宣布情况应当制作笔录附卷。

3. 宣布的参与人员

宣布活动由检察官主持,可以共同参加的人员包括:(1) 未成年犯罪嫌疑人及其法定代理人;(2) 辩护人;(3) 侦查人员;(4) 被害人;(5) 监督考察人员。

(五) 监督和救济

1. 监督

根据《人民检察院办理未成年人刑事案件的规定》第 39 条的规定,人民检察院在作出附条件不起诉决定后,应当在 10 日内将附条件不起诉决定书报上级人民检察院主管部门备案。上级人民检察院认为下级人民检察院作出的附条件不起诉决定不适当的,应当及时撤销下级人民检察院作出的附条件不起诉决定,下级人民检察院应当执行。

虽然《人民检察院办理未成年人刑事案件的规定》中仅明确规定报送的是附条件不起诉决定书,但上级院要对附条件不起诉进行实质性审查,仅从一份决定书中很难发现问题,也不利于准确作出审查决定。所以报备的材料一般还应包括:(1) 起诉意见书;(2) 审查报告及审批表;(3) 听取意见的相关材料;(4) 检委会决定(经检委会讨论的案件);(5) 附条件不起诉决定书等(书面报备)。

2. 救济

《刑事诉讼法》第 282 条第 2 款规定,对附条件不起诉的决定,公安机关要求复议、提请复核或者被害人申诉的,适用本法第 179 条、第 180 条的规定。

(1) 公安机关要求复议、复核

①复议。《人民检察院办理未成年人刑事案件的规定》第 35 条规定,公安机关认为附条件不起诉决定有错误,要求复议的,人民检察院未成年人刑事检察机构应当另行指定检察人员进行审查并提出审查意见,经部门负责人审核,报经检察长或者检察委员会决定。

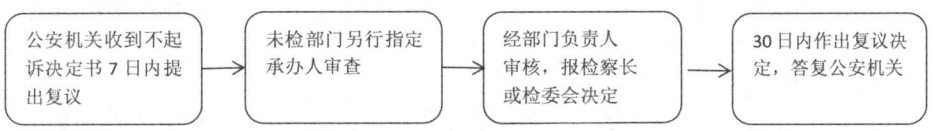

②复核。根据《人民检察院办理未成年人刑事案件的规定》第 36 条的规定,公安机关因复议意见不被接受向上一级人民检察院提请复核的,上一级人民检察院收到公安机关对附条件不起诉决定提请复核的意见书后,应当交由未成年人刑事检察机构办理。未成年人刑事检察机构应当指定检察人员进行审查并提出审查意见,经部门负责人审核,报请检察长或者检察委员会决定。上一级人民检察院应当在收到提请复核意见书后的 30 日以内作出决定,制作复核决定书送交提请复核的公安机关和下级人民检察院。经复核改变下级人民检察院附条件不起诉决定的,应当撤销下级人民检察院作出的附条件不起诉决定,交由下级人民检察院执行。

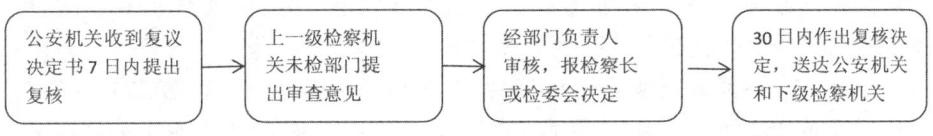

(2) 被害人申诉

《人民检察院办理未成年人刑事案件的规定》第 37 条规定,被害人不服附条件不起诉决定,在收到附条件不起诉决定书后 7 日以内申诉的,由作出附条件不起诉决定的人民检察院的上一级人民检察院未成年人刑事检察机构立案复查。被害人向作出附条件不起诉决定的人民检察院提出申诉的,作出决定的人民检察院应当将申诉材料连同案卷一并报送上一级人民检察院受理。被害人不服附条件不起诉决定,在收到附条件不起诉决定书 7 日后提出申诉的,由作出附条件不起诉决定的人民检察院未成年人刑事检察机构另行指定检察人员审查决定是否立案复查。未成年人刑事检察机构复查后应当提出复查意见,报请检察长决定。复查决定书应当送达被害人、附条件不起诉的未成年犯罪嫌疑人及其法定代理人和作出附条件不起诉决定的人民检察院。

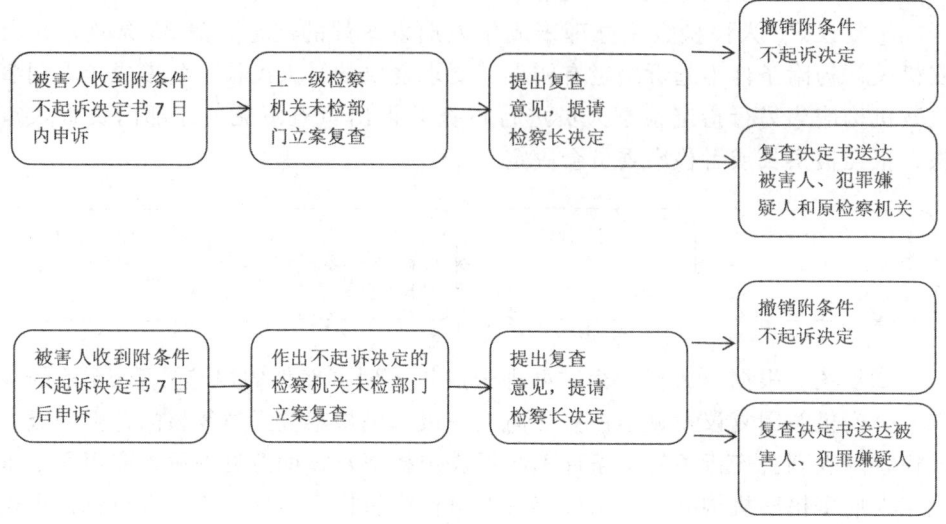

【随堂问题】被害人能否对附条件不起诉的案件提起自诉？

有观点认为，《刑事诉讼法》第180条是对被害人不服不起诉决定的救济，且被害人自诉既可以在经申诉仍然不服后向法院起诉，也可以不经申诉直接向法院起诉，自诉权行使限制较小。因此在附条件不起诉案件中，为全面保护被害人合法权益，不应限制被害人自诉权，破坏"不起诉"与"刑事自诉"的制度平衡。

对此，全国人大常委会在2014年关于《刑事诉讼法》第271条第2款（现第282条第2款）的立法解释中认为：人民检察院办理未成年人刑事案件，在作出附条件不起诉的决定以及考验期满作出不起诉的决定以前，应当听取被害人的意见。被害人对人民检察院对未成年犯罪嫌疑人作出的附条件不起诉的决定和不起诉的决定，可以向上一级人民检察院申诉，不适用刑事诉讼法第176条（现第180条）关于被害人可以向人民法院起诉的规定。

该立法解释规定了附条件不起诉案件办理中两次听取意见的要求和被害人自诉权行使的限制。全国人大常委会法制工作委员会认为，修改后的刑事诉讼法规定，对于可能判处1年有期徒刑以下刑罚、有悔罪表现的未成年人，检察院可以作出附条件不起诉的决定。附条件不起诉是

> 针对犯罪较轻的未成年人给予其改过机会而在刑事诉讼法中设置的特别程序，体现了对未成年人的教育、感化、挽救方针。在附条件不起诉的程序中，也只规定被害人申诉的，适用刑事诉讼法第176条的规定，因此，不宜在检察院综合考虑各方面因素依法作出不起诉决定后，再由被害人提起自诉再行追究。同时，检察院对于附条件不起诉的案件，应当依法做好听取被害人意见的工作，充分保障被害人的申诉权。[1]

【案例】 检察机关办理附条件不起诉申诉案件

2018年4月某日，犯罪嫌疑人钱某某（女，16岁）因恋爱纠纷，纠集多人将被害人李某（女，17岁）从地铁口强行拉至一小区地下室，将李某殴打致伤。经鉴定，被害人伤势构成轻微伤。

后民警电话通知钱某某母亲，钱某某在母亲陪同下到派出所投案，但到案后对犯罪事实拒不供认。在审查起诉阶段，钱某某供认了犯罪事实。

某区检察院经审查认为，钱某某纠集多人随意殴打他人，致一人轻微伤，其行为构成寻衅滋事罪。但钱某某系未成年人，犯罪时刚满16周岁，具有坦白情节，其行为可能判处1年以下有期徒刑，且有悔罪表现，根据刑事诉讼法规定，对其可适用附条件不起诉。同时，钱某某系在校学生，家庭完整，其父母愿意配合监管，具备考察帮教条件。

区检察院在作出附条件不起诉决定前，听取和征询了相关人员和机构的意见，被害人方对犯罪嫌疑人钱某某适用附条件不起诉当时未发表意见，公安机关、辩护人、犯罪嫌疑人及其法定代理人对适用附条件不起诉无异议。

后来被害人认为钱某某到案后未能及时认罪，没有悔罪表现，遂不服区检察院对钱某某作出的附条件不起诉决定，向上一级人民检察院提出申诉。某分院受理案件后，经审查认为被害人的申诉符合法律规定，予以立案复查。在认真梳理和剖析案情的基础上，该分院采取召开不公开听证会方式办理该案件。选定被附条件不起诉人及其法定代理人、辩护人、申诉人的委托代理人、诉讼代理人出席听证会，特邀钱某某的帮教社工和区院案件承办人参与听证会。听证过程中，申诉人的委托代理人和诉讼代理人充分表达了诉求，区院案件承办人详细阐明了对钱某某适用附条件不起诉的法律依据和具体理由，考察帮教机构的社工对过去3个月考验期内钱某某的表现给予了肯定。钱某某则在听证会上对自己的犯罪行为真诚悔过并

---

[1] 引自http：//www.shhd.cn/sh/ArticleInfo.aspx? nid = 6306，《全国人大常委会7项立法解释大解读，两虚一逃不适用于认缴登记制公司》，2021年5月10日访问。

向被害人致歉，其法定代理人和辩护人也充分发表了各自意见。

经过听证，申诉人的委托代理人和诉讼代理人表示了对区院处理决定的认可。分院在充分听取各方意见的基础上，经评议当场宣布维持区院对钱某某作出的附条件不起诉决定，并再次对钱某某进行了专题教育。

（六）监督考察

1. 考验期

（1）考验期限：6个月以上1年以下。

【重点提示】考验期限的确定原则

一是比例原则。考验期限设定应当与未成年犯罪嫌疑人的犯罪性质、人身危险性、在共同犯罪中的地位作用、可能判处的刑期等相适应。刑期越短，考验期也越短，反之亦然。二是实际需求。要充分考虑未成年犯罪嫌疑人就学、就业的实际需要，并留有一定变更余地，尽量把对未成年人的不利影响降到最低。三是留有余地。因为考验期内未成年人要受到一定约束，承办人及其法定代理人、帮教人员也需要投入精力进行考察帮教。所以，要根据案情合理设定，尽量不要动辄适用1年的最高期限。

【随堂问题】附条件不起诉的考验期限该如何设置？

具体而言，可以从以下几个方面进行综合判断：一是考验期限应当与罪质相适应。涉嫌严重刑事犯罪的，在确定考验期限时，应当与其他轻罪有所区别，一般不宜适用6个月的下限。二是考验期限应当与人身危险性相适应。在确定考验期限时，应当注意与初犯、平时表现良好的未成年犯罪嫌疑人有所区别。三是考验期限应当与可能判处的刑期相适应，需要与法定刑进行比较权衡。四是考验期限应当注意同案犯之间的平衡。做好主从犯之间的轻重区分。五是应当尽量不用足1年的考验期限，防止出现过于冗长的考验期导致嫌疑人宁愿选择起诉，以期尽早结束诉讼流程。六是确定考验期限时要充分考虑未成年犯罪嫌疑人就学、就业的实际需要。避免由于考验期限过长，造成未成年犯罪嫌疑人面临升学、就业时，仍然无法终结诉讼。①

（2）考验期限的起算。附条件不起诉的考验期从人民检察院作出附条件不起诉的决定之日起计算，不计入审查起诉期限。根据未成年犯罪嫌疑人考验期间的表现和教育挽救的需要，经检察长批准，可以在法定期限内对考验期予

---

① 吴燕：《附条件不起诉实务研究》，载《青少年犯罪问题》2015年第3期。

以缩短或延长。

【课堂讨论】如何确定附条件不起诉考验期的起算之日？

在实践中，出现了以下几种起算方式：一是承办人收到检察长或检委会决定之日；二是附条件不起诉决定书签发之日；三是附条件不起诉决定向未成年犯罪嫌疑人宣布之日。

从《刑诉规则》规定来看，附条件不起诉的考验期从人民检察院作出附条件不起诉的决定之日起计算。通常，附条件不起诉的决定之日就是检察长或检委会作出决定之日。但即便在实践中要求承办检察官提高办案效率，尽快宣布不起诉决定，尽量缩短附条件不起诉决定之日与宣布之日的间隔，仍然可能出现在决定之日与宣布之日的间隔期内，未成年犯罪嫌疑人违反监督考察规定的情况，从而导致检察官处于被动的境地；此外，从严格意义上说，只有当决定宣布以后才具有法律上的约束力，才能对外发生法律效力。因此，将附条件不起诉决定向未成年犯罪嫌疑人宣布之日作为考验期起算之日更为合理。

【重点提示】附条件不起诉的考验期不计入案件审查起诉期限

依据《人民检察院办理未成年人刑事案件的规定》第40条规定，作出附条件不起诉决定的案件，审查起诉期限自人民检察院作出附条件不起诉决定之日起中止计算，自考验期限届满之日起或者人民检察院作出撤销附条件不起诉决定之日起恢复计算。

2. 监督考察的主体

《刑诉规则》第474条第2款规定，人民检察院可以会同未成年犯罪嫌疑人的监护人、所在学校、单位、居住地的村民委员会、居民委员会、未成年人保护组织等的有关人员，定期对未成年犯罪嫌疑人进行考察、教育，实施跟踪帮教。因此，检察机关是监督考察的主体。"会同"的含义在于检察机关要与上述相关人员共同开展考察帮教活动，而非仅委托了事，规则同时明确了有关主体的配合义务。"定期"的含义要求避免在监督考察中仅仅组织一两次活动走过场，而要制定针对性的帮教方案，有计划、有步骤地开展一系列帮教活动。实践中已经有很多好的做法，比如与相关人员共同组建帮教小组，并根据案件和未成年犯罪嫌疑人的具体情况，制定个性化的帮教方案，组织开展帮教活动，落实矫治和教育措施，并制作书面帮教记录。检察机关应当对帮教小组的工作进行监督，并适时检查未成年犯罪嫌疑人遵守规定、履行义务、接受矫治和教育、帮教效果等方面的情况。帮教小组在考验期即将届满前，对未成年人在考察期间接受帮教矫治的情况进行总结，并制作监督考察报告，在考验期满后提交检察机关。

3. 监督考察的内容

（1）必备义务，是指每一个附条件不起诉犯罪嫌疑人都必须遵守的义务。根据《刑事诉讼法》第283条的规定，具体包括以下内容：①遵守法律法规，服从监督；②按照考察机关的规定报告自己的活动情况；③离开所居住的市、区（县）或者迁居，应当报经考察机关批准；④按照考察机关的要求接受矫治和教育。

（2）选择义务，是指根据附条件不起诉犯罪嫌疑人个别情况设定的需要接受矫治和教育的义务。根据《刑诉规则》第476条的规定，具体包括以下内容：①完成戒瘾治疗、心理辅导或其他适当的处遇措施；②向社区或者公益团体提供公益劳动；③不得进入特定场所，与特定的人员会见或者通信，从事特定的活动；④向被害人赔偿损失、赔礼道歉等；⑤接受相关教育；⑥遵守其他保护被害人安全以及预防再犯的禁止性规定。

必备义务和选择义务，都必须在附条件不起诉决定书中予以表述。

（3）义务设定的原则

①必要性。必备义务是嫌疑人必须遵守的。除此之外，还应当根据案件具体情况，让未成年人履行一些常规义务，比如努力争取被害人谅解、尽力对造成的损失进行赔偿等。

②针对性。应根据未成年人的具体情况，有区别、有选择地设定相关义务。比如嫌疑人有毒瘾的，需要完成戒瘾治疗；有心理问题的，需要接受心理干预；如果是在网吧等场所引发犯罪的，可以要求其不得进入网吧等特定场所。

③可行性。设定的义务不能脱离实际、无法完成。比如不能将在校生考上大学作为考察义务，也不能作出"禁止进入公共场所"等一些不切实际的决定。

（七）处理决定

1. 决定撤销附条件不起诉

（1）提起公诉

《刑诉规则》第479条规定，被附条件不起诉的未成年犯罪嫌疑人，在考验期内具有下列情形之一的，人民检察院应当撤销附条件不起诉的决定，提起公诉：①实施新的犯罪的；②发现决定附条件不起诉以前还有其他犯罪需要追诉的；③违反治安管理规定，造成严重后果，或者多次违反治安管理规定的；④违反有关附条件不起诉的监督管理规定，造成严重后果，或者多次违反有关附条件不起诉的监督管理规定的。

【课堂讨论】再犯新罪或者发现漏罪的认定标准是什么？

观点一：以公安机关立案为准。

观点二：以检察机关审查逮捕认定结论为准。

观点三：以法院判决为准。

笔者认为，以检察机关的审查逮捕认定结论作为新罪或漏罪查证属实的标准更为妥当。举例说明：A区检察院对未成年犯罪嫌疑人作出附条件不起诉决定后，在考验期内发现其在B区因涉嫌新罪被公安机关刑事拘留并提请批捕。A区检察院准备启动附条件不起诉撤销程序，但尚未作出撤销决定时，B区检察院经审查认为该未成年人不构成犯罪，作出绝对不捕的决定。最后A区没有撤销附条件不起诉决定。试想，如果以公安机关的处理决定作为查证属实的标准，极有可能造成检察机关错误地撤销附条件不起诉。

此外，如果以法院的生效有罪判决为准，虽然该决定具有稳定性，但从侦查到审判需要耗费大量时间，是否撤销附条件不起诉也将长期处于不确定状态；同时基于诉讼效率的考虑，应当将附条件不起诉的罪行与新罪或者漏罪一并起诉、判决，所以也不宜以法院生效有罪判决作为查证属实的标准。

【重点提示】关于对多次违反相关管理规定的认定

法律规定违反治安管理规定或者监督管理规定，后果严重或多次违反的，应当起诉。违反治安管理规定，公安机关都会有记录，可以直接作为证据使用。但是违反附条件不起诉监督管理规定，缺乏强制性记录的规定，这就需要在实践中对每次发现的违规情况，比如对违规行为、违规时间等及时进行记录，确保有据可查。

此外，由于作出撤销附条件不起诉决定关系到未成年犯罪嫌疑人的重要利益，故在撤销决定作出前应给予其申辩的权利。

（2）移送立案

根据《人民检察院办理未成年人刑事案件的规定》47条规定，对于未成年犯罪嫌疑人在考验期内实施新的犯罪或者在决定附条件不起诉以前还有其他犯罪需要追诉的，人民检察院应当移送侦查机关立案侦查。

【随堂问题】考验期内违反治安管理规定或者不遵守监督考察规定，是否一律撤销附条件不起诉？

考验期内违反治安管理或监督管理规定或者不遵守监督考察规定，不能一律撤销附条件不起诉。应当综合考虑行为的性质、程度和影响等，从严把握撤销附条件不起诉与否。对于行为、情节尚未达到严重程度的，可以考虑适当延长涉罪未成年人的考验期限，尽力帮教；情节严重的，可以视情况撤销附条件不起诉，提起公诉。

此外，对于发现的新罪或者漏罪，必须查证属实，才能撤销附条件不起诉。

2. 决定不起诉

《刑事诉讼法》第284条第2款规定，被附条件不起诉的未成年犯罪嫌疑人，在考验期内没有法定撤销情形，考验期满的，人民检察院应当作出不起诉的决定。

根据《刑诉规则》第477条规定，考验期届满，检察人员应当制作附条件不起诉考察意见书，并提出相关意见，报请检察长决定。考验期满作出不起诉的决定以前，应当听取被害人意见。

【课堂讨论】 考验期满作出不起诉决定后，发现未成年人在考验期内曾经再犯新罪，如何处理？

有观点认为应当撤销不起诉决定。因为检察机关作出的最终不起诉决定错误，因而要主动启动纠错程序，予以撤销。

笔者认为，可以考虑选择维持不起诉决定，对于考验期的新罪另案处理。理由是：首先，考验期满时，检察机关并没有发现犯罪嫌疑人在考验期犯新罪，不起诉决定是基于当时的情况而作出的，需要保持司法处理决定的稳定性；其次，从诉讼便宜的原则考虑，这种处理方式也能节约司法资源；最后，从有利于嫌疑人的角度看，正是因为司法机关没有发现这个问题，就更加不应该通过撤销这种方式来让嫌疑人来承担不利后果。

对于另案处理的新罪，如果是涉及轻罪的，一般情况下对这种轻罪可能作相对不起诉处理。

但是，考虑到嫌疑人在附条件不起诉的考验期内又犯新罪，实质上是严重违反了取保候审规定和监督考察规定，这种在司法机关的监管过程中再犯新罪的情况，其行为性质更为严重，应当直接起诉，而不宜适用相对不起诉处理。

【随堂问题】 附条件不起诉决定书中是否要表述与定罪量刑相关的前科劣迹？

前科劣迹是对未成年犯罪嫌疑人作出附条件不起诉决定与否的重要参考依据，有的承办人认为未成年人的犯罪记录封存了，任何前科劣迹包括与定罪量刑相关的前科劣迹都不应写入附条件不起诉决定书中。笔者认为，目前我国法律规定的未成年人犯罪记录是封存而非消灭，办案

> 机关根据办案需要可以查询,即可以理解为:办案机关可以将犯罪记录作为办案参考。故附条件不起诉决定书中可以写入与犯罪嫌疑人定罪量刑直接相关的前科劣迹。

(八) 宣布与回访

1. 宣布

(1) 到场人员

依据《人民检察院办理未成年人刑事案件的规定》第 50 条规定,应当向被不起诉的未成年人及其法定代理人宣布不起诉决定。

到场人员可以细分为必到人员和可到人员。必到人员主要是宣告对象,即未成年人及其法定代理人。关于可到人员,根据上述规定,如果侦查人员、合适成年人、辩护人、社工等有利于教育被不起诉的未成年人的,经被不起诉的未成年人及其法定代理人同意,可以邀请他们参加,但要严格控制参与范围。

(2) 教育训诫

《人民检察院办理未成年人刑事案件的规定》明确规定,在宣布时应当充分阐明不起诉的理由和法律依据,并结合社会调查,围绕犯罪行为对被害人、对本人及家庭、对社会等造成的危害,导致犯罪行为发生的原因及应当吸取的教训等,对被不起诉的未成年人开展必要的教育。

教育形式可以根据嫌疑人的具体情况而定,比如对于有违规行为但并未达到多次或造成严重后果的,可以采取《刑法》第 37 条规定中的训诫措施。训诫过程中应当注意防止出现三种情况:一是防止将训诫措施等同于一般性的行为谴责、批评、训斥;二是防止训诫人员态度随意、平淡;三是训诫形式不应仅局限于口头,必要时可以制发《训诫书》。

2. 回访

根据《人民检察院办理未成年人刑事案件的规定》第 49 条规定,不起诉决定宣布后 6 个月内,办案人员可以对被不起诉的未成年人进行回访,并做好相关记录。

【重点提示】《人民检察院办理未成年人刑事案件的规定》虽然表述为"可以"回访,而非强制要求"应当"回访,但是为了巩固帮教效果、帮助未成年人顺利回归社会,办案人员一般应当由本人或者委托开展帮教的社工等人员对被不起诉的未成年人进行回访。

附条件不起诉结构流程

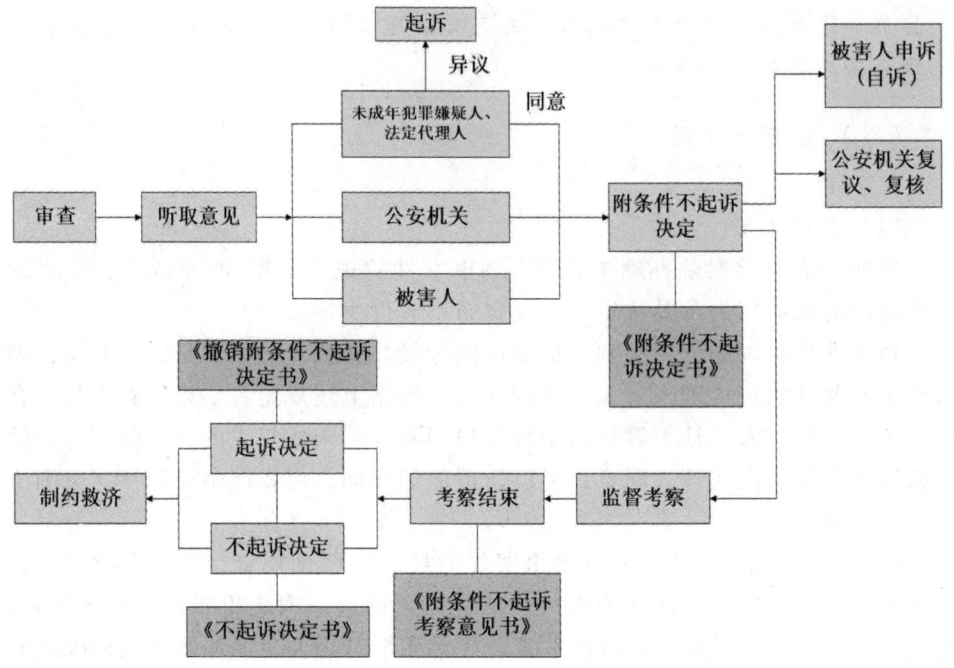

三、常用文书参考①

（一）《适用附条件不起诉意见征询书》（公安机关适用）（略）

（二）《适用附条件不起诉意见征询书》（被害人及其法定代理人适用）（略）

（三）《适用附条件不起诉意见征询书》（犯罪嫌疑人及其法定代理人适用）（略）

（四）《附条件不起诉决定书》（略）

（五）《变更附条件不起诉考验期限决定书》（略）

（六）《对被害人不服附条件不起诉刑事申诉审查结果通知书》（本级院和上一级院对被害人不服附条件不起诉申诉进行审查后，决定是否立案复查用）（略）

---

① 文书（一）至（十一）参见《人民检察院刑事诉讼法律文书格式样本（2020版）》。

（七）《对被害人不服附条件不起诉刑事申诉复查决定书》（上一级人民检察院适用）（略）

（八）《对被害人不服附条件不起诉刑事申诉复查决定书》（本级人民检察院适用）（略）

（九）《附条件不起诉考验期满后不起诉听取意见书》（被害人适用）（略）

（十）《不起诉决定书》（附条件不起诉考验期满后决定不起诉适用）（略）

（十一）《撤销附条件不起诉决定书》（未检专用）（略）

第六讲 犯罪记录封存

未成年人犯罪记录封存制度为帮助失足未成年人顺利回归社会创造了条件。本讲将结合司法实践，对未成年人犯罪记录封存的适用范围、适用程序，以及如何对犯罪记录进行查询、解封和如何开展监督等进行重点阐述。

一、概述

(一) 概念

犯罪记录封存，是指对人民法院判处 5 年有期徒刑以下刑罚的未成年人犯罪记录采取保密措施进行封存，非有法定事由，未经严格审批，不得向任何单位和个人提供的制度。

刑事诉讼法中的犯罪记录封存制度与《刑法》第 100 条第 2 款中的未成年人免除部分前科报告义务共同构成了未成年人轻罪的隐私保护机制。该制度能够避免轻罪未成年人被贴上"罪犯"标签，帮助他们顺利就学、就业，完成再社会化。

> 【随堂问题】犯罪记录封存是否等同于犯罪记录消灭？
>
> 犯罪记录封存不等同于犯罪记录消灭，二者的主要差异在于可否被查询，并作为对未成年人的负面评价适用。需要注意的是，域外国家虽然立法中普遍确立了未成年人的前科消灭制度，但仍规定了未成年人犯罪记录的保存期限。例如美国部分地区，按照未成年人罪质的轻重及其个人的矫正情况，犯罪记录在 1 至 3 年不等的期限内存续。而且严重的刑事犯罪和特殊类型的案件中，未成年人的前科不会被消灭，办案人员可以在满足法定条件的情况下查阅有关记录。① 所以即便是域外的犯罪记录消灭制度也并非不附带条件。此外，犯罪记录封存制度是基于社会

---

① 李章仙：《"封存"还是"消灭"？——评新刑诉法犯罪记录封存条款》，载《预防青少年犯罪研究》2015 年第 2 期。

> 防卫和犯罪嫌疑人隐私保护双重权益权衡下的产物，当前制度运行中出现的未成年人隐私泄露问题大多是由于相关人员自身的不规范操作导致，如果做到涉罪未成年人记录封存的规范化、制度化，其效果实质上不亚于犯罪记录消灭。因此，笔者赞同下述观点：将"未成年人犯罪记录封存制度"仅适用于轻罪（而非所有犯罪）且仅作封存（不作消灭）绝不是立法者的疏忽，而是反映了该制度平衡社会公共利益与未成年犯罪人权益、向国际经验平稳过渡的价值取向。①

（二）常用法律政策依据

1.《刑事诉讼法》

第286条 犯罪的时候不满十八周岁，被判处五年有期徒刑以下刑罚的，应当对相关犯罪记录予以封存。

犯罪记录被封存的，不得向任何单位和个人提供，但司法机关为办案需要或者有关单位根据国家规定进行查询的除外。依法进行查询的单位，应当对被封存的犯罪记录的情况予以保密。

2.《刑诉规则》

第482条 犯罪的时候不满十八周岁，被判处五年有期徒刑以下刑罚的，人民检察院应当在收到人民法院生效判决、裁定后，对犯罪记录予以封存。

生效判决、裁定由第二审人民法院作出的，同级人民检察院依照前款规定封存记录时，应当通知下级人民检察院对相关犯罪记录予以封存。

第483条 人民检察院应当将拟封存的未成年人犯罪记录、案卷等相关材料装订成册，加密保存，不予公开，并建立专门的未成年人犯罪档案库，执行严格的保管制度。

第484条 除司法机关为办案需要或者有关单位根据国家规定进行查询的以外，人民检察院不得向任何单位和个人提供封存的犯罪记录，并不得提供未成年人有犯罪记录的证明。

司法机关或者有关单位需要查询犯罪记录的，应当向封存犯罪记录的人民检察院提出书面申请。人民检察院应当在七日以内作出是否许可的决定。

第485条 未成年人犯罪记录封存后，没有法定事由、未经法定程序不得解封。

---

① 卢君：《"未成年人犯罪记录封存制度"的反思与完善》，载《法律适用》2014年第11期。

对被封存犯罪记录的未成年人，符合下列条件之一的，应当对其犯罪记录解除封存：

（一）实施新的犯罪，且新罪与封存记录之罪数罪并罚后被决定执行五年有期徒刑以上刑罚的；

（二）发现漏罪，且漏罪与封存记录之罪数罪并罚后被决定执行五年有期徒刑以上刑罚的。

第486条 人民检察院对未成年犯罪嫌疑人作出不起诉决定后，应当对相关记录予以封存。除司法机关为办案需要进行查询外，不得向任何单位和个人提供。封存的具体程序参照本规则第四百八十三条至第四百八十五条的规定。

第487条 被封存犯罪记录的未成年人或者其法定代理人申请出具无犯罪记录证明的，人民检察院应当出具。需要协调公安机关、人民法院为其出具无犯罪记录证明的，人民检察院应当予以协助。

3.《关于适用〈中华人民共和国刑事诉讼法〉的解释》

第581条 犯罪时不满十八周岁，被判处五年有期徒刑以下刑罚以及免予刑事处罚的未成年人的犯罪记录，应当封存。

司法机关或者有关单位向人民法院申请查询封存的犯罪记录的，应当提供查询的理由和依据。对查询申请，人民法院应当及时作出是否同意的决定。

4.《预防未成年人犯罪法》

第59条 未成年人的犯罪记录依法被封存的，公安机关、人民检察院、人民法院和司法行政部门不得向任何单位或者个人提供，但司法机关因办案需要或者有关单位根据国家有关规定进行查询的除外。依法进行查询的单位和个人应当对相关记录信息予以保密。

未成年人接受专门矫治教育、专门教育的记录，以及被行政处罚、采取刑事强制措施和不起诉的记录，适用前款规定。

5.《未成年人刑事检察工作指引（试行）》

第82条 对于犯罪时不满十八周岁，被判处五年有期徒刑以下刑罚以及免除刑事处罚的未成年人的犯罪记录，人民检察院应当在收到人民法院生效判决后，对犯罪记录予以封存。

对于犯罪记录封存的未成年人，人民检察院应当告知其在入学、入伍、就业时，免除报告自己曾受过刑事处罚的义务。

对于二审案件，上级人民检察院封存犯罪记录时，应当通知下级人民检察院对相关犯罪记录予以封存。

对于在年满十八周岁前后实施数个行为，构成一罪或者数罪，被判处五年有期徒刑以下刑罚的以及免除刑事处罚的未成年人的犯罪记录，人民检察院可以不适用犯罪记录封存规定。

二、适用范围

（一）对象范围

封存对象应当包括所有被刑事立案后进入刑事诉讼程序的未成年人，以及接受过专门矫治教育、专门教育以及行政处罚的未成年人，但被判处5年有期徒刑以上刑罚的除外。

（二）记录范围

被封存的犯罪记录应当包括一切与刑事诉讼相关的书面和电子记录，包括法院的判决裁定、检察机关的不捕不诉、附条件不起诉决定、公安机关的刑事立案及撤案决定、各种刑事强制措施、侦查措施以及刑罚执行等其他刑事诉讼活动形成的记录。同时，还应包括2013年1月1日法律生效前形成的符合法定封存条件的犯罪记录。

此外，根据《预防未成年人犯罪法》的规定，未成年人接受专门矫治教育、专门教育的记录，以及被行政处罚的记录等，均属于封存记录范围。

【课堂讨论】犯罪记录封存的范围应当如何界定？

有观点认为，被法院定罪量刑的人才有犯罪记录，未被定罪量刑者不存在犯罪记录封存；还有观点认为，被附条件不起诉和相对不起诉的人也存在实质意义上的犯罪记录，应纳入封存对象范围，但被绝对不起诉、存疑不起诉或撤案的人，则不存在犯罪记录封存的问题。

笔者认为，应当全面考虑我国国情和涉罪未成年人回归社会的现实需要。从当前我国公众的法律素养和认知水平来看，一切与刑事诉讼相关的记录，即便是逮捕、刑事拘留等强制措施，包括绝对不起诉、存疑不起诉等实质上的无罪结论，甚至是认定证据不足的无罪判决、专门教育经历等，都足以产生和有罪判决一样的负面"标签效应"，进而成为未成年人回归社会的障碍。因此，对犯罪记录封存的适用对象应当作最广义理解。犯罪记录封存的人员范围应当包括所有被刑事立案后进入刑事诉讼程序的未成年人，以及接受过专门矫治教育、专门教育以及行政处罚的未成年人，但判处5年有期徒刑以上刑罚的（不含5年）未成年人除外。

【案例】某公安局出具犯罪记录证明导致未成年人工作受阻

毛某在尚未成年时因涉嫌盗窃罪，被公安机关取保候审。后其因工作需要向公安机关请求开具《无违法犯罪记录证明》时，公安机关出具的证明中写明其在未成年人时被刑事拘留以及取保候审的事实，致使毛某工作受阻。公安机关出具的证明内容涉及未成年人的相关犯罪记录，检察机关依法予以纠正，并要求公安机关为毛某出具无犯罪记录证明。

三、封存程序

（一）封存主体

《刑诉规则》第486条规定，人民检察院对未成年犯罪嫌疑人作出不起诉决定后，应当对相关记录予以封存。因此检察机关是当然的封存主体。除此之外，封存主体还应包括对涉罪未成年人作出相关终局决定以及向社会提供犯罪信息查询的公安机关、人民法院、司法行政机关，实践中主要是公安机关。

【重点提示】负有保密义务的主体范围比封存主体更广
参与刑事诉讼或依法查询获知被封存的未成年人犯罪记录的单位和个人，虽然不是封存主体，也均有保密义务。

（二）程序启动

《刑事诉讼法》第286条明确规定"应当对相关犯罪记录予以封存"，据此，我国目前采用的是依职权启动封存的模式，即只要符合法律规定条件的犯罪记录，一律进行封存，封存决定机关并无裁量权。因此，各封存主体都应当主动审查并依法落实封存工作，而不应消极等待封存通知。检察机关作为国家法律监督机关，不仅要主动做好不起诉等记录的封存工作，还应当对公安机关、人民法院等的封存工作进行监督。

（三）封存时间

虽然法律没有明确封存的具体时间，但从未成年人利益最大化角度考虑，封存机关应当在相关终局性决定作出的同时将该记录予以封存。对于终局性决定尚未作出时，司法机关或者有关单位提出的查询申请，封存机关应当依法提供查询并且兼顾未成年人的利益。例如涉罪未成年人正在附条件不起诉监督考察期内，面临就业单位的查询，封存机关应当出具无犯罪记录证明；又如涉罪未成年人正在缓刑考验期内，入伍部队政审查询的，封存机关则应当出具其正在服刑的证明，因为根据《兵役法》第24条的规定，应征公民正在被依法监察调查、侦查、起诉、审判或者被判处徒刑、拘役、管制正在服刑的，不征集。

（四）封存方式

1. 形式封存和实质封存

形式封存是指通过特别标注，专门管理，设置内部查阅权限和社会查询办理机制，严格内部审核。而实质封存是指开具无犯罪记录证明，使客观存在的犯罪记录无法产生对未成年人不利的法律效力。

> 【随堂问题】形式封存如何操作？
>
> 根据《未成年人刑事检察工作指引（试行）》的规定，人民检察院应当将拟封存的有关未成年人个人信息、涉嫌犯罪或者犯罪的全部案卷、材料，均装订成册，加盖"封存"字样印章后，交由档案部门统一加密保存，执行严格的保管制度，不予公开，并应在相关电子信息系统中加设封存模块，实行专门的管理及查询制度。未经法定查询程序，不得对封存的犯罪记录及相关电子信息进行查询。有条件的地方可以建立专门的未成年人犯罪档案库或者管理区，封存相关档案。
>
> 对于未分案处理的未成年人与成年人共同犯罪案件中有未成年人涉罪记录需要封存的，应当将全案卷宗等材料予以封存。分案处理的，在封存未成年人材料的同时，应当在未封存的成年人卷宗封皮标注"含犯罪记录封存信息"，并对相关信息采取必要保密措施。
>
> 其他民事、行政与刑事案件，因案件需要使用被封存的未成年人犯罪记录信息的，应当在相关卷宗中标明"含犯罪记录封存信息"，并对相关信息采取必要保密措施。

2. 消极封存和积极封存

消极封存是指相关机关不准许查询犯罪记录或者不出具相关证明。积极封存是指相应机关出具无犯罪记录证明。

为使犯罪记录封存制度在实践中取得真正的效果，需要采用实质封存和积极封存结合的方式。因为单纯的不予提供犯罪记录，只会让查询单位产生怀疑，而仅仅加强内部管理、审核，也不能真正为未成年人顺利就学就业铺平道路，唯有采用出具无犯罪记录证明的方式，才能确保未成年人合法权益得以实现。因此，被封存犯罪记录的未成年人本人或者其法定代理人申请为其出具无犯罪记录证明的，人民检察院应当出具无犯罪记录的证明。如需要协调公安机关、人民法院为其出具无犯罪记录证明的，人民检察院应当积极予以协助。

【课堂讨论】未成年人年满18周岁前后实施数个行为，构成一罪或者数罪，被判处5年有期徒刑以下刑罚以及免于刑事处罚的未成年人的犯罪记录，是否应当适用犯罪记录封存？

观点一：为尽可能避免犯罪记录带来的标签效应，应当均适用犯罪记录封存。

观点二：未成年人犯罪行为具有连续性，如犯罪行为发生在成年后，不应当适用犯罪记录封存。

观点三：应区别对待，既如果18周岁前后行为分别构成犯罪的，应当对18周岁之前的犯罪记录进行封存。如果18周岁前行为均不能单独构成犯罪的，主要犯罪事实发生在18周岁之前的，应当进行封存；主要犯罪事实发生在18周岁之后的，则不予封存。

从理论上讲，第三种观点最为合理，但是操作困难。因为所有犯罪事实均在记录在同一判决书、同一卷宗内，当有关单位依法需要查询被部分封存的犯罪记录时，必然能够得知全部犯罪事实，实质上难以实现封存的目的。同时，犯罪记录封存的范围需要公、检、法、司及相关部门相互配合，共同进行封存才能落实。《未成年人刑事检察工作指引（试行）》第82条第4款规定中采用了第三种观点，但并未规定一律不适用犯罪封存，而是留有余地，规定可以不适用犯罪记录封存。实践中，检察机关可以根据案件的具体情况和本地的实施意见，行使一定的自由裁量权，决定是否封存犯罪记录。

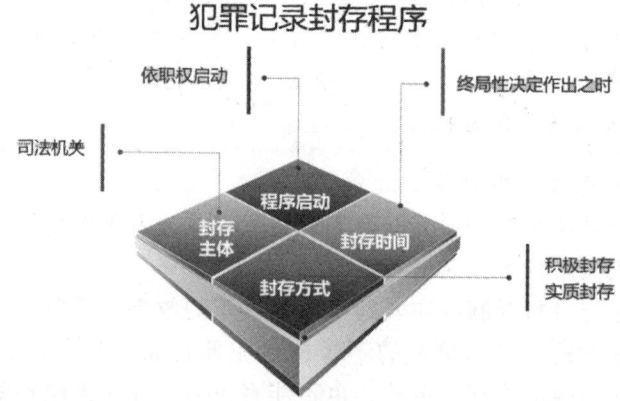

四、犯罪记录的查询

（一）查询主体

刑事诉讼法规定除司法机关为办案需要或者有关单位根据国家规定进行查询的外，被封存的犯罪记录不得向任何单位和个人提供。也就是说，查询犯罪记录的主体只有两种，即司法机关和有关单位，且均是单位主体。

【重点提示】不起诉记录的查询主体仅限于司法机关

《刑诉规则》第486条关于不起诉记录的封存，要求"除司法机关为办案需要进行查询外，不得向任何单位和个人提供"，也就是说，不起诉记录的查询主体仅限于司法机关,提高了封存保密等级。

> 【随堂问题】个人能否作为查询犯罪封存记录的主体?
> 根据刑事诉讼法的规定,无论是办案需要,还是根据国家规定,犯罪记录的查询主体都是单位,而不是个人。但日常生活中,很多用人单位会要求应聘者自行到派出所办理无犯罪记录证明,以个人名义进行查询。需要注意的是,这里的"查询"与法律规定的"查询"不是同一概念,而是犯罪记录证明申请。根据《刑诉规则》第487条规定"被封存犯罪记录的未成年人或者其法定代理人申请出具无犯罪记录证明的,人民检察院应当出具。需要协调公安机关、人民法院为其出具无犯罪记录证明的,人民检察院应当予以协助。"因此允许受理个人查询,同时也允许未成年人的法定代理人代为查询,但仅能查询未成年人自己的犯罪记录,司法机关应依法为其出具无犯罪记录证明,检察机关作为法律监督机关应当予以协助。

1. 对"司法机关"的理解

我国宪法中并无"司法机关"的表述和定义,法学理论和司法实践一般将"司法机关"的外延限定为审判机关和检察机关。但是,对于该条文中的"司法机关"一词,不能做常规、机械的解释,应当理解为包括侦查机关。因为在刑事诉讼中,将犯罪记录查询作为"办案需要"的,除了审判机关和检察机关之外,更多的是侦查机关。查询犯罪记录往往是排查嫌疑对象、破获案件的重要侦查手段之一,为侦查机关所广泛使用。如果将侦查机关排除在"司法机关"之外,那么确保未成年人轻罪记录封存制度不影响犯罪案件侦破的社会防卫价值将无从体现,这一例外规定的意义将大打折扣。因此,此处的"司法机关"应当包括公安机关、检察机关和审判机关、司法行政机关等。

2. 关于"办案需要"的理解

这里的"办案",主要是指侦查、审查逮捕、审查起诉、审判等刑事诉讼活动。"办案需要",既包括查明案件事实的需要,也包括准确定罪量刑的需要,还包括选择程序性处置措施的需要。从刑事诉讼法的规定来看,并未采用《联合国少年司法最低限度标准规则(北京规则)》的绝对封存模式,而是采用相对封存模式。而《刑法修正案(八)》关于未成年人犯罪记录不作为累犯认定依据的规定,是仅针对累犯制度而言,不能类推扩张。另一方面,从立法目的看,刑事诉讼法设置未成年人犯罪记录封存制度,目的在于扫清涉罪未成年人回归社会的障碍,避免犯罪记录对其续学、就业等造成不良影响,而不是为了对未成年时犯过罪的人重新犯罪时提供庇护。

犯罪嫌疑人、被告人未成年时的犯罪记录，即使依法被封存，但在其重新犯罪时，办案机关仍然可以基于办案需要进行查询并作为查明犯罪事实和适用法律的依据。故《刑事诉讼法》第 81 条第 2 款关于有证据证明有犯罪事实，可能判处徒刑以上刑罚，曾经故意犯罪的，应当予以逮捕的规定；第 288 条第 2 款关于 5 年以内曾经故意犯罪的，不适用刑事和解程序的规定，都没有排除犯罪时未成年的情形。最高检相关规定也仅对适用条件适当放宽，如《未成年人刑事检察工作指引（试行）》第 164 条规定，对于曾经故意犯罪被判处 5 年有期徒刑以下刑罚的未成年人，经帮教真诚悔罪的，检察机关也可以不逮捕。

3. 对"国家规定"的理解

对"国家规定"一词的理解，可以参照《刑法》第 96 条的规定，包括全国人民代表大会及其常务委员会制定的法律和决定，国务院制定的行政法规、规定的行政措施、发布的决定和命令。

（二）查询范围

法律规定除司法机关为办案需要或者有关单位根据国家规定进行查询的外，被封存的犯罪记录不得向任何单位和个人提供，所以实践中应当严格依法限定查询的范围。如果国家规定受过刑事处罚的，不能从事某项职业的，查询范围仅限于被查询人是否受过刑事处罚。如果被查询人曾被附条件不起诉，甚至被法院判决有罪但免予刑事处罚，都应当出具其未受过刑事处罚的证明。国家规定受到某种刑事处罚的，不能从事某种职业，查询范围仅限于被查询人是否受过此种刑事处罚，其他刑事处罚则不在查询范围之列。例如《教师法》第 14 条规定，受到剥夺政治权利或者故意犯罪受到有期徒刑以上刑事处罚的，不能取得教师资格。那么对于被查询人因过失犯罪受到刑事处罚或因故意犯罪受到拘役以下刑事处罚的记录，则不应提供。

（三）查询方式

根据《未成年人刑事检察工作指引（试行）》的规定，检察机关接到司法机关或者有关单位需要查询犯罪记录的，应当要求其提交书面申请，其中列明查询理由、依据和目的，检察机关应当在受理之后 7 日内作出是否许可的答复。

1. 许可查询

对司法机关为办理案件需要申请查询的，可以依法允许其查阅、摘抄、复制相关案卷材料和电子信息。许可查询的，查询后，档案管理部门应当登记相关查询情况，并按照档案管理规定将有关申请、审批材料一同存入卷宗归档保存。

2. 不许可查询

其他单位查询人民检察院不起诉决定的,应当不许可查询。依法不许可查询的,检察机关应当向查询单位出具不许可查询决定书,并说明理由。

此外,对于确需查询已封存的共同犯罪记录中成年同案犯或者被判处5年有期徒刑以上刑罚未成年同案犯犯罪信息的,可以参照前述相关程序。

> 【随堂问题】是否应当要求查询单位提供查询依据?
> 目前,我国有相当数量的国家规定涉及到犯罪记录查询的问题,接受查询的机关也难以完全掌握,因此在接到查询申请时,可以要求查询人列明需要查明的事项和依据。当然,接受查询的机关也不能仅因查询单位无法提供依据而不予受理,而应当依职权检索相关依据。检察机关对公安机关出具犯罪记录的行为进行监督时,同样不能局限于审查公安机关的依据是否属于国家规定,还应当主动检索是否具有公安机关遗漏引用的国家规定。

【案例】公安机关以未成年人曾被不起诉为由开具有犯罪记录证明

未成年人洪某因寻衅滋事情节较轻被某检察院作相对不起诉处理。洪某应聘安保公司时需要开具"政审证明",遂向某派出所提出申请。派出所根据公安部《保安守护押运公司管理规定》第14条的规定,即:专职守护押运人员应当符合《保安服务管理条例》和《专职守护押运人员枪支使用管理条例》规定的条件和要求,依法取得保安员证和公务用枪持枪证。以洪某未成年时曾经被不起诉为由为其开具了"有犯罪记录证明"。洪某向某检察院反映情况要求监督,该检察院经审查认为,公安部上述规定属于部门规章而非国家规定,不宜作为查询依据;即使依据此规定,不起诉记录也不在查询范围之内,遂制发《纠正违法通知书》。

国务院《保安服务管理条例》第17条规定,有下列情形之一的,不得担任保安员:(1)曾被收容教育、强制隔离戒毒、劳动教养或者3次以上行政拘留的;(2)曾因故意犯罪被刑事处罚的;(3)被吊销保安员证未满3年的;(4)曾两次被吊销保安员证的。虽然公安机关提供犯罪记录查询的依据有误,但确有国家规定允许查询。需要注意的是,上述查询范围存在限制:首先,只有担任安保公司的保安员岗位,才需要查询犯罪记录,如果担任其他岗位,则不应提供查询。其次,必须是故意犯罪而被刑事处罚的记录,才需要出具证明,因过失犯罪被刑事处罚,或者被附条件不起诉或者相对不起诉,也不属于曾经被刑事处罚。

综上,公安机关的违法之处不在于缺乏国家规定作为依据,而在于超出国家规定范围提供查询。公安机关应当向洪某出具无犯罪记录的证明。

五、犯罪记录的解封

根据《刑诉规则》第 485 条之规定，未成年人犯罪记录封存后，没有法定事由、未经法定程序不得解封。对被封存犯罪记录的未成年人，符合下列条件之一的，应当对其犯罪记录解除封存：（1）实施新的犯罪，且新罪与封存记录之罪数罪并罚后被决定执行 5 年有期徒刑以上刑罚的；（2）发现漏罪，且漏罪与封存记录之罪数罪并罚后被决定执行 5 年有期徒刑以上刑罚的。

六、犯罪记录封存的监督

检察机关作为法律监督机关，应当对犯罪记录封存制度的落实情况予以监督。根据《人民检察院办理未成年人刑事案件的规定》第 69 条规定，人民检察院发现有关机关对未成年人犯罪记录应当封存而未封存的，不应当允许查询而允许查询的或者不应当提供犯罪记录而提供的，应当依法提出纠正意见。

未成年人及其法定代理人向人民检察院提出或者人民检察院发现应当封存未成年人犯罪记录而未依法封存的，或者相关单位违法出具未成年人有犯罪记录证明的，人民检察院应当依法履行法律监督职责，提出纠正意见，督促相关部门依法落实未成年人犯罪记录封存制度。

此外，对于查询犯罪记录的单位及相关人员未按规定使用所查询的犯罪记录或者违反规定泄露被封存未成年人的相关信息的，检察机关应予以监督。对情节严重或者造成严重后果的，应当依法追究相关人员的责任。

【案例】检察机关对公安机关违法出具证明予以监督

张某曾因未成年时犯盗窃罪被判处有期徒刑缓刑。2017 年 7 月 20 日，张某因找工作需要到某派出所开具无犯罪记录证明，该所出具的证明正文部分写明"经核查，截止 2017 年 7 月 20 日，未发现张某有违法犯罪记录"，但在备注栏写到"根据法律规定，违法时不满 18 周岁，以及犯罪时不满 18 周岁，被判处 5 年有期徒刑以下刑罚人员的违法犯罪记录，依法予以封存。"该证明导致张某无法找到工作。张某到检察院反映情况要求监督。该检察院经调查了解，发现张某反映情况属实，公安机关的做法违反了刑事诉讼法规定，遂向某公安分局制发《纠正违法通知书》，公安机关回复予以纠正，并重新为张某开具了无犯罪记录证明。

【重点提示】公开宣判与未成年人隐私保护的平衡

根据最高人民法院《关于适用〈中华人民共和国刑事诉讼法〉的解

释》第 557 条规定,对未成年人刑事案件宣告判决应当公开进行,但不得采取召开大会等形式。对依法应当封存犯罪记录的案件,宣判时,不得组织人员旁听;有旁听人员的,应当告知其不得传播案件信息。此外,最高人民法院《关于人民法院在互联网公布裁判文书的规定》第 4 条第 2 项明确规定:涉及未成年人违法犯罪的人民法院生效裁判文书,不在互联网公布。

【课堂讨论】依法被封存的犯罪记录,可否在今后的刑事诉讼中使用,如作为证明社会危险性的证据,或者作为降低盗窃、抢夺等财产犯罪数额较大标准的证据?

观点一:可以。无论是刑事诉讼法关于"曾经故意犯罪"径行逮捕的规定,还是相关司法解释关于有同类犯罪前科,再犯时数额较大标准降低一半的规定,均未排除未成年时的犯罪记录。刑事诉讼法规定的是未成年人犯罪记录封存制度,不是消灭制度,在一些特定条件下,仍然可以使用其犯罪记录。将犯罪记录作为诉讼证据,属于司法机关办案需要,是法律明文规定可以查询的情形,当然可以使用。此外,根据最高人民法院《关于常见犯罪的量刑指导意见》,尚不构成累犯的前科,可以作为酌定量刑情节,但前科系未成年时形成的除外。可见最高人民法院认为未成年人的前科不能作为量刑证据,但是,在程序方面,则可以考虑参考之前的前科,因为程序事实对证据的要求较低。此外,如果将有前科的人视为初犯处理,不符合罪刑相适应原则,对真正的初犯而言也不公平。

观点二:刑事诉讼法的规定属于一般规定,未成年人轻罪记录封存的规定属于特殊规定,特殊规定应该优于一般规定,因此应当严格执行封存规定,不得用于作为对未成年人不利的证据。而且根据《联合国少年司法最低限度标准规则(北京规则)》的相关规定,未成年人的前科记录,不得在今后的诉讼中使用,当然也包括不得作为证据使用。所以,未成年人的犯罪记录应当视为不存在。

评析:《联合国少年司法最低限度标准规则(北京规则)》的规定并非司法依据,在本国刑事领域,国内法优于国际法。犯罪记录封存不是记录消灭,不能视为不存在,司法机关办案需要可以查询,可以查询也就意味着在一定条件下可以作为证据使用,无论是实体还是程序。程序方面,可以作为社会危险性的参考,例如未成年犯罪嫌疑人是否符合径行逮捕条件、是否符合刑事和解条件、是否可以附条件不起诉等;实体方面,最高人民法院《关于常见犯罪的量刑指导意见》规定未成年人的前科不能作为量刑证据,应当执行;但依据"两高"《关于办理盗窃刑事案件适用法律若干问题的解释》第 2 条第 1 项规定，曾因盗窃受过刑事处罚的，盗窃公私财物"数额较大"的标准可以按照前条规定标准的 50% 确定。故对于前科可以作为降低数额较大标准的依据，规定是"可以"，而非"应当"，但是要根据具体情况决定是否降低标准，不宜作绝对化处理。

七、常用文书参考[①]

（一）《未成年人犯罪记录封存决定书》（略）

（二）《未成年人犯罪记录封存通知书》（略）

（三）《许可查询犯罪（不起诉）记录决定书》（略）

（四）《不许可查询犯罪（不起诉）记录决定书》（略）

（五）《解除未成年人犯罪记录封存决定书》（略）

（六）《未成年人不起诉记录封存决定书》（略）

（七）《未成年人不起诉记录封存通知书》（略）

（八）《无犯罪记录证明》（略）

---

① 文书（一）至（八）参见《人民检察院刑事诉讼法律文书格式样本（2020 版）》。

第七讲　未成年人刑事执行检察

未成年人刑事执行检察是最高检 2018 年开展相关业务统一集中办理试点后对未检部门提出的要求。本讲围绕未成年人刑事执行检察的基本要求，结合未检工作实际，重点对未成年人看守所检察、未成年犯管教所检察以及未成年人社区矫正检察的检察重点、主要内容、检察方法以及相关特殊工作机制等进行阐述。

一、概述

（一）概念

刑事执行检察，是指人民检察院依法对刑罚执行、刑事强制措施执行、强制医疗执行等刑事执行活动是否合法进行的法律监督，具有检察内容广泛性、检察职能综合性、检察方法多样性、检察形式特定性等特征。[1] 其中，刑罚执行检察的种类包括五种主刑：管制、拘役、有期徒刑、无期徒刑和死刑；三种附加刑：罚金、剥夺政治权利、没收财产。此外，还包括非刑罚性处置方式和社区矫正的执行监督。刑事强制措施执行检察则包括拘留、逮捕、监视居住等羁押性强制措施的执行监督以及强制医疗执行检察监督工作。[2]

未成年人刑事执行检察，主要是指未检部门对涉及未成年人的刑罚执行、刑事强制措施执行、强制医疗执行等刑事执行活动是否合法进行法律监督。目前，未成年人刑事执行检察的主要业务包括对案件犯罪嫌疑人、被告人开展羁押必要性审查、对看守所未成年人执法活动、未成年犯管教所（以下简称未管所）未成年人刑罚执行活动以及未成年人社区矫正活动开展监督，针对未成年人开展特赦检察、指定居所监视居住检察、强制医疗执行检察等专项刑事执行检察工作等。

羁押必要性审查相关业务已在第一讲阐述，本讲主要就看守所未成年人执

---

[1] 吴燕主编：《未成年人检察实务教程》，法律出版社 2016 年版，第 269 页。
[2] 吴燕主编：《未成年人检察实务教程》，法律出版社 2016 年版，第 269 页。

法活动、未管所检察、未成年人社区矫正检察三个方面展开论述。

(二) 发展背景

1. 最高检的工作要求

2012年10月，最高人民检察院《关于进一步加强未成年人刑事检察工作的决定》提出，设立未成年人刑事检察独立机构的检察院，一般应实行捕、诉、监（法律监督）、防（犯罪预防）一体化工作模式，由同一承办人负责同一案件的批捕、起诉、诉讼监督和预防帮教等工作。关于"监"特别在括号中标出是"法律监督"，也就是说不仅仅指传统的刑事诉讼监督，也包含刑罚执行监督等。

2016年3月，最高人民检察院《关于加强未成年人检察工作专业化建设的意见》（高检发未检字〔2016〕1号）规定：各级人民检察院未成年人检察专门机构的职责范围应当做到上下对应，横向统一，在办理未成年人犯罪案件、侵害未成年人人身权利犯罪案件以及相关立案监督、侦查活动监督和审判监督案件的基础上，探索开展涉及未成年人的刑事执行监督和民事、行政诉讼监督。

2017年12月22日，最高检下发《关于开展未成年人刑事执行检察、民事行政检察业务统一集中办理试点工作的通知》（高检发未检字〔2017〕6号），决定自2018年1月至12月在北京、上海等13个省、自治区、直辖市开展为期一年的未成年人刑事执行检察、民事行政检察业务统一集中办理试点工作。除了试点省区市外，部分具备条件的省份也主动开展了试点工作。试点工作成绩斐然，各地探索出了许多先进做法，例如山东省检察机关在未管所建立"派驻与巡回检察"相结合机制，四川、浙江杭州等地进行管辖片区集中关押、"轮换"关押，福建省福清市院在监管场所直接设立未检工作室，上海市宝山区院建立未成年人入所必谈制度等。此外，各地还根据最高检第九检察厅的工作要求，开展涉未成年人的刑事执行专项检察活动，如未成年人特赦检察等。

2019年12月30日，最高检发布了修订后的《刑诉规则》，对涉未成年人刑事执行检察业务职责进行了调整，第488条、第575条的规定为未检部门开展刑事执行检察提供了法律依据，其中包括依法对看守所、未管所监管未成年人的活动实行监督，依法对未成年人的社区矫正活动实行监督；负责捕诉的部门依法对未成年人在侦查和审判阶段开展羁押必要性审查等。

2020年12月，最高检第九检察厅下发了最高人民检察院《关于加快推进未成年人检察业务统一集中办理工作的通知》，要求各级院严格落实《刑诉规则》规定要求，将未成年人刑事案件羁押必要性审查、在押未成年人监管活动监督、未成年人社区矫正活动监督作为未成年人检察部门的常规业务工作全面开展。

2. 上海检察机关的实践探索

2006年11月,上海市检察机关未成年人检察工作20周年会议召开,会议在部分基层院前期探索的基础上,提出将未检工作的"捕诉防一体化"模式确定为"捕诉监防一体化",对其中"监"的内容明确为,包括未检部门以往开展的传统的刑事诉讼监督,即立案监督、侦查活动监督和审判监督,也鼓励未检部门开展涉及未成年人的刑事执行检察和民事行政检察,探索在刑罚执行阶段开展未成年人特殊检察工作,创设有别于成年犯的未成年人社区矫正方式和减刑、假释、收监标准等。

2010年10月,上海市长宁区检察院检委会通过了《关于长宁检察院未检一体化建设推动方案》,明确把未成年人的刑罚执行监督、民事行政监督纳入未检部门的业务范围。其中,未成年人刑罚执行监督包括监外执行检察和看守所检察。监外执行检察可设立专人负责联系区公安分局治安支队和各社区矫正工作点,收集和了解未成年犯社区矫正的数据和情况信息,参与社区矫正并积极开展检察监督;看守所检察则设置未检干部派驻巡察,定期开展执法监督。

2011年5月,上海市检察院、市高级法院、市公安局、市司法局联合召开第二次未成年人刑事司法联席会议,对未成年人社区矫正工作达成共识:对于在上海有实际居住地或者在上海就业、就学满6个月以上的非上海籍未成年罪犯,建立非监禁刑与社区矫正工作的无缝衔接机制,共同对未成年罪犯进行教育,并由司法行政机关开展社区矫正工作。

2012年10月,上海市奉贤区检察院与该区公安分局、司法局会签《关于加强对未成年人社区矫正工作的若干意见》,明确该意见适用的社区矫正对象为居住地在奉贤区的上海籍未成年人;外省市籍未成年犯罪嫌疑人、被告人或罪犯,在本市拥有自主产权房或连续居住一年以上的房屋租赁合同,或与本市有关企事业单位签订了一年以上劳动合同且在适用社区矫正期间仍能回原单位工作的,其产权房、租赁房或工作单位所在地视为居住地,可以在奉贤区落实社区矫正。

2012年10月,上海市浦东新区检察院与浦东公安分局会签《关于保护在押涉罪未成年人权益的工作协议》,明确检察机关与看守所相互配合、协作,共同完成对在押涉罪未成年人的权益保护工作。包括未检处案件承办人可以向管教民警了解未成年人羁押的表现情况,会同监所检察部门对涉罪未成年人进行法治宣传教育、谈话等工作,与看守所民警共同对留所服刑的涉罪未成年人进行释放前教育,以预防其重新犯罪等。

2012年12月,上海市检察院、市高级法院、市公安局、市司法局联合制定《关于办理减刑、假释案件实施细则（试行）》，对涉及未成年人减刑、假释案件的办理明确了适用规定：未成年罪犯，与同等条件的其他罪犯相比，减刑起始时间一般可提前 6 个月以下，间隔时间一般可减少 3 个月以下，减刑时一般可多减 6 个月以下有期徒刑。

2013 年 1 月，上海市检察院制发《未成年人羁押必要性审查工作细则（试行）》，明确未检部门依职权对涉案所有未成年犯罪嫌疑人及同案成年犯罪嫌疑人开展羁押必要性审查。

2015 年 11 月，上海市检察院未检处、上海市青东农场检察院、上海市未管所制定《关于进一步加强未成年人刑罚执行工作的意见》，明确规定未成年人交付未管所执行后，未检部门与未管所的配合衔接。未管所收监未成年犯后，应当在 3 个工作日内将相关情况通知审查起诉该案的未检部门。未检部门接到通知后，应在 3 个工作日内将审查起诉期间形成的未成年犯的社会调查报告、心理测评报告、心理疏导记录、帮教材料等相关资料复印件移交未管所及青东院驻所检察室等。

2018 年 1 月，经上海市院党组审议下发《上海检察机关开展未成年人刑事执行检察、民事行政检察业务统一集中办理试点工作方案》，明确以一分院及所辖的长宁、浦东区院、二分院及所辖的普陀、宝山区院作为试点单位，在全市三级院同步开展相关工作探索。

2019 年 4 月，上海市院下发《关于调整和进一步明确市、分院和区院部分内设部门职能配置的方案》，明确三级检察院未检部门实行未成年人刑事、民事、行政、公益诉讼"四合一"办案模式。

2020 年 3 月，上海市检察院第九检察部与第五检察部联合下发了《关于进一步加强未成年人刑事执行检察工作的通知》，明确对由未检部门（含办案组）审查逮捕、审查起诉的犯罪嫌疑人开展羁押必要性审查的，由未检部门原案承办人负责办理；各级院未检部门指定专人负责对看守所监管未成年人的活动进行监督，并对未成年人社区矫正活动开展监督；市院另行指定专人负责对未管所开展未成年人刑罚执行活动进行监督等。

2021 年 4 月，上海市院党组审议下发《上海检察机关未成年人检察业务统一集中办理工作方案》，再次明确市院、分院和区院管辖的涉未成年人刑事（刑事执行）、民事、行政、公益诉讼案件，由本院未检部门统一办理，并对未成年人刑事执行相关各项业务提出具体要求。

（三）常用法律政策依据

1.《刑诉规则》

第 488 条 负责未成年人检察的部门应当依法对看守所、未成年犯管教所监管未成年人的活动实行监督，配合做好对未成年人的教育。发现没有对未成年犯罪嫌疑人、被告人与成年犯罪嫌疑人、被告人分别关押、管理或者违反规定对未成年犯留所执行刑罚的，应当依法提出纠正意见。

负责未成年人检察的部门发现社区矫正机构违反未成年人社区矫正相关规定的，应当依法提出纠正意见。

2.《人民检察院办理未成年人刑事案件的规定》

第70条　人民检察院依法对未成年犯管教所实行驻所检察。在刑罚执行监督中，发现关押成年罪犯的监狱收押未成年罪犯的，未成年犯管教所违法收押成年罪犯的，或者对年满十八周岁时余刑在二年以上的罪犯留在未成年犯管教所执行剩余刑期的，应当依法提出纠正意见。

第71条　人民检察院在看守所检察中，发现没有对未成年犯罪嫌疑人、被告人与成年犯罪嫌疑人、被告人分别关押、管理或者对未成年犯留所执行刑罚的，应当依法提出纠正意见。

第72条　人民检察院应当加强对未成年犯管教所、看守所监管未成年罪犯活动的监督，依法保障未成年罪犯的合法权益，维护监管改造秩序和教学、劳动、生活秩序。

人民检察院配合未成年犯管教所、看守所加强对未成年罪犯的政治、法律、文化教育，促进依法、科学、文明监管。

第73条　人民检察院依法对未成年人的社区矫正进行监督，发现有下列情形之一的，应当依法向公安机关、人民法院、监狱、社区矫正机构等有关部门提出纠正意见：

（一）没有将未成年人的社区矫正与成年人分开进行的；

（二）社区矫正的未成年人脱管、漏管或者没有落实帮教措施的；

（三）没有对未成年社区矫正人员给予身份保护，其矫正宣告公开进行，矫正档案未进行保密，公开或者传播其姓名、住所、照片等可能推断出该未成年人的其他资料以及矫正资料等情形的；

（四）未成年社区矫正人员的矫正小组没有熟悉青少年成长特点的人员参加的；

（五）没有针对未成年人的年龄、心理特点和身心发育需要等特殊情况采取相应的监督管理和教育矫正措施的；

（六）其他违法情形。

第74条　人民检察院依法对未成年犯的减刑、假释、暂予监外执行等活动实行监督。对符合减刑、假释、暂予监外执行法定条件的，应当建议执行机关向人民法院、监狱管理机关或者公安机关提请；发现提请或者裁定、决定不当的，应当依法提出纠正意见；对徇私舞弊减刑、假释、暂予监外执行等构成犯罪的，依法追究刑事责任。

3.《人民检察院看守所检察办法》

第 2 条　人民检察院看守所检察的任务是：保证国家法律法规在刑罚执行和监管活动中的正确实施，维护在押人员合法权益，维护看守所监管秩序稳定，保障刑事诉讼活动顺利进行。

4.《未成年犯管教所管理规定》

第 6 条　未成年犯管教所应当加强同未成年人保护组织、教育、共青团、妇联、工会等有关部门的联系，共同做好对未成年犯的教育改造工作。

5.《社区矫正法》

第 8 条（第 2 款）　人民法院、人民检察院、公安机关和其他有关部门依照各自职责，依法做好社区矫正工作。人民检察院依法对社区矫正工作实行法律监督。

第 34 条　社区矫正对象认为其合法权益受到侵害的，有权向人民检察院或者有关机关申诉、控告和检举。受理机关应当及时办理，并将办理结果告知申诉人、控告人和检举人。

第 52 条　社区矫正机构应当根据未成年社区矫正对象的年龄、心理特点、发育需要、成长经历、犯罪原因、家庭监护教育条件等情况，采取针对性的矫正措施。

社区矫正机构为未成年社区矫正对象确定矫正小组，应当吸收熟悉未成年人身心特点的人员参加。

对未成年人的社区矫正，应当与成年人分别进行。

第 53 条　未成年社区矫正对象的监护人应当履行监护责任，承担抚养、管教等义务。

监护人怠于履行监护职责的，社区矫正机构应当督促、教育其履行监护责任。监护人拒不履行监护职责的，通知有关部门依法作出处理。

第 54 条　社区矫正机构工作人员和其他依法参与社区矫正工作的人员对履行职责过程中获得的未成年人身份信息应当予以保密。

除司法机关办案需要或者有关单位根据国家规定查询外，未成年社区矫正对象的档案信息不得提供给任何单位或者个人。依法进行查询的单位，应当对获得的信息予以保密。

第 55 条　对未完成义务教育的未成年社区矫正对象，社区矫正机构应当通知并配合教育部门为其完成义务教育提供条件。未成年社区矫正对象的监护人应当依法保证其按时入学接受并完成义务教育。

年满十六周岁的社区矫正对象有就业意愿的,社区矫正机构可以协调有关部门和单位为其提供职业技能培训,给予就业指导和帮助。

第 56 条　共产主义青年团、妇女联合会、未成年人保护组织应当依法协助社区矫正机构做好未成年人社区矫正工作。

国家鼓励其他未成年人相关社会组织参与未成年人社区矫正工作,依法给予政策支持。

第 57 条　未成年社区矫正对象在复学、升学、就业等方面依法享有与其他未成年人同等的权利,任何单位和个人不得歧视。有歧视行为的,应当由教育、人力资源和社会保障等部门依法作出处理。

第 58 条　未成年社区矫正对象在社区矫正期间年满十八周岁的,继续按照未成年人社区矫正有关规定执行。

第 62 条　人民检察院发现社区矫正工作违反法律规定的,应当依法提出纠正意见、检察建议。有关单位应当将采纳纠正意见、检察建议的情况书面回复人民检察院,没有采纳的应当说明理由。

6.《预防未成年人犯罪法》

第 53 条　对被拘留、逮捕以及在未成年犯管教所执行刑罚的未成年人,应当与成年人分别关押、管理和教育。对未成年人的社区矫正,应当与成年人分别进行。

对有上述情形且没有完成义务教育的未成年人,公安机关、人民检察院、人民法院、司法行政部门应当与教育行政部门相互配合,保证其继续接受义务教育。

第 58 条　刑满释放和接受社区矫正的未成年人,在复学、升学、就业等方面依法享有与其他未成年人同等的权利,任何单位和个人不得歧视。

二、看守所检察

看守所检察,是指人民检察院依法对看守所的执法活动是否符合法律规定实行的监督。

(一) 主要内容

依据《人民检察院看守所检察办法》,看守所未成年人检察的主要内容有:(1) 对看守所的监管活动是否合法实行监督;(2) 对在押未成年犯罪嫌疑人、被告人羁押期限是否合法实行监督;(3) 对看守所代为执行刑罚的活动是否合法实行监督;(4) 对公安机关侦查的留所服刑未成年罪犯又犯罪案件,审查逮捕、审查起诉和出庭支持公诉,同时对公安机关的立案、侦查活动和人民法院的审判活动是否合法实行监督；（5）受理未成年在押人员及其法定代理人、近亲属的控告、举报和申诉；（6）其他依法应当行使的监督职责。

（二）检察方式

未检部门可以通过专人派驻或者派员巡查等方式开展对看守所的日常检察。工作中，可与对应看守所及本院派驻看守所检察的人员建立信息通报机制，及时掌握未成年人出入所信息，做好日常巡查和监管场所安全防范检察，对未成年人开展重大案件讯问合法性核查以及羁押期限、办案期限监督工作，根据实际情况适时开展死亡检察、事故检察等，并配合做好对未成年人的教育。

（三）检察重点

1. 收押检察

检察机关对看守所羁押活动是否合法进行监督，是发现和纠正错拘、错捕、错押和非法关押未成年人的首要环节。

收押检察的主要内容包括：（1）检察看守所对未成年犯罪嫌疑人、被告人的收押活动是否符合有关规定；（2）检察看守所收押未成年人有无相关凭证，如刑事拘留证、逮捕证等；（3）检察看守所是否收押法律禁止收押的未成年人。

收押检察的工作方法：可以通过参与收押现场检察、查看看守所收押凭证、提审时向在押未成年人了解情况以及建立在押未成年人检察台账等方法开展工作。

2. 出所检察

检察机关对看守所办理在押人员因释放、交付执行刑罚、提押、押解等情况而离开看守所的管理活动是否合法进行监督。

出所检察的主要内容：检察看守所对在押未成年人的出所管理活动是否合法以及未成年人出所是否具有相关凭证等。

出所检察的工作方法：可以通过查阅出所人员登记和出所凭证、对出所的未成年人进行谈话教育等方法开展工作。

3. 教育管理活动检察

检察机关对看守所教育和监管未成年犯罪嫌疑人、被告人的活动是否符合法律规定进行监督。

教育管理活动检察的主要内容：检察看守所对在押未成年人的警戒看守、警戒具使用、提讯、生活卫生、会见通信、教育惩罚等方面是否符合法律规定。

教育管理活动检察的工作方法包括：(1)参与提讯室、律师会见室、禁闭室以及未成年人监区、监室等现场巡查检察以及一些安全防范专项检察等活动；(2)查阅在押未成年人登记名册、伙食账簿、律师会见登记和手续以及警戒具、禁闭使用记录和审批手续等；(3)讯问时向在押未成年人了解情况；(4)向看守所管教民警了解情况等。

4. 留所服刑检察

检察机关对看守所将符合法律规定的、被短期剥夺人身自由的未成年罪犯留在所内执行刑罚活动是否合法进行监督。

留所服刑检察的主要内容包括：(1)检察看守所服刑的未成年罪犯是否符合法律规定；(2)检察看守所是否严格执行分别关押、分别管理的规定；(3)检察看守所对留所服刑未成年人的监管改造活动是否严格依法进行。

留所服刑检察的工作方法：可以通过审查看守所留所服刑未成年人的档案、工作记录以及开展未成年人刑满释放前教育谈话等方法开展工作。

(四) 特殊工作机制

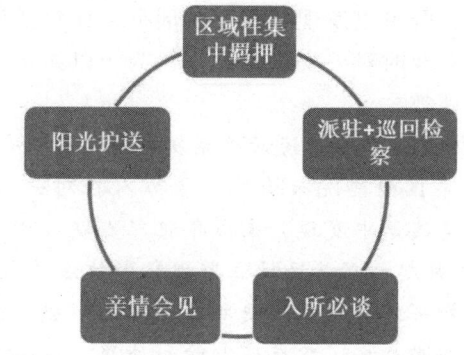

1. 区域性集中羁押

实践中，因为个别看守所在押未成年人数较少，单独设立监区进行羁押司法成本较高，但与成年在押人员混押混管则有悖法律规定。为了更好地维护在押未成年人合法权益，有效节约和合理利用司法资源，2013年11月，上海市检察机关联合市高级法院、公安局、司法局等出台了《关于对本市看守所未成年在押人员实行区域性集中羁押管理的通知》，对全市在押未成年人实施集中羁押监管，划定4个区看守所分片集中羁押未成年人，另有部分看守所暂时羁押本区未成年人，条件成熟后再实行区域性集中羁押管理。

2. 派驻+巡回检察

2018年5月，最高检印发《检察机关对监狱实行巡回检察试点工作方案》，先后在山西等12个省（区、市）部署开展对监狱实行巡回检察试点工作。2018年10月，随着《人民检察院组织法》的修订通过，巡回检察在立法层面得以确认，检察机关对监狱、看守所等监管场所的检察工作逐步采取巡回检察和派驻检察相结合的检察监督模式。2021年3月，最高检印发《关于开展看守所巡回检察试点工作的通知》，在上海、山西、辽宁等20个省（市）对看守所实行巡回检察试点工作。

上海市检察机关通过完善机构设置和人员配备，在派出检察院内，设置巡回检察部门负责常规巡回检察、专项巡回检察和机动巡回检察；综合业务部门负责案件受理、登记、移送、质量评查及流程监控。改原派驻模式为"巡回检察+日常检察"模式，巡回检察人员不定期对监狱开展巡回检察，日常检察人员负责监狱日常工作和巡回检察整改措施的跟踪落实，两类人员每季度轮换一次。针对疑难复杂案件，灵活组建办案组，实现优势互补、协同配合、高效联动。[1]

3. 未成年犯罪嫌疑人入所必谈

检察机关需要对看守所新收押未成年人的年龄身份、犯罪事实、家庭监护状况等进行全面了解，既可以发现是否存在刑事责任年龄认定错误、刑拘措施适用不当等监督线索，及时对公安机关不当行为予以纠正，也可以制定针对性方案，及时跟进实施帮教。

【案例】检察机关通过入所谈话机制发现并纠正一起错案

2018年9月，某区检察院未检部门承办人在对一名涉嫌妨害公务罪的未成年人进行入所谈话中发现，未成年犯罪嫌疑人于某及两名成年犯罪嫌疑人自2018年7月起，在某区设立监视交警执法的点位，通过对讲机、微信群等方式实事指挥发布消息，使所在公司的超载等违章货运车辆避开交警执法查处点，逃避公安道路交通监管和处罚。结合三名犯罪嫌疑人的供述，区院认为三人既没有暴力阻碍执法行为，也未使用暴力、威胁方法造成严重后果，不构成犯罪，故要求公安机关说明立案理由。后公安机关及时将三人释放，转为行政处罚。

4. 亲情会见

对于在押未成年人的法定代理人、近亲属与本案无牵连，且公安机关同意的，检察机关通过开展亲职教育、安排亲情会见、举行未成年人成人礼等特殊活动的方式让身处看守所中的未成年人内心有所触动，同时改善亲子关系，为

---

[1] 参见《上海：去年6月以来开展巡回检察50次》，http：//news.jcrb.com/jxsw/201905/t20190512_2000454.html，2019年1月25日访问。

未成年人改过自新、顺利回归家庭和社会打好基础。

（1）适用条件。具体包括：①案件事实已基本查清，主要证据确实、充分，安排会见、通话不会影响诉讼活动正常进行的；②未成年犯罪嫌疑人有认罪、悔罪表现，或者虽尚未认罪、悔罪，但通过会见有可能促使其转化，或者通过会见有利于社会、家庭稳定的；③未成年犯罪嫌疑人的法定代理人、近亲属对其犯罪原因、社会危害性以及后果有一定的认识，并能配合司法机关进行教育的；④其他可以安排会见的情形。

（2）操作程序。未成年犯罪嫌疑人及其法定代理人、近亲属提出申请后，检察机关进行审查。对于不符合条件的，予以解释说明；对于符合条件的或者根据办案需要决定进行亲情会见的，检察机关需征求监管场所的意见，经同意后可在3日内安排亲情会见。安排亲情会见，需制作《亲情会见/通话通知书》，将会见的地点、时间通知未成年犯罪嫌疑人及其法定代理人、近亲属和公安机关监管场所。会见结束后，检察人员应当将会见有关内容进行整理，记录在案。

【案例】检察机关对"失手"少年开展亲情会见

小柯本是一名在读高中学生，因为所谓的朋友义气，小柯冲动参与了一起聚众斗殴案件，并造成了一人死亡的严重后果。小柯因为自己的"失手"使别人的父母失去了自己的孩子，也使自己的父母与他高墙相隔。为了进一步帮助小柯真诚悔过，稳定情绪，检察机关联系了小柯父母在春节前前往看守所与他亲情会见。小柯一家人对检察机关的安排表示非常感动。会见中，面对父母的谆谆告诫，小柯流下了懊悔的泪水，表示要痛改前非，遵纪守法，尽力弥补自己的过错，日后做一个有益于社会的人。

5. 阳光护送

为帮助刑满释放的"三无"（即在犯罪地无监护条件、无固定住所、无经济来源）未成年人顺利回到父母身边，防止其流落社会重新犯罪，检察机关与公安机关相互配合，开展释放前教育，并通过民政部门等救助保护机构，落实相关经费护送未成年人返乡，为未成年人回归社会创造良好的条件。

【案例】检察机关对"三无"未成年人开展"阳光护送"

未成年人张某因盗窃罪被依法判处拘役5个月。2020年4月初张某服刑期满，此时正值新冠肺炎疫情防控的关键时期。鉴于张某系"三无"未成年人，其父母离异且均失联，为了使刑满释放的张某在疫情期间能得到有效监护妥善安置，确保疫情防控闭环管理与教育挽救同步落实，某区检察院检察官联合区法院少年庭法官经多番努力最终联系到张某在外地的大伯落实接送事宜，后又依托该区救助站为张某购买了火车票。释放当日，检察官和法官为张某准备了食物、防疫物资、临时生活用品等，反复叮嘱注意事项，将其一路护送至火车站。次日，张某大伯发来短信，告知张某已安全抵达，顺利回到亲人身边，并代表全家对检察官表示感谢。

三、未成年犯管教所检察

依据《未成年犯管教所管理规定》的规定，未管所是监狱的一种类型，监管对象主要包括两类群体：一是被判处无期徒刑、有期徒刑未满18周岁的未成年人；二是年满18周岁，但是余刑不满2年的罪犯。

未管所检察业务范围主要包括对未管所开展未成年人刑罚执行活动进行监督，办理未成年犯的财产刑执行监督，减刑、假释、暂予监外执行等同步监督案件以及未成年犯再犯罪审查起诉案件等。

（一）检察重点

1. 收监检察

检察机关对监狱收押罪犯的管理活动是否合法进行监督。

收监检察的主要内容包括：（1）监督未管所是否依法收押未成年罪犯，收押是否具有相关凭证；（2）监督未管所收押未成年罪犯是否依法进行健康检查以及人身、物品检查等；（3）监督未管所收押未成年罪犯是否依法进行收监登记、是否及时发出通知书等。根据《未成年犯管教所管理规定》的相关规定，未管所应当在收监后5日内通知未成年罪犯的父母或者其他监护人。

收监检察的工作方法：可以通过参与收押现场检察、新收罪犯监区巡视检察以及对集体收监的未成年人重点检察、个别收监的未成年人进行个别检察等方式开展。

2. 出监检察

检察机关对未管所办理未成年罪犯出监的管理活动是否合法进行监督。

出监检察的主要内容包括：（1）对因刑满释放出监的未成年罪犯，监督未管所是否依法、按期为其办理出监手续并签发相关法律文书、是否及时向其居住地的公安机关送达相关法律文书等。（2）对因特许离监、临时离监或者调监而出监的未成年罪犯，监督未管所是否经严格依法审批并为其安排相应押解、接送措施等。（3）对因假释、暂予监外执行而出监的未成年罪犯，监督未管所是否依法为其办理出监手续、将其押送至居住地向社区矫正部门交付执行并及时送达相关法律文书等。

出监检察的工作方法：可以通过查阅未成年罪犯出监凭证和出监登记、审阅派驻未管所检察室填写的《出监告知表》、对出监罪犯进行集体或个别谈话教育等方法来掌握具体情况。对出监凭证不全、违规释放或者不释放等违法情形及时提出纠正意见。

3. 狱政管理活动检察

检察机关对未管所狱政管理活动是否合法进行监督。

狱政管理活动检察的主要内容包括：（1）对分管分押的检察；（2）对会见通信活动的检察；（3）对警戒具使用的检察；（4）对未成年罪犯奖惩活动的检察；（5）对未成年罪犯服刑期间再犯罪的检察；（6）对未成年罪犯身份和隐私保护的检察等。

狱政管理活动检察的工作方法：包括巡视、查阅资料、审批手续、与未成年罪犯个别谈话以及向管教民警了解情况等。

4. 教育改造活动检察

检察机关对未管所的教育改造活动是否合法进行监督。

教育改造活动检察的工作内容包括：（1）对未管所的教育设施和教育力量是否符合法律规定进行检察；（2）对入监、出监教育活动的检察；（3）对个别教育活动的检察；（4）对思想、文化、技术教育活动的检察；（5）对心理矫治活动的检察；（6）对劳动改造的检察。

教育改造活动检察的工作方法：可以通过参与巡视检查、查阅未成年罪犯学习教育记录、参加未成年罪犯思想动态分析会、对未成年罪犯个别谈话教育、向未管所教育科等部门了解情况等方法开展工作。

5. 生活卫生检察

检察机关对监狱生活卫生管理工作是否合法进行监督。

生活卫生检察的主要内容包括：（1）对未成年罪犯作息时间的检察；（2）对未成年罪犯伙食待遇、生活待遇的检察；（3）对医疗卫生待遇的检察。

生活卫生检察的工作方法：可以通过参与现场巡查、查阅生活费支出账目、列席未成年罪犯伙食委员会、查阅罪犯病历及服药记录、审查罪犯外出就医审批手续以及对未成年罪犯个别谈话等方式开展工作。

6. 安全防范检察

检察机关对监狱安全防范工作是否合法进行监督。

安全防范检察的主要内容包括：（1）对未管所内警戒措施的检察；（2）对人民武装警察的武装警戒的检察；（3）对所内警戒设施和警戒隔离带的检察。

安全防范检察的工作方法：可以通过派员参与现场巡查、专项检察、所情动态分析会、检所联席会议、与未成年罪犯谈话教育等方式开展工作。

(二) 特殊工作机制

1. 信息通报

未成年犯收押后,未检部门应将审查起诉期间形成的未成年犯的社会调查报告、心理测评报告、心理疏导记录、帮教记录等相关材料移交未管所及驻所检察室。可以依托驻所检察室办理相关业务,如检察室负责未成年人减刑、假释、暂予监外执行案件,定期向未检部门通报案件办理情况、突发情况及执行问题等;可以指定专人会同驻所检察室、未管所,共同开展出入所教育,救助、个别矫治等工作。

2. 回访帮教

在未成年犯入所后及刑满释放、特赦前,未检部门可派员参与出入所教育,开展经济救助、心理疏导等综合救助;也可委托青少年社工等专业社会力量入所开展心理疏导、行为矫治等帮教,重塑未成年犯的人格,为帮助其回归社会打好基础。

【案例】 检察机关与未管所合作开展帮教活动

某检察院与未管所合作,创新建立"4＋X"立体特色帮教模式。一是心理矫治项目,依托未管所的心理咨询平台,运用专业的心理学方法,对涉罪未成年人进行心理疏导,在出、入所两大环节,形成评估报告。二是团辅帮教项目,开展体验式生命教育系列活动。如通过观赏短视频"一粒种子的萌芽",感知一颗种子经过持续奋斗破土而出,最终长成一株树苗的生长过程,启发未成年服刑对象对于生命萌芽的探讨,使他们认识到人类的生命成长凝聚着个人、家庭和社会的共同努力,帮助未成年服刑人员认识生命的多样性,学会尊重不同生命个体。三是法治教育项目,通过举办读书会、成人礼仪式、禁毒演讲比赛等,丰富法治教育形式,提升法治教育成效。四是教育感化项目,在传统佳节、开放日、忏悔日安排亲情会见,将亲职教育引入高墙,共同开展教育感化工作。X是指根据每名服刑人员的个体需求,有针对性地开展特色帮教活动,实现精准帮教,预防犯罪。

3. 提前对接

在未成年人服刑期满或假释前,检察机关可以委托专业社工提前进行对接,与服刑未成年人建立良好的关系,为今后的社区矫正工作打好基础,帮助并引导未成年人顺利回归社会。上海市检察机关根据未成年人户籍不同进行分类处理:对于本市户籍的未成年人,在刑满释放前两个月由司法矫正社工介入矫治;对于非本市户籍的未成年人,在刑满释放前两个月由青少年社工提前介入开展矫治工作;对部分生活困难的刑满释放未成年犯,未检部门联合未管所共同开展"阳光护送"工作,帮助他们顺利返乡。

4. 开展特赦检察工作

特赦是指国家元首或者最高权力机关对已受罪行宣告的特定犯罪人,免除其全部或者部分刑罚的制度。

特赦检察,是指人民检察院依法对人民法院裁定特赦的活动以及刑罚执行机关提请、人民法院裁定的相关活动是否符合法定条件和程序的全程监督。

特赦的特点包括以下两个方面:一是对象特定,往往会公布被赦人的名单;二是赦免刑罚而不赦免罪名,被特赦人员可能构成累犯。

未检部门应对未成年罪犯的特赦工作依法履行法律监督职能。主要监督内容包括两个方面:一是对执行机关提请、人民法院裁决特赦的未成年罪犯是否符合实体条件进行监督;二是对执行机关提请、人民法院裁决特赦未成年罪犯的程序是否符合法律规定进行监督。

以第九次特赦检察工作为例,面向的赦免对象为犯罪的时候不满18周岁,被判处3年以下有期徒刑或者剩余刑期在1年以下的未成年人,但以下情形除外:(1)系故意杀人、强奸、抢劫、绑架、放火、爆炸、投放危险物质或者有组织的暴力性犯罪,黑社会性质的组织犯罪,贩卖毒品犯罪,危害国家安全犯罪,恐怖活动犯罪的罪犯,其他有组织犯罪的主犯,累犯的;(2)曾经被特赦又因犯罪被判处刑罚的;(3)不认罪悔改的;(4)经评估具有现实社会危险性的。

四、社区矫正检察

社区矫正是与监狱矫正相对应的一种非监禁刑罚执行方式。未成年人社区矫正检察主要指检察机关未检部门主导的、对社区矫正部门开展未成年人社区矫正活动是否合法进行的法律监督工作。

依据《刑事诉讼法》第269条的规定,对被判处管制、宣告缓刑、假释或者暂予监外执行的罪犯,依法实行社区矫正,由社区矫正机构负责执行。2012年1月,"两高两部"联合制定的《社区矫正实施办法》(已失效)规定,社区矫正日常工作由县级社区矫正机构具体承担,司法所根据社区矫正机构的委托,承担社区矫正相关工作。

2020年7月1日,《社区矫正法》正式实施,其中第七章专门对未成年人社区矫正进行特别规定。此外,在明确人民检察院依法对社区矫正工作实行法律监督的同时,在第62条中规定,人民检察院发现社区矫正工作违反法律规定的,应当依法提出纠正意见、检察建议。有关单位应当将采纳纠正意见、检察建议的情况书面回复人民检察院,没有采纳的应当说明理由。

2020年7月1日实施的《社区矫正法实施办法》第9条规定，社区矫正机构是县级以上地方人民政府根据需要设置的，负责社区矫正工作具体实施的执行机关。

（一）主要内容

未检部门对未成年社区矫正对象的交付执行、接收纳管、日常监督、教育奖惩、解除终止、刑罚变更执行等活动全面开展监督。

根据《人民检察院办理未成年人刑事案件的规定》第73条规定，人民检察院依法对未成年人社区矫正进行监督，发现下列情形之一的，应当依法提出纠正意见：（1）没有将未成年人的社区矫正与成年人分开进行的；（2）对实行社区矫正的未成年人脱管、漏管或者没有落实帮教措施的；（3）没有对未成年人社区矫正人员给予身份保护，其矫正宣告公开进行，矫正档案未进行保密，公开或者传播其姓名、住所、照片等可能推断出该未成年人的其他资料以及矫正资料等情形的；（4）未成年社区矫正人员的矫正小组没有熟悉青少年成长特点的人员参加的；（5）没有针对未成年人的年龄、心理特点和身心发育需要等特殊情况采取相应的监督管理和教育矫正措施的；（6）其他违法情形。

（二）检察重点

1. 交付执行检察

检察机关对法院判决、裁定管制、缓刑、假释和决定暂予监外执行的法律文书送达情况以及监狱、看守所对暂予监外执行的未成年罪犯交付执行活动进行监督。

交付执行检察的主要内容：包括对交付执行活动是否符合有关法律规定的监督，相关手续是否完备的监督以及交付执行是否及时的监督。

交付执行检察的工作方法包括：（1）对人民法院法律文书进行审查和登记；（2）对派驻监狱、看守所检察机构填发的《监外执行罪犯出监（所）告知表》进行审查和登记；（3）向执行机关了解、核查社区矫正未成年人的有关法律文书送达以及其报到情况等。

2. 社区矫正活动检察

检察机关对社区矫正机构对社区矫正人员的教育、监督、管理、矫正等执行活动是否合法依法实行的监督，是社区矫正检察的重点环节。

社区矫正活动检察的主要内容包括：（1）监督社区矫正机构是否依法接收社区矫正未成年人并及时登记入册、建立档案；（2）监督矫正机构是否严格执行社区矫正未成年人行为报告制度；（3）监督矫正机构是否依法对符合法定减刑条件的社区矫正未成年人提出减刑建议书等。

社区矫正活动检察的工作方法包括：(1) 查阅矫正机构的矫正工作档案；(2) 派员参与"入矫"仪式及部分矫正活动；(3) 走访协助开展矫正活动的单位、基层组织；(4) 回访社区矫正的未成年人；(5) 受理未成年人申诉、控告等。

【案例】检察机关依法监督社区矫正活动

某区检察院与区社区矫正中心建立信息沟通机制，定期核查社区矫正工作台账，通过参与未成年社区服刑人员的入矫、解矫宣告进行现场监督，联合矫正民警共同对未成年社区服刑人员及其监护人在入矫后和解矫前开展谈话教育，并全程参与社区矫正集中教育活动，对矫正工作进行全面监督。未成年社区服刑人员江某因犯聚众斗殴罪于2018年7月被判处有期徒刑1年4个月，缓刑1年4个月。区检察院在依法监督矫正工作时发现，江某在2018年11月至12月间，先后两次不参加区院与区矫正中心组织的未成年人集中教育及学习活动，也未按规定向司法机关办理请假手续。在了解相关情况后，检察官及时会同区矫正中心专职民警、某司法所矫正社工召开训诫会，通过谈心谈话、教育感化，江某最终表示愿意改正并接受教育监督，其法定代理人亦表示愿意积极配合监督。同时，区检察院还向区司法局制发《检察建议书》，关于给予江某警告处分并调整其矫正方案的建议获采纳。此后，江某积极配合矫正活动，表现良好，如期解矫。

【案例】检察机关通过监督社区矫正活动开展综合治理

2020年9月，某检察院就未成年人出入酒吧的情况开展现场调查时，当场发现8名未成年人在某酒吧饮酒聚会，其中有一名未成年人系社区矫正人员（陆某某因聚众斗殴罪被判缓刑，正在缓刑考验期内接受社区矫正）。某检察院发现该线索后依法进行了调查核实，针对陆某某进入法律规定不适宜未成年人进入的酒吧，且结交其他进入酒吧的未成年人的情况，检察机关及时开展未成年人刑事执行检察监督，于2020年10月向社区矫正机构——某司法局制发了检察建议，建议对陆某某违反社区矫正监督管理规定的行为予以惩处、对陆某某的社区矫正方案进行相应调整，并完善对未成年社区矫正人员的特别监管机制。司法局根据建议积极整改落实，并在一个月内作出回复。此外，针对酒吧接纳未成年人的情况，检察机关还会同文化执法部门开展综合治理，对涉事酒吧予以处罚，对酒吧行业开展专项治理，取得了较好的监督效果。

3. 禁止令执行检察

检察机关依法对社区机构执行禁止令活动是否合法进行监督。

禁止令执行检察的主要内容包括：（1）监督社区矫正机构是否依法、准确执行禁止令；（2）监督有关部门是否依法、及时、准确处理社区矫正未成年人违反禁止令的情形；（3）监督对减刑的未成年人，法院是否依法缩短其禁止令期限，裁定是否合法；（4）监督社区矫正机构在禁止令执行过程中是否有侵害未成年人的行为等。

禁止令执行检察的工作方法包括：（1）查阅矫正工作档案；（2）向各方了解情况；（3）提出执行方式的建议等。

> **【随堂问题】** 目前从业禁止判决执行中存在的问题和对策建议？
>
> 从业禁止制度源自《刑法修正案（九）》增设的《刑法》第37条之一规定，目的是禁止利用职业便利实施犯罪的罪犯在一定期限内再从事相关行业，起到预防再犯罪的作用。但是在判决执行过程中目前仍存在较多问题，不仅影响到判决内容的落实，有损司法权威，也不利于未成年人的权益保护。
>
> 主要问题有：一是法律规定缺乏操作细则，执行机关不清。根据《刑法》第37条之一第2款的规定，被禁止从事相关职业的人违反人民法院依照前款规定作出的决定的，由公安机关依法给予处罚；情节严重的，依照本法第313条的规定定罪处罚。该规定明确了违反从业禁止判决的法律后果，但目前没有相关细则规定由哪个职能部门具体执行从业禁止判决。二是判决信息对接不畅，执行方式不明。实践中从业禁止判决完成后，没有单独针对该刑种的执行通知书；此外，罪犯主刑执行完毕刑满释放后，从业禁止的判决内容因未同步送达或告知罪犯户籍地或居住地司法行政机关，社区矫正机构在接收安置帮教人员时，无法得知相关信息，因此出现判决执行无法落地、从业禁止无从监管等盲区。三是相关职责不清，处罚措施不明。由于缺乏日常的监管措施，实践中已经发现部分从业禁止人员不服管教，或者继续从事禁止行业的情况。但如何认定违反从业禁止判决的情形、如何给予处罚尚缺乏相应具有可操作性的细则规定。
>
> 针对上述问题的建议：一是由社区矫正机构作为矫治主体。从工作性质看，从业禁止是一种非监禁刑罚处遇措施，与社区矫正的性质有共通之处，由社区矫正机构执行，具有制度的契合性；从工作方式看，司法行政机关在社区矫正方面已经建立了一整套成熟的管理、约束、矫治等工作机制，可以参考禁止令的执行经验；从监管渠道看，从业禁止的执行需要关注被执行人的就业问题，而司法行政部门通过安置帮教工作

的开展，已经与人社部门、相关就业部门等建立了良好的工作关系，有利于对违反从业禁止信息的掌握和监控。也有观点认为从业禁止适用于监禁刑对象，只有刑罚执行完毕或者假释后才开始执行从业禁止，而社区矫正机构只能针对假释、暂予监外执行的对象执行从业禁止，对刑满释放对象则无法定职权，而交由司法行政机关的安置帮教部门执行，其又缺乏实际执法权，因此由公安机关作为从业禁止判决的执行机关更为妥当，同时还可以与入职查询制度相结合。目前由于无明确的相关规定，哪种方式更为有效还有待实践观察及立法规范。二是畅通衔接配合机制。明确从业禁止判决与执行通知书均需及时交付、送达执行机关，做好信息对接，确保执行机关第一时间掌握从业禁止人员名单。三是多方参与落实监管。从业禁止执行方式可以比照社区矫正，依托刑满释放人员安置帮教工作信息管理平台以及基层司法所、警务室等，探索由司法所干部、社区民警、村居委干部、矫正社工、志愿者等组成执行小组，及时掌握从业禁止对象的活动情况和行为表现，依法开展告知、宣告、训诫、教育、心理评估、行为矫治等活动，加强从业禁止人员的自陈报告执行监督，一旦发现其违法应聘及时由公安机关作出相应处罚。检察机关对从业禁止判决的执行落实情况开展同步监督。

【案例】 检察机关对违反禁止令规定的未成年社区矫正人员开展帮教

未成年人钱某某因故意伤害罪被依法判处有期徒刑1年6个月、缓刑1年6个月。社区矫正期间，由于钱某某严重违反禁止令的规定，被居住地司法局警告。某检察院未检部门即派检察官对其进行教育、训诫，并走访其家庭，要求家长对其加强管教。但钱某某仍不改正，继续违反法院的禁止令。检察院没有简单发出收监建议，而是与司法局召集相关人员专门研究对钱某某的社区矫正工作，考虑到未成年人回归社会的需要，一致决定再给钱某某一次机会，暂缓建议原判法院收监执行，由检察官与司法所专职干部、矫正民警、主管社工对其开展面谈、训诫、家访、个别教育等工作。检察官每周对其进行回访帮教、谈话教育。经过多次耐心的教育，钱某某也认识到违反禁止令的严重后果，积极配合矫正工作，最后顺利通过缓刑考验期。

4. 收监执行检察

检察机关对于公安机关、人民法院提请、裁定撤销缓刑、假释和对于执行机关的收监执行活动是否合法进行监督。

收监执行检察的主要内容包括：（1）监督执行机关提请撤销缓刑、假释、暂予监外执行的建议是否符合法律规定；（2）监督人民法院撤销缓刑、假释的裁定和批准、决定暂予监外执行的机关作出的收监决定是否符合有关法律规定；（3）决定收监执行后，各责任机关是否按照法律规定开展收监执行活动并及时送达相关法律文书；（4）对收监执行的暂予监外执行未成年罪犯执行刑期计算是否正确等。

收监执行检察的工作方法：可以通过查阅未成年罪犯违法违规的材料，向矫正小组、基层组织、未成年罪犯的原单位、学校等了解情况，与未成年罪犯谈话、听取其申诉意见等方法开展收监执行检察工作。

5. 终止执行检察

检察机关对矫正机构是否依法对具有终止执行法定情形的未成年罪犯履行相关解除手续进行监督。

终止执行检察的主要内容包括：（1）监督终止执行的未成年罪犯是否符合法律规定条件；（2）监督终止执行的程序是否合法、相关手续是否齐备等。

终止执行检察的工作方法：可以通过审查法律文书确定终止执行期间、向社区矫正机构或公安机关了解相关情况、与社区矫正期满的未成年罪犯谈话、参加解除矫正的仪式等方法开展工作。

（三）特殊工作机制

1. 分工协作

未检部门可以派专人，通过参与执行活动、查阅台账、谈话等方式，对未成年社区矫正人员的交付执行、日常监管、教育奖惩、解除宣告、禁止令执行等活动进行监督，开展变更执行同步审查，依法向社区矫正职能部门提出监督意见和建议，督促司法行政机关落实未成年人社区矫正特殊规定，并协助开展针对性的教育矫治工作。刑执部门可以配合开展相关工作。

2. 平等入矫

针对外地未成年社区矫正人员脱管、漏管多发的情况，检察机关如何在对判处非监禁刑的本地籍未成年罪犯实现社区矫正全覆盖的基础上，对符合一定条件的外地籍未成年罪犯同步进行社区矫正？上海检察机关进行了有益尝试。2011年5月，市检察院、市高级法院、市公安局、市司法局联合召开未成年人刑事司法联席会议，并形成会议纪要，明确对于在上海有实际居住地或者在上海就业、就学满6个月以上的非上海籍未成年罪犯，建立非监禁刑与社区矫正工作的无缝衔接机制。具体由法院通知非上海籍未成年被告人实际居住地或就业、就学地的司法行政机关派员参加宣判活动，宣判后由法院向司法行政机关送达法律文书等，并由法院和司法行政机关共同向未成年罪犯告知非监禁刑期间的监管规定，共同对未成年罪犯进行教育，并由司法行政机关开展社区矫正工作。

【案例】检察机关联合司法行政机关对外地籍未成年罪犯开展社区矫正

未成年人李某某的父母十年前来某市打工，李某某初中毕业后于 2018 年来该市与父母共同居住，2020 年 4 月其因犯贩卖毒品罪被判处拘役 6 个月，缓刑 6 个月。考虑到李某某长期在本市居住，缺乏在原籍开展社区矫正的条件，检察机关与司法行政机关决定由李某某居住地所在的本市某司法所负责执行社区矫正。检察机关未检部门派员出席了入矫宣告仪式，检察官对李某某进行入矫教育，向其阐明矫正期间应遵守的各项规定、法律后果，向其家长重申监护职责。在后续跟踪李某某矫正表现时，检察官发现其父母忙于生计疏于管教，李某某有夜不归宿、结交不良朋辈、脱漏管的情况，检察官联合社区矫正人员及时对李某某开展训诫教育；对其父母开展亲职教育，要求其加强管教；同时结合其亲子关系问题的症结，有的放矢安排专业辅导课程，帮助李某某真诚悔过，与父母和解，重新回归正轨。

3. 特殊教育

对未成年人社区矫正，检察机关可以通过感恩教育、强制亲职教育等特殊方法，对未成年人开展教育、转化工作，对家长开展家庭教育辅导。入矫的未成年人如不遵守相关制度规范、家长如不配合开展帮教，检察机关应及时进行教育、引导和监督，以保障矫正措施落实到位。

【案例】检察机关联合司法行政机关开展感恩教育

某区检察院与区司法局共同建立未成年社区矫正人员教育监管和适应性帮扶工作机制，双方发挥各自职能优势，针对未成年人的年龄、心理特点和身心发育需要等特殊情况，共同开展有特色的教育监管工作。通过项目化矫正方式，促进未成年社区矫正人员的教育转化，帮助未成年社区矫正人员顺利适应、回归和融入社会。

如在母亲节来临之际，对未成年社区矫正对象开展以"感恩母亲，爱驻永恒"为主题的母亲节感恩教育活动，活动以 DIY 永生花趣味拓展活动和手写贺卡感谢母亲为主要内容，旨在弘扬中华民族传统美德，帮助未成年社区矫正对象培养感恩之心。在举办的"国旗下成长"主题参观体验活动中，邀请老红军讲述亲身经历的革命故事，开展爱国主义教育，未成年社区矫正人员表示很久没有参加过这样正式的升旗仪式，聆听革命前辈的教诲，感受到满满的正能量。

【案例】 社区矫正对象接受帮教后的感言

小方因聚众斗殴罪被判处缓刑。此后他被安排接受社区矫正。检察官会同社区矫正中心的工作人员、心理老师等对小方进行了全方位的矫正帮教。小方也对自己的错误行为有了深刻认识，帮教期间他向矫正社工提交了思想感悟：

2018年4月，我为了兄弟义气，一时冲动犯下了聚众斗殴罪。2018年8月，法院给了我缓刑的机会。当时没想那么多，也不理解社区矫正是干什么的。就这样，时间一天天过去，逐渐让我明白了什么是社区矫正。刚开始的三个月，我每个礼拜都要去社区报到、写思想汇报、去图书馆做社工。每次的感想都比之前更加深刻，义务劳动使我一直在反省自己。这几个月里我在家中不断地学习法律知识，也没有做违法犯罪的事情，今后我也不会做违法犯罪的事情。我要学会遵守法律和行政法规，服从监督，增强自己的法治观念。我深刻地认识到了正因为我的法治观念淡薄，从而导致自己犯下错误，我要在思想上继续深刻地自我反省。通过社区矫正中心的人性化管理及不断教育帮助，我也深刻认识到做事要三思而后行，切莫因一时冲动而犯下大错。时光飞逝，我的服刑时间还剩下半年。在过去的服刑期间里，我过得有滋有味，酸甜苦辣都有。司法局会定期开展拓展活动，为社区服刑人员做思想教育。第一次，我们去了一个郊外，请心理老师为我们做一次辅导，为我们的心灵做一次修复。我们做了很多小游戏，比如在阴暗的房间里点燃一盏灯，放一段轻音乐，让我们闭上双眼感受这一刻。心理老师让我们在这段时间里思考了很多：我是谁？我怎么来到这个世界上的？我为什么出现在这里？我坐在这里的意义？在没有任何杂音的时候想这些，此刻的我很是惭愧，对不起父母，对不起老师对我的信任，这个年龄段的我们应该把时间放在学习上面，不要整天想那些乱七八糟的。上次去了消防中队，跟着士兵参观了军人的日常。想到这里，心里有一丝惭愧，我没对社会做一点贡献，反而却成了社会中的坏人。每三个礼拜司法局都会举行一系列专为青少年组织的活动，比如听部队首长讲解中国历史，听心理老师讲解人生，听社区老师为我们做思想工作。

在过去半年里，我学到很多，也懂得了很多。在以后的日子里，我学会了该如何面对人生，明白了事情不是靠一时冲动就能解决的，切记要三思而后行。相信这段经历是我一生的警示，让我始终保持头脑清醒。我已认识到学法、懂法、守法的重要性。我争取做国家的栋梁，不做社会的败类，力争早日做一个合格的公民，为社会贡献自己的力量。

【随堂问题】 当前未成年人社区矫正工作存在的问题及对策建议？

尽管在未成年人刑事执行检察业务中，未成年人社区矫正工作开展较早，也较为成熟，但是现阶段仍存在一些问题，导致未能全面落实未成年人分类管理、个别化矫正等相关要求。

一是法律法规不健全。虽然《社区矫正法》第52条明确规定对未成年矫正对象和成年矫正对象分别矫正，但在调查评估、交接、纳管、宣告、监督管理等方面，仍缺乏细化规定；未成年与成年矫正对象的奖惩标准未作区分，不利于未成年矫正对象的奖励和减刑；未成年社区矫正对象的监护人怠于履行抚养、管教等义务时，如何落实"通知有关部门依法作处理"尚无相关具体规定。二是专业矫正力量不足。社区矫正专职人员整体配备不足；缺乏专门的熟悉未成年人身心特点的社区矫正队伍；矫正人员专业化程度不高，对未成年人社区矫正相关专业培训不够，导致对未成年社区矫正对象的教育帮扶作用有限。三是矫正方案针对性不强。实践中存在未将未成年社区矫正对象与成年社区矫正对象分开进行教育，矫正方案缺乏个性化，也未依据未成年人矫正期限长短以及表现情况对矫正方案进行动态调整等问题；具体矫正措施形式及内容较为雷同、固化，导致矫正工作停留于表面，教育帮教作用难以取得实效。

完善建议：一是健全法律法规，制定专门的未成年人社区矫正配套细则。明确监护人义务及在监护缺失的情况下，其他社会组织参与未成年人社区矫正，对于监护人怠于履行监护职责的，应对监护人进行强制亲职教育；在交接、纳管、宣告等工作中，贯彻未成年人犯罪记录封存及隐私保护的特殊要求，注意对其身份的保护和社区矫正档案的保密等；为未成年人矫正对象设定贴近其学习、生活环境的奖惩标准，给予其更多的帮助和机会；建立未成年人社区矫正审前调查、脱离监管阶梯惩戒机制等。二是提高矫正专业性，完善未成年社区矫正专门管理制度。将辖区内的未成年矫正对象进行统一归口管理，选拔熟悉未成年身心发展特点，具备法律、心理学、教育学、社会学等专业知识的人员担任未成年人的社区矫正专员；加大培训力度，定期组织开展社区矫正相关法律法规的学习培训，提升未成年社区矫正人员的职业化与专业化水平；聘请具有专业技能的社会工作者、志愿者等参与社区矫正，强化未成年社区矫正"社会协同"效果。三是加强多部门协作，开展未成年人社区矫正特色项目。检察机关应加强与司法行政部门、专业社工组织等的协作

> 配合，共同开展特色矫正项目。如对有心理问题的未成年对象，委托专业人员开展一对一心理疏导，帮助其建立对生活的信心；对于在校的未成年矫正对象，积极联系所在学校配合参与社区矫正，将在校老师纳入矫正小组，关注未成年人的学业和生活；对于无业的未成年矫正对象，将就业培训、职业指导列为其必须参与的矫正项目，帮助其自新自立，顺利回归社会。

五、常用文书参考[①]

（一）《巡回检察告知函》（略）

（二）《巡回检察反馈意见书》（略）

（三）《纠正违法通知书》（略）

（四）《检察建议书》（纠正普遍性倾向性违法问题和社会治理检察建议用）（略）

（五）《提请暂予监外执行检察意见书》（略）

（六）《纠正不当暂予监外执行决定意见书》（略）

（七）《提请减刑检察意见书》（略）

（八）《提请假释检察意见书》（略）

（九）《减刑案件出庭意见书》（略）

（十）《假释案件出庭意见书》（略）

（十一）《纠正不当减刑裁定意见书》（略）

（十二）《纠正不当假释裁定意见书》（略）

[①] 文书（一）至（十二）参见《人民检察院刑事诉讼法律文书格式样本（2020版）》。

（十三）看守所检察日志

登记日期			驻所检察人员		
未成年人入所出所检察情况	新收		出所		实有
	一、收押检察 1. 是否有未成年人收押 2. 收押程序检察 3. 未成年人是否实行分开关押 二、出所检察 1. 是否有未成年人释放 2. 释放是否符合规范				
羁押期限检察情况	三、羁押期限 1. 审查看守所值班日志和换押手续，逐人核对在押未成年人的诉讼环节及羁押期限 2. 是否及时送达在押人员的羁押期限变更文书并办理手续 3. 看守所办理换押手续情况，是否存在违规				
其他检察工作情况记录	四、日常监管活动检察 1. 未成年人关押区域检察情况 2. 视频巡查情况，是否发现违规情况 3. 周末巡查情况 4. 是否发现违法违规情况 5. 与未成年人谈话的情况 6. 是否进行审讯会见，审讯会见情况 7. 是否进行律师会见，律师会见情况 五、留所服刑检察 是否存在留所服刑未成年人，监督情况 六、受理控告、举报和申诉 是否有未成年人控告、申诉、举报情况 七、其他事项				
备注					
登记单位					

（十四）在押人员谈话记录表

单位：××人民检察院驻所检察室

番　　号		在押人员		案　　由	
谈话地点		谈话日期		检察人员	
谈话原因	未成年人入所谈话教育				

谈话主要内容：

告知：我们是××人民检察院驻所检察室的检察干警，你是新近入所人员，今天与你谈话，告知相关的看守所内在押人员权利及义务，你需认真听取？

答：

问：现向你发放《××人民检察院驻看守所检察室未成年人在押人员权利义务告知书》，请仔细阅看，如有不明白处可当场向你解答？

答：

问：入所以后接受入所教育了吗？

答：

问：希望你能调整自己的心理状态努力做到心平气和。

答：

问：希望你在羁押期间始终遵守监纪监规，服从管教民警安排，明不明白？

答：

问：你对案件的办理如有异议，请向办案部门的承办人提出，羁押期间需服从看守所的管理。

答：

问：你在羁押期间不得绝食、不得自伤自残、不得有牢头狱霸行为。

答：

问：你要注意身体，如果不适，及时报告管教和所医。

答：

告知：现在向你发放驻所检察室检务公开宣传资料一张，请你认真阅读，如有事情可以填写该卡并投入驻所检察信箱申请约见，知道了吗？

答：

问：还有什么补充、更正吗？

答：

问：以上内容是否属实？

答：

在押人员：

(十五)在押未成年人谈话提纲

1. 基本信息。包括身份、出生年月等(重点审查实际年龄存疑的情况,核实阴历阳历、属相是否存在虚报等情况)

2. 身体状况(有何严重疾病、体表是否存在伤势情况)

3. 精神状态(有无精神疾病)

4. 监护、帮教条件(父母居住在何处,在本地是否具备帮教条件、家庭情况等)

5. 立案程序是否符合规定,发现错误立案、不当立案等监督线索以及其他立案监督的线索

6. 公安机关、看守所是否存在违法违规的情况(体罚虐待、超期羁押、是否分别关押、讯问程序是否合法、法定代理人、合适成年人是否在场等情况)

7. 认罪悔罪的情况(是否退赔、是否认罪认罚、是否取得被害人谅解等)

8. 羁押必要性审查(社会危害性、看守所内的表现情况)

9. 其他情况(是否存在检举揭发、同案犯等线索提供情况)

(十六)未成年社区矫正对象检察登记表

姓名		性别		民族		出生日期	
所在学校/工作单位		监护人		社工			
学校/单位联系方式或地址		联系电话		联系电话			
住所地址				户籍地址			
监外执行种类				监督考察起止日期			
原判罪名				原判刑罚			
原判刑期起止日期				变更执行情况			

续表

检察监督情况		
时间	工作内容	结果反馈

奖惩情况			
次数	时间	奖惩类别	奖惩原因

备注	

填表单位　　　　　　填表人　　　　　　填表日期

（十七）未成年人社区矫正检察监督日志

年　月　日

司法所名称		检察人员			
检察项目	有无检察	有无违规	检察项目	有无检察	有无违规
审查法律文书			检察司法所台账		
检察社区矫正方案			检察社工台账		
审查日常奖惩材料			审查收监材料		
审查减刑材料			参加列管宣告会		
参加期满宣告会			参加教育活动		
谈话			实地走访		

续表

其他方式						
专项检察						
工作沟通 □ 其他方式_____							
备注						

填表单位   填表人

注：在日常检察中发现违规、违法行为的，请填写《未成年人检察纠正违法情况表》。

（十八）未成年社区矫正对象谈话记录表

姓名		案由	
刑罚起止日期			
谈话地点		谈话日期	
谈话主要内容：			
告知：我们是××人民检察院未成年人办案组的工作人员，今天找你谈话向你了解在社区矫正期间的相关情况，希望你能如实回答。			
答：			

续表

问：你的基本情况简单介绍一下。
答：
问：法院在判决之后，有无向你送达相关法律文书及告知你在规定期限内到居住地司法所报到等相关事宜？
答：
问：你对纳入社区矫正有何想法？
答：
问：你什么时候到司法所报到并纳入列管的，有无延期宣告的情况发生？
答：
问：在矫正期间，司法所是如何安排你参加教育矫正活动的？你有无按时参加？
答：
问：司法所安排你参加的教育矫正活动有哪些？
答
问：司法所安排你参加的矫正活动中有无和其他成年人一起进行的情况？
答
问：在社区矫正期间，你有无严格遵守请销假制度？有无离沪未请销假的情况？
答：
问：在社区矫正期间，你有无定期向司法所提交思想汇报？
答：
问：司法所工作人员有无到你家庭、社区了解过你的思想动态及现实表现？
答：
问：司法所工作人员有无和你的监护人沟通联系？
答：
问：你的监护人是否清楚你的社区矫正活动内容？
答：
问：你目前有工作吗？工作表现如何？/在学校表现如何？
答：
问：你对自己今后的学习/生活/工作有什么安排或者计划吗？
答：
问：在矫正期间，你是否发现司法所工作人员或者社工有侵害矫正对象权利或者庇护矫正对象的违法违规行为？
答：
问：你还有其他想对我们说的吗？
答：
问：今天的谈话到此，请你仔细阅读谈话内容，如有差错可以更改，如果正确，请签字确认。
答：好的。

谈话人：

日期：

填表单位_____　填表人_____　填表日_____

专题二　未成年被害人的全面综合保护

保护救助未成年被害人是未成年人检察工作的重要组成部分。本专题所称的未成年被害人是广义的概念，既包括刑事案件未成年被害人，也包括民事、行政、公益诉讼案件中利益受损的未成年人。

第八讲　未成年被害人的特殊保护机制

2010年起,上海部分基层检察机关开始将被害人系未成年人的刑事案件纳入未检部门办理范围,并逐步建立了一系列针对未成年被害人的特殊保护工作机制。本讲在简述这项工作发展背景的基础上,详解检察机关开展未成年被害人司法保护的特殊办案机制、救助机制及预防机制。

一、概述

为进一步落实"双向保护"原则,强化未成年被害人的司法保护,检察机关在办理未成年人案件过程中,通过适用符合未成年人身心特点的办案程序、协调相关部门、引入社会力量等方式,综合运用法律援助、司法救助、心理救助、经济救助、社会救助等多元化手段,为未成年人提供全面、综合、有效的司法保护和社会支持,维护他们的合法权益,努力帮助他们摆脱困境、健康成长。

(一) 发展背景

2010年,为了给受犯罪侵害的未成年人提供更加专业的司法保护,上海检察机关率先在金山、静安等区院试点探索将部分成年人侵害未成年人犯罪案件纳入未检部门受案范围。

2012年10月,最高人民检察院《关于进一步加强未成年人刑事检察工作的决定》提出,对被害人是未成年人的案件,各地可根据自身的情况,在保证办案质量和效率,不影响特殊政策和制度落实的前提下,确定是否由未成年人刑事检察部门或者专人办理。

2014年12月,最高人民检察院《关于进一步加强未成年人刑事检察工作的通知》出台,明确将性侵害未成年人,拐卖(绑架)儿童,胁迫、诱骗、利用未成年人犯罪等专门针对未成年人的犯罪案件纳入未成年人检察部门受案范围。

2015年5月,最高检下发《检察机关加强未成年人司法保护八项措施》,再次强调对未成年人司法保护对象范围的全覆盖。

2016年1月,上海市人民检察院检察委员会制发《关于未成年人刑事检察部门办理成年人侵害未成年人犯罪案件若干意见》,明确将成年人侵害未成年人人身权利等犯罪案件纳入全市三级未检部门的受案范围。

2016年3月发布的最高人民检察院《关于加强未成年人检察工作专业化建设的意见》、2017年3月发布的《未成年人刑事检察工作指引(试行)》以及2017年11月最高检发布的《关于建立未成年人检察工作评价机制的意见(试行)》等文件,均要求检察机关建立成年人侵害未成年人案件的专业化办理机制,为未成年被害人提供更为全面、综合的司法保护。

(二) 常用法律政策依据

1. 《刑事诉讼法》

第281条(第5款) 询问未成年被害人、证人,适用第一款、第二款、第三款①的规定。

2. 《刑诉规则》

第465条(第6款) 询问未成年被害人、证人,适用本条第二款至第五款②的规定。询问应当以一次为原则,避免反复询问。

第490条 人民检察院办理侵害未成年人犯罪案件,应当采取适合未成年被害人身心特点的方法,充分保护未成年被害人的合法权益。

3. 《未成年人保护法》

第11条(第2款) 国家机关、居民委员会、村民委员会、密切接触未成年人的单位及其工作人员,在工作中发现未成年人身心健康受到侵害、疑似受到侵害或者面临其他危险情形的,应当立即向公安、民政、教育等有关部门报告。

第100条 公安机关、人民检察院、人民法院和司法行政部门应当依法履行职责,保障未成年人合法权益。

第101条 公安机关、人民检察院、人民法院和司法行政部门应当确定专门机构或者指定专门人员,负责办理涉及未成年人案件。办理涉及未成年人案件的人员应当经过专门培训,熟悉未成年人身心特点。专门机构或者专门人员中,应当有女性工作人员。

第103条 公安机关、人民检察院、人民法院、司法行政部门以及其他组织和个人不得披露有关案件中未成年人的姓名、影像、住所、就读学校以及其

---

① 为讯问未成年犯罪嫌疑人的相关规定。
② 为讯问未成年犯罪嫌疑人的相关规定。

他可能识别出其身份的信息,但查找失踪、被拐卖未成年人等情形除外。

第 111 条 公安机关、人民检察院、人民法院应当与其他有关政府部门、人民团体、社会组织互相配合,对遭受性侵害或者暴力伤害的未成年被害人及其家庭实施必要的心理干预、经济救助、法律援助、转学安置等保护措施。

4.《关于适用〈中华人民共和国刑事诉讼法〉的解释》

第 548 条 人民法院应当加强同政府有关部门、人民团体、社会组织等的配合,对遭受性侵害或者暴力伤害的未成年被害人及其家庭实施必要的心理干预、经济救助、法律援助、转学安置等保护措施。

第 556 条(第 2 款) 审理未成年人遭受性侵害或者暴力伤害案件,在询问未成年被害人、证人时,应当采取同步录音录像等措施,尽量一次完成;未成年被害人、证人是女性的,应当由女性工作人员进行。

第 558 条 开庭审理涉及未成年人的刑事案件,未成年被害人、证人一般不出庭作证;必须出庭的,应当采取保护其隐私的技术手段和心理干预等保护措施。

第 559 条 审理涉及未成年人的刑事案件,不得向外界披露未成年人的姓名、住所、照片以及可能推断出未成年人身份的其他资料。

查阅、摘抄、复制的案卷材料,涉及未成年人的,不得公开和传播。

5. 最高人民法院、最高人民检察院、公安部、民政部《关于依法处理监护人侵害未成年人权益行为若干问题的意见》

第 5 条 人民法院、人民检察院、公安机关、民政部门应当加强与妇儿工委、教育部门、卫生部门、共青团、妇联、关工委、未成年人住所地村(居)民委员会等的联系和协作,积极引导、鼓励、支持法律服务机构、社会工作服务机构、公益慈善组织和志愿者等社会力量,共同做好受监护侵害的未成年人的保护工作。

6. 最高人民法院、最高人民检察院、公安部、司法部《关于依法办理家庭暴力犯罪案件的意见》

第 4 条 对未成年人、老年人、残疾人、孕妇、哺乳期妇女、重病患者特殊保护。办理家庭暴力犯罪案件,应当根据法律规定和案件情况,通过代为告诉、法律援助等措施,加大对未成年人、老年人、残疾人、孕妇、哺乳期妇女、重病患者的司法保护力度,切实保障他们的合法权益。

第 12 条 妥善救治、安置被害人。人民法院、人民检察院、公安机关等负有保护公民人身安全职责的单位和组织,对因家庭暴力受到严重伤害需要紧急救治的被害人,应当立即协助联系医疗机构救治;对面临家庭暴力严重威胁,或者处于无人照料等危险状态,需要临时安置的被害人或者相关未成年人,应当通知并协助有关部门进行安置。

第13条 依法采取强制措施。人民法院、人民检察院、公安机关对实施家庭暴力的犯罪嫌疑人、被告人，符合拘留、逮捕条件的，可以依法拘留、逮捕；没有采取拘留、逮捕措施的，应当通过走访、打电话等方式与被害人或者其法定代理人、近亲属联系，了解被害人的人身安全状况。对于犯罪嫌疑人、被告人再次实施家庭暴力的，应当根据情况，依法采取必要的强制措施。

人民法院、人民检察院、公安机关决定对实施家庭暴力的犯罪嫌疑人、被告人取保候审的，为了确保被害人及其子女和特定亲属的安全，可以依照刑事诉讼法第六十九条第二款的规定，责令犯罪嫌疑人、被告人不得再次实施家庭暴力；不得侵扰被害人的生活、工作、学习；不得进行酗酒、赌博等活动；经被害人申请且有必要的，责令不得接近被害人及其未成年子女。

第15条 加大对被害人的法律援助力度。人民检察院自收到移送审查起诉的案件材料之日起三日内，人民法院自受理案件之日起三日内，应当告知被害人及其法定代理人或者近亲属有权委托诉讼代理人，如果经济困难，可以向法律援助机构申请法律援助；对于被害人是未成年人、老年人、重病患者或者残疾人等，因经济困难没有委托诉讼代理人的，人民检察院、人民法院应当帮助其申请法律援助。

法律援助机构应当依法为符合条件的被害人提供法律援助，指派熟悉反家庭暴力法律法规的律师办理案件。

7. 最高人民法院、最高人民检察院、公安部、司法部《关于依法惩治性侵害未成年人犯罪的意见》

一、基本要求

第2条 对于性侵害未成年人犯罪，应当依法从严惩治。

第3条 办理性侵害未成年人犯罪案件，应当充分考虑未成年被害人身心发育尚未成熟、易受伤害等特点，贯彻特殊、优先保护原则，切实保障未成年人的合法权益。

第4条 对于未成年人实施性侵害未成年人犯罪的，应当坚持双向保护原则，在依法保护未成年被害人的合法权益时，也要依法保护未成年犯罪嫌疑人、未成年被告人的合法权益。

8. 最高人民检察院、国家监察委员会、教育部等《关于建立侵害未成年人案件强制报告制度的意见（试行）》

第2条 侵害未成年人案件强制报告，是指国家机关、法律法规授权行使公权力的各类组织及法律规定的公职人员，密切接触未成年人行业的各类组织及其从业人员，在工作中发现未成年人遭受或者疑似遭受不法侵害以及面临不法侵害危险的，应当立即向公安机关报案或举报。

第3条　本意见所称密切接触未成年人行业的各类组织，是指依法对未成年人负有教育、看护、医疗、救助、监护等特殊职责，或者虽不负有特殊职责但具有密切接触未成年人条件的企事业单位、基层群众自治组织、社会组织。主要包括：居（村）民委员会；中小学校、幼儿园、校外培训机构、未成年人校外活动场所等教育机构及校车服务提供者；托儿所等托育服务机构；医院、妇幼保健院、急救中心、诊所等医疗机构；儿童福利机构、救助管理机构、未成年人救助保护机构、社会工作服务机构；旅店、宾馆等。

第11条　人民检察院应当切实加强对侵害未成年人案件的立案监督。认为公安机关应当立案而不立案的，应当要求公安机关说明不立案的理由。认为不立案理由不能成立的，应当通知公安机关立案，公安机关接到通知后应当立即立案。

第18条　人民检察院依法对本意见的执行情况进行法律监督。对于工作中发现相关单位对本意见执行、监管不力的，可以通过发出检察建议书等方式进行监督纠正。

9. 最高人民检察院《检察机关加强未成年人司法保护八项措施》

努力保护救助未成年被害人。依法保障未成年被害人及其法定代理人参与权、知情权等各项诉讼权利，保护未成年被害人的名誉权、隐私权等合法权利，避免在办案中造成"二次伤害"。对于性侵未成年人等刑事案件，有条件的地方检察机关可以会同公安机关建立询问未成年被害人同步录音录像制度。同时，要注重加强与司法、民政、教育、卫生等相关部门和未成年人保护组织的联系和协作，推动落实法律援助、司法救助、身体康复、心理疏导、转移安置、技能培训、经济帮扶等综合救助工作，努力帮助未成年被害人恢复正常的生活和学习。

10. 最高人民检察院《关于全面加强未成年人国家司法救助工作的意见》

未成年人健康快乐成长，既需要物质帮助，也需要精神抚慰和心理疏导；既需要解决生活面临的急迫困难，也需要安排好未来学习成长。检察机关在开展未成年人国家司法救助工作中，要增强对未成年人的特殊、优先保护意识，避免"给钱了事"的简单化做法，针对未成年人的具体情况，依托有关单位，借助专业力量，因人施策，精准帮扶，切实突出长远救助效果。

11. 《未成年人刑事检察工作指引（试行）》

第74条　人民检察院应当充分维护未成年被害人的合法权益，协调相关部门，综合运用司法救助、心理救助、社会救助等多种方式和手段，帮助其健康成长。

二、办案机制

(一) 专人办理机制

专人办理机制是指涉未成年人案件由未检部门办理。根据《未成年人刑事检察工作指引(试行)》第2、4、5条的规定,由未检部门专门办理未成年人刑事案件和不宜分案办理的未成年人与成年人共同犯罪案件、侵害未成年人人身权利案件。具体案件范围包括由成年人实施、未成年人是被害人的涉及刑法分则第四章"侵犯公民人身权利、民主权利罪"规定的犯罪,以及其他章节规定的实际侵害未成年人身心健康的以危险方法危害公共安全、危险驾驶、教育设施重大安全事故、抢劫、向未成年人传授犯罪方法、引诱未成年人聚众淫乱、非法组织、强迫未成年人出卖血液、强迫、引诱、教唆、欺骗、容留未成年人吸毒、组织、强迫、引诱、容留、介绍未成年人卖淫、向未成年人传播淫秽物品、组织未成年人进行淫秽表演等犯罪案件。

2019年4月,上海市院下发《关于调整和进一步明确市、分院和区院部分内设部门职能配置的方案》,进一步明确了未检部门办理未成年人案件的范围:市、分院和区院管辖的涉未成年人刑事、民事、行政、公益诉讼案件,由本院未成年人检察部门统一办理。其中,涉未成年人刑事案件,主要是指未成年人犯罪案件和成年人侵害未成年人犯罪案件。

(二) 线索受理及分流机制

为了充分履行检察职能,进一步强化未成年人司法保护,畅通群众反映涉及未成年人控告申诉问题的渠道,健全未检部门对未成年人司法保护线索收集机制,最高检通过未成年人案件接待窗口、网上信访大厅"未成年人司法保护"专区(主要包括受理"刑事申诉"、"控告"、"申请救助"三个部分业务)、12309热线电话"未成年人司法保护"专席、以及来信,构建"四位一体"专门受理有关未成年人权益司法保护的控告、申诉等工作机制。检察机关严格按照7日内回复、3个月内答复的承诺,及时受理、依法办理。即做到7日内告知信访人案件去向,案件分流至有管辖权检察机关的未检部门后,该部门在3个月内向信访人答复办理情况。[①]

2020年1月12日,上海市人民检察院、共青团上海市委员会、上海青春在线青少年公共服务中心签署《关于建立上海市未成年人权益保护监督平台

[①] 建设专门法治通道,强化未成年人司法保护——最高检第九检察厅、第十检察厅负责人就12309中国检察网"未成年人司法保护专区"答记者问。

的合作框架协议》，自 2020 年 1 月起，上海市检察机关与上海团市委、12355 上海青春在线青少年公共服务中心共建的"上海市未成年人权益保护监督平台"正式运行。"未成年人权益保护监督平台"成立运行后，市民可通过拨打 021-12355 热线电话或通过微信小程序 12355"青小聊""未成年人司法保护监督"板块反映问题，检察机关将根据司法保护的不同需求分别开展刑事、民事、行政、公益诉讼检察工作。同时，检察机关还选派优秀未检检察官担任平台的志愿者，通过线上咨询、个案介入、线下授课等多种形式，为未成年人及其家长提供法律咨询、心理健康、家庭教育、法治教育等多种服务。① 根据该《框架协议》的约定，合作的内容主要有：

1. 个案转介。上海青春在线青少年公共服务中心在工作中，发现涉及以下侵害未成年人合法权益案件线索的，可以通过共青团上海市委员会转介至上海市人民检察院受理：

（1）性侵害、家庭暴力等严重侵害未成年人合法权益的案件；

（2）未成年人犯罪案件；

（3）未成年人违反治安管理规定的案件；

（4）未成年人实施不良行为、严重不良行为的案件；

（5）未成年人民事权益受到侵害的案件；

（6）行政行为侵害未成年人合法权益的案件；

（7）侵害不特定未成年人群体合法权益的案件；

（8）其他侵害未成年人合法权益的案件。

2. 心理支持。各级检察机关办理涉未成年人案件，需要心理咨询专家辅助开展讯问、询问、心理疏导、帮教矫治、亲职教育等工作的，可以通过上海市人民检察院委托上海青春在线青少年公共服务中心推荐的专业心理咨询师或心理专家等，为涉案未成年人提供心理健康服务。

3. 法律咨询机制。各级检察机关选派业务骨干组建法律咨询志愿服务团队，定期派员参与上海青春在线青少年公共服务中心的热线和网络咨询值班等工作，解答涉未成年人法律咨询问题。

4. 法治宣传。各级检察机关、共青团组织、上海青春在线青少年公共服务中心共同开展《未成年人保护法》《预防未成年人犯罪法》等法治宣传教育活动，组织检察干部参与未成年人保护公益服务，通过发布法治教育微视频、

---

① 引自《青少年被"欺负"可以"一键式"上报检察机关 上海市未成年人权益保护监督平台今天启动》，http://news.eastday.com/eastday/13news/auto/news/society/20200112/u7ai9024505.html，2020 年 5 月 29 日访问。

微访谈、微案例等多元化形式扩展法治教育覆盖面,营造良好法治氛围。

> **【随堂问题】**为什么在检察机关已经建成的 12309 检察服务中心中要增设未成年人司法保护专区?
>
> 　　首先,设立未成年人司法保护专区是时代要求。新时代人民群众对司法服务的要求已经从"有没有"逐渐向"好不好"转变,检察机关作为我国少年司法体系中唯一有四级独立机构的司法机关,建设专区是使命要求也是责任担当。其次,设立未成年人司法保护专区符合现实要求。在司法实践中,未成年人利益被侵害的情况时有发生,然而未成年人却是最缺乏为自身利益发声能力的群体,亟需畅通告诉途径,维护未成年人的合法权益,保障孩子们的健康成长。最后,设立未成年人司法保护专区符合未检队伍专业化的需求。未成年人司法的对象是未成年人特殊群体,因此要遵循特殊保护、优先保护等未成年人特殊司法理念和规律,法律也规定了一系列特殊的办案机制制度,并要求未成年人案件应当由熟悉未成年人身心特点的专门人员办理。这一特殊规律和要求必须落实到未成年人检察工作的各个方面,当然包括未成年人的控告、申诉工作。

(三) 性侵害及监护侵害未成年人案件特殊办案机制

性侵类犯罪在侵害未成年人犯罪中占较大比例,一直以来,这类犯罪都是检察机关重点打击对象,建立性侵害未成年人案件特殊办案机制,是落实特殊、优先保护原则,维护未成年被害人合法权益的必要手段。

2015 年 7 月,奉贤区检察院与该区公安分局在金海派出所建立全国第一个性侵害案件未成年被害人"一站式"取证场所,通过设置宽松、舒适的办案场所,一次性完成询问、检查等取证工作,避免给未成年被害人造成"二次伤害",并于同年 8 月会签文件规范相关工作。2017 年 1 月,上海市检察院牵头市公安局、市高级法院联合制定了《性侵害未成年人犯罪案件办案指引(试行)》,对性侵害案件的基本原则、办案程序、证据要求、法律适用等进行规范,统一执法标准,进一步提高性侵害案件办理质量。① 2020 年 9 月,上海市检察院与市公安局会签《关于进一步规范性侵害案件未成年被害人"一站式"取证保护工作的实施意见》,从场所选择、功能要求、取证规范、救助保护等各个方面对"一站式"取证保护制度进行规范,最大限度避免反复取证

---

① 吴燕:《未成年被害人司法保护的检察实践与思考》,载《上海法学研究》2019 年第 8 卷。

给未成年被害人造成"二次伤害"。截至 2020 年 9 月,上海市各区共建成未成年被害人"一站式"取证保护场所 23 处,实现了全市覆盖。

在办理监护侵害类犯罪案件中,各地检察机关通过履行检察职能保护未成年人合法权益,如监护人实施了符合《关于依法处理监护人侵害未成年人权益行为若干问题的意见》中规定的应剥夺监护权的行为,检察机关可进行督促或者支持起诉。再如上海市检察机关建立了适格监护人第三方调查评估机制,并将社会调查、法律援助、心理救助等机制引入到对困境儿童监护权的评估中,通过第三方评估,帮助多起案件中的未成年被害人顺利回归原生家庭;又如探索建立监护资格考察制度,通过综合考量父母的监护表现和监护能力,最终决定是否启动撤销监护人资格程序,尽可能实现儿童的亲情复归。

三、救助机制

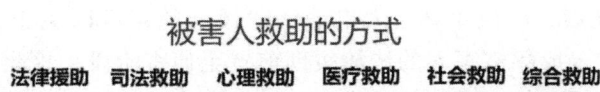

(一) 法律援助

以上海实践为例,上海市高级人民法院、上海市人民检察院、上海市公安局、上海市司法局 2012 年签发《关于未成年人案件实施法律援助的若干规定》,法律援助的适用范围包括本市公安机关、人民检察院、人民法院办理的未成年人刑事案件,人民法院审理的涉及未成年人权益的民事案件、行政案件。

在刑事案件办理过程中,对未成年被害人的法律援助一般由法律援助中心选派熟悉未成年人身心状况和相关政策法规的律师担任。主要承担为未成年被害人及其家属提供法律咨询等工作。

上海市人民检察院、上海市司法局于 2014 年制发《关于建立未成年人刑事案件法律援助专业化工作机制的指导意见》,其中第 12 条规定,人民检察院对于审查起诉时不满 18 周岁的被害人,因经济困难没有委托诉讼代理人的,可以由被害人及其法定代理人填写《法律援助申请表》,并将该表连同《被害人法律援助联系函》转交法律援助机构。法律援助机构经审核后,应当在收到书面材料之日起 5 个工作日内作出书面决定,并将《被害人法律援助公函》回复人民检察院。

在申请刑事案件法律援助时需要注意以下事项:

1. 权利告知:收到公安机关移送审查起诉案件材料之日起 3 日内,书面告知未成年被害人及其法定代理人或其他近亲属,书面告知的应当记录在案。

2. 协助申请:未成年被害人及其法定代理人因经济困难或者其他原因没有委托诉讼代理人的,应当帮助其申请法律援助。

3. 人员选择:对于遭受性侵害的女性未成年被害人,一般应当由女性律师提供法律援助。

4. 工作拓展:未成年被害人申请法律援助的,可以免于审查家庭经济状况;可以将对未成年被害人的法律援助前置至侦查阶段;检察机关办理监护人侵害被监护人的案件,可以帮助未成年被害人申请民事法律援助[①]等。

此外,上海一些基层检察院在实践中也探索了一些新做法,如虹口区院针对性侵害案件中未成年被害人大多具有民事赔偿的诉讼请求的情况,协调区法律援助中心为提起民事诉讼的未成年被害人指派同一名律师继续提供法律帮助,并畅通申请渠道、简化申请材料,确保维护未成年人合法权益。

【案例】检察机关对法律援助律师履职不当行为开展监督

某检察院在办理一起校园欺凌案件时,通过法律援助中心为未成年被害人指派了法律援助律师。审查起诉期间,未成年被害人的法定代理人向检察机关反映,法律援助中心指派的律师私自会见了本案犯罪嫌疑人的父母、多次指责被害人过错、积极建议被害人接受赔偿并谅解犯罪嫌疑人,有串通犯罪嫌疑人侵害被害人权益之嫌,影响了被害人对司法机关的信任。

检察机关经核实,该名律师在担任值班律师期间,确有表明身份并接受犯罪嫌疑人父母法律咨询的行为;在对被害人及家属进行被害预防宣传时方式方法欠妥,未能充分考虑未成年被害人心理特点和被害人特殊家庭情况。针对上述问题,该检察院向法律援助中心制发检察公函,要求该中心立即更换本案未成年被害人的法律援助律师,并加强未成年人案件法律

---

① 宋志军:《未成年人刑事法律援助有效性实证分析》,载《国家检察官学院学报》2019 年第 4 期。

援助专业律师的业务指导和培训。此外，检察机关还及时对未成年被害人及家长开展心理疏导和经济救助，切实维护了未成年被害人的合法权益。

（二）司法救助

根据最高人民检察院《关于全面加强未成年人国家司法救助工作的意见》，检察机关要积极开展国家司法救助工作，及时帮扶司法过程中陷入困境的未成年人，以救助工作精细化、救助对象精准化、救助效果最优化为目标，突出未成年人保护重点，全面履行办案机关的司法责任，采取更加有力的措施，不断提升未成年人国家司法救助工作水平，切实体现人民司法的温度、温情和温暖，帮助未成年人走出生活困境，迈上健康快乐成长的人生道路。

1. 救助范围

根据《未成年人刑事检察工作指引（试行）》第76条和《关于全面加强未成年人国家司法求助工作的意见》相关规定，符合下列情形的，未成年被害人可以申请司法救助：

（1）受到犯罪侵害致使身体出现伤残或者心理遭受严重创伤，因不能及时获得有效赔偿，造成生活困难的；

（2）受到犯罪侵害急需救治，其家庭无力承担医疗救治费用的；

（3）抚养人受到犯罪侵害致死，因不能及时获得有效赔偿，造成生活困难的；

（4）家庭财产受到犯罪侵害遭受重大损失，因不能及时获得有效赔偿，且未获得合理补偿、救助，造成生活困难的；

（5）因举报、作证受到打击报复，致使身体受到伤害或者家庭财产遭受重大损失，因不能及时获得有效赔偿，造成生活困难的；

（6）追索抚育费，因被执行人没有履行能力，造成生活困难的；

（7）因道路交通事故等民事侵权行为造成人身伤害，无法通过诉讼获得有效赔偿，造成生活困难的；

（8）其他因案件造成生活困难，认为需要救助的。

2. 救助程序

（1）权利告知：对于符合司法救助申请条件的，应当告知未成年被害人及其法定代理人、近亲属相关权利。

（2）材料转交：未成年被害人及其法定代理人、近亲属提出司法救助申请的，未检部门应当将当事人情况、案件基本事实及救助申请材料等转交刑事申诉部门办理。

（3）主动救助：对于符合申请条件，但未成年被害人及其法定代理人、近亲属未提出申请的，未检部门可以主动启动救助程序，收集相关材料，提出救助意见，移送刑事申诉部门办理。

【案例】 检察机关在疫情期间开展线上司法救助

2020年2月初，某检察院受理了一起故意伤害案件，该起案件中的未成年被害人属于低收入家庭。因受新冠肺炎疫情影响，被害人的父亲无法外出打工，家中没有经济来源，生活十分困难。承办案件的检察官立即将相关情况反馈给控告申诉部门，为未成年被害人申请司法救助。由于被害人及其法定代理人在老家进行自我隔离，无法到检察机关提交书面申请，也无法外出邮寄身份证明等司法救助材料，而现阶段其家中生活又十分困难，急需帮助。在疫情防控的特殊时期，为帮助被害人家庭走出困境，检察机关将调查核实工作从"纸面"转为"视频"，"屏对屏"依法核实申请人及其法定代理人身份信息等，通过"云申请"最终帮助被害人获得司法救助，使被害人家庭感受到检察机关的关怀。

【案例】 检察机关对性侵案件未成年被害人开展司法救助

被告人白某系未成年女儿小月的唯一监护人。2019年7月至10月，白某以该身份长期威胁、控制小月，并帮助同居男友多次以暴力、胁迫等手段强行奸淫小月，导致小月逐渐产生认知曲解，将受侵害认为是帮助母亲的方式，身心健康遭受严重损害。案发后，小月经诊断患有妇科病且情绪波动复杂，在案发后对母亲既有憎恨但又心怀愧疚。检察机关经审查认为本案系监护人侵害案件，被害人心理创伤较大，需要进行长期心理疏导，且被害人系困境儿童，在案发地无固定住所和经济来源；此外通过调查发现被害人生父及其他亲属均无法抚养被害人。未检部门及时联系小月所在学校老师代为申请司法救助，并向控申部门移交救助线索，小月最终获得了检察机关发放的司法救助金。

（三）心理救助

心理救助是指检察机关对因案件陷入困境的未成年被害人进行心理疏导和心理治疗的救助方式。

1. 救助范围

最高人民检察院《关于全面加强未成年人国家司法求助工作的意见》指出，检察机关可以对遭受性侵害、监护侵害以及其他身体伤害的未成年人，进行心理安抚和疏导；对出现心理创伤或者遭受精神损害的未成年人，实施心理治疗。

依据《未成年人刑事检察工作指引（试行）》第77条和第173条的规定，检察机关的救助范围包含对于遭受性侵害、监护人侵害以及其他犯罪侵害，严重影响心理健康的未成年被害人和心理存在问题的未成年被害人。除了对上述未成年被害人给予心理治疗外，未检部门在办案中对因其他原因出现心理问题的未成年被害人，也应当及时委托专业机构，或有资质的专业人员进行心理疏导、心理干预。

2. 救助方式

实践中，可以通过司法转介的模式由专业的社会力量辅助检察机关开展相关工作。如上海市检察机关未检部门依托未成年人检察社会服务体系，在办案中如需专业社会力量介入，便将服务需求提交至对应的区未成年人检察社会服务中心，由中心视情将需求转介给高校心理学教师、精神卫生中心医生或专业心理咨询师等，由他们为未成年人提供专业的心理疏导或治疗。一些基层检察院充分关注未成年被害人的心理状态，通过引入专业力量优化心理支持效果，如青浦区检察院与区教育局、区妇联合作成立的"心语工作室"，从教育部门优秀人才库中择优选拔5名专职心理咨询师、53名获得国家职业心理咨询师资质的教师组建心理志愿者队伍，并从高校聘请11名心理学专家成立专家督导团队伍，共同打造三支专业化心理工作者队伍。奉贤区检察院与区心理咨询师协会会签《关于对未成年被害人适用心理疏导的实施办法》，科学评测询问各阶段未成年被害人的心理状况，规范心理救助流程；组建专业心理咨询师工作团队，为未成年人及其法定代理人提供心理辅导、学习救助金、生活补助金等保护救助措施；还对以往办理案件中的未成年被害人进行跟踪回访，切实巩固心理辅导成效。

【重点提示】在心理疏导或治疗过程中，对于涉及未成年被害人的身份信息及可能推断出其身份信息的资料、被侵害的细节以及心理健康评估、治疗情况等相关内容，心理咨询师、检察人员、侦查人员及其他诉讼参与人应当予以保密。

3. 救助程序

（1）审查评估。检察机关在办案中经过审查发现未成年被害人有较为严重心理问题的，可以根据其身心受损情况、心理健康等情况等进行综合评估后，确定是否需要对未成年被害人进行专业心理疏导或心理治疗。

（2）征询意见。检察机关认为需要对未成年被害人提供专业心理疏导等的，应当向未成年被害人及法定代理人或近亲属征求意见，并取得同意。

（3）提出申请。对需要开展专业心理疏导等的，检察机关应当及时建议未成年被害人的法定代理人等向专业机构提出申请，或者由办案部门联系专业机构、人员，或者通过未成年人检察社会服务中心提出心理疏导需求，并说明未成年被害人当前可能存在的心理问题。

（4）救助服务。相关专业机构接受心理救助申请后，应当指定具有国家二级以上心理咨询师资格证书、熟悉未成年人身心特点的心理咨询师、心理医师等为未成年被害人提供心理疏导、心理治疗，服务结束后，应当向办案部门出具书面报告。

（5）结案适用。检察机关应当听取心理咨询师提供的建议，并将未成年被害人的心理健康情况写入结案报告中，同时可在对犯罪嫌疑人的量刑建议中予以参考。适时对未成年被害人进行跟踪回访。

【案例】检察机关委托专业机构对未成年被害人开展心理疏导

2019年11月，犯罪嫌疑人王某通过搜索QQ共同好友向某中学多名学生发送添加好友的请求，在对方加其为好友后，王某借故以威胁性语言进行骚扰或要求见面。11月中旬某日，王某通过上述方式胁迫被害人小元与其见面，并将小元带至一废弃车库内，在明知被害人小元系未满14周岁幼女的情况下对其实施奸淫。小元因此身心受到严重创伤。

检察机关在"一站式"取证场所开展询问取证、医疗救助、心理测评等工作后，发现小元心理问题较为严重，于是委托专业心理机构制定情绪宣泄等疏导方案，以QQ聊天、家访、面谈等方式跟进了解被害人情况，疏导其情绪。通过心理测评与跟踪治疗，小元情绪逐渐稳定，恢复正常生活。

（四）医疗救助

医疗救助是指检察机关在办案中，对因犯罪侵害导致身体遭受损伤的未成年人，通过与相关医疗机构合作，如签订工作协议建立医疗绿色通道等，为未成年被害人提供身体检查、性病筛查、身体康复、器官修复等医疗救助服务。治疗过程中，可通过开辟独立就诊区域、化名医疗等举措保护未成年人隐私。

各地检察机关为加强刑事案件未成年被害人合法权益的保护，向被害人提供必要、及时的医疗救助、身体康复等服务，以帮助其恢复健康正常的学习和生活。如上海市黄浦区检察院与瑞金医院、411医院等医疗机构建立协作机制，为未成年被害人免费提供医疗服务，并将服务对象扩展至全市范围。金山区检察院牵头金山公安分局、复旦大学附属金山医院、上海市第六人民医院金山分院会签《关于对刑事案件未成年被害人开展医疗救助的工作协议》，在相关医院设立专门的未成年被害人医疗救助小组，提供修复损伤治疗、感染性疾病治疗与检测、与妊娠相关的治疗、普及相关医学知识和开展其他必要的救助等；同时为未成年被害人开辟诊治、检查、化验、住院等绿色通道，第一时间为未成年被害人提供医疗救助；患者按绿色通道就诊后，被害人确因经济困难无力负担医疗救助费用的，医院视情为其减免医疗咨询及人工检查费，办案机关及时为未成年被害人落实司法救助。

【案例】 检察机关开辟公安—检察—医院医疗救助绿色通道对未成年被害人开展医疗救助

2019年8月，被害人小云应犯罪嫌疑人陈某邀请至某KTV包房与犯罪嫌疑人唱歌、喝酒，醉酒后被陈某带至宾馆性侵。案发后，未检检察官提前介入，引导公安机关开展询问、讯问等取证及被害人司法保护工作。在提前介入的同时，承办人主动关心被害未成年人身心状况，在疏导情绪并听取其意见后，及时启用公安—检察—医院妇产科的医疗救助绿色通道，并依托救助项目为被害人提供了免费医疗检查，在确保隐私的基础上排查其被性侵后的健康风险，做好妇科疾病的医治，强化对被害人的身心救助。

（五）社会救助

1. 救助范围

依据《未成年人刑事检察工作指引（试行）》第78条的规定，检察机关可以根据未成年被害人的特殊困难及本地实际情况，协调有关部门按照社会救助相关规定进行救助，主要包含下列情况：

（1）未成年被害人家庭符合最低生活保障条件或者本人未满16周岁，符合特困供养人员条件的，检察机关可以帮助被害人向有关部门提出申请；

（2）未成年被害人的监护人无法履行监护职责、生活无着的，检察机关可以征询其本人意见，协调有关部门安置或者将其妥善送交其他愿意接收的亲属；

（3）适龄未成年被害人有劳动、创业等意愿但缺乏必要的技能或者资金的，检察机关可以协调有关部门为其提供技能培训、就业岗位申请等帮助。

2. 救助金

最高人民检察院《关于全面加强未成年人国家司法救助工作的意见》对社会救助的规定予以细化，要求检察机关在发放救助金时应当根据未成年人家庭的经济状况，综合考虑学习成长所需的合理费用，以案件管辖地所在省、自治区、直辖市上一年度职工月平均工资为基准确定救助金，一般不超过36个月的工资总额。同时也规定了例外情形，即对身体重伤或者严重残疾、家庭生活特别困难的未成年人，以及需要长期进行心理治疗或者身体康复的未成年人，可以突破救助限额，并依照有关规定报批。

最高人民检察院《关于全面加强未成年人国家司法救助工作的意见》强化了对救助金使用情况的监督，规定在必要时可以采用分期发放、第三方代管等救助金使用监管模式，确保救助金用作未成年人必需的合理支出。对截留、侵占、私分或者挪用救助金的单位和个人，严格依纪依法追究责任，并追回救助金。

（六）综合救助

未成年被害人同时面临多种严重困难的，检察机关应当协调有关部门进行综合救助。对于未成年人进行救助的情况应当记录在案，并随案将救助情况移送有关部门。综合救助的措施包括帮助落户、协助转学、就业、予以技能培训等。

依据最高人民检察院《关于全面加强未成年人国家司法救助工作的意见》的规定，除了前述的心理救助外，综合救助措施还包括以下几种情况：（1）对没有监护人、监护人没有监护能力或者原监护人被撤销资格的，协助开展生活安置、提供临时照料、指定监护人等相关工作；（2）对未完成义务教育而失学辍学的，帮助重返学校；对因经济困难可能导致失学辍学的，推动落实相关学生资助政策；对需要转学的，协调办理相关手续；（3）对因身体伤残出现就医、康复困难的，帮助落实医疗、康复机构，促进身体康复；（4）对因身体伤害或者财产损失提起附带民事诉讼的，帮助获得法律援助；对单独提起民事诉讼的，协调减免相关诉讼费用；（5）对适龄未成年人有劳动、创业等意愿但缺乏必要技能的，协调有关部门提供技能培训等帮助；（6）对符合社会救助条件的，给予政策咨询、帮扶转介，帮助协调其户籍所在地有关部门按规定纳入相关社会救助范围；（7）认为合理、有效的其他方式。

在其他综合救助方面，各地检察机关也进行了有益尝试。如上海市嘉定区检察院与中国中福会出版社签订工作协议，联合开展"绽放 微笑"未成年被害人综合救助项目，与区民政局、区未保办、教育局、妇联等单位签署《关于加强未成年人保护救助关爱工作的合作协议》，共同推出"七色花未成年人安全幸福守护项目"等。

【案例】 检察机关对未成年被害人开展多元化综合救助

某检察院在办理一起敲诈勒索案件中，检察官自侦查阶段提前介入开始，便委托熟悉未成年人身心特点的专业心理咨询师为未成年被害人小秦开展心理评估和同步疏导。针对被害人长期遭网络欺凌，出现严重情感倒错、惊厥、自残等创伤后应激反应，以及无心学业、借酒浇愁、母子关系紧张等问题，承办人与心理咨询师共同为其量身定制了阶梯式心理疏导方案，帮助其树立自信心，重拾安全感。

此外，承办检察官还主动联系小秦的班主任，与心理咨询师、小秦父亲共同组成四方联动的帮助支持体系，通过手机、微信与小秦保持实时互动，为其持续提供心理支持，并督促其纠正认知偏差，戒除不良习惯，积极备战中考。

不仅如此，检察机关还协调由擅长办理未成年人案件的律师为小秦提供法律援助，并针对小秦家庭经济困难的情况，通过简化流程、一次性办理的方式，帮助其申请司法救助金，实现全方位救助。检察官持续跟踪被害人生活及身心状况，巩固保护效果。最终，小秦顺利完成中考，进入心仪的学校开启新生活。

（七）回访监督

为避免对未成年人的救助流于表面及救助不到位的情况，也为了避免未成年被害人及其法定代理人、近亲属骗取救助的情况，《未成年人刑事检察工作指引（试点）》第 80 条规定了回访监督制度。工作内容包括：（1）人民检察院应当定期对接受救助的被害人进行回访，了解其实际情况，考察救助效果；（2）发现未成年被害人有其他严重困难需要继续救助的，应当积极协调相关部门予以救助；（3）发现未成年被害人及其法定代理人或者近亲属采用虚报、隐瞒或者伪造证据等方式骗取救助的，应当给予严肃批评，及时建议相关部门撤回救助；情节严重，构成犯罪的，移送有关部门处理。

【重点提示】开展回访监督应当注意方式方法，避免采用开警车、着检察制服等可能影响未成年被害人隐私保护的方式进行。

四、预防机制

（一）强制报告制度

强制报告制度对于有效解决侵害未成年人案件隐蔽性强，发现难、报告难、干预难、联动难、追责难等现实问题，依法惩治侵害未成年人犯罪，加强对未成年人的全面司法保护具有重大意义。

2020 年 5 月 7 日，最高人民检察院与国家监委、教育部、公安部、民政部、司法部、国家卫健委、共青团中央、全国妇联会签下发了《关于建立侵害未成年人案件强制报告制度的意见（试行）》，规定了九类未成年人遭受不法侵害的情形，国家机关、法律法规授权行使公权力的各类组织及法律规定的公职人员，密切接触未成年人行业的各类组织及其从业人员，在工作中发现未成年人遭受或者疑似遭受不法侵害以及面临不法侵害危险的，应当立即向公安机关报案或举报。

【案例】上海市青浦区检察院联合多部门共同落实强制报告制度

2019 年 11 月，青浦区检察院牵头与区教育局、民政局等 8 家单位会签《关于建立侵害未成年人案件强制报告制度的实施意见（试行）》，明确教育、民政、医疗、福利等机构及其工作人员的报告责任，形成司法保护、行政保护、社会保护互相衔接配合的责任闭环。

2020年3月，针对某涉案小学校长、党委书记在得知学生被侵害后隐瞒不报，未履行强制报告义务的情况，区检察院按照强制报告制度要求，及时向区纪委监察委移送线索。区纪委监察委经审查调查，分别对二人作出撤销党内职务、政务撤职、专业技术岗位等级降为9级的处分结论，以严肃问责倒逼强制报告制度落地见效。此外，区检察院会同区教育行政主管部门及时向全区所有学校传达该《意见》精神，与全区学校、教职工层层签订责任书，确保强制报告责任到岗落实到人。

（二）从业限制制度

针对性侵害未成年人犯罪重犯率高、熟人作案比例高的特点，2017年8月，上海市闵行区人民检察院牵头区内9个部门共同会签《关于限制涉性侵害违法犯罪人员从业的办法（试行）》，创建了入职查询及从业限制制度，其核心是建立"黑名单"信息库，将辖区内与未成年人密切接触行业的应聘及从业人员在信息库中进行查询比对，对于有前科的人员不予录用或者予以清退。2018年7月，长宁区检察院与区委政法委、区公安分局等8家单位会签了《关于在未成年人教育培训和看护行业建立入职查询和从业禁止制度的意见（试行）》，相较于闵行区，长宁区的制度受限人员的范围更大，包括实施过家庭暴力和监护侵害违法犯罪等；明确禁入的行业更多，不限于直接接触儿童的岗位；黑名单数据库信息更全，以公安机关全国违法犯罪记录数据库为基础，实现数据动态管理。2019年4月，上海市检察院在基层院探索的基础上，牵头起草了《关于建立涉性侵害违法犯罪人员从业限制制度的意见》，并联合市委政法委等共16个部门进行会签，这也是全国首个省级层面的从业限制制度。

【案例】上海市闵行区检察院创建入职查询及从业限制制度

被告人林某某受聘于某中学担任物理教师，2016年7月林某某趁在自己家中给一女学生补课之机强行对其实施猥亵。2016年10月14日，闵行区检察院以被告人林某某涉嫌强制猥亵罪向区法院提起公诉，并建议对其适用从业禁止，被法院采纳。

案件发生后，闵行区检察院向区教育局制发检察建议，建议教育部门建立入职审查制度、严格开展"依法治教"工作，建立思想行为偏差发现、惩处机制，防患于未然；同时联合区综治、教育、民政、文广等8个职能部门共同会签《关于限制涉性侵害违法犯罪人员从业的办法（试行）》，将涉性侵害违法犯罪人员全部纳入"黑名单信息库"，从源头上切断相关人员进入教育、医疗、救助等行业的可能，织密未成年人保护网。

【案例】上海市长宁区检察院在未成年人教育培训和看护行业建立入职查询和从业禁止制度

2017年8月至10月,被告人廖某某在上海市长宁区的某教育机构书法培训班教授书法课期间,借教学指导之机猥亵被害人。2018年4月24日,长宁区法院经审理以猥亵儿童罪判处被告人廖某某有期徒刑3年,并自刑罚执行完毕之日起5年内禁止其从事教育及相关工作。

刑事案件判决生效后,长宁区检察院向对廖某某颁发从业资格证的主管单位制发了《检察建议书》,督促该单位依法对其撤销从业资格并收缴资格证。同时针对本案反映出的教育培训机构管理责任意识淡薄,对教职人员资质审核缺位等问题,与教育、公安等8家单位会签《关于在未成年人教育培训和看护行业建立入职查询和从业禁止制度的意见(试行)》,明确相关行业用人单位应当根据《刑法》第100条的规定,要求报名参加招录人员主动申报违法犯罪记录,并对拟招录人员向公安机关查询是否存在违法犯罪记录,对具有性侵害、虐待等特定违法犯罪记录者不得予以录用。同时,细化入职查询的执行机制,明确应查不查的单位和责任人应承担的党纪政纪和法律责任,以及行政机关的监管、查处职责。

(三)法治进校园活动

为了进一步引导和促进未成年人法治教育和未成年人司法保护工作科学发展,全面落实"谁执法谁普法"的普法责任制,2016年6月,最高检、教育部联合部署了为期三年的"法治进校园"全国巡讲活动,并从全国抽调一批优秀检察官组成全国巡讲团,研发了一批精品法治课程,分赴各地巡讲。张军检察长亲自担任北京市二中的法治副校长,取得很好的示范效应。

2018年12月,上海市检察院与市教委会签《关于进一步加强兼职法治副校长工作的意见》,由检察官担任法治副校长、法治辅导员、法治教育讲师团成员,他们深入校园开展法治讲座、模拟法庭、播放法治教育微电影、发放法治宣传手册等形式多样的法治教育宣传活动,配合学校开展重点学生违法犯罪预防和教育矫治工作。2020年9月,上海市检察院会同市高级法院、市公安局、市教委、市司法局、市法宣办联合发布《关于加强本市中小学校法治副校长工作的若干意见》,明确了上海市中小学校应当配备至少1名法治副校长,同时规定了法治副校长的选聘、管理等。

【随堂问题】除了法治宣传教育,法治副校长还可以开展哪些工作?

一是促进校园安全。法治副校长通过对学生违法犯罪及法治教育现状、学校安全情况等开展调研,建立信息通报制度,参与学生安全事故等纠纷处理，督促学校建立突发事件、安全事件的应急处置机制，积极参与"平安校园"建设。二是开展提前干预。法治副校长可以协助学校打造社会、学校、家庭三位一体的预防犯罪平台，对有严重不良行为的在校生，检校携手制定帮教方案，开展保护处分的矫治教育，预防重点人群违法犯罪。三是深挖犯罪线索。建立校园欺凌、性侵等案件线索收集机制，严厉打击校园性侵未成年人犯罪，积极会同相关部门对受侵害未成年学生开展救助，有效维护学生的合法权益。

【案例】 法治副校长获悉线索提前介入校园性侵案

2020年10月，担任一小学法治副校长的某检察院未检检察官在开展法治进校园活动时，某班主任老师告诉检察官一名女学生曾向其反映，学校保安趁为学生送午餐之机，在学校活动室等处多次抠摸其私处。检察官随即将案件线索移送公安机关并同步提前介入，引导侦查人员及时对被害人进行伤情鉴定，并重点核实猥亵行为的次数、是否有监控录像等关键细节。案件由此迅速侦破。

第九讲　性侵案件未成年被害人的综合保护

对性侵未成年人犯罪应坚持"最低限度容忍",对未成年被害人则应坚持"最高限度保护"。本讲从性侵害未成年人案件的办案原则入手,列举了相关办案机制和工作机制,并对办理要旨进行分析阐述。

一、概述

性侵未成年人犯罪一直备受社会各界高度关注,同时也是司法机关打击的重点。2013年"两高两部"联合发布的《关于依法惩治性侵害未成年人犯罪的意见》强调"从严惩治、从严执法",严惩性侵幼女、校园性侵害等行为。2014年,最高人民检察院《关于进一步加强未成年人刑事检察工作的通知》出台,明确将性侵害未成年人案件纳入未成年人刑事检察部门受案范围。2019年12月20日,最高检联合公安部举行"从严惩处涉未成年人犯罪 加强未成年人司法保护"新闻发布会,明确提出要突出打击性侵害未成年人犯罪,建立推动"一站式"办案取证机制建设、加强性侵害未成年人违法犯罪信息库和入职查询建设、推行强制报告制度等惩治和预防性侵害未成年人犯罪长效机制。

（一）常用法律政策依据

1.《民法典》

第191条　未成年人遭受性侵害的损害赔偿请求权的诉讼时效期间,自受害人年满十八周岁之日起计算。

2.《未成年人保护法》

第40条　学校、幼儿园应当建立预防性侵害、性骚扰未成年人工作制度。对性侵害、性骚扰未成年人等违法犯罪行为,学校、幼儿园不得隐瞒,应当及时向公安机关、教育行政部门报告,并配合相关部门依法处理。

学校、幼儿园应当对未成年人开展适合其年龄的性教育,提高未成年人防范性侵害、性骚扰的自我保护意识和能力。对遭受性侵害、性骚扰的未成年人,学校、幼儿园应当及时采取相关的保护措施。

第 62 条 密切接触未成年人的单位招聘工作人员时,应当向公安机关、人民检察院查询应聘者是否具有性侵害、虐待、拐卖、暴力伤害等违法犯罪记录;发现其具有前述行为记录的,不得录用。

密切接触未成年人的单位应当每年定期对工作人员是否具有上述违法犯罪记录进行查询。通过查询或者其他方式发现其工作人员具有上述行为的,应当及时解聘。

第 98 条 国家建立性侵害、虐待、拐卖、暴力伤害等违法犯罪人员信息查询系统,向密切接触未成年人的单位提供免费查询服务。

第 111 条 公安机关、人民检察院、人民法院应当与其他有关政府部门、人民团体、社会组织互相配合,对遭受性侵害或者暴力伤害的未成年被害人及其家庭实施必要的心理干预、经济救助、法律援助、转学安置等保护措施。

第 112 条 公安机关、人民检察院、人民法院办理未成年人遭受性侵害或者暴力伤害案件,在询问未成年被害人、证人时,应当采取同步录音录像等措施,尽量一次完成;未成年被害人、证人是女性的,应当由女性工作人员进行。

3. 最高人民法院、最高人民检察院、公安部、司法部《关于依法惩治性侵害未成年人犯罪的意见》

一、基本要求

第 5 条 办理性侵害未成年人犯罪案件,对于涉及未成年被害人、未成年犯罪嫌疑人和未成年被告人的身份信息及可能推断出其身份信息的资料和涉及性侵害的细节等内容,审判人员、检察人员、侦查人员、律师及其他诉讼参与人应当予以保密。

对外公开的诉讼文书,不得披露未成年被害人的身份信息及可能推断出其身份信息的其他资料,对性侵害的事实注意以适当的方式叙述。

第 6 条 性侵害未成年人犯罪案件,应当由熟悉未成年人身心特点的审判人员、检察人员、侦查人员办理,未成年被害人系女性的,应当有女性工作人员参与。

人民法院、人民检察院、公安机关设有办理未成年人刑事案件专门工作机构或者专门工作小组的,可以优先由专门工作机构或者专门工作小组办理性侵害未成年人犯罪案件。

第 7 条 各级人民法院、人民检察院、公安机关和司法行政机关应当加强与民政、教育、妇联、共青团等部门及未成年人保护组织的联系和协作,共同做好性侵害未成年人犯罪预防和未成年被害人的心理安抚、疏导工作,从有利于未成年人身心健康的角度,对其给予必要的帮助。

第 8 条 上级人民法院、人民检察院、公安机关和司法行政机关应当加强对下指导和业务培训。各级人民法院、人民检察院、公安机关和司法行政机关要增强对未成年人予以特殊、优先保护的司法理念，完善工作机制，提高办案能力和水平。

4. 最高人民检察院、国家监察委员会、教育部等《关于建立侵害未成年人案件强制报告制度的意见（试行）》

第 2 条 侵害未成年人案件强制报告，是指国家机关、法律法规授权行使公权力的各类组织及法律规定的公职人员，密切接触未成年人行业的各类组织及其从业人员，在工作中发现未成年人遭受或者疑似遭受不法侵害以及面临不法侵害危险的，应当立即向公安机关报案或举报。

5. 最高人民检察院、教育部、公安部《关于建立教职员工准入查询性侵违法犯罪信息制度的意见》

第 3 条 本意见所称的学校，是指中小学校（含中等职业学校和特殊教育学校）、幼儿园。

第 4 条 本意见所称的性侵违法犯罪信息，是指符合下列条件的违法犯罪信息，公安部根据本条规定建立性侵违法犯罪人员信息库：

（一）因触犯刑法第二百三十六条、第二百三十七条规定的强奸，强制猥亵，猥亵儿童犯罪行为被人民法院依法作出有罪判决的人员信息；

（二）因触犯刑法第二百三十六条、第二百三十七条规定的强奸，强制猥亵，猥亵儿童犯罪行为被人民检察院根据刑事诉讼法第一百七十七条第二款之规定作出不起诉决定的人员信息；

（三）因触犯治安管理处罚法第四十四条规定的猥亵行为被行政处罚的人员信息。

符合刑事诉讼法第二百八十六条规定的未成年人犯罪记录封存条件的信息除外。

第 5 条 学校新招录教师、行政人员、勤杂人员、安保人员等在校园内工作的教职员工，在入职前应当进行性侵违法犯罪信息查询。

在认定教师资格前，教师资格认定机构应当对申请人员进行性侵违法犯罪信息查询。

第 7 条 教育部建立统一的信息查询平台，与公安部部门间信息共享与服务平台对接，实现性侵违法犯罪人员信息核查，面向地方教育行政部门提供教职员工准入查询服务。

地方教育行政部门主管本行政区内的教职员工准入查询。

根据属地化管理原则，县级及以上教育行政部门根据拟聘人员和在职教职员工的授权,对其性侵违法犯罪信息进行查询。

对教师资格申请人员的查询,由受理申请的教师资格认定机构组织开展。

第 12 条 学校拟聘用人员应当在入职前进行查询。对经查询发现有性侵违法犯罪信息的,教育行政部门或学校不得录用。在职教职员工经查询发现有性侵违法犯罪信息的,应当立即停止其工作,按照规定及时解除聘用合同。

教师资格申请人员取得教师资格前应当进行教师资格准入查询。对经查询发现有性侵违法犯罪信息的,应当不予认定。已经认定的按照法律法规和国家有关规定处理。

(二) 案件受理范围

未检部门办理性侵害未成年人犯罪的案件范围,根据《关于依法惩治性侵害未成年人犯罪的意见》第 1 条的规定,包括刑法第 236 条、第 237 条、第 358 条、第 359 条等针对未成年人实施的强奸罪、强制猥亵罪、侮辱罪、猥亵儿童罪、组织卖淫罪、强迫卖淫罪、引诱、容留、介绍卖淫罪、引诱幼女卖淫罪等罪名。此外,根据《未成年人刑事检察工作指引(试行)》第 5 条,受案范围还包括:向未成年人传播淫秽物品(《刑法》第 364 条)、组织未成年人进行淫秽表演(《刑法》第 365 条)等犯罪案件。

二、办案原则

(一) 特殊、优先保护原则

未成年人遭受犯罪侵害后,身心会受到很大影响。根据未成年人利益最大化原则和双向保护原则,检察机关在依法惩治和打击犯罪的同时,要重点关心关爱未成年被害人,做好救助和保护工作。例如当案件双方都是未成年人时,无论是惩治还是预防,无论是刑事追诉还是民事处罚,都要注意充分保障未成年被害人合法权益。用好司法救助,促成双方当事人达成和解,有效化解矛盾,也有助于罪错未成年人更好地改恶向善。尽可能帮助未成年被害人摆脱犯罪所带来的负面影响,尽快回归正常生活。尤其要努力实现未成年被害人保护以及社会秩序、公共利益的平衡和协调,从而实现双赢、多赢和共赢。

(二) 隐私保护原则

司法机关在办理性侵案件时,应当尤为重视保护未成年被害人的隐私。如在调查取证时,办案人员应避免驾驶警车、穿着制服或采取其他可能暴露被害人身份、影响被害人名誉、隐私的方式进行;庭审时一般不安排未成年被害人出庭接受质证,确有必要出庭的,应采取不暴露外貌、真实声音等保护措施,有条件的,可采取视频等方式播放未成年被害人的陈述,视频应采取保护措施；对外公开的诉讼文书不得披露未成年被害人的身份信息及可能推断出其身份信息的其他资料。对参与诉讼、知晓案情的其他诉讼参与人，也应当告知其具有保密义务。对具有一定社会影响的案件，严把宣传审查关，避免泄露未成年当事人隐私。

（三）一次性询问原则

反复询问会给未成年被害人带来精神上的进一步创伤，所以询问性侵害案件的未成年被害人以一次性询问为原则。在审查逮捕、审查起诉期间，检察官主要通过审查询问笔录、同步录音录像资料等方式审查被害人陈述，一般不再询问未成年被害人。

（四）适度宣传原则

在办理涉未成年人性侵案件时，一般不进行对外宣传。确有宣传必要的，应严把宣传审查关，落实风险防控措施，避免因舆情产生的负面影响、防止对未成年被害人及其家属造成二次伤害。对于已经产生舆情的性侵害未成年人案件，应当在专业人员的协助下加强舆情监测和管控，会同相关部门制定风险防控处置预案，妥善应对舆情，加强释法说理及正向引导，切实做到依法处置、舆情引导和社会面管控"三同步"。

三、工作机制

（一）强制报告制度

依据《关于建立侵害未成年人案件强制报告制度的意见》，国家机关、法律法规授权行使公权力的各类组织及法律规定的公职人员，密切接触未成年人行业的各类组织及其从业人员在发现未成年人存在下列情况时应当立即向公安机关报案或举报：（1）未成年人的生殖器官或隐私部位遭受或疑似遭受非正常损伤的；（2）不满14周岁的女性未成年人遭受或疑似遭受性侵害、怀孕、流产的；（3）14周岁以上女性未成年人遭受或疑似遭受性侵害所致怀孕、流产的等。

如果有上述情形，报案人向公安机关报案或举报的，应当进行报告备案。具备核实条件的，可以先行进行初步核实并将相关材料一并提交公安机关。尤其是医疗机构和从业人员，在收治相关未成年人后，应保持警惕，书写、记录和保存病历资料。

公安机关侦查未成年人被侵害案件，应当依照法定程序，及时、全面收集固定证据。各部门如发现未成年人需要保护救助、其父母或其他监护人不依法履行监护职责或遭受家庭暴力或面临家暴现实危险的，依法依规予以救助和保护。检察机关切实履行法律监督职能，加强对公安机关的立案监督工作，对于工作中发现相关单位对本意见执行、监管不力的，可以通过发出检察建议书等方式进行监督纠正。

各相关部门还需注意对报案人信息和未成年人隐私予以保密，严惩窃取、泄露和传播行为，依法依规予以严惩。对负有报告义务单位及工作人员未履行报告职责，造成严重后果，或者不按规定落实强制报告要求等情况，适用与其行为相应的处理办法。

（二）特殊办案机制

1. 提前介入

性侵未成年人案件一旦发生，检察机关应尽可能每案介入，一方面是因为此类案件公众关注度高，容易引发舆情；另一方面，这也是"一站式取证和保护机制"的必然要求，如果公安机关无法在第一次询问中将证据收集到位，很难避免对未成年被害人二次伤害；此外，检察官提前介入侦查，也有利于及时、全面固定证据，提高指控效率。检察机关应当与公安机关建立性侵害未成年人案件信息通报机制，及时了解公安机关受理侦查性侵害未成年人案件情况，指派未检察官适时介入侦查，引导公安机关确定侦查方向。要把提前介入工作重点放在重大、复杂、疑难、敏感案件上，提高重点案件的办理质效，确保诉讼顺利进行。

提前介入的工作内容包括：提出对案件现有证据的意见；提出对案件性质、法律适用的意见；提出收集、固定、转化、补正重要证据的建议；提出对案件中涉及其他犯罪事实、其他涉案人员进一步取证的建议；督促落实未成年被害人特殊保护措施；对侦查活动是否合法进行监督等。

提前介入的方式包括：听取案发经过及侦查情况介绍；查看现场、作案工具；参加案件侦查讨论会议；阅看现场勘查笔录、检验报告、相关鉴定意见；观看录像或审讯过程；阅看犯罪嫌疑人笔录、被害人及证人笔录等。

【案例】检察机关提前介入同步救助未成年被害人

2019年12月，小乙到学校心理辅导室接受心理辅导时，将父母离异后其跟随父亲生活期间长期遭受亲戚性侵的事实告知心理老师，心理老师随即上报学校领导，并陪同小乙至公安机关报案。

未检检察官第一时间介入本案，参与对被害人的"一站式"询问，对于犯罪嫌疑人性侵害的手段、次数、频率以及现场勘验、伤势鉴定、精神鉴定等方面向公安机关提出了细致的取证意见；针对小乙疑似存在创伤后应激反应的情况，检察官还协助联系了熟悉未成年人特点的心理咨询师对小乙进行了全方位评估和同步疏导，制定了详细的心理疏导方案。犯罪嫌疑人被批捕后，检察官主动跟踪了解引导取证意见的落实情况，并会同公安机关承办人与小乙的母亲取得联系，将其安排与母亲共同生活。由于提前介入案件，检察机关对被害人情况已经很熟悉，不仅提高了办案效率，还针对小乙父亲在教养方式方面存在的问题，及时与其签订家庭教育指导协议，要求其接受家庭教育指导；针对小乙家庭困难的情况，及时帮助其申请司法救助，有效改善小乙的成长环境。检察官还与小乙班主任取得联系，建立结对帮扶小组，为小乙进一步提供心理支持，共同帮助其走出困境。

2. "一站式"取证和保护

"一站式"取证保护机制，是指检察机关根据未成年被害人的生理、心理特点，在相对集中的时间和空间内，尽可能一次性完成对未成年被害人的询问、人身检查、伤情固定、物证提取、辨认等侦查取证工作，并同步落实对未成年人必要的临时安置、经济救助、医疗救治、心理干预、调查评估等保护措施。

2015年7月，奉贤区检察院与该区公安分局在金海派出所建立全国第一个性侵害案件未成年被害人"一站式"取证场所，并于同年8月会签文件规范相关工作。2020年9月，上海市检察院与市公安局会签《关于进一步规范性侵害案件未成年被害人"一站式"取证保护工作的实施意见》，从场所选择、功能要求、取证规范、救助保护等各个方面对"一站式"取证保护制度进行规范。截至2020年9月，上海市各区共建成未成年被害人"一站式"取证保护场所23处，实现全市覆盖。

未成年被害人"一站式"取证保护制度有利于缓解未成年被害人的紧张情绪，使接受询问的未成年被害人心理上感到安全，能够自然陈述被侵害过程，避免在诉讼过程中反复询问侵害细节，使其遭受更大的心理创伤，也有利于同步落实对未成年被害人身心的特殊保护措施。

取证保护场所一般应当设置在公安机关办案场所，也可以因地制宜地选择检察机关司法办案区、学校、医院等具备司法办案条件、符合特殊保护要求的场所进行设置。在具体功能要求上，可以考虑设置接待等候区、询问取证区、疏导谈话区、监控指挥区、治疗检查区等必备的功能区以供不同情况下使用。

【随堂问题】"一站式"取证是否要求对未成年被害人的询问只能一次完成？

反复询问会给未成年被害人带来精神上的进一步创伤，所以询问性侵害案件的未成年被害人以一次性询问为原则。在审查逮捕、审查起诉期间，检察官主要通过审查询问笔录、同步录音录像资料等方式审查被害人陈述，一般不再询问未成年被害人。但如果未成年被害人对关键事实的陈述内容前后反复或者不清晰、不全面的，也可以再次询问。

再次询问前，应当做好充分的准备工作，根据案情制定询问提纲，设计询问语言，明确询问重点，使再次询问更加具有针对性和有效性，并在充分了解未成年被害人的情况下采取最合适的询问方式，避免对其造成伤害。

【案例】 奉贤区检察院建立健全未成年人"一站式"办案救助机制

自 2015 年 7 月建立全国第一个性侵害案件未成年被害人"一站式"取证场所后，奉贤区检察院会同公安机关不断规范场所建设并探索扩展适用范围，将适用对象从未成年被害人扩展至未成年证人，建立健全"一站式"办案救助机制。做到"四个坚持"，即坚持落实法律援助、坚持落实心理疏导、坚持落实医疗救助、坚持落实经济救助，为未成年被害人及证人提供一体化综合救助；创设"四步工作法"，即"一到场，二调查，三帮教，四跟踪"："一到场"是指做好未成年人的法定代理人无法到场，且无其他成年亲属在场的情况下，由青少年社工作为合适成年人到场参与未成年被害人或证人的询问工作。"二调查"是指对确有需要的未成年被害人或证人开展社会调查，了解其成长经历、家庭情况，以便精准设定救助保护方向。"三帮教"是指对存在行为偏差的未成年被害人或证人，给予帮教矫治，同时对存在监护缺失的家长开展有针对性的亲职教育。"四跟踪"是指在刑事诉讼开展的整个过程中，跟踪了解未成年被害人或证人的生活现状，巩固救助保护效果。运用社会调查，注入亲职教育，为救助保护工作提供专业力量，场所建设实现标准化；制度设计实现规范化；救助保护实现全面化。

3. 督促、支持起诉

《民事诉讼法》第 15 条规定，机关、社会团体、企业事业单位对损害国家、集体或者个人民事权益的行为，可以支持受损害的单位或者个人向人民法院起诉。此规定为检察机关办理性侵害未成年人案件行使支持起诉权提供了依据，通过支持起诉检察机关可以帮助未成年被害人获得相应的民事损害赔偿。

【案例】 长宁区检察院支持未成年人精神损害赔偿申请

上海某教育投资有限公司在一大厦内开设书法班。2017 年 8 月，该公司与廖某签订劳动合同，聘用廖某为书法班老师。2017 年 8 月至 10 月期间，廖某借教学指导之机，猥亵该书法班 4 名学生。2018 年 3 月，长宁区检察院以廖某犯猥亵儿童罪向区法院起诉,并提出从业禁止的量刑建议。长宁区人民法院采纳了公诉意见,一审判决廖某犯猥亵儿童罪,判处有期徒刑3年,并自刑罚执行完毕之日起5年内禁止从事教育及相关工作。廖某虽然被追究刑事责任,但4名被害儿童家长认为,廖某没有教师资格证,在其他培训机构担任书法老师时也曾因猥亵儿童行为被投诉。培训机构用人失察,有着不可推卸的责任。于是他们向长宁区法院提起民事诉讼,要求培训机构赔偿精神损害。并于2019年1月向长宁区人民检察院提出支持起诉申请。

长宁区人民检察院受理4人支持起诉申请后,对其诉请是否符合法律规定、是否有支持起诉必要进行审查,认为4名申请人作为无民事行为能力或限制民事行为能力的儿童,在被告处学习期间受到猥亵犯罪侵害,导致心理创伤,被告未尽到教育、管理职责,存在过错,应当承担侵权责任,4名申请人的诉请符合法律规定。同时,4名申请人均系不满9周岁的儿童,相对于被告公司属于弱势群体,检察机关支持起诉符合《民事诉讼法》第15条的规定,有利于监督案件依法公正审理,维护未成年人合法权益。长宁区人民检察院决定支持起诉,并于2019年1月17日向区人民法院送达《支持起诉书》。决定支持起诉后,检察机关积极向4名原告提供法律意见,引导其采取有效手段维护自身合法权益。一是考虑到被告过错行为系违约责任与侵权责任的竞合,为更好地保护未成年人合法权益,区院建议4名原告向法院提起教育机构侵权责任之诉,并主张精神损害赔偿。二是建议4名原告从被告对廖某的教学资质与教学经历审核、教学活动日常监管等方面着手,收集证明被告存在过错的相关证据。三是延伸刑事诉讼程序中未成年人特殊保护工作,针对4名原告及其法定代理人因犯罪行为引发的心理创伤,继续定期开展心理疏导等。

2019年1月,长宁区人民法院不公开合并审理4名原告与被告上海某教育投资有限公司教育机构责任纠纷案,长宁区人民检察院指派检察员出庭支持起诉。最终,经二审法院调解,原被告双方于2019年6月达成协议,原审被告分别给付4人精神损害赔偿金人民币40000元,并当场赔礼道歉。

【随堂问题】性侵案件未成年被害人能否在民事诉讼中提出精神损害赔偿?

《关于依法惩治性侵害未成年人犯罪的意见》第31条规定:"对于未成年人因被性侵害而造成的人身损害,为进行康复治疗所支付的医疗费、护理费、交通费、误工费等合理费用,未成年被害人及其法定代理人、近亲属提出赔偿请求的,人民法院依法予以支持。"从赔偿范围看,虽然该司法解释明确未成年人因性侵遭受人身损害可以提出赔偿请求,但赔偿范围仅限于为进行康复治疗所支付的医疗费、护理费、交通费、误工费等实际费用。该规定主要是基于最高人民法院2012年12月20日发布的《关于适用〈中华人民共和国刑事诉讼法〉的解释》(法释〔2012〕21号,已失效)第138条的规定,即"被害人因人身权利受到犯罪侵犯或者财物被犯罪分子毁坏而遭受物质损失的,有权在刑事诉讼过程中提起附带民事诉讼……因受到犯罪侵犯,提起附带民事诉讼或者单独提起民事诉讼要求赔偿精神损失的,人民法院不予受理。"也就是说,因遭受性侵要求赔偿损失的,精神损害赔偿并不包括在内。但事实上,性侵对未成年被害人造成身体损伤的同时,对其造成的精神伤害往往更为严重,一些心理创伤可能会伴随孩子的一生,不仅影响其交友观、婚恋观,实践中有的被害人还因严重的心理问题自伤、自残甚至自杀。但是赔偿范围的局限性使得受性侵未成年人实际上得到的赔偿少之又少,根本无法弥补其精神上受到的伤害。虽然《关于依法惩治性侵害未成年人犯罪的意见》中规定的对人身损害"进行康复治疗所支付的医疗费"应当包括精神、心理伤害康复治疗费用,可以涵盖部分精神损害赔偿,但因规定内容的指向不够明确,实践中很难执行。

值得注意的是,2021年3月1日起施行的《关于适用〈中华人民共和国刑事诉讼法〉的解释》第175条,已经将2012年的司法解释第138条第2款修改为"因受到犯罪侵犯,提起附带民事诉讼或者单独提起民事诉讼要求赔偿精神损失的,人民法院一般不予受理。"较之前的规定增加了"一般"二字,也就是说受犯罪侵害的当事人要求赔偿精神损失的,在特殊情况下人民法院也可以受理。

【案例】 全国首例检察机关提起公诉并支持起诉刑事附带民事精神损害赔偿案

2021年3月10日,上海市宝山区检察院提起公诉并支持被害人提起刑事附带民事诉讼的牛某某强奸案获判。静安区法院[①]全面采纳检察机关

---

① 根据《上海市高级人民法院、上海市人民检察院、上海市公安局、上海市司法局关于调整本市未成年人刑事案件管辖的规定》,宝山区院的涉未成年人刑事案件由静安区法院管辖。

公诉意见和支持起诉意见,以强奸罪判处被告人牛某某有期徒刑10年,剥夺政治权利1年,自判决生效之日起30日内一次性赔偿附带民事诉讼原告人张某某精神抚慰金3万元。该案系最高人民法院《关于适用〈中华人民共和国刑事诉讼法〉的解释》(法释〔2021〕1号)实施以来,首例检察机关支持起诉的刑事附带民事精神损害赔偿案。

2020年8月至9月,被告人牛某某(男,42岁,曾因盗窃罪被判处有期徒刑3年,因犯抢劫罪、强奸罪被判处有期徒刑20年,剥夺政治权利3年)明知被害人系弱智未成年人(女,17岁,轻度精神发育迟滞、性自我防卫能力削弱),趁被害人到其住处玩耍之际,多次对被害人实施强奸。

2020年11月16日,该案移送宝山区院审查起诉。检察机关依法对未成年被害人落实法律援助并全面开展综合救助,并从重提出量刑建议。

法院审理期间,最高人民法院《关于适用〈中华人民共和国刑事诉讼法〉的解释》于2021年1月26日发布,其中第175条第2款规定"因受到犯罪侵犯,提起附带民事诉讼或者单独提起民事诉讼要求赔偿精神损失的,人民法院一般不予受理",该条表述从原解释的"不予受理"修订为"一般不予受理"。结合《民法典》第1183条"侵害自然人人身权益造成严重精神损害的,被侵权人有权请求精神损害赔偿"的规定,对法院受理刑事附带民事精神损害赔偿的受案原则作出了一定调整。

2021年3月1日,被害人的法定代理人就精神损害附带民事赔偿向宝山区院申请支持起诉。宝山区院审查后认为,未成年被害人系精神发育迟滞且性自我防卫能力削弱的限制民事行为能力人,难以自行维护其合法权益;被害人父母均为外地来沪务工人员,文化程度较低,家庭经济状况较差,同样缺乏相应诉讼知识和维权能力,根据《民事诉讼法》第15条之规定,决定支持起诉并于2021年3月1日向法院送达《支持起诉书》。

2021年3月10日,静安区法院不公开开庭审理了该案。检察官经法庭同意,当庭宣读起诉书和支持起诉书并发表公诉意见和支持起诉意见,请求法院综合考量精神损害赔偿的原则、被告人行为的过错程度、危害结果、所应承担民事责任的能力、被害人精神损害程度及上海相关赔偿标准等因素予以判处,上述意见全部获法院支持。

此外,宝山区院在诉讼过程中依托社会支持体系,充分保障未成年被害人权益。一方面,通过申请市妇联专项慈善基金的方式缓解被害人家庭生活困难。另一方面,针对家庭保护缺位导致被害人遭受侵害且未能及时发现的问题,检察官会同司法社工对被害人的法定代理人开展针对性家庭教育指导等相关帮扶救助工作。

（三）综合救助机制

根据《关于全面加强未成年人国家司法救助工作的意见》的规定，性侵未成年人案件的司法救助范围主要是两类人员：（1）受到犯罪侵害致使身体出现伤残或者心理遭受严重创伤，因不能及时获得有效赔偿，造成生活困难的；（2）受到犯罪侵害急需救治，其家庭无力承担医疗救治费用的。对这两类未成年被害人除落实司法救助外，还应开展法律援助、经济救助、心理救助、医疗救助、社会救助及其他综合救助措施。上述救助措施在第八讲中有详细说明，在此不作赘述。

【案例】检察机关联合相关部门为被害人落实综合救助

小丽是一起继父性侵案的未成年被害人，其母亲无业，无任何收入来源，小丽系在校学生，案发前仰仗继父生活。小丽的亲生父亲月工资较少，其还有一个患抑郁症的大女儿，无力支付小丽的生活费，小丽的生活陷入困境。检察机关及时联系民政部门，民政部门经评估认为小丽符合落实最低生活保障的条件，决定对小丽发放最低保障津贴。另外，检察机关也将相关情况告知妇联，为小丽申请社会救助，妇联及时为小丽发放了救助金。

检察官也为小丽送去生活、学习用品，在慰问小丽的过程中发现，案发后小丽的生父重新介入了小丽的生活，但是小丽对生父非常陌生，很难习惯生父的教育、生活习惯，难与生父培养亲子感情，其母亲也无能为力。因受到性侵以及生父介入生活的影响，小丽的性格和心理发生很大变化，开始沉溺于手机，不爱与人交流。为此，检察官及时联系了专业心理机构，由心理咨询老师对小丽开展心理干预。针对小丽母亲在小丽受到侵害时存在监管不力以及在案发后不知如何跟女儿相处的情况，检察官还会同专业社工同步开展亲职教育，引导小丽母亲正确履行监护职责，学会与女儿相处的正确方式，缓和并拉近小丽父女关系，取得了较好的效果，小丽也逐步走出了心理阴霾。

（四）再犯预防机制

1. 前科报告

依据《刑法》第100条的规定，依法受过刑事处罚的人，在入伍、就业的时候，应当如实向有关单位报告自己曾受过刑事处罚，不得隐瞒。犯罪的时候不满18周岁被判处5年有期徒刑以下刑罚的人，免除前款规定的报告义务。

2. 从业禁止与禁止令

依据《刑法》第 37 条之一的规定，因利用职业便利实施犯罪，或者实施违背职业要求的特定义务的犯罪被判处刑罚的，人民法院可以根据犯罪情况和预防再犯罪的需要，禁止其自刑罚执行完毕之日或者假释之日起从事相关职业，期限为 3 年至 5 年。

依据《关于依法惩治性侵害未成年人犯罪的意见》第 28 条，对于性侵害未成年人的犯罪分子判处刑罚同时宣告缓刑的，可以宣告禁止令，禁止在缓刑考验期内从事与未成年人有关的工作、活动，禁止其进入中小学校区、幼儿园园区及其他未成年人集中的场所。

【案例】 检察机关建议适用从业禁止并开展法律监督

2017 年 9 月至 2019 年 6 月期间，被告人昂某某利用担任某民办小学教师的便利，在该小学档案室等场所，先后多次对多名女学生实施猥亵。经审查认定，昂某某作为学校教师，利用职务之便，长期多次猥亵儿童，其行为构成猥亵儿童罪。且昂某某曾因奸淫幼女罪被其户籍地法院判处有期徒刑 6 年，刑满释放后其篡改户籍信息，提交未被吊销的教师资格证和伪造的无犯罪记录证明在某民办小学再次入职。2019 年 12 月，法院采纳检察机关的量刑建议，以昂某某犯猥亵儿童罪判处其有期徒刑 5 年，并禁止其自刑罚执行完毕之日起 5 年内从事与未成年人教育相关的职业。

本案中昂某某曾利用教师身份奸淫幼女，但其教师资格证因故未被吊销，其又在刑满释放后篡改户籍信息，规避犯罪前科，再次在学校入职对未成年学生实施性侵。针对这一情况，检察机关一方面联系昂某某原籍教育机构，要求吊销其教师资格；另一方面向昂某某原籍公安机关制发检察建议，要求对昂某某名下存在两个户籍信息的管理失当行为进行纠正。当地公安机关经调查核实后，保留了与昂某某犯罪前科相关联的户籍信息，对另一户籍信息进行了删除。

为进一步贯彻"一号检察建议"的要求，检察机关还对昂某某入职的学校进行走访调研并向教育行政部门制发检察建议，要求强化对招录人员的入职审查，加强对教师队伍管理教育，重视校园安全管理和对学生的自护教育，防止校园性侵案件再次发生。

3. 涉性侵害违法犯罪人员从业限制

（1）信息公开制度

2016 年，浙江省慈溪市检察院牵头法院、公安、司法等机关出台了《性侵害未成年人犯罪人员信息公开实施办法》，对于应当公开性侵害违法犯罪人员个人信息的情形作出了明确规定。从适用的人员来看，应当公开个人信息的一般都是实施了严重性侵害未成年人行为人员,包括犯罪情节严重、具有高度再犯可能性以及经鉴定有性侵害病态心理等人员;就公开期限而言,规定应该公开个人信息的期限一般为5年,并明确终身公开的情形。需要注意的是,对于在公开期限内,没有再次实施性侵害未成年人犯罪行为的,该《办法》也设计了取消个人信息公开机制;从公开程序看,是否公开决定的作出,需要公、检、法、司四家单位共同决定,并设计了书面告知、异议解决、听证程序,这些都在一定程度上保障了被公开信息人的权利。①

(2) 黑名单信息库制度

2017年7月,闵行区检察院联合法院、公安、教育、民政、体育等9个部门出台了《关于限制涉性侵害违法犯罪人员从业的办法(试行)》,建立了全国首个区域性涉性侵害违法犯罪人员黑名单信息库,各主管部门可以登录信息库系统,对在职或拟招录人员是否曾有涉性侵害违法犯罪记录进行查询确认并实行从业限制,从而实现未成年人保护与信息保护的平衡。又如,重庆市依托数据资源共享管理平台,研发了性侵信息查询系统,由全国统一业务应用系统实时同步导入数据,无须检察人员手动录入。再如,江苏省淮安市淮阴区院是将公安、法院、司法局提供性侵违法犯罪人的行政处罚决定书、判决书、假释执行通知书等信息由检察人员统一收集后手动录入。

上海市长宁区的模式是依托公安机关现有的违法犯罪人员信息库,由公安机关承担查询职责,并规定了用人单位的保密义务和封存记录不提供的例外,一定程度上保障了被查询人权益。上海市级层面出台的制度也采用了这一做法。

(3) 从业限制制度

2019年4月,上海市检察机关为落实最高检"一号检察建议",在前期闵行、长宁等基层探索的基础上,牵头起草并与市委政法委、市公安、法院、教育、民政等共16个部门联合制发了《关于建立涉性侵害违法犯罪人员从业限制制度的意见》。一是将对未成年人负有监护、教育、训练、救助、看护、医疗等特殊职责的企事业单位、社会组织等纳入管理范畴,包括幼儿园、中小学校等教育机构,3岁以下幼儿托育机构,儿童福利机构,对象为未成年人的培训机构、医疗机构、文化体育场所等。二是除了对教师、医生、教练、保育员等直接对未成年人负有特殊职责的工作人员进行入职审查外,还将保安、门卫、驾驶员等不具有特殊职责,但具有密切接触未成年人条件的其他工作人员

---

① 姚建龙、刘昊:《"梅根法案"的中国实践:争议与法理——以慈溪市〈性侵害未成年人犯罪人员信息公开实施办法〉为分析视角》,载《青少年犯罪问题》2017年第2期。

纳入适用对象。同时，与未成年人密切接触行业的用人单位招募的志愿者在入职前也需进行审查。此外，为提醒求职者注意与未成人密切接触行业的特殊职责和从业要求，该《意见》还吸收了强制报告制度的相关精神，要求与未成年人密切接触行业用人单位在招录工作人员时，应当要求包括外国籍人员在内的应聘人员如实报告本人是否存在性侵害等违法犯罪记录。三是明确了检察机关依法对适用情况进行法律监督，可以通过制发《检察建议书》等形式，对相关单位、部门提出督促落实的意见和建议。制度出台后，取得了良好的实践效果，截至2020年底，上海市已对近30万名与未成年人密切接触行业人员进行入职查询，对其中34名有性侵害违法犯罪前科人员予以辞退或者不予录用。

此后各地纷纷出台文件，例如重庆市检察院和市教委会签《重庆市教职员工入职查询工作暂行办法》，贵州省检察机关牵头教育、公安等部门出台《关于在密切接触未成年人行业建立违法犯罪人员从业限制制度的意见》，福建省检察机关联合11家省级单位会签《福建省进一步完善未成年人综合保护工作体系暂行办法》，河南省检察院会同省教育厅、公安厅等部门会签印发《关于建立涉性侵害违法犯罪人员从业限制制度的意见》等。2020年9月18日，最高检举行"入职查询，让孩子上学更放心"新闻发布会，发布了《关于建立教职员工准入查询性侵违法犯罪信息制度的意见和相关典型案例。

《关于建立教职员工准入查询性侵违法犯罪信息制度的意见》明确了由公安部建立性侵违法犯罪人员信息库，并进一步细化了违法犯罪信息的具体情况：①因触犯《刑法》第236条、第237条规定的强奸，强制猥亵，猥亵儿童犯罪行为被人民法院依法作出有罪判决的人员信息；②因触犯《刑法》第236条、第237条规定的强奸，强制猥亵，猥亵儿童犯罪行为被人民检察院根据《刑事诉讼法》第177条第2款之规定作出不起诉决定的人员信息；③因触犯《治安管理处罚法》第44条规定的猥亵行为被行政处罚的人员信息。符合《刑事诉讼法》第286条规定的未成年人犯罪记录封存条件的信息除外。根据其第5条之规定，学校新招录教师、行政人员、勤杂人员、安保人员等在校园内工作的教职员工，在入职前应当进行性侵违法犯罪信息查询。在认定教师资格前，教师资格认定机构应当对申请人员进行性侵违法犯罪信息查询。

【随堂问题】入职查询制度会侵犯有性侵前科人员的隐私权和就业权吗？

从实践来看，入职查询所依赖的"黑名单信息库"目前仅限于相关会签单位查询，用人单位无权直接查询，这在一定程度上保障了相关人员的隐私权。此外，从业限制并非是禁止从业，而是限制有性侵违法犯罪记录的人员从事与未成年人密切接触的相关行业，行为人可以从事其他与未成年人无密切接触的行业。制度设立的出发点在于从源头上预防未成年人遭受性侵害，在平衡儿童权益保护和相关人员隐私权、就业权保护方面，入职查询及从业限制制度更偏向于前者，通过牺牲性侵前科人员的部分就业权来保障更多未成年人的健康、安全，也是社会防卫的需要。

【案例】全方位覆盖，织密最严保护网

2019年4月，上海市检察机关联合市公安局、市教委等15家单位会签《关于建立涉性侵害违法犯罪人员从业限制制度的意见》，要求全市从事与未成年人密切接触行业的企事业单位、社会组织等用人单位在招录员工过程中，应当对拟录用人员进行入职查询，发现拟录用人员存在性侵害违法犯罪前科的，不予录用。同时，对在职员工也应当进行上述核查和处理，经过对近27万人的拉网式排查后，上海全市共发现26名教育、培训从业人员曾有猥亵、介绍卖淫等涉性侵害违法犯罪记录，检察机关及时督促启动从业限制程序，后相关学校和教育培训机构对上述人员全部清退或不予录用。

刘某某，男，1956年1月出生，曾因容留他人卖淫，于1998年被上海市劳动教养委员会处收容教养1年6个月。2004年4月至2005年11月间，刘某某负责经营上海市某娱乐公司桑拿部后，先后招募王某、沈某等多名女子在该部二楼的按摩包房内进行卖淫活动。2006年7月5日，上海市宝山区法院以组织卖淫罪依法判处刘某某有期徒刑5年。刘某某刑满释放后，通过劳务派遣公司进入上海市某教育学院担任工勤人员。2019年暑假期间，上海市普陀区检察院落实上海市入职查询制度，排查发现刘某某的上述违法犯罪记录，刘某某被辞退。

上海市入职查询制度对密切接触未成年人的"全"行业、"全"对象和"全"行为做出全方位的入职查询规定：限制行业包括所有对未成年人负有监护、教育、训练、救助、看护、医疗等特殊职责的企事业单位和社会组织，最大范围消除晚托班、暑托班、冬夏令营等监管盲区；限制对象既包括教师、培训师、教练、保育员、医生等直接对未成年人负有职责的工作人员，也包括行政工作人员以及保安、门卫、驾驶员、保洁员和各级各类民办学校的创办者、理事会或者董事会成员、监事等虽不直接负有特殊职责，但具有密切接触未成年人工作便利的其他工作人员；限制行为既包括强奸、猥亵等性侵违法犯罪行为，也包括相关的组织卖淫、强迫卖淫、引诱幼女卖淫等违法犯罪行为。通过全方位的制度设计，最大限度扫除入职查询盲区盲点，编织起未成年人保护最严密的防护网。①

性侵未成年人案件办案机制

案发	侦查取证	审查起诉	再犯预防
□强制报告	□提前介入 □"一站式"取证	□儿童证人资格与儿童证言采信 □刑法相关罪名的理解与适用	□判决从业禁止 □强制入职查询 □从业限制制度

四、"一号检察建议"的督促落实

近年来，性侵害未成年人犯罪案件多发频发，其中中小学（幼儿园）教职员工性侵未成年人犯罪案件呈上升态势。相当数量的案件犯罪时间长，侵害次数多，一案侵犯多名学生。这些案件不仅给被害儿童、学生及其家庭造成严重伤害，而且还严重危害校园安全和社会稳定。

例如齐某强奸、猥亵儿童案，该案发生在 2011 年夏天至 2012 年 10 月，被告人齐某在担任班主任期间，利用午休、晚自习及宿舍查寝等机会，在学校办公室、教室、洗澡堂、男生宿舍等处多次对被害女童 A（10 岁）、B（10 岁）实施奸淫、猥亵，并以带 A 女童外出看病为由，将其带回家中强奸。齐某还在女生集体宿舍等地多次猥亵被害女童 C（11 岁）、D（11 岁）、E（10 岁），猥亵被害女童 F（11 岁）、G（11 岁）各一次。2016 年 1 月 20 日，某省高级人民法院经审理，作出终审判决，认定齐某犯强奸罪，判处有期徒刑 6 年，剥夺政治权利 1 年；犯猥亵儿童罪，判处有期徒刑 4 年 6 个月；决定执行有期徒刑 10 年，剥夺政治权利 1 年。②

2018 年 6 月 11 日，最高人民检察院检察长张军列席最高人民法院审委会会议，就最高人民检察院抗诉的齐某强奸、猥亵儿童案发表意见。最终该案由

---

① 引自《三部门联合出重拳！这类人员学校不得录用》，https://baijiahao.baidu.com/s?id=1678187548680757836&wfr=spider&for=pc，2021 年 4 月 8 日访问。

② 引自《最高检指导案例第 42 号：齐某强奸、猥亵儿童案》，http://blog.sina.com.cn/s/blog_13e6c3ba30102z5gt.html，2021 年 4 月 8 日访问。

最高检抗诉，最高法采纳全部意见，改判犯罪嫌疑人无期徒刑。为了更为有效的预防频频发生的校园性侵害，切实履行法律监督职能，2018年10月，最高检向教育部发出《中华人民共和国最高人民检察院检察建议书》（高检建〔2018〕1号，简称"一号检察建议"）。

"一号检察建议"出台后，各地检察机关、教育主管部门、学校、幼儿园加强沟通配合，迅速采取一系列落实措施，推动建立健全校园安全管理和幼儿园儿童、未成年学生保护工作机制。切实完善了校园管理模式，堵上了管理漏洞。为检察机关在后续工作中积极参与社会治理提供了可复制、可推广的经验。

以上海市检察机关为例，在制度创新层面上，市检察院推动创建了全国首个省级从层面的涉性侵害违法犯罪人员从业限制制度，牵头起草并联合多家单位会签意见。意见施行后，市教委明确要求对全市所有中小学、幼儿园、托幼机构在招录工作人员时增设性侵害违法犯罪审查程序，并已启动对全市在职教职员工进行全面审查。上海市政府办公厅于2019年2月出台《关于本市加强中小学幼儿园安全风险防控体系建设的实施意见》，明确对侵害未成年学生违法犯罪行为零容忍、学校周边200米范围内学生安全区等创新举措。此外，检察机关督促教育系统全面落实教育部办公厅《关于进一步加强中小学（幼儿园）预防性侵害学生工作的通知》精神，进一步督促强化校园性侵防范措施。

五、性侵未成年人案件办理要旨

由于性侵未成年人犯罪具有作案时间跨度大、隐蔽性高、物证少、零口供多等特点，且大部分性侵案件发生在封闭场所，加之言词证据多为"一对一"、一些年幼的被害人不能准确陈述受侵害状况、有些被害人或其家属与被告人在生活中存在矛盾、被害人与被告人存在特殊关系等情况，常常导致司法机关对证据判断和法律适用存在认识分歧，为定罪量刑或者加重处罚带来困难。因此，在办理性侵害未成年人犯罪案件中，不仅要全面细致审查证据，正确适用法律，也要准确理解把握刑事政策，通过刑罚手段严厉打击性侵害未成年人犯罪。

（一）证明标准

办理性侵未成年人犯罪案件，应当坚持证据确实、充分，排除合理怀疑的证明标准，并充分考虑此类案件的特殊性，准确把握证明标准。犯罪嫌疑人、被告人有罪供述与其他证据能够相互印证的，应当认定性侵犯罪事实成立。只有犯罪嫌疑人、被告人的有罪供述，没有其他证据印证，或者有罪供述与其他证据之间存在无法排除的矛盾的,应当作出有利于犯罪嫌疑人、被告人的认定。没有犯罪嫌疑人、被告人的有罪供述,但被害人陈述等直接证据能够得到其他证据印证,或者其他间接证据能够形成证据锁链,排除合理怀疑的,应当认定性侵害事实成立。

对性侵未成年人犯罪案件证据的审查,要根据未成年人的身心特点,按照有别于成年人的标准予以判断。审查言词证据,要结合全案情况予以分析。根据经验和常识,未成年人的陈述合乎情理、逻辑,对细节的描述符合其认知和表达能力,且有其他证据予以印证,被告人的辩解没有证据支持,结合双方关系不存在诬告可能,应当采纳未成年人的陈述。[①]

(二)被害人陈述审查

被害人陈述是性侵案件中常见的证据种类,囿于性侵类案件的特殊情况,承办人应当将陈述笔录作为此类案件中最核心的证据进行审查。

1. 客观性审查

审查被害人陈述中关于遭受侵害情况的具体情况,例如案发时的具体情况、有无反抗及反抗程度、案发周边环境等,需要耐心、细致地进行全面询问,尤其需要注意陈述中可能涉及的隐蔽细节,如果面对低龄未成年人或者智力尚未发育完全的未成年人,无法通过语言顺畅表达的,也可以借助肢体语言、道具模拟、游戏、绘画等方式辅助年幼的被害人陈述案情。询问应尽量使用开放性问题,让被害人自由陈述。

还需要对被害人及其家属与加害人之间的关系进行审查,以进一步判断被害人陈述的真实性。此外,对嫌疑人的供述真实性也需进行判断,犯罪嫌疑人提供证据或者线索的,要进行查证核实,必要时可以收集犯罪嫌疑人的品格证据,采用测谎技术进行辅助判断。

2. 合理性审查

根据民事、行政诉讼标准,未成年人所作的与其年龄和智力状况不相适应的证言不能单独作为定案依据。刑事诉讼证据标准理应高于上述民事、行政诉讼标准,所以在审查未成年人证言时也应侧重于其陈述是否符合未成年被害人的智力水平与认知能力。如果未成年人在笔录中使用的语言有成人化倾向,则有必要对证据证明力进行补强,一方面需要站在儿童视角去看待陈述内容,判断是否符合现实;另一方面需要对未成年人的表达和认知能力进行评估,审查其证言是否有可能受到成人引导或污染。需要注意的是,在未成年人的认知能

[①] 参见最高人民检察院第十一批指导性案例中的"齐某强奸、猥亵儿童案"。

力判断上,只需辨别是非,不要求具备区分对错的价值判断能力,而是要求能够区分真实和想象即可。

被害人陈述或者犯罪嫌疑人、被告人供述中涉及非亲身经历不可能知晓的案件的隐蔽证据或细节,并能够得到其他证据印证,且系陈述或供述在先、印证证据调取在后,可以排除指供、诱供可能的,应当采信被害人陈述或者犯罪嫌疑人的有罪供述。①

【案例】"零口供"性侵幼童案

2017年10月某日,吴某某趁邻居女童(3周岁8个月)来家中玩耍之机,隔着女童裤子用手抠摸其阴部实施猥亵。当晚,被害女童母亲在其居住小区就此事不指名叫骂。次日上午,被害女童在出警民警及围观群众见证下,两次指认系吴某某所为。吴某某到案后一直否认作案。

本案是一起典型的性侵害低龄幼童案件,除被害人陈述外,无直接目击证人。案件的焦点在于:"零口供"性侵害低龄幼童案件,证据体系如何构建?年仅3岁多的幼童案发后的指认及陈述,能否作为定案的核心证据?

审查起诉阶段,经补充侦查,检察机关进一步收集了案发现场及周围环境证据、犯罪嫌疑人吴某某品格证据、吴某某测谎结论、案发后被害人母亲叫骂时邻居证言、被害人指认当日现场群众和处警民警证言、周围邻居对被害人一家和被告人的评价证言、案发当日被害人所穿外裤等。结合补充收集的证据,承办检察官重新制作了被害幼女询问笔录并同步录音录像,在以道具充当犯罪嫌疑人的情况下,让被害幼女以语言或肢体动作等方式,阐述案发时现场基本环境和案发经过,收集到除亲历者一般不易被外人知晓的案件细节。被害幼女案发时虽不能理解吴某某抠摸其阴部所代表的性侵害意义,但对吴某某实施的具体行为是能认知的,其指认和陈述的内容并不复杂,可以用简单的语言和动作予以表述。

综合全案证据,检察机关认为被害人没有诬告陷害,案发经过和被害人家属反应自然、符合常理,被害人的指认和陈述客观真实,被告人的辩解没有其他证据支持,被告人吴某某犯猥亵儿童罪事实清楚、证据确实充分,应当以猥亵儿童罪追究其刑事责任。最终吴某某因猥亵儿童罪被法院判处有期徒刑。

---

① 张寒玉、王英:《办理性侵未成年人犯罪案件证据指引》,载《青少年犯罪问题》2019年第4期。

【随堂问题】低龄幼童的证言能否作为性侵害案件的定案证据?

性侵害案件较为倚重言词证据,但言词证据易受各种主客观因素的影响而失真,尤其在被害人系无民事行为能力的幼童时,其证言的客观性、可采性更易受质疑,造成司法人员在形成内心确信时迟疑,甚至导致就低认定罪行或不采信其证言而放纵罪犯。

我国《刑事诉讼法》第 62 条规定,凡是知道案件情况的人,都有作证的义务。生理上、精神上有缺陷或者年幼,不能辨别是非、不能正确表达的人,不能作证人。最高人民法院《关于适用〈中华人民共和国刑事诉讼法〉的解释》第 92 条规定,对被害人陈述的审查与认定,参照适用对证人证言审查认定的有关规定。最高人民法院《关于民事诉讼证据的若干规定》第 67 条规定,待证事实与其年龄、智力状况或者精神健康状况相适应的无民事行为能力人和限制民事行为能力人,可以作为证人。从法律和司法解释可以看出,我国对儿童证人的年龄并未加以限制,时任最高检第九检察厅史卫忠厅长在 2019 年"从严惩处涉未成年人犯罪,加强未成年人司法保护"新闻发布会上也表示将适时推行建立以儿童证言为中心的审查证据规则,进一步规范侵害未成年人案件证据标准。① 对此,在审查儿童证言时主要是从认知和表达两方面评价其作证资格:其一,是否具有辨别是非的能力。"辨别是非"是指对事实存在与否、状态如何以及性质怎样能够正确认识和辨别。证人证言、被害人陈述是对案件事实的语言描述,因此辨别事实存在与否、状态如何应该是对证人辨别能力的核心要求。对儿童来说,只要其能够区分真实和想象即可,不需要具备判断对错的能力。其二,是否具备正确表达的能力。"正确表达"是指能够对自己所认识和辨别的事实存在与否、状态如何以及性质怎样进行正确的描述。心理学研究结果表明,儿童是能够就其理解范围内的事情做出正确陈述的。因此,低龄幼童具有作证资格,但其证言的真实性和证明力,则需要结合全案证据进行审查判断,如果综合判断具有客观性、关联性、合法性,可以作为定案证据。

(三) 年龄证据审查

办理性侵害未成年人案件,应当将审查涉案未成年人年龄作为重点内容,

---

① 引自《最高检:探索以儿童证言为中心的审查证据规则》,https://www.spp.gov.cn/spp/zdgz/201912/t20191220_450819.shtml,5 月 13 日访问。

可以从以下几个方面入手：（1）问明未成年人的出生日期、属相、生日系公历或农历、身份情况、成长经历、家庭成员情况等，对处于12、14、18周岁等临界年龄的，需要特别予以问明；（2）注意收集身份证明、户籍证明、出生证明、防疫记录、医院档案、学籍档案等书证材料；（3）询问未成年人的亲友、老师、同学、邻居等证人，重点了解未成年人是否年满12、14、18周岁；（4）讯问犯罪嫌疑人是否明知或推断出未成年人的年龄，如未成年人或其他人曾向其明确告知或以其他方式提及其年龄，特别是未成年人是否年满12、14、18周岁；（5）对于骨龄鉴定意见，能够作为判断未成年人年龄参考的，可作为认定年龄的证据使用。

在审查被害人年龄时，如果发现发生性关系时被害人尚未满12周岁的，按照《关于依法惩治性侵害未成年人犯罪的意见》的规定，应认定行为人构成强奸罪。如果被害人的年龄在12至14周岁之间的，需要综合判断行为人是否履行足够的谨慎审查义务，对被害人未满14周岁的可能性进行判断。

【随堂问题】性侵未成年人案件中，现场勘查、人身检查、电子证据的收集和固定中需要注意的问题？

一是现场勘查。就现场勘查而言，即便有的案件报案时间较晚，也应当进行现场勘查，从而与当事人陈述进行比对，形成内心确信。需要重点勘查现场周围的环境和现场痕迹，提取现场物证（尤其是特殊物证，如避孕套等），调取住宿登记表、日记本等书证，现场监控录像等视听资料，查扣电脑、手机等电子设备。

二是人身检查。人身检查在性侵害犯罪中有着重要作用，即便是猥亵类案件中，虽然没有DNA可以直接指向犯罪嫌疑人，但是生物痕迹仍可以印证被害人陈述。必要时，还可对人身检查时发现的伤势进行鉴定，鉴定意见对伤势产生原因的判断可以印证性侵害犯罪行为。例如猥亵案件人身检查的重点在抓痕、咬痕等痕迹，伤口、红肿、淤青等可疑印记的记录拍摄，以及查找原本不应出现在身体某部位的物质并提取相应拭子。

三是电子证据。电子证据方面，应当第一时间查扣涉案当事人的手机、电脑等电子设备，及时调取其中能够印证案件事实及主观故意的视频、音频、电子照片；被害人与犯罪嫌疑人的通话录音、语音聊天记录；被害人与犯罪嫌疑人联系的手机短信、电子邮件、互联网即时聊天工具存储的聊天信息等电子数据。尤其需要注意在收集、提取电子数据时应当遵守程序性要求，及时收集和固定证据，对其中具体内容进行直接、

> 全面、实体性审查,不能仅仅依赖侦查机关对电子数据出具的说明进行程序性审查。

(四) 部分争议问题的审查

1. 关于性侵幼女案件中嫌疑人主观"明知"的审查认定

我国刑法实践及理论通说均坚持罪过责任原则,认为奸淫幼女等性侵害犯罪中,明知被害人年龄是默示的犯罪构成必要要件。根据《关于依法惩治性侵害未成年人犯罪的意见》规定,对于行为人与不满12周岁的被害人发生性关系的,应当直接认定其"明知"对方是幼女。

对于已满12周岁的幼女实施奸淫等性侵害行为的,如无极其特殊的例外情况,一般均应当认定行为人明知被害人是幼女。这里的极其特殊的例外情况,具体可从以下三个方面把握:一是客观上被害人身体发育状况、言谈举止、衣着、生活作息规律等特征确实接近成年人;二是必须确有证据或者合理依据证明行为人根本不可能知道被害人是幼女;三是行为人已经足够谨慎行事,仍然对幼女年龄产生了误认,即使其他正常人处在行为人的场合,也难以避免这种错误判断。比如,与发育较早、貌似成人、虚报年龄的已满12周岁不满14周岁的幼女,在谈恋爱和正常交往过程中,双方自愿发生了性行为,确有证据证实行为人不可能知道对方是幼女的,才可以采纳其不明知的辩解,但应特别严格掌握。相反,如果行为人采取引诱、欺骗等方式,或者根本不考虑被害人是否是幼女,而甘冒风险对被害人进行奸淫等性侵害的,一般都应当认定行为人明知被害人是幼女,以实现对幼女的特殊保护,堵塞惩治犯罪的漏洞。①

对行为人"明知"的审查,可从以下几个方面开展:一是被害人或其他人是否曾向犯罪嫌疑人明确告知或以其他方式提及被害人的年龄、属相;二是被害人或其他人是否曾向犯罪嫌疑人提及平时的生活状况,例如在读书还是已经工作,或是就学阶段;三是被害人的外貌、身高、体型是否符合其年龄特征;四是被害人是否穿着学生制服等显示年龄阶段的衣着;五是双方的关系,重点审查犯罪嫌疑人与被害人的聊天记录、交往情况等。

值得注意的是,与已满12周岁不满14周岁的被害人发生性关系的行为人,其"明知"采用推定原则,那就允许行为人提出反证,承办检察官应当

---

① 薛淑兰、赵俊甫、肖凤:《〈关于依法惩治性侵害未成年人犯罪的意见〉有关问题的解读》,载《人民法院报》2014年1月4日。

对行为人提出的反证进行核实查证，如果成立，就应认定行为人确实对未成年被害人的年龄存在错误认识。

2. 关于"接触说"在强奸幼女案件中的适用

"接触说"的明确依据来源于"两高一部"1984年《关于当前办理强奸案件中具体应用法律的若干问题的解答》，该解答已于2013年废止。故有观点认为，"既遂"的标准采用接触标准缺乏依据，应认定为强奸未遂。笔者认为奸淫幼女型强奸罪仍应坚持"接触说"的既遂标准，主要理由有三：一是从侵害法益角度出发，强奸罪伤害的是成年人的性自主权，对未成年人则还侵害了其精神发育和健康成长的权利，危害更甚；二是符合当前严厉打击性侵未成年人行为的刑事政策，儿童的特殊和优先保护是践行儿童最大利益的基础；三是未成年人的性器官尚未发育成熟，实践中对低龄未成年人以接触的方式进行侵害的行为并不鲜见，此种情况下坚持"插入说"很难认定为既遂，不利于保障幼女的身心健康。实际上，只要行为人的性器官与幼女接触，即侵害了幼女的性自主权和身心健康，符合奸淫幼女型强奸罪所要求的构成要件。①

3. 关于性侵案件中"两小无猜"的认定

根据《关于依法惩治性侵害未成年人犯罪的意见》规定，已满14周岁不满16周岁的未成年人在正常交往过程中，偶尔与幼女自愿发生性关系，未造成严重后果的，不认为是犯罪。需要注意的是，"偶尔"不能简单以次数论，而要综合全案情节判断。此外，对于采用利诱、欺骗等方式与幼女发生性关系的，一般不认定为"情节轻微"。

司法实践中，对于最高人民法院《关于审理未成年人刑事案件具体应用法律若干问题的解释》第6条，应当注意把握好该条规定的"偶尔""情节轻微"和"未造成严重后果"三个限制条件。所谓"偶尔"，一般指与一名幼女、偶尔发生一两次性行为。对于"情节轻微"，要同时从主观和客观两个方面来把握。主观方面要考察14—16周岁的未成年人与幼女发生性行为的主观动机和目的，司法实践中对主观方面属于"情节轻微"的情形，一般掌握是出于恋爱或者对性的好奇而与幼女发生性行为的情形；客观方面主要要看未成年人与幼女发生性行为是否双方自愿，是否对幼女采用了暴力、麻醉或者威胁、欺骗等手段，幼女一般考虑在12周岁以上。对于"未造成严重后果"，要从身体伤害和心理伤害后果两个方面综合考察。总之，只有在同时符合"偶尔""情节轻微"以及"未造成严重后果"这三方面要求的情况下，才不

---

① 姚建龙、林需需：《性侵未成年人刑法适用若干疑难与争议问题辨析》，载《中国应用法学》2019年第2期。

认为是犯罪。①

4. 关于"公共场所当众"情节的认定

"公共场所当众"实施强奸、猥亵犯罪,是强奸罪和猥亵儿童罪的法定加重处罚情节。"公共场所"是提供公众从事工作、学习、经济、文化、社交、娱乐、体育、参观、医疗、卫生、旅游和部分生活需求所使用的一切公用建筑物、场所及其设施的总称,具备有多数人进出、使用的功能特征,强调涉众性。对于发生在相对开放场所的案件,应当重点审查进入场所的人员是否特定、是否供多人使用等情况,根据司法实践和最高检指导案例,"教室""集体宿舍"等具有相对涉众型、公开性的场所,也被认定为特定的公众场所。

"当众"不是"公共场所"在一个条文中的同义反复,而是具有与"公共场所"同样的独立地位,要求犯罪行为发生时还必须有其他多人在场。其他多人考虑的是人数要求,而不是身份限制,其他多人包括其他被害人,但不应包括犯罪嫌疑人。同时,"当众"的标准必须从严把握,相关证据必须能够证实除犯罪嫌疑人和被害人本人以外的在场人员达 3 人以上,且性侵害行为具有感知可能性,可以理解为性侵害行为易被其他在场人员感知,只要可能感觉、可能发现即可认定,而不论在场人员是否实际看到和觉察到。

5. 关于强奸罪"情节恶劣"及猥亵儿童罪"有其他恶劣情节"的认定

《刑法修正案(十一)》针对这一问题进行了较大的修改,对实践中的很多情形予以明确。

对强奸罪的修改涉及以下几点:一是将奸淫不满 10 周岁幼女或者造成幼女伤害增加作为升档情节;二是增加第 236 条之一,即"对已满十四周岁不满十六周岁的未成年女性负有监护、收养、看护、教育、医疗等特殊职责的人员,与该未成年女性发生性关系的,处三年以下有期徒刑;情节恶劣的,处三年以上十年以下有期徒刑。有前款行为,同时又构成本法第二百三十六条规定之罪的,依照处罚较重的规定定罪处罚。"

奸淫幼女具有从严惩处情形,社会危害性与《刑法》第 236 条第 3 款第 2 项至第 4 项相当的,可以认为属于该款第 1 项规定的"情节恶劣"。例如,该款第 2 项规定的"奸淫幼女多人",一般是指奸淫幼女 3 人以上。②

在对猥亵儿童罪的修改中,规定了四种情形作为升档处罚的情节,包括:猥亵儿童多人或者多次的;聚众猥亵儿童的,或者在公共场所当众猥亵儿童,

---

① 李兵:《〈关于审理未成年人刑事案件具体应用法律若干问题的解释〉的理解与适用》,载《人民司法》2006 年第 4 期。

② 参见最高人民检察院第十一批指导性案例中的"齐某强奸、猥亵儿童案"。

情节恶劣的；造成儿童伤害或者其他严重后果的；猥亵手段恶劣或者有其他恶劣情节的。

具体案件中认定"情节恶劣"需要具体分析，认定标准应考虑行为的严重程度与同款规定情形相当，即强奸罪"情节恶劣"的认定标准应当与《刑法》第 236 条第 3 款第 2 项至第 6 项所列情形的严重性相当，猥亵儿童罪"情节恶劣"的认定标准应当与《刑法》第 237 条第 3 款第 1 项至第 4 项所列情形的严重性相当。实践中，可以参考《关于依法惩治性侵害未成年人犯罪的意见》第 25 条规定的"更要依法从严惩处"的七种情形，结合案件具体事实、情节、犯罪对象、身份职责、犯罪地点、手段、后果等多方面综合判断行为的危害程度是否与刑法所列明的升档处罚情形相当。

6. 关于犯罪嫌疑人辩解未成年人自愿、主动发生关系的审查方式

实践中，犯罪嫌疑人往往辩解未成年被害人系主动或自愿与其发生性关系，也确实存在未成年人自愿甚至主动与犯罪嫌疑人发生性关系之后，迫于家长、男友、社会舆论压力等，作虚假陈述的情况。"自愿性"问题不仅对定罪、量刑有直接影响，也反映了犯罪嫌疑人的主观恶性，应予以高度重视，可从以下几个方面开展审查：（1）查证双方当事人所述细节，从双方的行为细节判断是否有违背常理的情况，通过甄别双方陈述的真伪来判断"自愿性"；（2）查证相关物证等客观证据，如被害人的衣物是否有破损、被害人身体是否有伤势等；（3）查证双方之间的关系，犯罪嫌疑人对被害人是否负有特殊职责，从双方的熟识程度、交往频率、发生性关系的时间、场合等方面进行审查；（4）查证双方的交往情况，调取双方的手机通话记录、短信记录、网络聊天记录、电子邮件等，分析双方关系及亲密程度；（5）查证案发后双方状态，犯罪嫌疑人是否有心虚、逃避等行为，被害人有无哭泣、向他人倾诉等行为；（6）查证被害人的报案过程，判断是否受家长等外界因素影响等。最后，结合双方的年龄、文化、社会阅历等各项因素，综合分析判断未成年被害人是否"自愿"。

7. 关于猥亵儿童的治安违法行为和刑事犯罪行为的界限

根据刑法规定，猥亵儿童应当从重处罚。相较于猥亵成年人的行为，对猥亵儿童犯罪应当从严把握，从严惩处。

对猥亵儿童行为出入罪的判断不应当进行单一判断，而需要从猥亵方式、猥亵部位、猥亵次数、时间长短、行为场合、伤害大小、犯罪嫌疑人是否对未成年人负有特殊职责等方面入手，同时重点考虑行为的社会危害性和嫌疑人的主观恶性，全面、综合审查判断是否应当出罪或入罪。

例如对未成年人腿部、面部等性特征意义不明显的身体部位实施猥亵，接

触时间较短且对被害人身心伤害程度不大,情节显著轻微的,可以不认为是犯罪,符合《治安管理处罚法》第 44 条规定情形的,应依法给予行政处罚,即"猥亵他人的,或者在公共场所故意裸露身体,情节恶劣的,处五日以上十日以下拘留;猥亵智力残疾人、精神病人、不满十四周岁的人或者有其他严重情节的,处十日以上十五日以下拘留。"

第十讲　监护侵害案件未成年人的综合保护

未成年人的父母或者其他监护人应当履行相应的监护职责,但现实中监护人对未成年人实施侵害的案件屡见不鲜。本讲在阐明监护人监护责任的基础上,重点就监护侵害案件的适用范围、适用程序、配套制度,以及如何开展法律监督进行阐述。

一、概述

(一) 概念

2014 年 12 月,最高人民法院、最高人民检察院、公安部、民政部联合出台《关于依法处理监护人侵害未成年人权益行为若干问题的意见》,其第 1 条即明确监护侵害行为,是指父母或者其他监护人(以下简称监护人)性侵害、出卖、遗弃、虐待、暴力伤害未成年人,教唆、利用未成年人实施违法犯罪行为,胁迫、诱骗、利用未成年人乞讨,以及不履行监护职责严重危害未成年人身心健康等行为。而监护人是指对无民事行为能力人和限制民事行为能力人的人身、财产和其他一切合法权益负有监护职责的人。①

实践中,检察机关未检部门已将监护困境儿童纳入司法保护范围,目前监护困境与监护侵害二者的概念和边界尚没有法理上的认定,根据国务院《关于加强困境儿童保障工作的意见》,监护困境儿童是指因家庭监护缺失或监护不当遭受虐待、遗弃、意外伤害、不法侵害等导致人身安全受到威胁或侵害的儿童。由此可见,监护困境的涵义更为抽象全面,且包含监护侵害行为。

以检察视角来看,国务院《关于依法处理监护人侵害未成年人权益行为若干问题的意见》对监护侵害的检察职能进行了明晰,故本讲仅以监护侵害为切入点进行阐述。需要说明的是,监护侵害行为同时包含监护缺失和监护不当等行为,例如因监护人死亡、失踪、查找不到等原因,事实无法履行监护职责的为监护缺失,监护人性侵害、出卖、遗弃、教唆、胁迫等则为监护不当。

---

① 邹瑜:《法学大辞典》,中国政法大学出版社 1991 年版。

（二）常用法律政策依据

1.《民法典》

第 27 条　父母是未成年子女的监护人。

未成年人的父母已经死亡或者没有监护能力的，由下列有监护能力的人按顺序担任监护人：

（一）祖父母、外祖父母；

（二）兄、姐；

（三）其他愿意担任监护人的个人或者组织，但是须经未成年人住所地的居民委员会、村民委员会或者民政部门同意。

第 34 条　监护人的职责是代理被监护人实施民事法律行为，保护被监护人的人身权利、财产权利以及其他合法权益等。

监护人依法履行监护职责产生的权利，受法律保护。

监护人不履行监护职责或者侵害被监护人合法权益的，应当承担法律责任。

因发生突发事件等紧急情况，监护人暂时无法履行监护职责，被监护人的生活处于无人照料状态的，被监护人住所地的居民委员会、村民委员会或者民政部门应当为被监护人安排必要的临时生活照料措施。

第 35 条（第 1 款）　监护人应当按照最有利于被监护人的原则履行监护职责。监护人除为维护被监护人利益外，不得处分被监护人的财产。

（第 2 款）　未成年人的监护人履行监护职责，在作出与被监护人利益有关的决定时，应当根据被监护人的年龄和智力状况，尊重被监护人的真实意愿。

第 36 条　监护人有下列情形之一的，人民法院根据有关个人或者组织的申请，撤销其监护人资格，安排必要的临时监护措施，并按照最有利于被监护人的原则依法指定监护人：

（一）实施严重损害被监护人身心健康的行为；

（二）怠于履行监护职责，或者无法履行监护职责且拒绝将监护职责部分或者全部委托给他人，导致被监护人处于危困状态；

（三）实施严重侵害被监护人合法权益的其他行为。

本条规定的有关个人、组织包括：其他依法具有监护资格的人，居民委员会、村民委员会、学校、医疗机构、妇女联合会、残疾人联合会、未成年人保护组织、依法设立的老年人组织、民政部门等。

前款规定的个人和民政部门以外的组织未及时向人民法院申请撤销监护人资格的，民政部门应当向人民法院申请。

2. 最高人民法院、最高人民检察院、公安部、民政部《关于依法处理监护人侵害未成年人权益行为若干问题的意见》

第2条 处理监护侵害行为，应当遵循未成年人最大利益原则，充分考虑未成年人身心特点和人格尊严，给予未成年人特殊、优先保护。

第3条 对于监护侵害行为，任何组织和个人都有权劝阻、制止或者举报。

公安机关应当采取措施，及时制止在工作中发现以及单位、个人举报的监护侵害行为，情况紧急时将未成年人带离监护人。

民政部门应当设立未成年人救助保护机构（包括救助管理站、未成年人救助保护中心），对因受到监护侵害进入机构的未成年人承担临时监护责任，必要时向人民法院申请撤销监护人资格。

人民法院应当依法受理人身安全保护裁定申请和撤销监护人资格案件并作出裁判。

人民检察院对公安机关、人民法院处理监护侵害行为的工作依法实行法律监督。

人民法院、人民检察院、公安机关设有办理未成年人案件专门工作机构的，应当优先由专门工作机构办理监护侵害案件。

第5条 人民法院、人民检察院、公安机关、民政部门应当加强与妇儿工委、教育部门、卫生部门、共青团、妇联、关工委、未成年人住所地村（居）民委员会等的联系和协作，积极引导、鼓励、支持法律服务机构、社会工作服务机构、公益慈善组织和志愿者等社会力量，共同做好受监护侵害的未成年人的保护工作。

第30条 监护人因监护侵害行为被提起公诉的案件，人民检察院应当书面告知未成年人及其临时照料人有权依法申请撤销监护人资格。

对于监护侵害行为符合本意见第35条规定情形而相关单位和人员没有提起诉讼的，人民检察院应当书面建议当地民政部门或者未成年人救助保护机构向人民法院申请撤销监护人资格。

3.《未成年人保护法》

第15条 未成年人的父母或者其他监护人应当学习家庭教育知识，接受家庭教育指导，创造良好、和睦、文明的家庭环境。

共同生活的其他成年家庭成员应当协助未成年人的父母或者其他监护人抚养、教育和保护未成年人。

第96条 民政部门承担临时监护或者长期监护职责的，财政、教育、卫生健康、公安等部门应当根据各自职责予以配合。

县级以上人民政府及其民政部门应当根据需要设立未成年人救助保护机构、儿童福利机构，负责收留、抚养由民政部门监护的未成年人。

第 108 条　未成年人的父母或者其他监护人不依法履行监护职责或者严重侵犯被监护的未成年人合法权益的，人民法院可以根据有关人员或者单位的申请，依法作出人身安全保护令或者撤销监护人资格。

被撤销监护人资格的父母或者其他监护人应当依法继续负担抚养费用。

第 109 条　人民法院审理离婚、抚养、收养、监护、探望等案件涉及未成年人的，可以自行或者委托社会组织对未成年人的相关情况进行社会调查。

4. 国务院《关于加强困境儿童保障工作的意见》

一、总体要求

（三）总体目标。加快形成家庭尽责、政府主导、社会参与的困境儿童保障工作格局，建立健全与我国经济社会发展水平相适应的困境儿童分类保障制度，困境儿童服务体系更加完善，全社会关爱保护儿童的意识明显增强，困境儿童成长环境更为改善、安全更有保障。

5. 最高人民检察院、国家监察委员会、教育部等《关于建立侵害未成年人案件强制报告制度的意见（试行）》

第 4 条　本意见所称在工作中发现未成年人遭受或者疑似遭受不法侵害以及面临不法侵害危险的情况包括：

（一）未成年人的生殖器官或隐私部位遭受或疑似遭受非正常损伤的；

（二）不满十四周岁的女性未成年人遭受或疑似遭受性侵害、怀孕、流产的；

（三）十四周岁以上女性未成年人遭受或疑似遭受性侵害所致怀孕、流产的；

（四）未成年人身体存在多处损伤、严重营养不良、意识不清，存在或疑似存在受到家庭暴力、欺凌、虐待、殴打或者被人麻醉等情形的；

（五）未成年人因自杀、自残、工伤、中毒、被人麻醉、殴打等非正常原因导致伤残、死亡情形的；

（六）未成年人被遗弃或长期处于无人照料状态的；

（七）发现未成年人来源不明、失踪或者被拐卖、收买的；

（八）发现未成年人被组织乞讨的；

（九）其他严重侵害未成年人身心健康的情形或未成年人正在面临不法侵害危险的。

二、监护责任

(一) 监护应当行为

根据《未成年人保护法》第 16、18、19、20、22、23、24 条的规定，未成年人的父母或者其他监护人应当履行下列监护职责：(1) 为未成年人提供生活、健康、安全等方面的保障；(2) 关注未成年人的生理、心理状况和情感需求；(3) 教育和引导未成年人遵纪守法、勤俭节约，养成良好的思想品德和行为习惯；(4) 对未成年人进行安全教育，提高未成年人的自我保护意识和能力；(5) 尊重未成年人受教育的权利，保障适龄未成年人依法接受并完成义务教育；(6) 保障未成年人休息、娱乐和体育锻炼的时间，引导未成年人进行有益身心健康的活动；(7) 妥善管理和保护未成年人的财产；(8) 依法代理未成年人实施民事法律行为；(9) 预防和制止未成年人的不良行为和违法犯罪行为，并进行合理管教；(10) 其他应当履行的监护职责。

未成年人的父母或者其他监护人应当为未成年人提供安全的家庭生活环境，及时排除引发触电、烫伤、跌落等伤害的安全隐患；采取配备儿童安全座椅、教育未成年人遵守交通规则等措施，防止未成年人受到交通事故的伤害；提高户外安全保护意识，避免未成年人发生溺水、动物伤害等事故。

未成年人的父母或者其他监护人应当根据未成年人的年龄和智力发展状况，在作出与未成年人权益有关的决定前，听取未成年人的意见，充分考虑其真实意愿。

未成年人的父母或者其他监护人发现未成年人身心健康受到侵害、疑似受到侵害或者其他合法权益受到侵犯的，应当及时了解情况并采取保护措施；情况严重的，应当立即向公安、民政、教育等部门报告。

未成年人的父母或者其他监护人因外出务工等原因在一定期限内不能完全履行监护职责的，应当委托具有照护能力的完全民事行为能力人代为照护；无正当理由的，不得委托他人代为照护。未成年人的父母或者其他监护人在确定被委托人时，应当综合考虑其道德品质、家庭状况、身心健康状况、与未成年人生活情感上的联系等情况，并听取有表达意愿能力未成年人的意见。

未成年人的父母或者其他监护人应当及时将委托照护情况书面告知未成年人所在学校、幼儿园和实际居住地的居民委员会、村民委员会，加强和未成年人所在学校、幼儿园的沟通；与未成年人、被委托人至少每周联系和交流一次，了解未成年人的生活、学习、心理等情况，并给予未成年人亲情关爱。

未成年人的父母或者其他监护人接到被委托人、居民委员会、村民委员会、学校、幼儿园等关于未成年人心理、行为异常的通知后,应当及时采取干预措施。

未成年人的父母离婚时,应当妥善处理未成年子女的抚养、教育、探望、财产等事宜,听取有表达意愿能力未成年人的意见。不得以抢夺、藏匿未成年子女等方式争夺抚养权。

未成年人的父母离婚后,不直接抚养未成年子女的一方应当依照协议、人民法院判决或者调解确定的时间和方式,在不影响未成年人学习、生活的情况下探望未成年子女,直接抚养的一方应当配合,但被人民法院依法中止探望权的除外。

(二)监护禁止行为

根据《未成年人保护法》第17、21条的规定,未成年人的父母或者其他监护人不得实施下列行为:(1)虐待、遗弃、非法送养未成年人或者对未成年人实施家庭暴力;(2)放任、教唆或者利用未成年人实施违法犯罪行为;(3)放任、唆使未成年人参与邪教、迷信活动或者接受恐怖主义、分裂主义、极端主义等侵害;(4)放任、唆使未成年人吸烟(含电子烟,下同)、饮酒、赌博、流浪乞讨或者欺凌他人;(5)放任或者迫使应当接受义务教育的未成年人失学、辍学;(6)放任未成年人沉迷网络,接触危害或者可能影响其身心健康的图书、报刊、电影、广播电视节目、音像制品、电子出版物和网络信息等;(7)放任未成年人进入营业性娱乐场所、酒吧、互联网上网服务营业场所等不适宜未成年人活动的场所;(8)允许或者迫使未成年人从事国家规定以外的劳动;(9)允许、迫使未成年人结婚或者为未成年人订立婚约;(10)违法处分、侵吞未成年人的财产或者利用未成年人牟取不正当利益;(11)其他侵犯未成年人身心健康、财产权益或者不依法履行未成年人保护义务的行为。

未成年人的父母或者其他监护人不得使未满8周岁或者由于身体、心理原因需要特别照顾的未成年人处于无人看护状态,或者将其交由无民事行为能力、限制民事行为能力、患有严重传染性疾病或者其他不适宜的人员临时照护。

未成年人的父母或者其他监护人不得使未满16周岁的未成年人脱离监护单独生活。

【重点提示】对于办案中发现未成年人的父母或者其他监护人违反法律规定拒绝履行、怠于履行或者不当履行监护职责,或者严重侵犯被监护未成年人合法权益的,检察机关应当视情开展亲职教育,履行监督职责。

三、监护侵害案件的适用范围

根据《关于依法处理监护人侵害未成年人权益行为若干问题的意见》第35条规定，监护人有下列情形之一的，人民法院可以判决撤销其监护人资格：(1) 性侵害、出卖、遗弃、虐待、暴力伤害未成年人，严重损害未成年人身心健康的；(2) 将未成年人置于无人监管和照看的状态，导致未成年人面临死亡或者严重伤害危险，经教育不改的；(3) 拒不履行监护职责长达6个月以上，导致未成年人流离失所或者生活无着的；(4) 有吸毒、赌博、长期酗酒等恶习无法正确履行监护职责或者因服刑等原因无法履行监护职责，且拒绝将监护职责部分或者全部委托给他人，致使未成年人处于困境或者危险状态的；(5) 胁迫、诱骗、利用未成年人乞讨，经公安机关和未成年人救助保护机构等部门3次以上批评教育拒不改正，严重影响未成年人正常生活和学习的；(6) 教唆、利用未成年人实施违法犯罪行为，情节恶劣的；(7) 有其他严重侵害未成年人合法权益行为的。

> 【随堂问题】监护侵害行为是否包括侵害财产权利的行为？
>
> 根据《关于依法处理监护人侵害未成年人权益行为若干问题的意见》对监护侵害行为概念的定义，监护侵害行为包括教唆、利用未成年人实施违法犯罪行为，胁迫、诱骗、利用未成年人乞讨的行为，这些侵害行为都可能涉及侵财类犯罪。同时，《民法典》第36条第1款第3项、《关于依法处理监护人侵害未成年人权益行为若干问题的意见》第35条第7项的规定，也对监护侵害行为作了兜底规定，即侵害未成年人合法权益的其他规定。虽然当前检察机关在办理监护侵害案件履行监督职能时基本以监护人侵害未成年人的人身权利为切入点，但是如果监护人侵害未成年人的财产利益数额巨大，涉嫌犯罪的或因监护侵害行为未成年人生活陷入困境的，检察机关应当主动履行法律监督职能，如发现相关职能部门怠于履行职责的，应督促相关职能部门依法履职尽责。

四、监护侵害案件的适用程序

(一) 线索发现

1. 主动发现

监护侵害行为发生于家庭内部、对象又系未成年人，被监护人往往没有能力为自己的权益发声，难以发现此类事件，检察机关在行使职权时应畅通内外沟通机制，及时发现线索、及早介入并实现全程监督。

例如，上海市闵行区检察院未检部门会同民行、监所等部门会签《部门之间案件线索移送工作办法》，通过完善未成年人民事行政案件的发现和移送机制，形成全院一盘棋的工作合力。又如，上海市宝山区检察院对外加强与公安、法院等政法机关以及卫生、教育、民政等行政主管部门的沟通联系，联合公安、团委、妇联等部门制定《监护困境儿童线索发现处置工作办法》，建立了监护侵害和缺失的困境儿童线索发现、移送及联络员机制，便于检察机关及时介入，督促相关部门履行保护职责。

2. 强制报告

根据《关于依法处理监护人侵害未成年人权益行为若干问题的意见》第6条规定，学校、医院、村（居）民委员会、社会工作服务机构等单位及其工作人员，发现未成年人受到监护侵害的，应当及时向公安机关报案或者举报。其他单位及其工作人员、个人发现未成年人受到监护侵害的，也应当及时向公安机关报案或者举报。

《关于建立侵害未成年人案件强制报告制度的意见》对未成年人遭受或者疑似遭受不法侵害以及面临不法侵害危险的情况进行了列举，其中包括可能遭受监护人侵害的情况：未成年人身体存在多处损伤、严重营养不良、意识不清，存在或疑似存在受到家庭暴力、欺凌、虐待、殴打或者被人麻醉等情形的；未成年人因自杀、自残、工伤、中毒、被人麻醉、殴打等非正常原因导致伤残、死亡情形的；未成年人被遗弃或长期处于无人照料状态的；发现未成年人来源不明、失踪或者被拐卖、收买的；发现未成年人被组织乞讨的；其他严重侵害未成年人身心健康的情形或未成年人正在面临不法侵害危险的等。如发现上述侵害情况，国家机关、法律法规授权行使公权力的各类组织及法律规定的公职人员，密切接触未成年人行业的各类组织及其从业人员，均应履行报告义务。此处的报告主体较《关于依法处理监护人侵害未成年人权益行为若干问题的意见》规定的主体范围更为全面。

此外，《未成年人保护法》第11条规定，任何组织或者个人发现不利于未成年人身心健康或者侵犯未成年人合法权益的情形，都有权劝阻、制止或者向公安、民政、教育等有关部门提出检举、控告。国家机关、居民委员会、村民委员会、密切接触未成年人的单位及其工作人员，在工作中发现未成年人身心健康受到侵害、疑似受到侵害或者面临其他危险情形的，应当立即向公安、民政、教育等有关部门报告。有关部门接到涉及未成年人的检举、控告或者报告，应当依法及时受理、处置，并以适当方式将处理结果告知相关单位和人员。

对于在发现上述情况后相关单位、相关部门对强制报告机制执行、监管不力的情况，检察机关可以通过制发《检察建议书》等方式监督落实。

（二）线索处置

对于监护侵害线索，检察机关应当及时依职权移送公安机关进行处理。例如《上海市困境儿童安全保护工作操作规程》规定，公安机关对不构成犯罪的监护侵害行为予以批评教育、训诫、出具告诫书或者治安处罚后，应当及时通报同级检察机关；对于监护侵害行为可能构成犯罪的，公安机关可以申请检察机关提前介入，检察机关也可以在认为确有必要介入时，及时介入。

（三）监护调查

为客观公正地办理监护侵害案件，检察机关应当对未成年人家庭监护状况进行专门调查。对此，上海检察机关探索建立了适格监护人第三方调查机制，以准确判断监护人的监护情况，通过委托社工组织、未成年人保护组织、律师等第三方机构或人员，对相关监护人的监护意愿、监护能力、身心状况、性格特点、经济状况、家庭环境、亲子关系等开展全面、客观的调查，并形成书面报告提交办案部门，为后续处理提供参考依据。

（四）监护评估

监护评估机制按照工作流程可以分为两类：

1. 撤销监护权必要性评估

撤销监护权必要性评估，主要是在未成年人遭受侵害后评估是否有撤销监护人监护权的必要，例如上海市普陀区检察院创设"监护资格考察"制度，即根据监护人请求，先将遭受监护侵害的未成年人交还原监护人暂时抚养，并给予他们一段时间的考察，对考察期内的监护能力、生活现状和亲情修复情况等进行全面监督和评估，若在考察期内监护人有效履行了监护职责，未出现侵害未成年人权益的行为，则可在考察期满后最终决定不启动撤销监护人资格程序，帮助修复亲子关系，回归原生家庭。若出现侵害未成年人权益的行为，则启动撤销监护人资格程序。

2. 恢复监护人资格评估

《民法典》第 38 条规定了监护人资格的恢复，即"被监护人的父母或者子女被人民法院撤销监护人资格后，除对被监护人实施故意犯罪的外，确有悔改表现的，经其申请，人民法院可以在尊重被监护人真实意愿的前提下，视情况恢复其监护人资格，人民法院指定的监护人与被监护人的监护关系同时终止。"《关于依法处理监护人侵害未成年人权益行为若干问题的意见》设立了恢复监护人资格的案件具体的申请程序，即被撤销监护人资格的侵害人，自监护人资格被撤销之日起3个月至1年内，可以书面向人民法院申请恢复监护人资格，并应当提交相关证据。在被撤销监护权人提出恢复监护人资格申请后，办案机关同样应当对申请人的监护能力等进行评估，人民法院根据申请人悔改表现、监护能力等情况判决是否恢复其监护人资格。

【案例】上海市普陀区检察院创设"监护考察制度"

普陀区检察院借鉴《未成年人保护法》的中止监护理念，创设"监护资格考察"制度，建立对监护人科学评估、考察的暂缓撤销监护资格机制，确保未成年人得到及时、有效监护。该院制定《关于监护资格考察工作的实施办法》，明确监护考察的对象范围、适用情形、考察方式、内容、期限及法律后果等，规范开展监护考察工作；研发适用于监护资格考察环节的《监护考察委托函》《监护行为负面清单》《监护行为记录表》《监护人保证书》等各类专门文书，对监护行为、资格、条件进行全面监督考察，为最终作出处理决定提供科学依据和制度保障。还与辖区内儿童医院等建立了未成年人受害线索移送机制。

2020年该院通过线索移送机制获悉一名儿童滞留医院长达3年之久，遂立即赶赴儿童医院了解情况。据调查，未成年人六六因早产被其父许某送至医院治疗，在病情稳定符合出院条件后，许某因孩子患有智力发育迟滞，后期治疗费用大、家庭经济困难等，将孩子长期遗弃在医院。在全面掌握相关事实后，普陀区院立即启动立案监督，并在公安机关立案后提前介入，就证据把握、侦查取证方向等向公安机关提出意见，夯实证据基础。许某到案后对遗弃犯罪行为供认不讳。在亲子鉴定时许某见到健康活泼的儿子后深感懊悔，经检察官训诫教育，其真诚表达抚养意愿。区院认为，许某行为构成遗弃罪，但犯罪情节较轻、悔改意愿明显，且被遗弃儿童相对年幼，考虑到原生家庭最有利于孩子成长，区院未启动撤销监护人资格程序，给监护人继续履行监护职责预留"通道"。

为确保监护考察工作落到实处，未检检察官与区青少年社工远赴许某所在的某省某县，深入其家庭、邻居、亲属等，全面走访调查许某的监护条件、生活状况等。在许某刑满释放前，承办检察官即与当地检察机关沟通联系，并与当地村委会、妇联、公安机关就后续异地监护考察工作开展有效对接，确定监护资格考察小组成员及各成员工作职责，并会同监护资格考察小组成员共同开展监护监督工作，及时了解监护状况及监督工作情况，对许某的监护行为予以实时提示、约束。监护资格考察期间，检察官及考察小组成员定期通过微信、电话或实地走访等方式，了解孩子回归家庭后的生活状况、亲子关系与监护情况等，同时开展家庭教育辅导，帮助融洽亲子关系。为精准有效开展对许某监护行为的最终评估，区院参照市民政部门相关评价办法制定量化标准，并邀请各方专业社会力量加入评估小组，构建司法主导、多方参与、异地联动的跨区域工作网络，实现参考标准、考察人员和对接评估的"三规范"。监护考察期满后，普陀区院检察官与社工再次前往许某家乡居住地，组织召开监护考察听证会，听取村委会、妇联、公安机关等对许某夫妇履行监护职责情况的意见。经了解，许某夫妇能够在能力范围内为六六提供衣食住行，逐步帮助孩子养成讲卫生、懂礼貌、起居自理等良好生活习惯，家庭关系和睦。许某夫妇向检察官汇报了六六的养育状况、司法救助金的使用、家庭生活情况及后续抚养计划，表达了希望继续抚养孩子的意愿。经全面审查综合评估，区院决定不启动撤销监护资格程序，由许某继续抚养六六。目前，六六已回归正常的家庭生活。

（五）监护干预

1. 亲职教育

检察机关在办理未成年人案件过程中，发现涉案未成年人的父母或其他监护人存在侵害未成年人合法权益、不依法履行监护职责或者履职不当、不力等情形的，可以结合具体情况，对其父母或其他监护人决定采取训诫、责令严加管教、责令接受亲职教育辅导或者建议公安机关治安处罚等一种或者多种教育和惩戒措施，责令其加强对未成年人的教育和保护。

2. 督促、支持起诉

未成年人父母或其他监护人不履行监护职责、侵害被监护的未成年人合法权益，经教育不改或者拒绝执行检察机关亲职教育措施，造成严重后果的，检察机关可以依法告知、督促未成年人及其临时照料人或相关单位、组织等向人民法院申请撤销监护资格。

（1）督促起诉。是指检察机关对负有国家或社会公共利益监管职责的有关监管部门或国有单位不履行或怠于履行职责，案件性质可通过民事诉讼获得司法救济的，检察机关以监督者的身份，督促有关监管部门或国有单位履行职责，依法提起民事诉讼，保护国家和社会公共利益的制度。[1]

当前督促起诉工作不仅在公益诉讼领域得到应用，在监护侵害案件办理中也得到广泛适用，如检察机关在办理监护人遗弃、强奸被监护人等案件中，对

---

[1] 引自《梁琪：检察机关提起参与民事公益诉讼的探索和实践》，http：//www.jcrb.com/procuratorate/procuratorforum/201206/t20120604_876366.html，2020年6月1日访问。

符合撤销监护人资格的情形而相关单位、人员没有提起诉讼的,检察机关可以在与当地民政部门或相关儿童保护机构沟通后,采取书面建议的方式,督促当地民政部门或者有救助意愿和能力的未成年人救助保护机构作为主体,向当地人民法院提出撤销监护权的诉讼申请。

【案例】检察机关督促民政部门提起撤销监护权诉讼

某市检察院在一起亲生父亲强奸女儿案件中,鉴于孩子母亲向检察机关表示希望通过提起诉讼撤销父亲对女儿的监护权,但受限于自己是文盲,不能很好地完成诉讼程序,于是书面向检察机关表明放弃申请撤销监护人资格的权利,同时请求检察机关建议民政部门向法院提起诉讼。故检察机关向市民政局发出《检察建议》,督促市民政局向法院提起撤销监护权诉讼。

【案例】检察机关异地督促职能部门提起撤销监护权诉讼

2016年,眭某等三人至上海、湖南、贵州等地,组织并指使小丽(女,8岁)、小玲(女,7岁)等儿童窃取商店内手机等财物。某区检察院以组织未成年人进行违反治安管理活动罪对眭某等三人提起公诉。2017年9月,法院分别判处眭某等三人有期徒刑,并处罚金。经审查发现,小丽多次因偷盗行为被遣返原籍,但父母仍将其送回犯罪团伙;小玲的父亲向其传授犯罪手法,母亲多次带其实施盗窃犯罪。两名未成年人的父母拒不履行监护职责,任由孩子被利用甚至直接带其实施犯罪,情节严重,检察机关遂向该两名未成年人的户籍所在地某省某县人民政府发出检察建议,督促其责成相关职能部门提起撤销监护权之诉。2017年9月,该县社会救助站向人民法院提起撤销监护权诉讼,法院依法撤销两名未成年人父母的监护权,并分别为他们指定了监护人。其后,检察机关继续保持与当地有关部门联系,密切关注小丽和小玲的监护状况并做回访。

(2)支持起诉

依据《民事诉讼法》第15条规定,机关、社会团体、企业事业单位对损害国家、集体或者个人民事权益的行为,可以支持受损害的单位或者个人向人民法院起诉。检察机关在支持起诉监护权撤销案件中,通过向法院制发《支持起诉意见书》的方式进行,也可以同时派员出庭支持起诉。

【案例】检察机关支持起诉撤销失职父亲监护权

张某与彭某某未婚生育一子俊俊(男,2017年11月生),二人因感情不和分手,俊俊由父亲张某抚养。2018年3月18日,张某以生活困难为由将俊俊丢弃在某小区门口,警方发现后将俊俊临时安置在某医院。同年5月10日,张某在民警劝告下将孩子领回,当日20时许,张某再次将俊俊丢弃在某居民小区。2018年12月，张某因遗弃罪被某人民法院判处有期徒刑10个月。

2018年12月19日，某检察院告知被害人俊俊及其法定代理人彭某某有权向法院申请撤销监护人资格，建议彭某某提起关于确认俊俊抚养权的相关诉讼，并向法院制发支持起诉书。2019年1月28日，检察机关派员出庭支持民事抚养权确权之诉，法院当庭达成调解协议，俊俊由其母亲彭某某抚养。

> 【随堂问题】检察机关支持起诉的必要性？
>
> 依据《关于依法处理监护人侵害未成年人权益行为若干问题的意见》第30条规定，人民检察院应书面告知未成年人及临时照料人、当地民政部门或未成年人救助保护机构有权向法院提出撤销监护人监护资格的申请。检察机关在没有适格主体提起监护权撤销之诉的前提下，有义务履行法律监督职责督促起诉，这既是现实情况的要求，也符合法律规定。
>
> 有观点认为如果检察机关介入民事诉讼中，有可能导致民事主体的双方平等性失衡，不利于诉讼的开展。笔者认为，检察机关介入既有基于维护儿童最大利益、避免未成年人监护权悬而不决导致监护真空的应然责任而承担支持起诉职责的必要，也有即便存在相关部门兜底、仍旧缺乏专业法律素养难以应对复杂多变现实状况的实然责任，因此，检察机关支持起诉确有必要性。

> 【随堂问题】在法院判处撤销监护人监护权并转移给其他适宜监护主体后，原监护人是否还有对被监护人的抚养义务？
>
> 在尚无定论时，一些基层检察机关已经在撤销原监护人的监护资格后，根据原《民法总则》的规定，发挥检察职能，支持担任未成年人临时监护人的居委会等向法院提起诉讼，要求被害人的原监护人继续负担未成年人的抚养费用。《民法典》出台后，其第37条明文规定："依法负担被监护人抚养费、赡养费、扶养费的父母、子女、配偶等，被人民法院撤销监护人资格后，应当继续履行负担的义务。"

（六）监护回转

在《民法典》《未成年人保护法》和《关于依法处理监护人侵害未成年人权益行为若干问题的意见》中都规定了监护回转机制，即监护人经评估重新具备履行监护职责条件的，可以将未成年人送回监护人抚养。需要注意的是，依据《民法典》第 38 条的规定,将监护人对被监护人实施故意犯罪排除在监护回转之外。《关于依法处理监护人侵害未成年人权益行为若干问题的意见》还对监护回转的申请时间作了规定,即"被撤销之日起三个月至一年内"。

上述规定的直接后果就是有些未成年人在监护人被剥夺监护权后无法回归原生家庭。对此类未成年人的安置,根据《关于依法处理监护人侵害未成年人权益行为若干问题的意见》的规定,由民政部门担任监护人,并由其所属儿童福利机构收留抚养。收养后承担抚养职责的儿童福利机构可以送养未成年人,但是应当在人民法院作出撤销监护人资格判决一年后进行。

对《关于依法处理监护人侵害未成年人权益行为若干问题的意见》中涉及送养的规定目前尚无细化解释,从上海的地方实践来看,除满足撤销监护人资格判决一年后的时间条件外,2020 年 5 月 18 日,上海市民政局、上海市高级人民法院、上海市人民检察院和上海市公安局下发的《关于由上海市儿童福利监护的未成年人送养和收养工作操作规程》规定,符合侵害人自监护人资格被撤销之日起三个月至一年内未书面向法院申请恢复监护人资格;或者虽申请恢复,但经法院审理认为不得恢复的两种情况均可由儿童福利机构送养。需要注意的是,该《操作规程》还明确,如被撤销监护人资格的侵害人有虐待、遗弃未成年人 6 个月以上、多次遗弃未成年人,并且造成重伤以上严重后果情形的,不受《关于依法处理监护人侵害未成年人权益行为若干问题的意见》中需要一年后才能送养的时间限制。

【随堂问题】《民法典》和《关于依法处理监护人侵害未成年人权益行为若干问题的意见》在监护回转机制规定方面有所不同,在司法实践中应当如何适用?

《民法典》的规定和原《民法总则》的条款基本保持一致,就适用范围而言,《民法典》规定撤销监护权禁止回转的适用范围包含了《关于依法处理监护人侵害未成年人权益行为若干问题的意见》的三种情况,此外还将其他所有因故意犯罪撤销的监护权都涵盖在内,其立法目的除了更严厉打击监护侵害故意犯罪行为以外,同时也希望尽可能避免监护权撤销制度的滥用,以期通过更为审慎的态度确保原生家庭关系和家庭架构的稳定,从而保障未成年人尽可能生活在原生家庭。从法律的位阶以及生效的时间顺序上来看,《民法典》均优于《关于依法处理监护人侵害未成年人权益行为若干问题的意见》,在《民法典》公布实施后,应当按照其规定进行适用。

【随堂问题】 监护侵害案件办理的基本原则？

在监护侵害类案件中，基于最有利于未成年人原则的个别判断，关注重点不在于如何撤销监护权，而在于是否有必要撤销监护权以及在"不得不"撤销监护权后，未成年人后续权益的保护问题。监护权转移始终是两害相权取其轻的被动性选择，这是我们制度设计的基础。为此，我们需要本着最有利于未成年人的原则，在综合评估监护人的悔罪表现、抚养能力等后，听取未成年人自身意愿，在不违背法律的情况下，以未成年人回归原生家庭为最佳选择，依法作出最有利于未成年人权益保护的刑事和民事处理决定。

监护侵害案件发现及处置流程

```
                              ┌─ 批评、教育、告诫
                  ┌─ 调查处置 ─┼─ 行政处罚
                  │           └─ 刑事立案
发现、报告、    ┌─ 公安出警 ─┤
监护侵害行为 ──┤  提前介入   │           ┌─ 其他监护人、近亲属等 ─┐
强制报告       │            │           │                        ├─ 人身安全保护裁定 ─ 申请撤销监护权
                └─ 带离 ─────┴───────────┼─ 社会救助机构          │
                                        └─ 送医疗机构           ─┘
```

五、法律监督

（一）提起公诉

监护侵害行为可能构成虐待罪，一般情况下，虐待罪系自诉犯罪。《关于依法处理监护人侵害未成年人权益行为若干问题的意见》中对被害人无法告诉或者不能亲自告诉的，规定法定代理人、近亲属代为告诉，并以人民检察院可以告诉为兜底。但 2015 年颁布的《刑法修正案（九）》对虐待罪第 3 款进行了修改，即"第一款罪（虐待罪），告诉的才处理，但被害人没有能力告诉，或者因受到强制、威吓无法告诉的除外"，将无力告诉、无法告诉的虐待罪也确立为公诉犯罪。因此，人民检察院可以对虐待家庭成员，且被害人没有能力告诉或者因受到强制、威吓无法告诉的，或者致使被害人重伤、死亡的情况提起公诉。对于监护侵害行为可能构成其他刑事犯罪,如虐待、遗弃、故意伤害、性侵犯罪等,检察机关可以提起公诉。

【案例】检察机关对遗弃亲生女儿的父母提起公诉并支持起诉撤销监护权

小欣(女,2017年3月生)出生后被遗弃在某医院近两年。检察机关获悉后立即与公安机关、民政部门、街道、儿童临时看护中心等多次协调,由看护中心对小欣进行安置看护,同时启动立案监督程序,并引导公安机关侦破小欣父母遗弃案。虽经反复劝说但小欣父母出尔反尔,拒绝将小欣接回履行监护权,检察机关以涉嫌遗弃罪对小欣父母提起公诉,并依法支持看护中心对小欣父母提出撤销监护人资格之诉。小欣最终由某儿童福利院监护。

(二) 检察建议

在监护侵害案件的办理中,检察机关一般可以通过制发检察建议的方式督促民政部门提起撤销监护人资格诉讼。针对监护侵害案件办理中发现的社会治理方面存在的问题,如相关单位、部门不依法、不及时履行职责,致使未成年人遭受监护侵害或者存在相关危险等,检察机关也可制发检察建议予以纠正。

六、配套制度

(一) 综合救助机制

依据最高人民检察院《关于全面加强未成年人国家司法救助工作的意见》的相关规定,检察机关对遭受监护侵害的未成年人可以帮助落实心理安抚、疏导和治疗,协助开展生活安置、提供临时照料、指定监护人,帮助重返学校、推动落实相关资助政策、协调办理转学等工作;对因身体伤残出现就医、康复困难的,帮助落实医疗、康复机构,促进身体康复,对因身体伤害或者财产损失提起附带民事诉讼的,帮助获得法律援助;对单独提起民事诉讼的,协调减免相关诉讼费用,对适龄未成年人有劳动、创业等意愿但缺乏必要技能的,协调有关部门提供技能培训等帮助;对符合社会救助条件的,给予政策咨询、帮扶转介,帮助协调其户籍所在地有关部门按规定纳入相关社会救助范围等。

例如,上海检察机关充分发挥市区两级"未成年人检察社会服务中心"的统筹协调作用,推动相关部门和社会组织积极参与未成年人综合保护工作。依托各区未成年人检察社会服务中心建立监护困境未成年人信息平台,受理监护困境未成年人线索并及时将司法需求转介至相关职能部门和社会组织处置,对于需要多部门协作的个案,由服务中心牵头协调,实现多方参与、联合保护。

此外,上海市人民检察院、上海市司法局还联合签署了《关于深化涉案未成年人法律援助工作机制的若干意见》,建立撤销监护人资格诉讼的民事法律援助机制,帮助陷入监护困境、遭受监护侵害的未成年人申请法律援助。此外,检察机关针对父母下落不明、父母均为服刑人员等因监护缺失陷入困境的未成年人,协调联系民政、公安、居委会等有关部门和单位,帮助未成年人解决临时监护、户籍、就学及就业等问题。联系有关社会专业力量提供心理疏导,根据实际情况落实综合救助措施等。

【案例】 检察机关严惩监护侵害犯罪并对未成年被害人开展综合救助保护

2017年5月某日,15岁的小英在亲属陪同下到某派出所报警称其父母经常对其采取冻饿、打骂等手段实施虐待。某检察院未检部门了解情况后,立即派员提前介入,会同公安机关完成对被害人的"一站式"询问、取证工作,并就该案的证据把握、侦查方向等向公安机关提出意见,夯实证据基础。案件移送检察机关后,承办案件的检察官着重对犯罪嫌疑人与被害人的身份关系、作案动机、手段及未成年被害人自残、离家出走等情况进行了重点审查;同时为被害人落实法律援助、司法救助,并提供专业心理咨询。通过电话联系、面谈、走访等多种调查方式,全面了解被害人小英的成长环境、亲属关系、监护条件,发现被害人及其弟、妹从小就被父母留在老家由其他亲属抚养,没有得到过亲生父母的照顾。本案中被害人父母共同实施了严重的监护侵害行为,均应当剥夺监护权。由于案件的特殊性,承办人多次与被害人的其他成年家属联系沟通,宣传相关法律规定,综合考虑其他亲属的年龄、职业、对被害人及其弟妹成长的贡献度、未成年人意愿等因素,确定由被害人的两个姑姑担任被害人及其弟妹的监护人。考虑到当事人家庭困难,检察官多次与法援中心协商,最终以检察公函的形式,协调法律援助中心指派熟悉案情的律师,为远在外地家乡的小英及其亲属继续提供法律援助,帮助提起监护权撤销及变更诉讼。还积极与承办法官、法援律师沟通,并向被申请人户籍地的公安机关制发检察公函,协调开具相关证明材料。最终,法院判决由小英的两个姑姑担任小英及其弟妹的监护人。

(二) 儿童权益代表人制度

鉴于涉案未成年人因不具备诉讼当事人主体地位,无法在庭审中主张自身权利,为更好地保障未成年人权益,为这类特殊群体代言发声,儿童权益代表人制度应运而生。该制度基于最有利于未成年人原则及国家亲权理论,通过案件受理法院依职权或依申请为未成年人选择利益代表人的方式,赋予纠纷中的未成年人以诉讼主体地位,从而维护其程序、实体上的合法权益。诉讼过程中,儿童权益代表人还起到了向未成年人说明诉讼程序、减轻其心灵创伤、开展周旋促成和解等作用。尤其是儿童权益代表人以专业的水准,充分弥补未成年人在撤销监护中的话语权短板,为全面保护诉讼中未成年人的合法权益提供了新的工作思路。在存在遗弃、虐待、放弃抚养权、子女患病、可能侵害子女财产等情况的离婚案件以及撤销监护权等案件中,可以视情聘请妇儿委干部、青少年社工等担任儿童权益代表人,作为独立诉讼主体参与诉讼,发表维护未成年人权益的意见。

【案例】妇联干部在遗弃案件中担任儿童权益代表人

2014年底,蒋某在出租屋生下一名女婴,由于孩子患有先天性疾病,其将女儿送到医院医治,之后再也没有出现过。每次医院联系蒋某,让她交治疗费,她都称无力支付。医院将孩子治愈,但已联系不上蒋某。由于蒋某在医院留有登记信息,孩子不能被判定为弃婴,也无法被送至福利院或交由他人领养。随后,某检察院以遗弃罪将蒋某向法院提起公诉,后蒋某被判处有期徒刑1年9个月。

蒋某受到了惩罚,但孩子的抚养却出现真空地带。一方面蒋某无法指认孩子生父,另一方面蒋某父母年老体弱、无力代为抚养。孩子没有户籍,没有出生医学证明,没有得到有效的监护,无法入学接受教育。

检察机关认为蒋某具有抚养未成年子女的法定义务,却拒不履行监护职责,严重侵害了孩子的权益,孩子的外祖父母在经济条件、身体状况等方面存在困难,不具备监护能力。民政部门的儿童临时看护中心作为负责临时照料未成年人的单位,依法可以向法院申请撤销监护人资格,决定支持其起诉,请求法院撤销蒋某对孩子的监护资格,同时请求指定第三人——某儿童福利院作为监护人。年仅六岁的孩子,不知在法庭上怎样表达对自己最有利。谁来代表孩子的权益?检察机关建议由某妇联组织作为儿童权益代表人参与诉讼。该妇联收到法院发出的《儿童权益代表人委托函》后,及时与多个部门多次协商,从满足孩子的需求出发,就儿童权益代表人的指派、工作要求和委托事项予以明确,还第一时间查阅相关案件材料,调查走访,并去儿童临时看护中心看望孩子,了解孩子的状态和意愿。

法院经过审理认为,蒋某遗弃孩子,拒不履行监护职责,严重损害了孩子的身心健康,依法应当剥夺其监护人资格;考虑到孩子即将入学,无人监护会影响其生活、学习和健康成长,鉴于其生父不明,外祖父母没有抚养能力，从未成年人利益最大化原则出发，同意指定第三人即儿童福利院作为孩子的监护人。法院当庭宣判，撤销蒋某的监护人资格，指定儿童福利院作为孩子的监护人。

(三) 从业限制制度

实践中，一些检察机关对于具有监护侵害违法犯罪前科的人员，探索建立从业限制制度。例如2019年1月15日，长宁区检察院联合法院、公安、司法、教育等部门出台了《关于在未成年教育培训和看护行业建立入职查询和从业禁止制度的意见（试行）》，该意见明确，对于存在家庭暴力和监护侵害等再犯可能性高、对未成年人身心安全威胁较大的违法犯罪记录人员，相关与未成年人密切接触的行业将不予录用。上述"违法犯罪记录"是指人民法院作出的有罪生效裁判、人民检察院根据《刑事诉讼法》第15条（第5项除外）或者第177条第2款作出的不起诉决定、公安机关依法作出的行政处罚决定以及劳动教养、收容教育、强制隔离戒毒等记录。

入职查询的行业范围主要是教育培训和看护行业，具体包括：中小学校、幼儿园；文化教育、职业技能培训机构；文艺、体育等技能训练机构；托育机构；儿童早期教育服务机构；晚托班、暑托班、夏令营等临时看护组织。除有特定职责的工作人员外，行政人员、保安、门卫、司机、保洁乃至志愿者也纳入入职查询的适用对象范畴。

(四) 监护兜底责任

根据《未成年人保护法》第92、93、94、95条的规定，民政部门对未成年人承担监护兜底责任。

1. 临时监护

具有下列情形之一的，民政部门应当依法对未成年人进行临时监护：(1) 未成年人流浪乞讨或者身份不明，暂时查找不到父母或者其他监护人；(2) 监护人下落不明且无其他人可以担任监护人；(3) 监护人因自身客观原因或者因发生自然灾害、事故灾难、公共卫生事件等突发事件不能履行监护职责，导致未成年人监护缺失；(4) 监护人拒绝或者怠于履行监护职责，导致未成年人处于无人照料的状态；(5) 监护人教唆、利用未成年人实施违法犯罪行为，未成年人需要被带离安置；(6) 未成年人遭受监护人严重伤害或者面临人身安全威胁，需要被紧急安置；(7) 法律规定的其他情形。

对临时监护的未成年人，民政部门可以采取委托亲属抚养、家庭寄养等方式进行安置，也可以交由未成年人救助保护机构或者儿童福利机构进行收留、抚养。

2. 长期监护

具有下列情形之一的，民政部门应当依法对未成年人进行长期监护：（1）查找不到未成年人的父母或者其他监护人；（2）监护人死亡或者被宣告死亡且无其他人可以担任监护人；（3）监护人丧失监护能力且无其他人可以担任监护人；（4）人民法院判决撤销监护人资格并指定由民政部门担任监护人；（5）法律规定的其他情形。

民政部门进行收养评估后，可以依法将其长期监护的未成年人交由符合条件的申请人收养。收养关系成立后，民政部门与未成年人的监护关系终止。

第十一讲　未成年人民事检察

自 2018 年起，各地检察机关未检部门根据最高检的要求积极探索开展未成年人民事、行政、公益诉讼等检察业务统一集中办理。本讲围绕未成年人民事检察的主要业务范围，就民事诉讼监督案件的受理、办案程序以及检察监督的主要内容和方式等，结合实践探索提出思考。

一、概述

民事检察是人民检察院依据民事诉讼法以及其他有关法律的规定，依法对民事诉讼进行法律监督，维护司法公正和司法权威，保障国家法律的统一正确实施。民事检察主要体现为诉讼监督，其法律依据主要来源于诉讼法律的规定，如《民事诉讼法》第 14 条等。

未成年人民事检察业务，主要包括当事人一方系未成年人的民事诉讼监督，以及其他涉及未成年人合法权益的民事诉讼监督、支持起诉等。

（一）发展背景

1. 最高检的工作要求

2017 年 12 月，最高检下发《关于开展未成年人刑事执行检察、民事行政检察业务统一集中办理试点工作的通知》，决定从 2018 年 1 月至 12 月，在北京、上海等 13 个省（区、市）开展为期一年的未成年人刑事执行检察、民事行政检察业务统一集中办理的试点工作，除试点省市区外，另有 8 个省份主动开展试点工作。通过加强研究，稳步推进，逐步在全国实现未成年人的刑事检察、民事行政检察职能由未检部门集中统一行使。

2019 年 1 月，全国检察长会议强调，未成年人刑事执行检察、民事行政检察业务统一集中办理工作要更加积极主动抓实抓好，进一步拓展思路，有序推进，实现创新发展。

2020 年 1 月，全国检察机关未成年人检察工作会议在京召开。张军检察长在会上强调，要做好未成年人综合保护工作，明确涉未成年人刑事、民事、行政、公益诉讼案件原则上可由未成年人检察部门统一集中办理。①

2020年4月,最高检下发《关于加强新时代未成年人检察工作的意见》,该《意见》强调要不断深化未成年人检察业务统一集中办理改革,发挥统一集中办理的特色与优势,突出统一集中办理的工作重点,有序推进统一集中办理工作,完善统一集中办理工作长效机制。②

2020年12月,最高检《关于加快推进未成年人检察业务统一集中办理工作的通知》要求,自2021年起,未成年人检察业务统一集中办理工作在全国检察机关稳步全面推开。

2. 上海检察机关的实践探索

2006年11月,上海市检察机关未成年人检察工作20周年会议在总结部分基层院实践探索的基础上,明确将未检工作"捕诉防一体化"模式确定为"捕诉监防一体化",其中"监"的内涵为"法律监督",具体业务范围包括刑事诉讼监督、民事、行政检察监督业务。2010年10月,上海市长宁区人民检察院检委会通过《关于长宁检察院未检一体化建设推动方案》,明确把未成年人的民事行政监督纳入未检部门的业务范围。

> 【随堂问题】未成年人民事行政检察业务统一办理的目的和意义?
>
> 在2019年初的新一轮机构改革前,检察机关长期存在重刑轻民的倾向,刑事检察与民事、行政、公益诉讼检察工作发展不平衡等问题凸显,迫切需要对内设机构进行改革,以利于检察工作全面平衡充分发展。
>
> 举例而言,改革前,最高检刑事检察部门共有130多个编制,而民事、行政、公益诉讼检察都挤压在民事行政检察厅一个部门,仅有30多个编制,不到刑事检察部门的1/4。改革后,民事检察厅、行政检察厅、公益诉讼检察厅总计将近80个编制,比改革前翻一番还多。③
>
> 上述现象在蓬勃发展的未成年人检察工作中同样明显,在最高检设立第九检察厅前,各地检察机关探索的许多科、处室建立都是以未成年人刑事案件为名,并将刑事案件办理作为工作主要抓手的。诚然,未成年人刑事案件的办理是未检业务中不可或缺的重要组成,然而随着未检

---

① 引自张军:《加强双向保护综合保护自觉扛起新时代未成年人保护的检察责任》,https://www.spp.gov.cn/spp/tt/202001/t20200120_453311.shtml,2020年7月14日访问。

② 引自最高检发布《关于加强新时代未成年人检察工作的意见》,http://news.jcrb.com/jsxw/2020/202004/t20200430_2152464.html,2020年7月14日访问。

③ 引自《内设机构改革一年间:"四大检察"齐头并进》,http://news.sina.com.cn/sf/news/fzrd/2020-04-14/doc-iircuyvh7708201.shtml,2020年7月14日访问。

> 工作的深入，我们发现，涉及未成年人的民事行政等检察工作同样具有自身的运行规律，不把握好这些运行规律就不能很好地实现未成年人权益的有效保护，难以最大限度地维护未成年人的合法权益。未成年人民事行政检察业务统一集中办理，目的就是更好地适应未成年人司法保护规律，以办案为切入点，综合运用刑事、民事、行政检察职能对未成年人进行保护，从而更加全面维护未成年人合法权益。

（二）常用法律政策依据

1. 《民事诉讼法》

第14条 人民检察院有权对民事诉讼实行法律监督。

第15条 机关、社会团体、企业事业单位对损害国家、集体或者个人民事权益的行为，可以支持受损害的单位或者个人向人民法院起诉。

第208条 最高人民检察院对各级人民法院已经发生法律效力的判决、裁定，上级人民检察院对下级人民法院已经发生法律效力的判决、裁定，发现有本法第二百条规定情形之一的，或者发现调解书损害国家利益、社会公共利益的，应当提出抗诉。

地方各级人民检察院对同级人民法院已经发生法律效力的判决、裁定，发现有本法第二百条规定情形之一的，或者发现调解书损害国家利益、社会公共利益的，可以向同级人民法院提出检察建议，并报上级人民检察院备案；也可以提请上级人民检察院向同级人民法院提出抗诉。

各级人民检察院对审判监督程序以外的其他审判程序中审判人员的违法行为，有权向同级人民法院提出检察建议。

第209条 有下列情形之一的，当事人可以向人民检察院申请检察建议或者抗诉：

（一）人民法院驳回再审申请的；

（二）人民法院逾期未对再审申请作出裁定的；

（三）再审判决、裁定有明显错误的。

人民检察院对当事人的申请应当在三个月内进行审查，作出提出或者不予提出检察建议或者抗诉的决定。当事人不得再次向人民检察院申请检察建议或者抗诉。

第210条 人民检察院因履行法律监督职责提出检察建议或者抗诉的需要，可以向当事人或者案外人调查核实有关情况。

第211条 人民检察院提出抗诉的案件，接受抗诉的人民法院应当自收到抗诉书之日起三十日内作出再审的裁定；有本法第二百条第一项至第五项规定情形之一的，可以交下一级人民法院再审，但经该下一级人民法院再审的除外。

第 212 条　人民检察院决定对人民法院的判决、裁定、调解书提出抗诉的，应当制作抗诉书。

第 213 条　人民检察院提出抗诉的案件，人民法院再审时，应当通知人民检察院派员出席法庭。

2.《人民检察院民事诉讼监督规则》（以下简称《民事诉讼规则》）

检察机关通过抗诉、检察建议等方式对民事诉讼活动进行法律监督，《民事诉讼监督规则》明确了检察机关在办理民事案件中关于回避、受理、审查相关规定，并细化了检察机关对生效判决、裁定、调解书的监督、对审判程序中审判人员违法行为的监督和执行活动的监督规定。

3.《人民检察院检察建议工作规定》

第 5 条　检察建议主要包括以下类型：

（一）再审检察建议；

（二）纠正违法检察建议；

（三）公益诉讼检察建议；

（四）社会治理检察建议；

（五）其他检察建议。

第 8 条　人民检察院发现同级人民法院已经发生法律效力的判决、裁定具有法律规定的应当再审情形的，或者发现调解书损害国家利益、社会公共利益的，可以向同级人民法院提出再审检察建议。

4. 最高人民法院、最高人民检察院《关于对民事审判活动与行政诉讼实行法律监督的若干意见（试行）》

第 7 条　地方各级人民检察院对符合第五条、第六条规定情形的判决、裁定、调解，经检察委员会决定，可以向同级人民法院提出再审检察建议。

人民法院收到再审检察建议后，应当在三个月内进行审查并将审查结果书面回复人民检察院。人民法院认为需要再审的，应当通知当事人。人民检察院认为人民法院不予再审的决定不当的，应当提请上级人民检察院提出抗诉。

5.《未成年人保护法》

第 106 条　未成年人合法权益受到侵犯，相关组织和个人未代为提起诉讼的，人民检察院可以督促、支持其提起诉讼；涉及公共利益的，人民检察院有权提起公益诉讼。

6. 最高人民法院《关于适用〈中华人民共和国民事诉讼法〉的解释》

主要包括检察机关在民事诉讼活动中提出再审检察建议或者提出抗诉案件的审判机关受理标准、终结情形、再审情形、再审程序等内容。

7. 最高人民法院《关于适用〈中华人民共和国民事诉讼法〉审判监督程序若干问题的解释》

第17条 人民法院审查再审申请期间，人民检察院对该案提出抗诉的，人民法院应依照民事诉讼法第二百一十一条的规定裁定再审。申请再审人提出的具体再审请求应纳入审理范围。

第23条 申请再审人在再审期间撤回再审申请的，是否准许由人民法院裁定。裁定准许的，应终结再审程序。申请再审人经传票传唤，无正当理由拒不到庭的，或者未经法庭许可中途退庭的，可以裁定按自动撤回再审申请处理。

人民检察院抗诉再审的案件，申请抗诉的当事人有前款规定的情形，且不损害国家利益、社会公共利益或第三人利益的，人民法院应当裁定终结再审程序；人民检察院撤回抗诉的，应当准予。

终结再审程序的，恢复原判决的执行。

8.《中共中央关于加强新时代检察机关法律监督工作的意见》

二、案件受理

根据《民事诉讼规则》第29条、第30条之规定，当事人根据《民事诉讼法》第209条第1款的规定向人民检察院申请检察建议或者抗诉，由作出生效民事判决、裁定、调解书的人民法院所在地同级人民检察院负责控告申诉检察的部门受理。当事人认为民事审判程序中审判人员存在违法行为或者民事执行活动存在违法情形，向人民检察院申请监督的，由审理、执行案件的人民法院所在地同级人民检察院负责控告申诉检察的部门受理。

三、办案程序

（一）申请

根据《民事诉讼规则》第19条的规定，有下列情形之一的，当事人可以向检察机关申请监督：（1）已经发生法律效力的民事判决、裁定、调解书符合《民事诉讼法》第209条第1款规定的；（2）认为民事审判程序中审判人员存在违法行为的；（3）认为民事执行活动存在违法情形的。

【重点提示】未成年人民事诉讼监督案件的来源主要包括：当事人向人民检察院申请监督；当事人以外的自然人、法人和非法人组织向人民检察院控告；人民检察院在履行职责中发现。根据《民事诉讼规则》第20条的规定，当事人依照《民事诉讼规则》第19条第1项规定向人民检察院申请监督，应当在人民法院作出驳回再审申请裁定或者再审判决、裁定发生法律效力之日起两年内提出。人民检察院依职权启动监督程序的案件，不受该期限的限制。

（二）受理

根据《民事诉讼规则》第26条的规定，当事人申请监督符合下列条件的，人民检察院应当受理：(1) 符合《民事诉讼规则》第19条的规定；(2) 申请人提供的材料符合《民事诉讼规则》第21条至第24条的规定；(3) 属于该人民检察院受理案件范围；(4) 不具有《民事诉讼规则》规定的不予受理情形。

根据《民事诉讼规则》第27条的规定，当事人根据《民事诉讼法》第209条第1款的规定向人民检察院申请监督，有下列情形之一的，检察机关不受理其诉讼监督的申请：(1) 当事人未向人民法院申请再审的；(2) 当事人申请再审超过法律规定的期限的，但不可归责于其自身原因的除外；(3) 人民法院在法定期限内正在对民事再审申请进行审查的；(4) 人民法院已经裁定再审且尚未审结的；(5) 判决、调解解除婚姻关系的，但对财产分割部分不服的除外；(6) 人民检察院已经审查终结作出决定的；(7) 民事判决、裁定、调解书是人民法院根据人民检察院的抗诉或者再审检察建议再审后作出的；(8) 申请监督超过《民事诉讼规则》第20条规定的期限的；(9) 其他不应受理的情形。

根据《民事诉讼规则》第28条的规定，当事人认为民事审判程序或者执行活动存在违法情形，向人民检察院申请监督，有下列情形之一的，人民检察院不予受理：(1) 法律规定可以提出异议、申请复议或者提起诉讼，当事人没有提出异议、申请复议或者提起诉讼的，但有正当理由的除外；(2) 当事人提出异议、申请复议或者提起诉讼后，人民法院已经受理并正在审查处理的，但超过法定期限未作出处理的除外；(3) 其他不应受理的情形。当事人对审判、执行人员违法行为申请监督的，不受前款规定的限制。

【重点提示】民事监督案件中的受审分离

当事人向人民检察院申请检察建议或抗诉的，由作出生效民事判决、裁定、调解书的人民法院所在地同级人民检察院负责控告申诉检察的部门受理。当事人认为民事审判程序中审判人员存在违法行为或者民事执行活动存在违法情形，向人民检察院申请监督的，由审理、执行案件的人民法院所在地同级人民检察院负责控告申诉检察的部门受理。其内涵在于将民事诉讼监督案件的受理、办理、管理工作分别由负责控告申诉检察的部门、负责民事（未成年人）检察的部门、负责案件管理的部门负责，各部门互相配合，互相制约。

(三) 审查

1. 审查环节

民事诉讼监督案件的审查主要有审查案件材料、归纳争议焦点、听取当事人意见、调查核实、调阅卷宗、制作审查终结报告等环节。

2. 审查内容

根据《民事诉讼规则》第43条的规定,检察机关审查民事诉讼监督案件,应当围绕申请人的申请监督请求、争议焦点及《民事诉讼规则》第37条规定的情形,对人民法院民事诉讼活动是否合法进行全面审查。其他当事人在人民检察院作出决定前也申请监督的,应当将其也列为申请人,对其申请监督请求一并进行审查。

3. 审查方式

根据《民事诉讼规则》第46条之规定,检察机关审查案件,应当通过适当方式听取当事人意见,必要时可以进行听证或者调查核实有关情况,也可以依照有关规定组织专家咨询论证。

其中,检察机关的调查核实措施主要包括:(1)查询、调取、复制相关证据材料;(2)询问当事人或者案外人;(3)咨询专业人员、相关部门或者行业协会等对专门问题的意见;(4)委托鉴定、评估、审计;(5)勘验物证、现场;(6)查明案件事实所需要采取的其他措施。

需要注意以下两点:一是在诉讼过程中已经进行过鉴定、评估、审计的,一般不再委托鉴定、评估、审计。二是人民检察院调查核实,应当由二人以上共同进行,且不得采取限制人身自由和查封、扣押、冻结财产等强制性措施。

【重点提示】听取涉案未成年人意见时,应当通知法定代理人或其他合适成年人到场。检察机关认为确有必要时,可以召开听证会,听证方式原则上采取不公开的方式。

(四) 决定

根据《民事诉讼规则》第48、49、50条的规定,承办检察官对案件审查终结后,应当制作《审查终结报告》。案件可以由承办检察官直接提出处理建议或意见,也可以经检察官联席会议讨论或提请检察委员会讨论决定。

对审查终结的案件,应当区分情况作出下列决定:(1)提出再审检察建议;(2)提请抗诉或者提请其他监督;(3)提出抗诉;(4)提出检察建议;(5)终结审查;(6)不支持监督申请;(7)复查维持。

人民检察院受理当事人申请对人民法院已经发生法律效力的民事判决、裁定、调解书监督的案件,应当在三个月内审查终结并作出决定,但调卷、鉴定、评估、审计、专家咨询等期间不计入审查期限。对民事审判程序中审判人员违法行为监督案件和对民事执行活动监督案件的审查期限，参照前述规定执行。

（五）反馈与跟进

负责控告申诉检察的部门受理的案件，负责民事（未成年人）检察的部门应当将案件办理结果告知负责控告申诉检察的部门。

人民法院对民事诉讼监督案件作出再审判决、裁定或者其他处理决定后，提出监督意见的人民检察院应当对处理结果进行审查，并填写《民事诉讼监督案件处理结果审查登记表》。

有下列情形之一的，人民检察院应当按照有关规定再次监督或者提请上级人民检察院监督：（1）人民法院审理民事抗诉案件作出的判决、裁定、调解书仍有明显错误的；（2）人民法院对检察建议未在规定的期限内作出处理并书面回复的；（3）人民法院对检察建议的处理结果错误的。

（六）复查

当事人认为人民检察院对同级人民法院已经发生法律效力的民事判决、裁定、调解书作出的不支持监督申请决定存在明显错误的，可以在不支持监督申请决定作出之日起一年内向上一级人民检察院申请复查一次。

负责民事（未成年人）检察的部门审查后，认为下一级人民检察院不支持监督申请决定错误的，应当以人民检察院的名义予以撤销并依法提出抗诉；认为不存在错误的，应当决定复查维持，并制作《复查决定书》，发送申请人。

对复查案件的审查期限，参照《民事诉讼规则》第52条第1款规定执行。

四、监督的主要内容

（一）对裁判结果的监督

在办理各类涉未成年人民事诉讼申请监督案件过程中，未检部门需要加强与控申部门的配合协作，畅通案件受理渠道，主动开展息诉和解工作，积极维护未成年当事人合法权益。

【案例】某检察院妥善办理一起涉未成年人的继承纠纷提请抗诉案件

甲系乙婚外情人，2015年3月，甲怀孕，同年8月乙病故，生前未留有遗嘱。同年12月小乙出生，出生证明由某区妇幼保健院根据甲填写的信息，将小乙之父登记为乙。乙与其妻丙共生育一子一女，即丙1、丙2，乙父已病故，乙母尚健在。

乙病故后，由乙的同胞兄弟斡旋遗产分割事宜，最终由小乙生母甲在《遗产确认及分配协议》上签名，落款时间为2015年11月，签约时小乙尚未出生。协议列乙母、丙、丙2、丙1、甲五方当事人，协议明确，一、经各方确认，除去应归还的债务后乙的个人遗产折合人民币为500万元；二、各方对乙的遗产作如下分配：（1）遗产中的不动产及公司股权全部归丙1所有，乙生前的债权和债务均由丙1享有和承担；（2）乙母、丙、丙2、丙1各分得现金100万元，甲因怀有乙的遗腹子，遗腹子分得现金100万元；三、协议由各方当事人签字后生效，任何一方均不得反悔，甲放弃对原来乙名下所有公司的一切诉讼的权利。乙母、丙、丙2、丙1未在协议上签名。

嗣后，由乙同胞兄弟向甲银行卡汇款100万元。2016年8月，小乙以被继承人乙的遗产远超500万元、小乙法定代理人甲系受骗签约、协议显失公平等为由，诉至法院，要求撤销《遗产确认及分配协议》，被继承人乙价值人民币5000多万元遗产（包括股权、债权、物权、抵押权、用益物权等），由小乙继承五分之一。一审法院支持了小乙的部分诉讼请求，后双方均上诉，二审法院认为关于《遗产确认及分配协议》，该协议中各方当事人就被继承人乙的遗产范围及遗产分配做出约定，该份协议是有效的，各方均不得随意反悔，判决撤销一审判决。后小乙向高院申请再审，被驳回。

某检察院受理该涉未成年人的继承纠纷提请抗诉案件后，经审查认为该案不符合抗诉条件，但为了帮助未成年当事人争取更大的利益，该院根据《民事诉讼规则》有关中止审查的规定，对案件中止审查，并多次协调双方当事人进行和解，开展以案释法工作，最终获得双方当事人及代理律师的一致认可，真正做到案结事了。

（二）对执行活动的监督

检察机关对执行活动的监督主要包括监督法院行使执行审查权和执行实施权是否存在违法、错误，以及是否存在消极执行、拖延执行等怠于履职等情形。

根据《民事诉讼规则》第106条的规定，人民检察院发现人民法院在执行活动中有下列情形之一的，应当向同级人民法院提出检察建议：（1）决定是否受理、执行管辖权的移转以及审查和处理执行异议、复议、申诉等执行审查活动存在违法、错误情形的；（2）实施财产调查、控制、处分、交付和分配以及罚款、拘留、信用惩戒措施等执行实施活动存在违法、错误情形的；（3）存在消极执行、拖延执行等情形的；（4）其他执行违法、错误情形。

执行行为违反法律规定，包括积极的作为错误：（1）对执行依据虚假、不存在、未生效或已被撤销的案件受理执行的；（2）调查、搜查明显违反法律规定；（3）超标的执行、执行案外人财产或对依法不得执行的财产采取执行措施；（4）被执行人提出足以保障执行的款物后仍执行原查封、扣押财产的；（5）评估、拍卖程序中有违反规定的行为；（6）违反规定变卖执行物的；（7）违反规定保管、使用被执行财产；（8）无正当理由不及时将被执行财产交付给申请执行人的；（9）强迫、欺骗执行当事人和解的；（10）拒绝符合条件的申请人或同意不符合条件的申请人参与被执行财产分配的等。

执行行为违反法律规定，还包括怠于履行执行职责：（1）不受理执行申请又不依法作出不予受理裁定的；（2）对已经受理的执行案件不依法及时作出执行裁定；（3）不按照规定采取执行措施；（4）违法不受理不执行复议、执行异议或受理后逾期未作出裁定、决定的；（5）暂缓执行、中止执行的原因消失后，不按规定恢复执行的；（6）依法应当改变或者解除执行措施而不改变、解除的等。

【案例】 检察机关办理张某某申请执行监督案

张某某与费某某原系夫妻，双方育有一子，2017年5月双方经判决离婚，孩子随费某某共同生活，张某某有探视孩子的权利，后张某某以费某某不配合探视，在申请法院强制执行后，认为法院怠于履行职责，又于2018年1月申请检察监督。

受理案件后，某检察院认为法院每次在收到张某某的执行申请之后，都立即向被执行人发出执行通知书，且调解过程中，执行法官始终积极参与，与被执行人积极沟通，并无怠于执行的情况。而张某某却反悔，认为调解协议只是一纸空文，不愿签署调解协议，故调解宣告破裂。该检察院经审查认为，现阶段难以认定是因为被执行人拒不执行判决裁定导致张某某无法行使探视权。此外，根据《人民法院办理执行案件规范》等相关规定，难以对子女的探视行为进行强制执行，因此不支持申请人张某某的执行监督申请。

检察机关承办人在对申请人进行释法说理的同时，积极为双方当事人达成和解搭建平台，最终使申请人顺利行使对未成年人的探视权，有效化解了矛盾。

【随堂问题】执行活动监督案件的审查方式？

执行活动监督案件的审查方式应以书面审查和调查审查并重。书面审查包括对申诉材料的审查和对执行卷宗的审查；调查审查包括询问知情人(含当事人、利害关系人、执行人员、证人等)、调阅证据、鉴定、勘验等手段。但是调查中不得采取限制人身自由和查封、扣押、冻结财产等强制性措施。

【重点提示】无论是对裁判结果的监督,还是对执行活动的监督,检察机关都应关注监督结果,对监督落实情况进行跟踪,必要时进行再次监督。

五、监督的主要方式

(一) 提出再审检察建议

根据《民事诉讼规则》第81条的规定,地方各级人民检察院发现同级人民法院已经发生法律效力的民事判决、裁定有下列情形之一的,可以向同级人民法院提出再审检察建议:(1) 有新的证据,足以推翻原判决、裁定的;(2) 原判决、裁定认定的基本事实缺乏证据证明的;(3) 原判决、裁定认定事实的主要证据是伪造的;(4) 原判决、裁定认定事实的主要证据未经质证的;(5) 对审理案件需要的主要证据,当事人因客观原因不能自行收集,书面申请人民法院调查收集,人民法院未调查收集的;(6) 审判组织的组成不合法或者依法应当回避的审判人员没有回避的;(7) 无诉讼行为能力人未经法定代理人代为诉讼或者应当参加诉讼的当事人,因不能归责于本人或者其诉讼代理人的事由,未参加诉讼的;(8) 违反法律规定,剥夺当事人辩论权利的;(9) 未经传票传唤,缺席判决的;(10) 原判决、裁定遗漏或者超出诉讼请求的;(11) 据以作出原判决、裁定的法律文书被撤销或者变更的。

(二) 提请抗诉

根据《民事诉讼规则》第82、83条的规定,如有下列情况,地方各级人民检察院一般应当提请上一级人民检察院抗诉:(1) 符合《民事诉讼规则》第81条规定的案件判决、裁定是经同级人民法院再审后作出的;(2) 符合《民事诉讼规则》第81条规定的案件判决、裁定是经同级人民法院审判委员会讨论作出的;(3) 原判决、裁定适用法律确有错误的;(4) 审判人员在审理该案件时有贪污受贿、徇私舞弊、枉法裁判行为的。

【重点提示】对人民法院已经采纳检察建议进行再审的案件,提出再审检察建议的人民检察院一般不得再向上级人民检察院提请抗诉。

(三) 提出抗诉

根据《民事诉讼规则》第90条之规定,最高人民检察院对各级人民法院、上级人民检察院对下级人民法院已经发生法律效力的民事判决、裁定、调解书，发现有《民事诉讼法》第 200 条、第 208 条规定情形的，应当向同级人民法院提出抗诉。

检察机关提出抗诉的案件，人民法院再审时，检察机关应当派员出席法庭。如果接受抗诉的人民法院将抗诉案件交下级人民法院再审的，提出抗诉的检察院可以指令再审法院的同级检察院派员出席法庭。

（四）提出检察建议

根据《人民检察院检察建议工作规定》第 9 条规定，人民检察院在履行对诉讼活动的法律监督职责中发现有关执法、司法机关具有下列情形之一的，可以向有关执法、司法机关提出纠正违法检察建议：（1）人民法院审判人员在民事、行政审判活动中存在违法行为的；（2）人民法院在执行生效民事、行政判决、裁定、决定或者调解书、支付令、仲裁裁决书、公证债权文书等法律文书过程中存在违法执行、不执行、怠于执行等行为，或者有其他重大隐患的。

《民事诉讼规则》第 100 条、第 101 条对于人民检察院发现同级人民法院民事审判程序违法或者审判人员违法行为可能影响公正审判、执行的，应当向该法院提出检察建议的情形也做了明确规定。

《民事诉讼规则》第 106 条、第 110 条则规定了对人民检察院发现人民法院在民事执行活动中的违法、错误情形或者执行人员存在违法行为的，应当向该同级人民法院提出检察建议的情形。

【重点提示】根据《民事诉讼规则》第 96 条的规定，检察人员出席再审法庭时，发现法院庭审活动违法的，应当待休庭或者庭审结束之后制发检察建议。

（五）促成和解

人民检察院在办理民事诉讼监督案件过程中，当事人有和解意愿的，可以引导当事人自行和解。

六、督促、支持起诉

《民事诉讼法》第 15 条确立了我国民事支持起诉制度，明确机关、社会团体、企业事业单位对损害国家、集体或者个人民事权益的行为，可以支持受损害的单位或者个人向人民法院起诉。一般而言，检察机关需要在责任主体前置程序穷尽时，才可以作为支持诉讼的主体支持相关民事诉讼。

《未成年人保护法》第 106 条规定了检察机关在维护未成年人合法权益方

面的职责,当未成年人合法权益受到侵犯,而相关组织和个人未代为提起诉讼的,人民检察院可以督促、支持其起诉。

【案例】 检察机关对未成年人网络充值确认无效案支持起诉并开展未成年人网络保护综合治理

2020年7月至2021年2月,未成年人杨某自行下载注册某网络科技有限公司运营的一款App,通过微信支付进行充值并购买虚拟币、打赏主播等,累计充值20余万元。2021年3月,杨某的法定代理人向检察机关提起未成年人网络充值活动确认无效的支持起诉申请,检察机关经审查认为,某网络科技有限公司未履行网络监管责任,危害未成年人合法权益,遂依法支持起诉。

2021年5月,法院依法开庭审理本案,检察机关出庭支持起诉并发表支持起诉意见。检察机关认为,未成年人杨某未取得法定代理人同意便自行下载该App,私自充值打赏金额巨大,该App在用户注册时未尽到审核义务,在用户充值打赏时未再次进行身份核实,存在监管漏洞,违反了国家相关法律法规,现有证据证实未成年人法定代理人对该充值行为并不知情,也未予以追认,故应当返还充值款项。该案经法院当庭调解,该App同意返还全部充值款。

嗣后,检察机关走访该App运营公司及该公司管理方,送达检察建议。该公司及其管理方均书面回复表示认可检察机关建议,并采取相应整改措施。检察机关还为该管理方的数十家企业就未成年人网络保护开展专题教育,并联合互联网游戏行业协会共同发起倡议,号召互联网游戏企业切实承担起社会责任,共同营造未成年人清朗、健康的网络环境。

【案例】 检察机关就一案三次支持起诉,促进未成年人权益综合性保护

2018年10月某检察院在工作中了解到:2017年7月起,路某、房某为了逃避抚养义务将其刚出生一个多月的非婚生女婴"小红豆"遗弃在某儿童医院,不管不顾,时间长达两年多,该检察院遂启动刑事立案监督程序,将遗弃犯罪线索移送公安机关。案件审查起诉期间,检察机关主动承担起国家监护人职责,依托检察社会服务中心,组织团委、民政、街道、妇联、未保办、社会团体等召开专题联席会议,协调民政部门妥善解决困境儿童的临时安置问题,"小红豆"被从医院接出送至某社会福利院临时照料。

2019年8月,检察机关提起公诉后,路某、房某因遗弃罪被判处有期徒刑。同年11月,检察机关支持起诉的撤销二人监护权案获判,法院

指定儿童福利院为"小红豆"监护人。就福利院临时照料期间支出的费用，检察机关继续探索支持福利院向二名监护人追索抚养费，促使失格监护人在被追究刑事责任的同时，依法承担起应负的抚养义务。2020年1月，检察机关支持福利院向失格监护人提起追索临时照料"小红豆"期间垫付的相关抚养费用共计人民币11900余元的民事诉讼，获法院裁判支持。同月，针对二人欠缴儿童医院医疗费用情况，检察机关依法对儿童医院提起的追索医药费诉讼支持起诉，也获法院支持。

支持起诉作为履行民事诉讼监督职能的重要手段，检察机关探索将民事支持起诉案件范围从撤销监护权等人身领域扩展到追索医疗费用、抚养费等财产领域，将可提供的支持起诉方式拓展到法律支持、证据支持、出庭支持等，不仅保障了福利院、医院等的合法权益，也有助于完善民事支持起诉制度的主体、范围、程序，巩固了未成年人刑事司法保护成效，有利于实现对未成年人全面、综合、有效的司法保护。

【随堂问题】未成年人民事行政检察工作应当如何发展与转变？

一是变"事后监督"为"全程维权"，检察机关对于未成年人民事行政案件应进行全程、动态监督，在未成年人利益受到损害或者可能受到损害时，通过检察建议书、纠正违法通知书等形式及时与其他相关部门沟通、协调，并监督其及时改正，确保检察监督落到实处。

二是变"被动参与"为"主动出击"，如建立第三方调查评估机制，通过在日常工作中加强内外沟通，充分发挥社工组织等的作用，提升办案效果。

三是变"口头协调"为"机制保障"，[1] 当前民事行政检察在"四大检察"中仍较为薄弱，检察机关不仅需要加强诉前案源拓展，也需要开展诉中的引导和判后的执行监督等工作，并通过制度化、规范化，进一步促进民事行政检察业务的发展完善。

---

[1] 赵卿、李庆：《未成年人民行检察工作应实现五个转变》，载《人民检察》2017年第24期。

支持起诉案件办理注意事项

受理条件	支持形式	常见支持情形
• 起诉存在困难 • 支持起诉有助于维权 • 其他方式无法救济	• 法律支持 • 证据支持 • 庭审支持	• 遭受不法侵害 • 监护缺失 • 继承权受侵害 • 需要撤销监护权或者追索抚养费

七、常用文书参考[①]

(一)《委托调查函》(略)

(二)《调查笔录》(略)

(三)《审查终结报告》(略)

(四)《提请抗诉报告书》(略)

(五)《民事抗诉书》(略)

(六)《再审检察建议书》(略)

(七)《不支持监督申请决定书》(略)

(八)《检察建议书》(略)

(九)《支持起诉意见书》(略)

---

① 文书(一)至(九)参见《人民检察院刑事诉讼法律文书格式样本(2020版)》。

第十二讲　未成年人行政检察

实践中,检察机关结合未成年人刑事案件的办理对行政机关不当履职等进行监督的情况较为多见,而较少对涉及未成年人的行政诉讼活动等开展监督。本讲围绕未成年人行政检察相关业务,结合实践探索,对办案程序以及检察监督的主要内容和主要方式等进行阐述。

一、概述

行政检察是人民检察院依据行政诉讼法以及其他有关法律的规定,依法对行政诉讼进行法律监督,维护司法公正和司法权威,保障国家法律的统一正确实施。

未成年人行政检察业务,主要包括当事人系未成年人的行政诉讼监督、非诉执行监督以及其他涉及未成年人合法权益的行政检察监督等。

（一）发展背景

相关背景情况与未成年人民事检察基本一致,前文已作介绍,此处不再赘述。

（二）常用法律政策依据

1.《行政诉讼法》

第11条　人民检察院有权对行政诉讼实行法律监督。

第25条（第4款）　人民检察院在履行职责中发现生态环境和资源保护、食品药品安全、国有财产保护、国有土地使用权出让等领域负有监督管理职责的行政机关违法行使职权或者不作为,致使国家利益或者社会公共利益受到侵害的,应当向行政机关提出检察建议,督促其依法履行职责。行政机关不依法履行职责的,人民检察院依法向人民法院提起诉讼。

第93条　最高人民检察院对各级人民法院已经发生法律效力的判决、裁定,上级人民检察院对下级人民法院已经发生法律效力的判决、裁定,发现有本法第九十一条规定情形之一,或者发现调解书损害国家利益、社会公共利益的,应当提出抗诉。

地方各级人民检察院对同级人民法院已经发生法律效力的判决、裁定,发现有本法第九十一条规定情形之一，或者发现调解书损害国家利益、社会公共利益的，可以向同级人民法院提出检察建议，并报上级人民检察院备案；也可以提请上级人民检察院向同级人民法院提出抗诉。

各级人民检察院对审判监督程序以外的其他审判程序中审判人员的违法行为，有权向同级人民法院提出检察建议。

第101条　人民法院审理行政案件，关于期间、送达、财产保全、开庭审理、调解、中止诉讼、终结诉讼、简易程序、执行等，以及人民检察院对行政案件受理、审理、裁判、执行的监督，本法没有规定的，适用《中华人民共和国民事诉讼法》的相关规定。

2.《人民检察院行政诉讼监督规则》（以下简称《行政诉讼规则》）

《行政诉讼规则》明确检察机关通过抗诉、检察建议等方式，对行政诉讼实行法律监督，涵盖办理行政诉讼监督案件的回避、受理、审查、调查核实、听证、简易案件办理、中止审查和终结审查、对生效行政判决、裁定、调解书的监督、提出再审检察建议和提请抗诉、提出抗诉、出席法庭、对行政审判程序中审判人员违法行为的监督、对行政案件执行活动的监督以及案件管理等工作要求。

3.《人民检察院检察建议工作规定》

第5条　检察建议主要包括以下类型：

（一）再审检察建议；

（二）纠正违法检察建议。

（三）公益诉讼检察建议；

（四）社会治理检察建议；

（五）其他检察建议；

第8条　人民检察院发现同级人民法院已经发生法律效力的判决、裁定具有法律规定的应当再审情形的，或者发现调解书损害国家利益、社会公共利益的，可以向同级人民法院提出再审检察建议。

4.最高人民法院、最高人民检察院《关于对民事审判活动与行政诉讼实行法律监督的若干意见（试行）》

第11条　人民检察院办理行政申诉案件，发现行政机关有违反法律规定、可能影响人民法院公正审理的行为，应当向行政机关提出检察建议，并将相关情况告知人民法院。

5.最高人民检察院《关于贯彻落实〈中共中央关于全面推进依法治国若干重大问题的决定〉的意见》

第30条　建立对履行职责中发现的违法行政行为的监督纠正制度。加强理论研究和实践探索,从建立督促起诉制度、完善检察建议工作机制等入手,逐步完善监督的方式、手段和程序,对检察机关在履行职责中发现行政机关违法行使职权或不行使职权的行为,及时提出建议并督促其纠正。

6. 最高人民法院《关于适用〈中华人民共和国行政诉讼法〉的解释》

主要包括在行政诉讼中当事人申请检察机关抗诉或检察建议具体事由、终结再审情形、抗诉程序、开庭程序等内容。

7.《中共中央关于加强新时代检察机关法律监督工作的意见》

二、办案程序

(一) 申请

依据《行政诉讼规则》第19条的规定,有下列情形之一的,当事人可以向检察机关申请监督:(1)人民法院驳回再审申请或者逾期未对再审申请作出裁定,当事人对已经发生法律效力的行政判决、裁定、调解书,认为确有错误的;(2)认为再审判决、裁定确有错误的;(3)认为行政审判程序中审判人员存在违法行为的;(4)认为人民法院行政案件执行活动存在违法情形的。

(二) 受理

当事人对已经发生法律效力的行政判决、裁定、调解书向人民检察院申请监督的,按照《行政诉讼规则》相关规定,由作出生效判决、裁定、调解书的人民法院所在地同级人民检察院负责控告申诉检察的部门受理;当事人认为行政审判程序中审判人员存在违法行为或者执行活动存在违法情形,向人民检察院申请监督的,由审理、执行案件的人民法院所在地同级人民检察院负责控告申诉检察的部门受理。

此外,根据《行政诉讼规则》第36条的规定,人民检察院在履行职责中发现行政案件有下列情形之一的,应当依职权监督:(1)损害国家利益或者社会公共利益的;(2)审判、执行人员有贪污受贿、徇私舞弊、枉法裁判等违法行为的;(3)依照有关规定需要人民检察院跟进监督的;(4)人民检察院作出的不支持监督申请决定确有错误的;(5)其他确有必要进行监督的。

【重点提示】人民检察院对行政案件依职权监督,不受当事人是否申请再审的限制。但根据《行政诉讼规则》第27条之规定,当事人向人民检察院申请监督,有下列情形之一的,人民检察院不予受理:(1)当事人对生效行政判决、裁定、调解书未向人民法院申请再审的;(2)当事人申请再审超过法律规定的期限的;(3)人民法院在法定期限内正在对再审申请进行审查的;(4)人民法院已经裁定再审且尚未审结的;

（5）人民检察院已经审查终结作出决定的；（6）行政判决、裁定、调解书是人民法院根据人民检察院的抗诉或者再审检察建议再审后作出的；（7）申请监督超过本规则第 20 条规定的期限的；（8）根据法律规定可以对人民法院的执行活动提出异议、申请复议或者提起诉讼，当事人、利害关系人、案外人没有提出异议、申请复议或者提起诉讼的，但有正当理由或者人民检察院依职权监督的除外；（9）当事人提出有关执行的异议、申请复议、申诉或者提起诉讼后，人民法院已经受理并正在审查处理的，但超过法定期间未作出处理的除外；（10）其他不应当受理的情形。

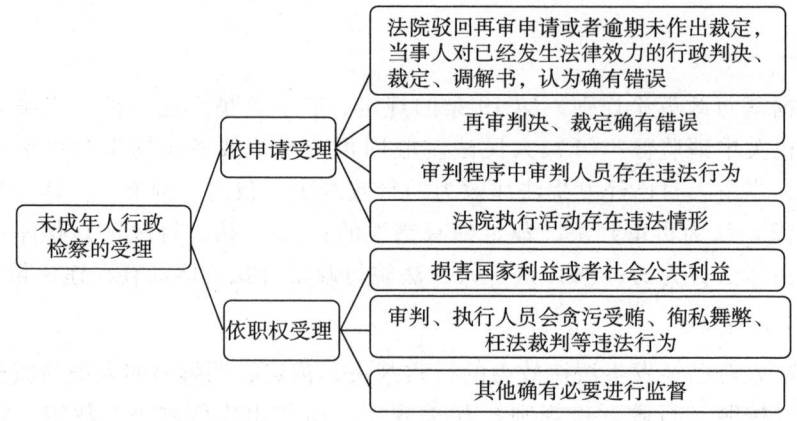

（三）审查

1. 审查期限

根据《行政诉讼规则》第 56 条之规定，人民检察院受理当事人申请监督的案件，应当在三个月内审查终结并作出决定，但调卷、鉴定、评估、审计、专家咨询等期间不计入审查期限。有需要调查核实、实质性化解行政争议及其他特殊情况需要延长审查期限的，由本院检察长批准。

2. 审查方式

（1）初步审查

检察机关办理行政诉讼监督案件及涉未非诉执行监督案件，应当通过调取法院审理卷宗、执行卷宗材料等方式，对案件进行初步审查。

（2）听取意见

办案中应主动听取案件当事人、涉案未成年人及其法定代理人以及行政机关、审判人员、执行人员等有关机关或者人员的意见，并在审结报告中予以反映。对于抗诉案件，还可以听取提请抗诉检察机关承办人意见。

对于在事实认定、法律适用、案件处理等方面存在较大争议，或者有重大社会影响的案件,需要当面听取当事人和其他相关人员意见的,可以召开听证会。根据《行政诉讼规则》第69条的规定,人民检察院召开听证会,可以邀请与案件没有利害关系的人大代表、政协委员、人民监督员、特约检察员、专家咨询委员、人民调解员或者当事人所在单位、居住地的居民委员会、村民委员会成员以及专家、学者、律师等其他社会人士担任听证员。

【重点提示】在司法实践中,未成年人行政检察听证可以参照《行政诉讼规则》规定的程序进行,但听证中应当注意对未成年人的隐私保护。

(3)调查核实

有下列情形之一的,检察机关可以根据提出检察建议或抗诉需要,向当事人或案外人调查核实有关情况:①判决、裁定、调解书可能存在法律规定需要监督的情形,仅通过阅卷及审查现有材料难以认定的;②审判人员可能存在违法行为的;③人民法院执行活动可能存在违法情形的;④被诉行政行为及相关行政行为可能违法的;⑤行政相对人、权利人合法权益未得到依法实现的;⑥其他需要调查核实的情形。

【重点提示】检察机关不得为证明行政行为的合法性调取行政机关作出行政行为时未收集的证据,通过阅卷以及调查核实难以认定有关事实的,可以向相关审判、执行人员了解有关情况,听取意见。

(四)决定

依据《行政诉讼规则》第55条的规定,人民检察院对审查终结的案件,应当区分情况依法作出下列决定:(1)提出再审检察建议;(2)提请抗诉或者提请其他监督;(3)提出抗诉;(4)提出检察建议;(5)不支持监督申请;(6)终结审查。

在行政诉讼中"程序空转"问题一直比较突出,很多行政案件反复纠缠在法院是否应当受理、立案等程序性问题上,浪费了大量的司法资源,增加了当事人的诉累,更有可能引发新的争议甚至严重的社会问题。检察机关在办理生效裁判的监督案件中要以问题为导向,积极推动行政争议实质性化解。

【案例】李某某等人不服不予工伤认定行政检察监督案

林某与第三人某劳务公司于2017年12月11日至2017年12月31日期间存在劳动关系。林某在第三人承接的某房地产项目组担任木工。2017年12月21日上午,林某在工作时出现明显不适症状。同年12月24日被送往医院就诊后住院,经确诊为"颅内占位性病变,右额少突胶质细胞瘤",于同年12月28日进行手术,后于同年12月31日死亡。

原告李某某为林某之妻,原告林A(未成年人)、林B(未成年人)为林某夫妇之子。2018年8月7日,原告李某某、林A、林B向被告某区人保局提出工伤认定申请，该人保局于同年10月18日作出不予认定工伤决定并邮寄送达原告及第三人。原告收到后不服并向被告上级人保局申请行政复议。2019年1月14日，上级人保局作出《行政复议决定书》，维持了某区人保局被诉不予认定工伤决定，并送达原告李某某等三人。

原告李某某等三人不服，认为应认定视同工伤，向法院提起诉讼要求撤销被诉不予认定工伤决定。经法院一审、二审和再审审理，均未支持李某某等人的诉讼请求。李某某等三人不服该再审裁定，向检察机关申请监督。

经检察机关审查，决定不支持李某某等三人的监督申请，检察机关从证据及法律适用等多角度开展释法说理工作，最终使当事人服判息诉。

三、监督的主要内容

行政检察的核心是行政诉讼监督，贯穿行政诉讼活动全过程，既有结果监督，也有程序监督。就其功能来说，是"一手托两家"：一方面监督法院公正司法，另一方面促进行政机关依法行政。在保障好人民群众合法权益的同时，通过审查人民群众的行政申诉案件，加强说理，积极配合法院做好息诉工作，促进矛盾的实质化解。①

（一）监督人民法院公正司法

主要包括：对行政生效判决、裁定、调解书的结果进行监督；对行政审判程序中的违法行为进行监督；认为人民法院执行活动存在违法情形的；对行政诉讼支持起诉。

（二）促进行政机关依法行政

主要针对行政机关违法行使职权或不行使职权的，监督行政行为的合法性。

【案例】检察机关向教育行政部门制发检察建议

某检察院在办理一起教师猥亵儿童案件时，发现涉案学校在教师队伍管理、校园安全管控以及预防性侵害教育方面存在明显薄弱点。遂向当地教育行政部门制发检察建议，要求其严格落实"一号检察建议"和校园安全管理规定，完善校园安全风险防控体系，探索教师入职评估与职后教育机制，推进预防性侵害教育全覆盖等。教育行政部门在收到检察建议后

---

① 引自《"一手托两家"，做实新时代行政检察》，http：//newspaper.jcrb.com/2019/20190227/20190227_004/20190227_004_1.htm，2020年7月16日访问。

及时回复,并按照建议要求一一予以落实。

四、监督的主要方式

(一) 提出再审检察建议

根据《行政诉讼规则》第 88 条的规定,地方各级人民检察院发现同级人民法院已经发生法律效力的行政判决、裁定有下列情形之一的,可以向同级人民法院提出再审检察建议:(1) 不予立案或者驳回起诉确有错误的;(2) 有新的证据,足以推翻原判决、裁定的;(3) 原判决、裁定认定事实的主要证据不足、未经质证或者系伪造的;(4) 违反法律规定的诉讼程序,可能影响公正审判的;(5) 原判决、裁定遗漏诉讼请求的;(6) 据以作出原判决、裁定的法律文书被撤销或者变更的。

(二) 提请抗诉

根据《行政诉讼规则》第 89、90 条的规定,对于存在下列情况的,地方各级人民检察院应当提请上一级人民检察院抗诉:(1) 判决、裁定是经同级人民法院再审后作出的;(2) 判决、裁定是经同级人民法院审判委员会讨论作出的;(3) 其他不适宜由同级人民法院再审纠正的;(4) 原判决、裁定适用法律、法规确有错误的;(5) 审判人员在审理该案件时有贪污受贿、徇私舞弊、枉法裁判行为的。

人民检察院提请抗诉,应当在决定之日起 15 日内将《提请抗诉报告书》连同案件卷宗等材料报送上一级人民检察院,并制作通知文书,发送当事人。

(三) 提出抗诉

根据《行政诉讼规则》第 94 条的规定,最高人民检察院对各级人民法院已经发生法律效力的行政判决、裁定、调解书,上级人民检察院对下级人民法院已经发生法律效力的行政判决、裁定、调解书,发现有《行政诉讼法》第 91 条、第 93 条规定情形的,应当向同级人民法院提出抗诉。

人民检察院提出抗诉,应当在决定之日起 15 日内将《抗诉书》连同案件卷宗移送同级人民法院,并制作决定抗诉的通知书,发送当事人。

(四) 提出检察建议

根据《行政诉讼规则》第 119 条的规定,人民检察院发现人民法院在多起同一类行政案件中有下列情形之一的,可以提出检察建议:(1) 同类问题适用法律不一致的;(2) 适用法律存在同类错误的;(3) 其他同类违法行为。

人民检察院发现有关单位的工作制度、管理方法、工作程序违法或者不当,需要改正、改进的，可以提出检察建议。

【重点提示】 人民检察院依照有关规定提出改进工作、完善治理的检察建议，对同类违法情形，应当制发一份检察建议。

根据《人民检察院检察建议工作规定》，检察机关提出行政检察建议主要有两类，即纠正违法检察建议和社会治理检察建议。

1. 纠正违法检察建议

主要包括以下情况：（1）人民法院审判人员在行政审判活动中存在违法行为的；（2）人民法院在执行生效行政判决、裁定、决定或者调解书、支付令、仲裁裁决书、公证债权文书等法律文书过程中存在违法执行、不执行、怠于执行等行为，或者有其他重大隐患的；（3）人民检察院办理行政诉讼监督案件或者执行监督案件，发现行政机关有违反法律规定、可能影响人民法院公正审理和执行的行为的。

2. 社会治理检察建议

主要包括以下情况：（1）涉案单位在预防违法犯罪方面制度不健全、不落实，管理不完善，存在违法犯罪隐患，需要及时消除的；（2）一定时期某类违法犯罪案件多发、频发，或者已发生的案件暴露出明显的管理监督漏洞，需要督促行业主管部门加强和改进管理监督工作的；（3）涉及一定群体的民间纠纷问题突出，可能导致发生群体性事件或者恶性案件，需要督促相关部门完善风险预警防范措施，加强调解疏导工作的；（4）相关单位或者部门不依法及时履行职责，致使个人或者组织合法权益受到损害或者存在损害危险，需要及时整改消除的；（5）需要给予有关涉案人员、责任人员或者组织行政处罚、政务处分、行业惩戒，或者需要追究有关责任人员的司法责任的；（6）其他需要提出检察建议的情形。

【案例】 检察机关向教育行政部门制发检察建议

某检察院在办理一起主要以教师为侵害对象，利用信息网络事实敲诈勒索的恶势力犯罪集团案件中发现，该犯罪集团主犯纠集10余人分别组成一、二、三线人员，于菲律宾租借房屋，在非法获取以教师为主的公民个人信息后，先由一线成员冒充女性通过微信加好友聊天的方式骗取被害男教师的信任，再由二线女性成员引诱被害人视频裸聊，最后由三线人员以公布不雅视频为要挟，对被害人进行恐吓威胁，索要高额钱款。

为更好地预防犯罪，净化社会风气，检察机关及时向教育行政部门制发检察建议，建议通过以案释法的方式，增强广大教师队伍的防范意识，避免遭受犯罪侵害；进一步强化师风师德建设，营造风清气正的教书育人良好环境。

【案例】 检察机关向公安机关制发检察建议

某检察院在办理一起介绍卖淫、猥亵儿童、帮助信息网络犯罪活动案件时发现，自2018年起，犯罪嫌疑人李某等人为非法牟利搭建开设了多个同性色情招嫖网站，并发布色情裸露照片和信息。2018年下半年，犯罪嫌疑人通过该网站将被害男童的裸照予以发布，并通过网站促成多名被害男童分别向多名男性提供同性间有偿性服务。

检察机关据此认为公安机关在网络安全治理工作中存在一定疏漏，需引起重视，故提出以下建议：一是建立未成年人网络不良信息的发现和处理机制。建议设立群众举报机制，开设举报热线和网址，发动广大网民进行举报。并配备力量加强网上巡查，及时发现网络中涉未成年人的不良信息，并进行拦截、清理和处置。二是加大对利用网络侵害未成年人犯罪的打击力度。在侦办各类案件中，深挖利用网络手段对未成年人实施的违法犯罪行为，对此类案件及时通报本院提前介入，共同研判证据，加强专项和集中打击。三是建立案件通报机制，对发现利用网络侵害未成年人犯罪的新情况新问题及时沟通研讨，制定相应处遇措施。对典型案例和类案共同制定证据要求和标准，提高办案质量。四是加强对未成年人网络安全的宣传教育，联合具有未成年人保护职责的相关部门共同开展送法进校园、社区、街镇等活动，规范未成年人网上行为，帮助未成年人树立文明健康上网的意识。

五、常用文书参考[①]

（一）《委托调查函》（略）

（二）《调查笔录》（略）

（三）《关于×××一案的审查终结报告》（略）

（四）《提请抗诉报告书》（略）

（五）《行政抗诉书》（略）

（六）《再审检察建议书》（略）

（七）《不支持监督申请决定书》（略）

（八）《通知书》（略）

---

① 文书（一）至（八）参见《人民检察院工作文书格式样本（2020年版）》。

第十三讲　未成年人公益诉讼检察

修订后的《未成年人保护法》从立法高度赋予未成年人公益诉讼检察更广阔的探索空间,检察机关如何立足公益诉讼监督职能,为未成年人提供更加全面的司法保护?本讲分别围绕未成年人民事和行政公益诉讼检察业务,结合实践探索,就案件管辖、办案程序以及如何完善相关工作机制展开论述。

一、概述

(一) 概念

公益诉讼检察包括民事公益诉讼和行政公益诉讼。民事公益诉讼是指检察机关在履行职责中发现破坏生态环境和资源保护、食品药品安全领域侵害众多消费者合法权益以及侵害英雄烈士的姓名、肖像、名誉、荣誉等损害社会公共利益的行为,在没有法律规定,或者法律规定的机关和组织(包括英雄烈士没有近亲属或者近亲属)不提起诉讼的情况下,可以向人民法院提起的诉讼。行政公益诉讼则是指检察机关在履行职责中发现生态环境和资源保护、食品药品安全、国有财产保护、国有土地使用权出让等领域负有监督管理职责的行政机关违法行使职权或者不作为,致使国家利益或者社会公共利益受到侵害,应当向行政机关提出检察建议,督促其依法履行职责或行政机关不依法履行职责,检察机关依法向人民法院提起的诉讼。

因此,未成年人公益诉讼同样包括涉及未成年人的民事公益诉讼和行政公益诉讼两部分。民事公益诉讼的范围主要是指特定主体侵犯不特定未成年人民事权益的案件,例如检察机关在履行职责中发现的涉未成年人食品药品安全、产品质量、个人信息保护等问题;行政公益诉讼的范围则主要包含负有未成年人保护、监督管理职责的行政机关违法行使职权或者不作为,侵害众多未成年人权益的行为。

(二) 发展背景

2012年《民事诉讼法》修改,首次从立法上确立了公益诉讼制度。其中第55条规定,"对污染环境、侵害众多消费者合法权益等损害社会公共利益的行为，法律规定的机关和有关组织可以向人民法院提起诉讼。"

2014年10月，党的十八届四中全会作出《中共中央关于全面推进依法治国若干重大问题的决定》，正式提出了"探索建立检察机关公益诉讼制度"。①

2015年7月，《检察机关提起公益诉讼改革试点方案》出台，检察机关根据全国人大常委会的授权和试点工作方案，制定出台试点实施办法，并选择北京等13个省、自治区、直辖市开展公益诉讼试点工作。

2015年12月，最高检下发《人民检察院提起公益诉讼试点工作实施办法》，对上述北京等13个试点省、自治区、直辖市的试点经验进行总结，并对试点工作进一步规范，提供办案指引。

2017年，《民事诉讼法》和《行政诉讼法》修改，全国人大常委会正式将检察机关提起公益诉讼制度写入两法，《民事诉讼法》第55条和《行政诉讼法》第25条分别对公益诉讼作出了细化规定，标志在法律层面我国检察机关提起公益诉讼制度正式确立。

2018年1月起，最高检在北京、上海等13个省（自治区、直辖市）部署开展为期一年的未成年人刑事执行检察、民事行政检察业务统一集中办理试点工作。上海三级院未检部门全部开展了试点工作，其中包括未成年人公益诉讼工作。

2020年4月，《关于加强新时代未成年人检察工作的意见》明确要求各级检察机关有序推进统一集中办理工作，涉未成年人刑事、民事、行政、公益诉讼案件原则上可由未成年人检察部门统一集中办理，没有专设机构的，由未成年人检察办案组或独任检察官办理，其他部门予以全力支持配合。

新修订的《未成年人保护法》第106条重申了检察机关的公益诉讼职能，即未成年人合法权益受到侵犯，相关组织和个人未代为提起诉讼的，人民检察院可以督促、支付其提起诉讼，涉及公共利益的，人民检察院有权提起公益诉讼。

2020年12月，最高检下发《关于加快推进未成年人检察业务统一集中办理工作的通知》，决定自2021年起，未成年人检察业务统一集中办理工作在全国检察机关稳步全面推开。

（三）常用法律政策依据

1.《民事诉讼法》

第55条 对污染环境、侵害众多消费者合法权益等损害社会公共利益的

---

① 党瑜、张垚：《未成年人检察公益诉讼的权力边界探析——从一起"4A级景区儿童票"公益诉讼案谈起》，载《预防青少年犯罪研究》2019年第4期。

行为，法律规定的机关和有关组织可以向人民法院提起诉讼。

人民检察院在履行职责中发现破坏生态环境和资源保护、食品药品安全领域侵害众多消费者合法权益等损害社会公共利益的行为，在没有前款规定的机关和组织或者前款规定的机关和组织不提起诉讼的情况下，可以向人民法院提起诉讼。前款规定的机关或者组织提起诉讼的，人民检察院可以支持起诉。

2.《行政诉讼法》

第25条（第4款）　人民检察院在履行职责中发现生态环境和资源保护、食品药品安全、国有财产保护、国有土地使用权出让等领域负有监督管理职责的行政机关违法行使职权或者不作为，致使国家利益或者社会公共利益受到侵害的，应当向行政机关提出检察建议，督促其依法履行职责。行政机关不依法履行职责的，人民检察院依法向人民法院提起诉讼。

3. 最高人民法院、最高人民检察院《关于检察公益诉讼案件适用法律若干问题的解释》

就公益诉讼案件的管辖、审理程序、出庭检察人员职责等进行了明确并细化了民事、行政公益诉讼的相关规定，例如在民事公益诉讼中，规范了公告程序、立案程序、起诉条件、撤回起诉、刑事附带民事公益诉讼等事项；在行政公益诉讼部分，对诉前程序、起诉条件、诉讼时限、判决情形等事项予以了规范。

4.《人民检察院公益诉讼办案规则》（以下简称《公益诉讼规则》）

《公益诉讼规则》明确了检察机关办理公益诉讼案件的基本原则，提出了公益诉讼一体化办案机制，确立了检察公益诉讼案件立案管辖与诉讼管辖分离的原则，细化了公益诉讼案件调查方式和保障措施，完善了检察公益诉讼的诉前程序，细化了民事公益诉讼的诉讼请求，规范了检察机关提起公益诉讼案件的程序。

5.《检察机关民事公益诉讼案件办案指南（试行）》

主要包含了民事公益诉讼案件办理的一般程序、生态环境和资源保护领域以及食品药品安全领域民事公益诉讼案件的重点问题。其中的一般程序中列明了管辖、立案、诉前程序、支持起诉、提起诉讼、二审、执行以及诉讼监督等相关内容；重点问题则主要明确了上述两领域内民事公益诉讼办理的案件范围、调查、审查的重点问题以及常见的法律、法规、规章等内容。

6.《检察机关行政公益诉讼案件办案指南（试行）》

包括行政公益诉讼案件办理的一般程序以及生态环境、资源保护、食品药品安全、国有财产保护、国有土地使用权出让等六个领域的案件重点问题。其中的一般程序列明了管辖、立案、诉前程序、提起诉讼、二审、执行和诉讼监督等相关内容；重点问题则主要明确了上述六个领域内行政公益诉讼案件办理的范围、调查审查的重点问题和常见的法律、法规、规章等内容。

7.《未成年人保护法》

第106条 未成年人合法权益受到侵犯，相关组织和个人未代为提起诉讼的，人民检察院可以督促、支持其提起诉讼；涉及公共利益的，人民检察院有权提起公益诉讼。

8.《关于加强新时代未成年人检察工作的意见》

第14条 ……对食品药品安全、产品质量、烟酒销售、文化宣传、网络信息传播以及其他领域侵害众多未成年人合法权益的，结合实际需要，积极、稳妥开展公益诉讼工作。

9.最高人民法院《关于适用〈中华人民共和国民事诉讼法〉的解释》

第284条 环境保护法、消费者权益保护法等法律规定的机关和有关组织对污染环境、侵害众多消费者合法权益等损害社会公共利益的行为，根据民事诉讼法第五十五条规定提起公益诉讼，符合下列条件的，人民法院应当受理：

（一）有明确的被告；

（二）有具体的诉讼请求；

（三）有社会公共利益受到损害的初步证据；

（四）属于人民法院受理民事诉讼的范围和受诉人民法院管辖。

第285条 公益诉讼案件由侵权行为地或者被告住所地中级人民法院管辖，但法律、司法解释另有规定的除外。

因污染海洋环境提起的公益诉讼，由污染发生地、损害结果地或者采取预防污染措施地海事法院管辖。

对同一侵权行为分别向两个以上人民法院提起公益诉讼的，由最先立案的人民法院管辖，必要时由它们的共同上级人民法院指定管辖。

第286条 人民法院受理公益诉讼案件后，应当在十日内书面告知相关行政主管部门。

第287条 人民法院受理公益诉讼案件后，依法可以提起诉讼的其他机关和有关组织，可以在开庭前向人民法院申请参加诉讼。人民法院准许参加诉讼的，列为共同原告。

第288条 人民法院受理公益诉讼案件，不影响同一侵权行为的受害人根据民事诉讼法第一百一十九条规定提起诉讼。

第289条 对公益诉讼案件，当事人可以和解，人民法院可以调解。

当事人达成和解或者调解协议后，人民法院应当将和解或者调解协议进行公告。公告期间不得少于三十日。

公告期满后，人民法院经审查，和解或者调解协议不违反社会公共利益的，应当出具调解书；和解或者调解协议违反社会公共利益的，不予出具调解书，继续对案件进行审理并依法作出裁判。

第290条 公益诉讼案件的原告在法庭辩论终结后申请撤诉的，人民法院不予准许。

第291条 公益诉讼案件的裁判发生法律效力后，其他依法具有原告资格的机关和有关组织就同一侵权行为另行提起公益诉讼的，人民法院裁定不予受理，但法律、司法解释另有规定的除外。

10.《中共中央关于加强新时代检察机关法律监督工作的意见》

二、未成年人民事公益诉讼

（一）案件管辖

根据《公益诉讼规则》的规定，人民检察院办理未成年人民事公益诉讼案件，由违法行为发生地、损害结果地或者违法行为人住所地基层人民检察院立案管辖，立案管辖与人民法院诉讼管辖级别、地域不对应，需要提起诉讼的，应当将案件移送有管辖权人民法院对应的同级人民检察院。

检察机关对破坏生态环境和资源保护、食品药品安全、个人信息保护问题、受教育权等领域侵害众多未成年人合法权益的犯罪行为提起刑事附带民事公益诉讼的，由办理刑事案件的人民检察院管辖。

【随堂问题】检察机关在民事公益诉讼中的角色？

根据《民事诉讼法》第55条之规定，对污染环境、侵害众多消费者合法权益等损害社会公共利益的行为，法律规定的机关和有关组织可以向人民法院提起诉讼。那么，上述"有关组织和机关"应当如何把握？

举例而言，依据《海洋环境保护法》第89条规定，对破坏海洋生态、海洋水产资源、海洋保护区，给国家造成重大损失的，由依照本法规定行使海洋环境监督管理权的部门代表国家对责任者提出损害赔偿要求，上述的机关就有法定义务向责任者提出赔偿要求。

又如中国消费者协会、中华环保联合会、自然之友、中国生物多样性保护与绿色发展基金会等有关组织，依据《消费者权益保护法》《环境保护法》等相关法律法规，也可提起民事公益诉讼。检察机关履行法律监督职能，坚持督导而非替代，不应作为提起民事公益诉讼的唯一主体，而是应当作为兜底和补充主体。

(二) 办案程序

1. 线索发现与评估

未检部门在履行职责中,发现有破坏生态环境和资源保护、食品药品安全、个人信息保护以及其他领域侵害众多未成年人合法权益的线索,应当围绕线索的真实性、可查性和风险性,对案件线索进行评估,必要时可以进行初步调查,并形成《初步调查报告》。重点评估违法和公益受损的情形是否真实存在;是否属于未成年人民事公益诉讼案件范围;未成年人公共利益受到损害的事实和程度是否可以得到查证;可能存在的社会舆情、信访风险等。

【重点提示】人民检察院对公益诉讼案件线索实行统一登记备案管理制度。重大案件线索应当向上一级人民检察院备案。

2. 立案

经对发现线索进行评估后,认为属于未成年人民事公益诉讼案件范围,可能损害未成年人公共利益的,应当报请检察长决定是否立案。

报请立案的,应当制作立案审批表并附初步证据材料,经过初步调查的,还应附《立案审查报告》,报请检察长决定立案。决定立案的,应当制作《立案决定书》,并到案件管理部门登记。

3. 诉前程序

(1) 调查

根据《公益诉讼规则》第32、35条的规定,检察机关办理公益诉讼案件,应当依法、客观、全面调查收集证据,具体可包括以下方式:①查阅、调取、复制有关执法、诉讼卷宗材料等;②询问行政机关工作人员、违法行为人以及行政相对人、利害关系人、证人等;③向有关单位和个人收集书证、物证、视听资料、电子数据等证据;④咨询专业人员、相关部门或者行业协会等对专门问题的意见;⑤委托鉴定、评估、审计、检验、检测、翻译;⑥勘验物证、现场;⑦其他必要的调查方式。

开展上述调查时,应当按照法定程序,全面、客观地收集证据,并制作《询问笔录》《调取证据通知书》《调取证据清单》《委托鉴定(评估、审计、检验、检测、翻译)函》等法律文书。需要注意的是,以上调查方式不包括采取限制人身自由和查封、扣押、冻结财产等强制性措施。

【重点提示】未检部门在调查过程中,经风险评估或现场观察可能发生妨碍调查行为的,应当由司法警察协助调查。调查过程中应当使用执法记录仪等录音录像工具。对于拒绝配合调查的,检察人员应当警告其可能妨碍公务的法律后果。对于干扰阻碍调查活动,威胁、报复陷害、侮辱诽谤、暴力伤害检察人员的,应当根据中共中央办公厅、国务院办公厅

《保护司法人员依法履行法定职责规定》第17条的规定，依法从严惩处。

行政机关及其工作人员拒绝或者妨碍人民检察院调查收集证据的，人民检察院可以向同级人大常委会报告，向同级纪检监察机关通报，或者通过上级人民检察院向上级主管机关通报。

（2）审查

①审查内容

未检部门审查未成年人民事公益诉讼案件，应当查明下列事项：行为人是否实施了破坏生态环境和资源保护、危害食品药品安全等相关侵害行为；未成年人公共利益是否受到损害；违法行为与损害后果之间存在的因果关系；侵权主体及各主体的责任分配；行为人的主观过错程度；证据的合法性、真实性和关联性，以及各证据之间是否存在冲突；法律适用，包括依据的法律、法规、规章、司法解释等，参考的政策性文件等；其他需要查明的内容。

经过审查，应当制作《调查终结报告》并明确提出是否发出公告或终结审查的处理意见，并经检察官联席会议或未检部门集体讨论。集体讨论形成的意见，应当报检察长决定。检察长认为必要的，可以提请检察委员会讨论决定。

【随堂问题】如果未成年人侵害英雄烈士的姓名、肖像、名誉、荣誉的行为，英雄烈士没有近亲属或者近亲属不提起诉讼的，检察机关依法向人民法院提起诉讼的，是否可以由未检部门办理？

检察机关维护烈士英雄名誉提起民事公益诉讼已有先例，例如湖北省随州市检察院在章某诋毁烈士案中，该院在征集30名烈士近亲属的意见后向该市中级法院提起民事公益诉讼，诉请判令章某对其侵害烈士名誉的行为在媒体上公开赔礼道歉、消除影响。如有未成年人实施了侵害烈士名誉的行为，相关公益诉讼案件属于未成年人案件，应当由未检部门办理，这也符合未检案件专业化办理的要求。

②审查方式

除开展调查及书面审查外，认为确有必要的，可以通过召开听证会方式听取各方意见。听证会原则上采取不公开的方式进行。对事实认定、法律适用、案件处理等方面存在较大争议或者有重大社会影响的案件，在确保未成年人的隐私不泄露情况下，可以采取公开的方式进行听证。

③审查期限

办理未成年人民事公益诉讼案件，审查起诉期限为三个月，自公告期满之日起计算。有特殊情况需要延长的，经检察长批准后可以延长一个月，还需要延长的，报上一级人民检察院批准。

办理未成年人民事公益诉讼案件，鉴定、评估、审计、检验、检测、翻译期间不计入审查起诉期限。

（3）终结审查

经审查，有下列情形之一的，未检部门应当终结审查：①不存在违法行为的；②生态环境损害赔偿权利人与赔偿义务人经磋商达成赔偿协议，或者已经提起生态环境损害赔偿诉讼的；③英雄烈士等的近亲属不同意人民检察院提起公益诉讼的；④其他适格主体依法向人民法院提起诉讼的；⑤社会公共利益已经得到有效保护的；⑥其他应当终结审查的情形。

有上述②③④项情形之一，人民检察院支持起诉的除外。终结审查的，应当报请检察长决定，并制作《终结审查决定书》。

（4）公告

行为人在食品药品安全领域侵害众多未成年消费者合法权益等损害社会公共利益的基本事实已查清、基本证据已收集到位，检察机关应在提起民事公益诉讼（包括刑事附带民事公益诉讼）之前在具有全国影响的媒体上进行公告。公告的对象为法律规定的有权提起诉讼的机关或者社会组织。公告期为30日。

公告的主要内容是：检察机关在履行职责中发现的行为人在相关领域存在损害未成年人公共利益或者重大损害危险的事实，告知法律规定的机关和有权提起诉讼的有关组织在公告期内向有管辖权的人民法院提起诉讼，公告期限、联系人及公告单位、日期等。

4. 提起诉讼

经过公告诉前程序，法律规定的机关和有关组织没有提起民事公益诉讼，或者没有适格主体提起诉讼，未成年人的公共利益持续处于受侵害状态的，检察机关以公益诉讼起诉人的身份依法提起民事公益诉讼。人民检察院提起公益诉讼，应当向人民法院提交公益诉讼起诉书和相关证据材料。起诉书的主要内容应包括，公益诉讼起诉人、被告的基本信息、诉讼请求及所依据的事实和理由。

诉讼请求包括停止侵害、排除妨碍、消除危险、恢复原状、赔偿损失等。人民检察院为诉讼支出的鉴定评估、专家咨询等费用，可以在起诉时一并提出由被告承担的诉讼请求。

人民法院开庭审理检察机关提起的未成年人民事公益诉讼案件，检察机关应当指派未检部门的检察官以公益诉讼起诉人身份出庭履行职责，参加相关诉讼活动。出庭检察人员主要履行以下职责：宣读民事公益诉讼起诉书；对检察机关调查收集的证据予以出示和说明，对相关证据进行质证；参加法庭调查，进行辩论并发表出庭意见;依法从事其他诉讼活动。

> **【随堂问题】** 除了侵害英雄烈士荣誉案件外,检察机关提出的诉讼请求为何一般不能只有赔礼道歉?
>
> 《民法典》第179条规定了承担民事责任的11种方式,并规定可以单独适用或者合并适用。在侵害英雄烈士荣誉的公益诉讼案件中,检察机关捍卫的是涉及社会公共利益的英雄烈士的人格权,赔礼道歉作为一种人格恢复性责任承担方式,与侵权行为较为匹配,单独适用并无不妥(当然也可以和消除影响、恢复名誉等责任承担方式并用)。但生态环境、资源保护、食品药品安全领域的公益诉讼案件,除了损害公众对社会公共利益领域的精神利益外,还往往伴随涉及公共利益的污染、破坏或者造成严重后果和影响的物质损失,因此单独提出赔礼道歉的诉讼请求并不能涵盖损害公共利益的所有方面,需要多种责任方式合并适用,如赔偿损失、消除危险、恢复原状等。

5. (不)支持起诉

法律规定的机关或者有关组织提起诉讼的,检察机关可以支持起诉。人民检察院可以采取提供法律咨询、向人民法院提交支持起诉意见书、协助调查取证、出席法庭等方式支持起诉。

审查是否支持起诉,应当制作《支持起诉审查报告》,经集体讨论后,报检察长决定。

决定支持起诉的,应当制作《支持起诉意见书》,并发送受理案件的人民法院。《支持起诉意见书》事实部分应当写明案件来源、案件基本事实及证据情况。法律适用部分应当写明原告起诉的理由,分析法律关系与责任,以及检察机关作为支持起诉机关的法律依据。

对依职权审查的支持起诉案件决定不支持起诉的,应当制作《终结审查决定书》;对申请支持起诉的公益诉讼案件决定不支持起诉的,应当制作《不予支持起诉决定书》,并发送申请人。

涉未成年人民事公益诉讼办理流程

受理与立案	→	诉前程序	→	支持起诉
• 线索 • 初步评估 • 决定立案		• 调查 • 审查 • 公告		• 以公益诉讼起诉人身份出庭

【案例】上海市宝山区检察院对一起侵犯未成年人个人信息案提起刑事附带民事公益诉讼

2018年11月至2019年7月，马某为完成上海A文化传播有限公司的市场推广工作，向耿某购买未成年人个人信息。耿某明知信息会被用于非法推销，为牟取不法利益，将其在上海B文化发展有限公司任职期间私自备份的3500余条未成年人个人信息（包括姓名、出生年月、联系电话）出售给马某，共计获利人民币300余元，导致众多未成年人的信息被泄露。

宝山区检察院在对耿某提起刑事公诉的同时，附带对耿某、马某及上海A文化传播有限公司提起民事公益诉讼，请求判令两名被告人及被告单位连带赔偿损失，永久删除其保存的未成年人个人信息数据，并在本市媒体上公开赔礼道歉。法院采纳了检察机关意见。

【案例】上海市嘉定区检察院办理销售伪劣产品刑事附带民事公益诉讼案

2018年7月至2020年6月期间，朱某为牟取非法利益，通过网络平台购入假冒某品牌的奶瓶、奶嘴，并在某网站开设网店进行销售，共计人民币17万余元。经检测，其所销售的假冒奶嘴及PPSU材质的奶瓶均不符合食品安全国家标准。2020年8月，公安机关以朱某涉嫌销售假冒注册商标的商品罪移送嘉定区检察院审查起诉。

该院三部在办案中发现，涉案假冒奶瓶、奶嘴有可能涉及损害不特定众多未成年人的健康，即根据该院公益诉讼线索流转机制的规定，将线索移送未检部门。未检部门经过审核，认为朱某的行为可能损害不特定多数未成年人的合法权益，遂作为公益诉讼案件立案。通过核实、比对检测鉴定意见、网店交易记录，并采用抽样调查法，随机抽取了数十名受害人电话拨打核实，制作笔录或电话记录，了解购买涉案奶瓶及奶嘴后的使用问题，锁定朱某作为销售者在产品中以假充真、以次充好，以不合格产品冒充合格产品的事实。检察机关最终对朱某以销售伪劣产品罪提起公诉，并得到法院判决认可。

鉴于本案当中尚无法确定被害人的具体人数及遭受的财产数额等，故对损害赔偿或惩罚性赔偿缺少计算的数目，无法准确认定在本案中的经济损失数额。该院结合案件具体情况，将附带民事公益诉讼的请求确定为：一是判令尚未销售的涉案产品予以销毁，所需费用由朱某承担；二是判令朱某在国家级新闻媒体上公开赔礼道歉，并公开涉案产品的销售时间、销售范围等信息，提示消费者勿使用涉案伪劣产品，以消除危险。

2020年9月，嘉定区检察院发出诉前公告，公告期内，有关社会组织和个人未起诉。公告期限届满后，该院以朱某构成销售伪劣产品罪向法院依法提起公诉，并就朱某侵害众多消费者的合法权益，损害社会公共利益和未成年人的身体健康，向法院同步提起刑事附带民事公益诉讼。同年12月法院公开开庭审理本案，并专门对民事公益诉讼部分进行调解。对于检察机关要求朱某在国家级媒体上赔礼道歉，并公开相关销售等诉讼请求，朱某方表示没有意见，双方当庭签署刑事附带民事调解协议，并经30日公告后生效。同年12月18日，法院作出刑事判决，以销售伪劣产品罪判处被告人朱某有期徒刑1年3个月，并处罚金人民币8万元。2021年3月，朱某委托家属在某报刊登公开道歉信，向社会公众赔礼道歉，并公开涉案产品的销售时间、销售范围等信息，提示消费者勿使用涉案产品。

【案例】浙江省杭州市余杭区办理全国首例未成年人网络保护民事公益诉讼案件①

近年来，杭州市余杭区发生的几起相关违法犯罪案件反映，某公司在开发运营该公司App的过程中，未以显著、清晰的方式告知并征得儿童监护人有效明示同意允许注册儿童账户，并收集、存储儿童个人信息。在未再次征得儿童监护人有效明示同意的情况下，向具有相关浏览喜好的用户直接推送含有儿童个人信息的短视频，同时也没有采取技术手段对儿童信息进行专门保护。

在最高检直接指导下，浙江省检察院成立由省、市、区三级检察机关未检干警组成的专案组。专案组全面梳理分析某公司App存在问题，走访网信部门、公安机关、法院、互联网法律专家和技术专家。根据互联网法院管辖规则，浙江省检察院指定杭州市余杭区检察院办理此案，经诉前公告，于2020年12月2日向杭州互联网法院提起民事公益诉讼，请求判令某公司立即停止实施利用该公司App侵害儿童个人信息的侵权行为，赔礼道歉、消除影响，赔偿损失并将款项交至相关儿童保护公益组织，专门用于儿童个人信息保护公益事项。

诉讼期间，检察机关积极推动某公司立行立改，该公司积极配合，对所运营App中儿童用户注册环节、儿童个人信息收集环节、儿童个人信息储存、使用和共享环节以及儿童网络安全主动性保护领域等四大方面细

---

① 引自《全国首例未成年人网络保护民事公益诉讼案办结，强化儿童个人信息网络保护！》，https: //mp.weixin.qq.com/s/NrhRrkMEZxwPn6SQyqFYeg，2021年4月15日访问。

化出了34项整改措施,并明确了落实整改措施的具体时间表。双方依法达成和解协议。

2月7日,杭州互联网法院公开开庭审理该案。庭审中,某公司对检察机关依法履行公益诉讼职责,积极推动儿童个人信息网络保护,促进和帮助企业合法合规经营表示感谢。在法庭组织下,杭州市余杭区检察院与某公司就前期达成的和解协议进一步确认,形成了调解协议。2月9日,依照公益诉讼法定程序,由法院进行了公告。3月11日,杭州市余杭区检察院诉国内某知名短视频公司侵犯儿童个人信息民事公益诉讼案,经杭州互联网法院出具调解书后结案。

三、未成年人行政公益诉讼

（一）案件管辖

根据《公益诉讼规则》的规定,人民检察院办理行政公益诉讼案件,由行政机关对应的同级人民检察院立案管辖。行政机关为人民政府,由上一级人民检察院管辖更为适宜的,也可以由上一级人民检察院立案管辖。

设区的市级以上人民检察院管辖本辖区内重大、复杂的案件。公益损害范围涉及两个以上行政区划的公益诉讼案件,可以由共同的上一级人民检察院管辖。

人民检察院立案管辖与人民法院诉讼管辖级别、地域不对应的,具有管辖权的人民检察院可以立案,需要提起诉讼的,应当将案件移送有管辖权人民法院对应的同级人民检察院。

上级人民检察院可以根据办案需要,将下级人民检察院管辖的公益诉讼案件指定本辖区内其他人民检察院办理。最高人民检察院、省级人民检察院和设区的市级人民检察院可以根据跨区域协作工作机制规定,将案件指定或移送相关人民检察院跨行政区划管辖。基层人民检察院可以根据跨区域协作工作机制规定,将案件移送相关人民检察院跨行政区划管辖。人民检察院对管辖权发生争议的,由争议双方协商解决。协商不成的,报共同的上级人民检察院指定管辖。

上级人民检察院认为确有必要的,可以办理下级人民检察院管辖的案件,也可以将本院管辖的案件交下级人民检察院办理。下级人民检察院认为需要由上级人民检察院办理的,可以报请上级人民检察院决定。

（二）办案程序

1. 线索发现与评估

未检部门在履行职责中,发现生态环境和资源保护、食品药品安全、产品质量、烟酒销售、文化宣传、网络信息传播、儿童游乐场所设施安全、娱乐游戏等领域，负有监督管理职责的行政机关违法行使职权或者不作为，可能致使众多未成年人合法权益受到侵害的线索，应当围绕真实性、可查性等对线索进行评估，必要时可以进行初步调查，并形成《初步调查报告》。重点审查违法和公益受损的情形是否真实存在；是否属于未成年人行政公益诉讼案件范围；未成年人公共利益受到侵害的事实和程度是否可以得到查证；可能存在的社会舆情、信访风险等。

2. 立案

未检部门经过对未成年人行政公益诉讼案件线索进行评估，认为同时存在以下情形的，应当立案：（1）未成年人公共利益受到侵害；（2）生态环境和资源保护、食品药品安全、产品质量、烟酒销售、文化宣传、网络信息传播、儿童游乐场所设施安全、娱乐游戏等领域对保护未成年人公共利益负有监督管理职责的行政机关可能违法行使职权或者不作为。

未检部门对于符合上述情形且属于《公益诉讼规则》第68条规定的行政强制执行中行政机关违法行使职权或者不作为的情形之一的，应当立案。

对于未成年人公共利益受到严重侵害，未检部门经初步调查仍难以确定不依法履行监督管理职责的行政机关的，也可以立案调查。

检察官对案件线索进行评估后提出立案或者不立案意见的，应当制作《立案审批表》，经过初步调查的附《初步调查报告》，报请检察长决定后制作《立案决定书》或者《不立案决定书》。

决定立案的，应当在7日内将《立案决定书》送达行政机关，并可以就其是否存在违法行使职权或者不作为、未成年人公共利益受到侵害的后果、整改方案等事项进行磋商。磋商可以采取召开磋商座谈会、向行政机关发送事实确认书等方式进行，并形成会议记录或者纪要等书面材料。

3. 诉前程序

（1）调查

立案后，未检部门可以采取以下方式开展调查和收集证据：①查阅、摘抄、复制有关执法、诉讼卷宗材料等；②询问行政机关工作人员、违法行为人以及行政相对人、利害关系人、证人等；③向有关单位和个人收集书证、物证、视听资料、电子证据等证据；④咨询专业人员、相关部门或者行业协会等对专门问题的意见；⑤委托鉴定、评估、审计、检验、检测、翻译；⑥勘验物证、现场；⑦其他必要的调查方式。

（2）审查

未检部门审查未成年人行政公益诉讼案件，应当查明：①行政机关的法定监督管理职责、权限和法律依据;②行政机关违法行使职权或者不作为的证据;③未成年人公共利益受到侵害的事实及状态;④行政机关违法行使职权或者不作为与未成年人公共利益损害后果之间存在因果关系;⑤其他需要查明的内容。

【重点提示】未检部门开展调查和收集证据不得采取限制人身自由或者查封、扣押、冻结财产等强制性措施。在办理案件中发现行政规范性文件存在合法性问题有悖于公益保护的,可以在层报上级检察机关后向有关制定主体提出意见和建议。

(3) 决定

调查结束,检察官应当制作《调查终结报告》,区分情况提出不同处理意见。

①提出检察建议

经调查,未检部门认为生态环境和资源保护、食品药品安全、产品质量、烟酒销售、文化宣传、网络信息传播、儿童游乐场所设施安全、娱乐游戏等领域负有监督管理职责的行政机关不依法履行职责,致使未成年人公共利益受到侵害的,应当报检察长决定向行政机关提出检察建议,并于《检察建议书》送达之日起5日内向上一级人民检察院备案。

决定提出检察建议的,应当在3日内将《检察建议书》送达行政机关。

行政机关应当在收到检察建议书之日起2个月内依法履行职责,并书面回复人民检察院。出现未成年人公共利益损害继续扩大等紧急情形的,行政机关应当在15日内书面回复。

【案例】福清市办理全国首起涉未成年人公益诉讼案

2018年3月,福清市检察院未检科在审查被告人王某危险驾驶案中发现,一部6人座小车,竟然坐了13名幼儿。在对近期另两起同类型案件梳理分析时发现,黑校车超员接送的,多来自无证幼儿园。据此,2018年4月,福清市检察院向市政府、市教育局及7个街道办事处(镇政府)发出检察建议,建议采取疏堵结合、"一园一策"等办法,对16家无证幼儿园进行分类处理,或关停取缔,或引导整改,并将涉及的幼儿妥善分流在各家幼儿园。上述举措得到了当地党委政府的重视和被监督部门的理解,取得了良好效果。

【案例】检察机关与行政机关联动下架不良内容图书

2020年,一份"排雷书籍"清单流传网络,涉及多本知名儿童读物。其中,《淘气包马小跳》之《天真妈妈》(2014年6月第一版)、《装在口袋里的爸爸》均被指涉自杀方式讨论。

某检察院法治副校长收到学生家长的举报后通过检察社会服务中心"云"平台向未检部门反映，未检部门第一时间成立专案小组，与文化与旅游局执法大队、教育局联合行动，对区儿童图书"线上""线下"两个市场同步开展调查核实。后对涉事图书进行下架处理，最大限度减少对未成年人身心健康的影响。

②终结案件

经调查，人民检察院认为存在下列情形之一的，应当作出终结案件决定：行政机关未违法行使职权或者不作为的；未成年人公共利益已经得到有效保护的；行政机关已经全面采取整改措施依法履行职责的；其他应当终结案件的情形。

终结案件的，应当报检察长决定，并制作《终结案件决定书》送达行政机关。

【案例】检察机关联合相关单位建立艾滋病唾液快速检测工作机制

2017年5月上旬，未成年人何某通过手机上的同性恋交友软件认识被害人小D，后二人相约至某宾馆开房发生性关系。同年6月，何某再次在宾馆开房并引诱小D一同吸食冰毒，后被公安机关抓获。2017年11月法院以引诱他人吸毒罪判处被告人何某有期徒刑7个月，并处罚金人民币1000元。由于何某HIV检测报告显示抗体呈阳性，被害人小D不排除已患病，且其有用社交软件结识同性并发生性关系的可能，对公共安全存在一定威胁，但小D被公安机关释放后无法联系到其本人。某区检察院联合区法院、公安、青保办、卫计委、团委、妇联等单位开展专题研讨，并于2018年7月会签下发在部分重点人群中开展艾滋病唾液快速检测工作的通知，探索开展涉未成年人行政案件监督查评工作，针对涉毒非在押同性恋未成年人艾滋病检测滞后，存在严重的生命安全危险及公共安全隐患，推动建立了在区域内部分重点人群中开展艾滋病唾液快速检测工作机制。

(4) 跟进调查

提出检察建议后，未检部门应当对行政机关履行职责的情况和未成年人公共利益受到侵害的情况跟进调查，收集相关证据材料。

行政机关在法律、司法解释规定的整改期限内已依法作出行政决定或者制定整改方案，但因突发事件等客观原因不能全部整改到位，且没有怠于履行监督管理职责情形的，人民检察院可以中止审查。中止审查的，应当经检察长批准，制作《中止审查决定书》，并报送上一级人民检察院备案。中止审查的原因消除后，应当恢复审查并制作《恢复审查决定书》。

经过跟进调查，检察官应当制作《审查终结报告》，区分情况提出以下处理意见：终结案件；提起行政公益诉讼；移送其他人民检察院处理。

【随堂问题】在涉未成年人行政公益诉讼中检察机关为何要履行诉前程序后再提起诉讼？

从检察权运行来看，检察机关履行法律监督职能，不直接对社会顽疾进行治理。为了更好地参与社会治理体系建设，检察机关需要通过与有职权或者有义务的职能机关或有关组织进行协商的方式，尽量督促其履职尽责，尽可能避免进入诉讼程序从而达成双赢多赢共赢的社会治理效果。从诉讼目的来看，根据司法解释的规定，在行政公益诉讼案件审理过程中，检察机关对于行政机关已经依法履职、诉讼请求全部实现的，可以撤回起诉，这进一步说明检察机关介入的目的在于恢复被损害的社会关系，如果通过其他方式例如沟通协商等可以解决问题的，则尽量不进入诉讼环节，以节约司法成本。

4. 提起诉讼

行政机关经检察建议督促仍然没有依法履行职责，未成年人公共利益处于受侵害状态的，未检部门应当依法提起行政公益诉讼。

人民检察院办理行政公益诉讼案件，审查起诉期限为一个月，自检察建议整改期满之日起计算。移送其他人民检察院起诉的，受移送的人民检察院审查起诉期限自收到案件之日起计算。

重大、疑难、复杂案件需要延长审查起诉期限的，行政公益诉讼案件经检察长批准后可以延长一个月，还需要延长的，报上一级人民检察院批准，上一级人民检察院认为已经符合起诉条件的，可以依照《公益诉讼规则》第17条规定指定本辖区内其他人民检察院提起诉讼。

未检部门办理公益诉讼案件，委托鉴定、评估、审计、检验、检测、翻译期间不计入审查起诉期限。

【重点提示】如果出现未成年人公共利益损害继续扩大等紧急情形的，行政机关应当在15日内书面回复。行政机关不依法履行职责的，人民检察院也应依法向人民法院提起诉讼。

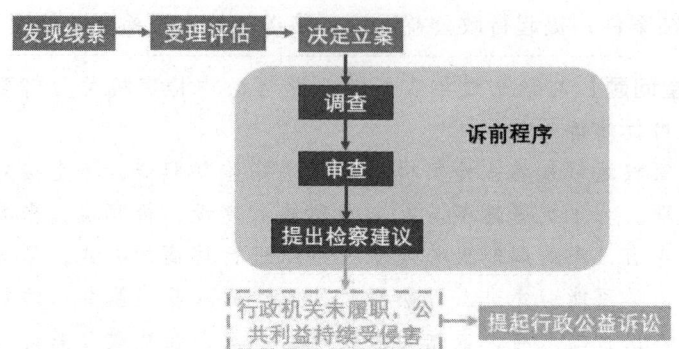

涉未成年人行政公益诉讼办理流程

【随堂问题】未成年人公益诉讼的边界？

当前检察机关未成年人公益诉讼检察正在逐步完善阶段，各地检察机关立足职能积极开展大量相关探索并取得了良好的效果。例如北京市海淀区检察院围绕校园周边售卖烟酒情况开展的公益诉讼、福建省福清市对黑校车的治理、上海市长宁区对不良儿童图书的治理等，较以往都是对未成年人公益诉讼"等"外的突破，特别是《未成年人保护法》修改之后，检察机关未成年人的公益诉讼大有可为。那么检察机关公益诉讼的边界何在？

一是在涉及私权领域时，检察机关的公权力需要限定范围，应当遵循公益有限性的原则，避免造成对私权利和行政的不当干预。[①] 二是监管权的前置适用。涉及到行政等相关部门的执法、管理等领域时，在无紧迫性风险的情况下，检察机关应当尊重执法、管理的自主权，一般不应直接提起诉讼，而是继续推动并争取在诉前程序解决问题。三是非公益范围的排除原则。有的侵害未成年人合法权益的行为仅是民事个体之间的侵权行为，并未违反《未成年人保护法》等相关法律法规的共同责任规定，该类行为存在偶发性、针对性等特点，尚未对广泛的公共利益构成潜在威胁，且与法律监督职权缺乏关联性，因而不能将其列为未成年人检察公益诉讼范畴。[②]

[①] 傅国云：《行政检察监督研究：从历史变迁到制度架构》，法律出版社2014年版，第111页。

[②] 党瑜、张垚：《未成年人检察公益诉讼的权力边界探析——从一起"4A级景区儿童票"公益诉讼案谈起》，载《预防青少年犯罪研究》2019年第4期。

四、工作机制

(一) 畅通案源线索渠道

1. 加强内部联动

未检部门获取公益诉讼案件线索，一方面可以通过案件办理深挖案源，另一方面也可以建立检察机关与各部门间的信息互通机制和配合衔接机制，通过会签文件，以制度化的形式予以落实。例如，上海市闵行区检察院未检部门会同民行、刑执、刑检部门等建立了《部门之间案件线索移送工作办法》。

2. 扩大外部协作

检察机关可以借助媒体报道和群众举报等传统途径获取信息，也可以通过聘请相关人员担任"公益诉讼观察员""公益诉讼联络员"等方式帮助提供公益诉讼案件线索；还可以通过联席会议等会商机制，与相关职能部门，进一步形成国家利益和社会公共利益的保护合力。

【案例】 上海市青浦区检察院创建未成年人检察公益诉讼观察员制度

2018年，青浦区检察院首创未成年人检察公益诉讼观察员制度，该院结合本院中小学校兼职法治副校长的聘任活动，化被动为主动，同时聘任对口学校的联络教师为本院"未检公益诉讼观察员"，通过双聘，促进检校合作，延伸未成年人保护触角，加强新时代检察机关对未成年人的综合司法保护。2019年4月，该院公益诉讼观察员向青浦区检察院提供线索，某培训机构在开展亲子活动时使用过期果酱，可能损害未成年人的身体健康，该院根据线索开展了诉前调查，并建议行政机关对该培训机构进行行政处罚。

(二) 注重调查审查方式

调查的方式较为多样，在实践中可以采取书面调查和实地调查相结合的方式，通过实地走访进行查看，调取并固定相关证据，询问涉及的相关人员并查询涉及的相关法律法规资料等方式开展调查。

检察机关对提起民事公益诉讼或是行政公益诉讼需要进行权衡、选择，同时对于抽象行政行为能否调查并提起公益诉讼等也需要进行辨析。实践中，可以结合行政机关的监督管理职责和相关法律依据进行综合调查，尤其注意需要结合个案实际情况进行综合判断。

【案例】 检察机关办理涉未成年人门票公益诉讼案

某区检察院对本区内三个4A级景区及9个展馆进行全面调研，发现其中仅一家以学生身份为优惠依据，其余全部按照身高进行测算。通过对国家发展改革委《关于进一步落实青少年门票价格优惠政策的通知》的精准解读，明确了对青少年门票价格优惠政策执行身高及年龄双重优惠标准，同时明确了各级政府价格主管部门负有监管职责。经调查，该区实行政府指导价的参观游览点大多以身高或学生证的单一标准作为门票优惠政策，违反了国家发改委对于儿童票价规定应以年龄和身高择一的双重标准。为了保护广大青少年及消费者权益，该区院向同级人民政府物价部门制发诉前检察建议提出纠正意见。检察建议发出后，该区政府定价的景区已全部调整为符合国家标准的双重票价标准。

（三）强化检察建议刚性

就行政公益诉讼而言，检察机关提起诉讼必须经过诉前程序，依据《行政诉讼法》第25条之规定，检察机关应当向行政机关提出检察建议，督促其依法履行职责，如行政机关不依法履行职责，才可提起诉讼。

检察机关向相关职能部门发出检察建议要保障其刚性，而刚性一方面源自法律依据，也来源于事实依据，也即存在未成年人公共利益受到侵害的事实、行政机关违法作为或者不作为的情况及因此导致上述公共利益受到侵害的证据。同时检察建议需具备可操作性，因此，检察建议发出前，需要做大量沟通协调工作，在具体事件的介入时机和介入程度上要有柔性，以真正实现双赢多赢共赢。

【案例】 检察机关向教育行政和市场监管部门发出检察建议

2019年10月，设在某区的一儿童英语培训机构关门"跑路"，700余名家长至区政府信访办登记投诉，事件涉及大量未成年人利益。区检察院果断采取行动，迅速对本区校外培训机构收费情况开展排摸，发现十余家教育培训机构均存在一次性收取一年甚至两年培训费用的违规收费情况，可能导致中小幼未成年人消费群体中不特定消费者利益受损，危害公共利益。该区院于2019年11月对负有收费监管职责的区教育局、区市场监督管理局未依法履行职责立案审查，后分别向区教育局、区市场监督管理局制发诉前检察建议，督促履职。此后，检察机关会同行政主管机关联动治理，共同对培训市场开展专项检查，制定整改方案，约谈违规收费的培训机构并责令整改；制定《关于规范校外教育培训机构经营行为的告知书》，深入全区校外培训机构进行宣传；公布培训机构资质并下发告家长书，加强消费者维权意识；联动辖区内其他培训机构实行公益救助；对于坚持诉讼的家长，提供法律咨询和指导。检察机关通过公益诉讼诉前程序，整顿校外培训市场收费乱象，取得实效。

【案例】 检察机关向文化和旅游部门发出检察建议

某检察院在办理涉未成年人刑事案件过程中发现，本地多处营业性娱乐场所违规接纳未成年人进入消费，继而引发多起刑事案件，危害未成年人身心健康，损害了社会公共利益。当地文化和旅游局对娱乐场所违法接纳未成年人负监管职责，其应当履职而未履职，故该院向其制发公益诉讼诉前检察建议。

【随堂问题】当前未成年人公益诉讼面临的难点及对策？

公益诉讼检察是本轮司法改革后"四大检察""十大业务"之一，但是这项重要业务在制度架构、理论研究、司法实践中都存在一些难点和痛点，较为突出的实践问题表现为：一是取证能力较为薄弱。首先，检察机关在调查核实时不得采取限制人身自由以及查封、扣押、冻结财产等强制措施，手段有限。其次，由于部分行政机关的不配合甚至抵触、调查取证程序缺乏规范、委托专业鉴定成本比较高等问题，导致检察机关在实践中调查取证面临较大困难。① 二是形成合力存在困难。公益诉讼本质上是检察机关行使法律监督权。就被监督单位而言，检察机关无论是制发检察建议、还是提起诉讼、支持起诉都是对相关单位当前工作的不认可，相关单位不予配合的情况时有发生，需要做大量沟通协调工作。三是办案机制尚待完善。首先是线索发现机制不健全，案件发现难问题突出。其次是诉前程序不完善，工作推进有赖于沟通协调，检察建议刚性不足等。四是办案能力欠缺，未成年人民事、行政、公益诉讼业务开展试点工作以来，各地最终诉至法院的案件量屈指可数。

面对上述困难，未检部门需要秉持双赢多赢共赢的理念，做好以下几项工作：一是密切关注与未成年人保护密切相关的领域。在未成年人网络安全、食品药品、玩具文具、产品质量、校园安全等方面深挖线索，例如对游戏产品、搜索引擎进行分级分类，禁止未成年人接触不适宜其接触的游戏或者网络信息，通过公益诉讼的方式落实相关措施，推动净化未成年人网络环境。二是督促行政机关积极规范履职。检察机关在开展公益诉讼业务中，要以非诉为常态，以诉讼为例外。对行政机关不规范、不合理用权等情况积极履行法律监督职能，尽量在诉前解决相关问题。三是积极开展综合治理。检察机关应当积极争取地方党委政府支持，加强与有关行政机关、群团组织等的配合协作，明确责任分工，努力形成齐抓共管的良好局面。

---

① 王炜：《检察机关提起公益诉讼的理论与实践》，载《中国青年社会科学》2018年第1期。

五、常用文书参考①

（一）《调查终结报告》（略）

（二）《调查笔录》（略）

（三）《立案决定书》（略）

（四）《终结案件决定书》（略）

（五）《公告》（略）

（六）《支持起诉意见书》（略）

（七）《民事公益诉讼起诉书》（略）

（八）《刑事附带民事公益诉讼起诉书》（略）

（九）《出庭意见书》（略）

（十）《检察建议书》（略）

（十一）《行政公益诉讼起诉书》（略）

---

① 文书（一）至（十一）参见《人民检察院工作文书格式样本（2020年版）》。

专题三　罪错未成年人的分级处遇

建立罪错未成年人分级处遇制度，不仅有利于针对性地对罪错未成年人进行干预矫治，解决实践中犯罪低龄化、干预手段单一及效果不佳等问题，同时有利于整合社会资源，提高治理效率。本专题结合新修订的《预防未成年人犯罪法》，分别对罪错未成年人分类干预、保护处分和专门教育的制度建设及具体操作等展开论述。

第十四讲　罪错未成年人的分类干预

新修订的《预防未成年人犯罪法》对预防未成年人犯罪提出了"预防为主、提前干预"的原则。本讲围绕法律规定的未成年人不良行为、严重不良行为和犯罪行为，从工作原则出发，阐述行为分类、干预措施和相关配套机制，以及如何开展检察监督等。

一、概述

(一) 概念

未成年人罪错行为分级处遇是指对未成年人罪错行为进行分类，根据其心理行为偏常程度、人身危险性以及行为的危害性，分级制定和适用针对性、个别化的处遇措施，以促进未成年人完成社会化，顺利回归社会。[①] 根据未成年人违法犯罪行为发生的规律以及我国新修订的《预防未成年人犯罪法》的规定，我们把未成年人的偏常行为分为不良行为、严重不良行为（包括因不满刑事责任年龄不予刑事处罚行为）、犯罪行为三个由轻及重的等级，每个级别的行为则根据罪错未成年人行为时的年龄、行为性质、心理状况等，适用不同的处遇措施，如家长管教、学校管理教育、公安机关矫治教育、专门矫治教育乃至刑罚措施等，这些强制力、管束力不断升级的方式涵盖了对未成年人不良行为的干预、对严重不良行为的矫治和对重新犯罪的预防。

(二) 制度意义

研究证明，一个人初次犯罪年龄越小，重新犯罪的概率就越大，由此可见，及早干预非常重要，也非常必要。一些未成年人年龄很小的时候违法犯罪，就是因为没有得到及时、有效的干预矫治，才会在违法犯罪道路上越走越远，犯罪性质、危害后果也越来越严重。目前，我国法律没有专门针对未成年人的刑罚措施，对触法未成年人，刑法虽然规定了训诫、责令家长严加管教以

[①] 参见苑宁宁：《未成年人司法新模式：罪错行为分级处遇》，载《人民检察》2020年第19期。

及专门矫治教育等制度措施，但目前仍然缺少明确、规范的操作程序和执行标准。解决这一问题关键在于，针对未成年人的罪错程度设置阶梯式的多种实体处遇措施，供学校、相关职能部门、司法机关根据未成年人的具体情况分类适用，以保证罪错未成年人干预矫治的个别化和有效性。最高检在《2018—2022年检察改革工作规划》中提出了罪错未成年人分级处遇制度的初步构想，突出处遇措施的"分级性"。笔者认为，可按照罪错未成年人行为时的年龄、行为矫正的难易程度、行为人心理测评结果等标准，适用不同级别的处遇措施。①

对有不良行为的未成年人要由专业、专门力量采取措施及早进行干预，特别是对于未成年人早期出现的不良行为，要充分发挥家庭、学校、社区等的作用，适用包括责令家长加强管教、开展强制性亲职教育乃至进行监护干预等措施；对于严重不良行为的未成年人，要充分发挥专门学校和公安机关等的作用，强化教育矫治力度，特别是通过专门学校，给予强制性矫治教育；对于已经进入司法程序的未成年人，要建立专门的未成年人司法制度，落实特别程序，做好帮教、转化工作，实现特殊预防。

> **【随堂问题】** 当前分级处遇体系建设的难点主要有哪些？
>
> 当前《预防未成年人犯罪法》根据未成年人违法犯罪行为的发生规律，将未成年人的偏常行为分为不良行为、严重不良行为、犯罪行为等由轻及重的三个等级，针对不同的等级采取相应的措施，以实现分级预防的目的。但是目前的现实情况尚不容乐观，主要存在以下问题：一是系统性不足，关于分级处遇的规定较为原则，手段有限，配套体系有待完善；二是针对性不足，干预条件、操作程序等均较为笼统，分类干预、分级处遇有待进一步细化；三是衔接性不足，如具有一定强制性的专门学校的专门矫治教育如何与专门学校的一般教育区分？如何与普通学校的管理教育以及公安机关的矫治教育相衔接？能否真正发挥其矫治教育的作用？一系列问题仍有待进一步探索完善。

（三）常用法律政策依据

1. 《未成年人保护法》

第4条 保护未成年人，应当坚持最有利于未成年人的原则。处理涉及未

---

① 吴燕、黄冬生、孙萍、钟芬：《罪错未成年人分级处遇制度研究》，上海市检察官协会2019年重点课题。

成年人事项,应当符合下列要求:

(一) 给予未成年人特殊、优先保护;

(二) 尊重未成年人人格尊严;

(三) 保护未成年人隐私权和个人信息;

(四) 适应未成年人身心健康发展的规律和特点;

(五) 听取未成年人的意见;

(六) 保护与教育相结合。

第113条 对违法犯罪的未成年人,实行教育、感化、挽救的方针,坚持教育为主、惩罚为辅的原则。

对违法犯罪的未成年人依法处罚后,在升学、就业等方面不得歧视。

2.《预防未成年人犯罪法》

第2条 预防未成年人犯罪,立足于教育和保护未成年人相结合,坚持预防为主、提前干预,对未成年人的不良行为和严重不良行为及时进行分级预防、干预和矫治。

第3条 开展预防未成年人犯罪工作,应当尊重未成年人人格尊严,保护未成年人的名誉权、隐私权和个人信息等合法权益。

第4条 预防未成年人犯罪,在各级人民政府组织下,实行综合治理。

国家机关、人民团体、社会组织、企业事业单位、居民委员会、村民委员会、学校、家庭等各负其责、相互配合,共同做好预防未成年人犯罪工作,及时消除滋生未成年人违法犯罪行为的各种消极因素,为未成年人身心健康发展创造良好的社会环境。

第6条(第1款) 国家加强专门学校建设,对有严重不良行为的未成年人进行专门教育。专门教育是国民教育体系的组成部分,是对有严重不良行为的未成年人进行教育和矫治的重要保护处分措施。

第62条(第2款) 教职员工教唆、胁迫、引诱未成年人实施不良行为或者严重不良行为,以及品行不良、影响恶劣的,教育行政部门、学校应当依法予以解聘或者辞退。

第65条 教唆、胁迫、引诱未成年人实施不良行为或者严重不良行为,构成违反治安管理行为的,由公安机关依法予以治安管理处罚。

3.《刑法》

第17条(第5款) 因不满十六周岁不予刑事处罚的,责令其父母或者其他监护人加以管教;在必要的时候,依法进行专门矫治教育。

4.《治安管理处罚法》

第12条 已满十四周岁不满十八周岁的人违反治安管理的,从轻或者减轻处罚；不满十四周岁的人违反治安管理的，不予处罚，但是应当责令其监护人严加管教。

5. 公安机关《执行〈中华人民共和国治安管理处罚法〉有关问题的解释（二）》

三、关于未达到刑事责任年龄不予刑事处罚的，能否予以治安管理处罚问题

对已满十四周岁不满十六周岁不予刑事处罚的，应当责令其家长或者监护人加以管教；必要时，可以依照《治安管理处罚法》的相关规定予以治安管理处罚，或者依照《中华人民共和国刑法》第十七条的规定予以收容教养。

二、工作原则

（一）教育为主、惩罚为辅的原则

对罪错未成年人，应强调对"行为人"的关注而非仅对"行为"本身的关注，因此要突出个别化的处遇，通过细化干预措施，实现矫治目的。

（二）早干预、早预防原则

在司法实践中发现，犯罪的未成年人，很少第一次就犯重罪，一般都曾有长期缺乏管束的经历，从不良行为等轻微越轨行为开始，逐步成为累犯、惯犯、职业犯。所以要提早介入，及时干预，帮助其尽早纠正不良行为。

（三）专业社会力量参与原则

对罪错未成年人既不能不教而罚，也不能不教而宽，而应将"教"字贯穿于干预矫治的始终，采取更为精准化的帮教方式。仅依靠司法机关很难实现这一效果，需要通过引入专业的社会力量，实现专业化办案和社会化帮教的有机衔接。

（四）适度干预原则

分级处遇制度设计的初衷立足于"教育刑"的感化挽救而非单一"惩戒"，其根本目的在于引导未成年人走上正途，修复社会关系。未成年人生理及心理的特殊性决定了其问题行为具有自愈性，因此防止过度干预，才能保障罪错未成年人在教育矫治后顺利回归社会，不至再犯罪。

三、行为分类及干预措施

分级处遇体系中对于未成年人的行为认定和采取与其行为性质相对应的配套干预措施尤为重要。前文已经提及，未成年人的偏常行为主要有不良行为、

严重不良行为、犯罪行为三类。对有不良行为的未成年人，对应地进行"干预"；对于严重不良行为，包括不予刑事处罚的行为，进行"矫治"；对于有犯罪行为的未成年人，则适用"刑罚"措施。

其中，不良行为和严重不良行为虽然在2021年6月1日生效的《预防未成年人犯罪法》中已有明确界定，但仍需要对上述相关行为的指向予以明晰，再针对性地辅之以适当处遇。

（一）不良行为

1. 行为表现

"不良行为"不利于未成年人身心健康成长，作为一种社会行为概念，是指不道德或者不规范的行为，其本质特征在于与公众普遍认可且遵守的社会规范之间的对立性。①

《预防未成年人犯罪法》第28条列举的未成年人"不良行为"主要包括以下九种：（1）吸烟、饮酒；（2）多次旷课、逃学；（3）无故夜不归宿、离家出走；（4）沉迷网络；（5）与社会上具有不良习性的人交往，组织或者参加实施不良行为的团伙；（6）进入法律法规规定未成年人不宜进入的场所；（7）参与赌博、变相赌博，或者参加封建迷信、邪教等活动；（8）阅览、观看或者收听宣扬淫秽、色情、暴力、恐怖、极端等内容的读物、音像制品或者网络信息等；（9）其他不利于未成年人身心健康成长的不良行为。

2. 管理教育措施

有学者认为，不良行为具备虞犯性（成年人可为而未成年人不可为）、自害性或轻微害他性和犯罪倾向性等特征，且不良行为一般也具备自愈性，无需司法机关介入矫治。笔者基本赞同上述观点，司法的介入和干预并不是解决未成年人问题行为的唯一和最佳手段，一般不良行为的矫治，应避免国家强制力的干预介入，以防因行政权或司法权的过度干预而导致的标签效应，不利于未成年人自行实现再社会化。但不良行为如不及时干预，极易发展成为违法犯罪行为，需要付出更高的矫治成本，矫治难度也会明显增强。因此，家庭、学校、社会应共同对未成年人的不良行为及时采取强有力的措施加以防范，将未成年人违法犯罪及时扼杀于行为早期。② 对不良行为的早期干预主要是以监护人、社区、学校等开展的管理、教育措施为重点。

---

① 吴燕、黄冬生、孙萍、钟芬：《罪错未成年人分级处遇制度研究》，上海市检察官协会2019年重点课题。

② 吴燕、黄冬生、孙萍、钟芬：《罪错未成年人分级处遇制度研究》，上海市检察官协会2019年重点课题。

(1) 家庭教育

未成年人的父母或者其他监护人发现未成年人有不良行为的，应当及时制止并加强管教。公安机关、居民委员会、村民委员会也应当督促其依法履行监护职责。

(2) 学校管理教育

对拒不改正或者情节严重的，学校可以根据情况对不良行为未成年人予以处分或者采取以下管理教育措施：①予以训导；②要求遵守特定的行为规范；③要求参加特定的专题教育；④要求参加校内服务活动；⑤要求接受社会工作者或者其他专业人员的心理辅导和行为干预；⑥其他适当的管理教育措施。

对于实施了一般不良行为的未成年人，检察机关可以在工作中予以重点关注，会同学校、社区、专业社会力量等，通过法治进校园、法治副校长、社区法治宣传、家庭教育辅导等多种形式，加强对未成年人及其家长的法治教育，督促未成年人的父母或其他监护人、所在学校或社区对未成年人进行帮助、教育和管理，并注意干预方式，尽可能避免司法干预。对这部分未成年人检察机关的工作主要是一般预防，此处不再展开论述。

【重点提示】《预防未成年人犯罪法》第33条所列未成年学生偷窃少量财物，或者有殴打、辱骂、恐吓、强行索要财物等学生欺凌行为，其性质与不良行为的自害性不符，应属于严重不良行为，对其中情节轻微的，可以参照不良行为处理方式，由学校依照《预防未成年人犯罪法》第31条规定采取相应的管理教育措施。

(二) 严重不良行为

1. 行为表现

严重不良行为具备一定的社会危害性，未成年人严重不良行为可归入违反治安管理的"违警行为"的范畴。根据《预防未成年人犯罪法》第38条规定，未成年人严重不良行为主要包括两类：

(1) 有刑法规定、因不满法定刑事责任年龄不予刑事处罚的行为。

(2) 严重危害社会的其他行为，具体包括以下九种行为：①结伙斗殴、追逐、拦截他人，强拿硬要或者任意损毁、占用公私财物等寻衅滋事行为；②非法携带枪支、弹药或者弩、匕首等国家规定的管制器具；③殴打、辱骂、恐吓，或者故意伤害他人身体；④盗窃、哄抢、抢夺或者故意损毁公私财物；⑤传播淫秽的读物、音像制品或者信息等；⑥卖淫、嫖娼，或者进行淫秽表演；⑦吸食、注射毒品，或者向他人提供毒品；⑧参与赌博赌资较大；⑨其他严重危害社会的行为。

2. 矫治教育措施

未成年人严重不良行为具有一定的违法性，但因未成年人的年龄因素、行为性质等不具备刑事有责性，故对其不予处罚。但严重不良行为与不良行为有着本质不同，对这类未成年人，可以适用具有一定强制性的矫治教育措施，也可以视情送专门学校进行封闭式专门矫治教育。

（1）矫治教育

根据《预防未成年人犯罪法》第40条和第41条的规定，公安机关对于有严重不良行为的未成年人，除责令其家长严加管教外，还可以视情采取以下矫治教育措施：①予以训诫；②责令赔礼道歉、赔偿损失；③责令具结悔过；④责令定期报告活动情况；⑤责令遵守特定的行为规范，不得实施特定行为、接触特定人员或者进入特定场所；⑥责令接受心理辅导、行为矫治；⑦责令参加社会服务活动；⑧责令接受社会观护，由社会组织、有关机构在适当场所对未成年人进行教育、监督和管束；⑨其他适当的矫治教育措施。

【案例】检察机关会同公安机关对严重不良行为未成年人开展观护帮教

小军与同学因琐事发生矛盾，为泄愤，小军纠集张某和孙某将该同学带至一小区花园内，由张某和孙某实施殴打并强拿硬要人民币1000元。检察机关在办理张某和孙某寻衅滋事一案时，发现小军因未达刑事责任年龄未被刑事处理。经过社会调查、心理测评等，检察机关认为小军有接受保护处分的必要，遂建议公安机关对其开展为期3个月的保护处分观护帮教。公安机关采纳建议，并派员与检察官、专业社工、小军法定代理人等组成保护处分观护帮教小组。通过保护处分决定宣告，对小军开展训诫教育，并责令家长严加管教。帮教小组结合小军意图通过校园暴力解决纠纷的错误认知以及存在教唆同伴实施暴力的行为、父母离异后监护情况不佳等情况，为其设定了以认知和行为重建、同伴关系重建、亲子关系重建为核心的个性化教育矫正方案。

在观护期间，专业社工安排小军参加法律知识学习和社区服务中心的公益劳动，小军还在爱心暑托班做自护志愿者，与父母共同参与集体亲子教育课程，与其他罪错青少年共同参与团康活动等。通过一段时间的观护帮教，小军的行为认知得到重建，认识到自身行为的法律界限，学会了控制自己的情绪以及正确处理矛盾纠纷的方式；小军的亲子关系得到重建，小军父母离异，其从小跟随祖父母生活，在与父母共同参加集体亲子教育课程之后，与父母的沟通交流逐渐增多，亲子关系大有改善；小军的同伴关系得到重建，小军性格外向，朋友众多但良莠不齐，在社工老师的帮助下，小军逐渐远离了以前的不良朋辈。观护期结束后，小军回归正常的生活，并进入一家公司开始实习，最终通过实习期，在该公司正式工作。

(2) 专门教育

家长、学校无力管教或者管教无效的，行为情节恶劣或者造成严重后果、多次实施或者拒不接受、配合矫治教育的，实施刑法规定的行为、因不满法定刑事责任年龄不予刑事处罚的，可以将相关未成年人送专门学校接受专门矫治教育。

分类干预各责任主体注意事项

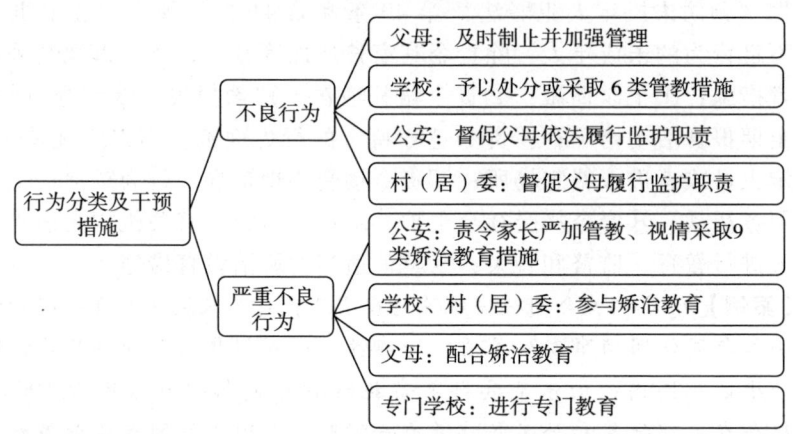

(三) 犯罪行为

犯罪行为鉴于其行为性质轻重有别，依据其行为性质，可以将之划分为轻罪与重罪行为。针对未成年人的轻罪行为，对符合相关条件的，一般应适用不起诉等非刑罚处遇措施，并做好相关记录封存工作。而针对未成年人犯重罪的，则可以采取非监禁刑或者监禁刑进行惩戒。但是需要注意，无论采取何种措施，都需综合考虑未成年人身心特点，坚持教育、感化、挽救的基本方针。

公安机关、人民检察院、人民法院办理未成年人刑事案件，一方面应当根据未成年人的生理、心理特点和犯罪的情况，有针对性地进行法治教育，预防其重新犯罪；另一方面应当落实社会调查、心理测评、合适成年人到场、犯罪记录封存等特殊程序，并实行分别关押、管理、教育和矫正，做好安置帮教工作，切实保障未成年人的合法权益，帮助其顺利回归社会。

关于对未成年人犯罪行为的处置及重新犯罪的预防，本书其他专题已有涉及，故此处不再赘述。

【随堂问题】针对未成年人罪错行为，如何看待分级处遇与刑罚的效果对比？

分级处遇措施的适用既是域外少年司法发达国家的先进经验，也在我国部分省市进行了先行探索和实践总结,取得了不错的制度效果。特别是近年来我国未成年人犯罪总体呈下降趋势,未成年人犯罪情况逐步好转,在此形势下确无必要广泛适用严苛的刑事政策。从实践来看,分级处遇通过对罪错未成年人尽早干预,能够有效破除低龄未成年人犯罪矫治难的问题,避免出现学者所称的"逗鼠困局"与"养猪困局",避免小恶不惩,酿成大祸。同时,通过引入社会专业力量参与帮教,将检察职能进一步向前向后延伸,有利于形成更为全面的罪错未成年人干预、矫治和预防体系。

【随堂问题】 分级处遇体系构建中检察环节先议权设置的必要性?

在域外国家少年司法体系中,一般由少年法院行使先议权,绝大部分的未成年人罪错行为由法院裁量后适用分级处遇机制中的"保护处分"措施,只有少量罪行严重、情节恶劣的犯罪行为才会以"逆送"的形式移送检察机关起诉,所以域外罪错未成年人分级处遇的先议权普遍属于法院。

而在当前我国未成年人司法的语境中,检察机关处于承上启下的中间环节,具备未成年人司法"发动机"的性质,最高人民检察院最早成立中央政法机关中第一个独立的未成年人保护厅级机构——第九检察厅,从某种程度上说,检察机关作为法律监督机关和唯一参与未成年人司法保护全过程的司法机关,应当也必然在未成年人司法保护中发挥相较于原来更为重要的作用。

从我国的未成年人司法实践来看,检察机关通过行使审查批捕、审查起诉职能,适用附条件不起诉、相对不诉等程序,已经对涉罪未成年人进行了诉前分流,也即部分的先议权已经实质在检察环节运转。只有罪行严重,通过上述机制无法出罪的,才送至法院定罪量刑。此外,检察机关作为法律监督机关,与一些国家和地区的检察机关是单纯的追诉机关不同,以"强化法律监督,维护公平正义"为要旨,并非单纯追求对涉罪未成年人的惩处,通过履行司法先议权实现对罪错未成年人的"教育、感化、挽救"和"少捕慎诉少监禁"。

综上所述,检察机关有能力也有义务在当前的司法语境下承担少年司法先议权的重担,为更好地保护未成年人健康成长,在分级处遇体系的建立中贡献检察智慧和力量。

四、检察监督

检察机关作为法律监督机关,应当依法对法律落实进行监督。《预防未成年人犯罪法》第 60 条规定,人民检察院通过依法行使检察权,对未成年人重新犯罪预防工作等进行监督。《未成年人保护法》第 105 条也明确,人民检察院通过行使检察权,对涉及未成年人的诉讼活动等依法进行监督。同时,两部法律还规定了单位、组织或个人违反法律所要承担的法律责任。也就是说,除了对预防重新犯罪工作及涉及未成年人诉讼活动开展监督外,检察机关还应对法律责任落实情况进行监督。此外,以上两条款内容均有"等"字表述,可以理解为检察机关对两部法律中涉及未成年人权益保护的内容均负有监督职责。

五、配套机制

(一) 完备的法律体系

罪错未成年人分级处遇纳入法治化轨道是其应有之义,统一、操作性强的未成年人矫治体系的重要性不言而喻。① 各地对于分级处遇体系中的保护处分、临界预防等方面已经开展了许多有益的探索,例如 2020 年,上海市院第九检察部制发《关于对罪错未成年人开展保护处分工作的规定(试行)》等,这些工作也为《未成年人保护法》和《预防未成年人犯罪法》的修订提供了司法实践经验。而这两部法律的修订,也将为梳理汇总散见于各个部门法中涉及未成年人保护的规定,并最终形成我国《未成年人司法法》奠定基础。

(二) 专门的人员队伍

是否拥有专门队伍是衡量一个国家未成年人司法制度是否成熟的重要标志之一,也是实现对罪错未成年人有效矫治的重要途径。其中专业化人员包括专门负责办理未成年人案件的警察、检察官、法官等,也包括一些专业辅助人员,如专业的未成年人矫治人员等。《预防未成年人犯罪法》第 7 条、第 8 条和第 9 条不仅对公安机关、人民检察院、人民法院、司法行政部门提出专门机构或者专门人员负责预防未成年人犯罪工作的要求;也对共产主义青年团、妇女联合会、关心下一代工作委员会等有关社会组织,提出了应当协助各级人民

---

① 吴燕、黄冬生、孙萍、钟芬:《罪错未成年人分级处遇制度研究》,上海市检察官协会 2019 年重点课题。

政府及其有关部门、人民检察院和人民法院做好预防未成年人犯罪工作的要求;同时还明确社会工作服务机构等社会组织可以参与相关工作。

(三) 社会化支持体系

对罪错未成年人开展矫治教育需要进行必要的社会调查、心理干预、行为矫正、社会观护等,这些工作都离不开社会力量,尤其是社工等专业社会力量的支持。拥有健全的社会支持体系,同样是成熟未成年人司法制度的特殊内容和主要标志。2010年,上海市检察机关依托政府购买服务成立的社工组织,建立了覆盖全市的涉罪未成年人社会观护体系,遍布全市各街镇的观护点不仅就近接纳帮教被取保候审的未成年犯罪嫌疑人,专业的社工对早期发现的有严重不良行为的未成年人也进行及早干预,通过专业化的帮教,预防罪错未成年人再犯、重犯。《预防未成年人犯罪法》也明确国家鼓励、支持和指导社会工作服务机构等社会组织参与预防未成年人犯罪相关工作。

(四) 明确的监护责任

未成年人的家庭对未成年人危害社会行为的发生往往有着不可推卸的责任。中国青少年研究中心和中国预防青少年犯罪研究会课题组对全国10个省份进行调研后形成的《2017年我国未成年人犯罪研究报告》显示,未成年犯来自单亲家庭的比例高达35.8%,且仅有50%左右的未成年犯在入监前和亲生父母长期共同生活。① 因此我国法律对监护人责任进行了细化规定,一方面强化监护人责任意识及其不履行责任的惩戒措施,另一方面在监护人履行监护责任不力或不能时施以社会干预和政府兜底。《未成年人保护法》在"家庭保护"一章中,规定了未成年人的父母或者其他监护人应当履行的监护职责,以及不依法履行监护职责或者侵犯未成年人合法权益的法律责任,如予以训诫、责令其接受家庭教育指导等。对实施严重不良行为的未成年人的父母或者其他监护人不依法履行监护职责的,《预防未成年人犯罪法》也规定了同样的法律责任。

---

① 参见路琦、郭开元、张萌、张晓冰、胡发清、杨江澜:《2017年我国未成年人犯罪研究报告》,载《青少年犯罪问题》2018年第6期。

第十五讲　保护处分

本讲所指的保护处分主要是指对《预防未成年人犯罪法》所规定的严重不良行为未成年人开展的矫治教育。本讲在明确保护处分的适用对象、适用范围以及适用原则的基础上，重点对具体措施的运用进行阐述，同时辅之以适用程序、配套措施，特别是对如何开展检察监督提出具体方法。

一、概述

（一）概念

"保护处分"词源是日本少年法，域外很多国家和地区实行以教代刑，只有极少数恶劣的行为才会作为刑事案件追究责任，像日本、美国、我国台湾地区等，进入少年司法程序的案件，最后以刑罚进行处罚的很少，绝大多数失足未成年人的案件都是以保护处分来处理的。其中，日本是贯彻保护处分优先原则较为彻底的国家，但是也并不绝对禁止刑罚的适用。非刑少年中的犯罪少年，受刑事处分的可能性仍是存在的——尽管这种比例很低。①

保护处分是基于未成年人成长需要，在未成年人实施了触犯《治安管理处罚法》和《刑法》（但尚未达到刑事责任年龄或未达到相应情节）等"触法"行为，还没有达到刑事犯罪的程度时，采用刑罚之外的单独的措施开展教育、挽救，帮助触法未成年人矫正不良心理和行为，促使其顺利回归社会，不致再危害社会的强制性矫治教育措施。尽管《预防未成年人犯罪法》仅在第6条中明确专门教育是对有严重不良行为的未成年人进行教育和矫治的重要保护处分措施。但笔者认为，在《预防未成年人犯罪法》"对严重不良行为的矫治"一章中所规定的公安机关对严重不良行为未成年人采取的矫治教育措施因具备一定强制性特征，也应属于保护处分的范畴。

为区别于不良行为和犯罪行为，本书所指的保护处分仅包括对严重不良行

---

① 参见姚建龙：《犯罪后的第三种法律后果：保护处分》，载《法学论坛》2006年第1期。

为的罪错未成年人的矫治教育措施。

> **【随堂问题】** 保护处分与刑罚措施、一般教育干预的区别？
>
> 保护处分与刑罚不同。保护处分不以惩罚触法行为为目的，因而不是处罚措施，而是与刑罚并列的具备强制性的教育和福利措施，强调对未成年人的教育、感化和挽救；而刑罚措施其目的在于社会群体防卫，落脚点在惩罚、矫治行为。保护处分实质上是预防未成年人重新触法的强制性矫治教育措施，其具备适用上的优先性，即"提前干预、以教代刑"。因此，有学者认为保护处分可以视为犯罪除刑罚及保安处分之外的第三种后果，也即少年犯罪中具备替代刑罚性质的措施。[①]
>
> 保护处分与一般性的教育干预措施不同。保护处分具有一定的强制性，如不接受或不遵守要求，将产生不利的法律后果。从前期检察机关开展的机制探索来看，保护处分制度仅适用于实施了触犯治安管理处罚法和刑法行为的"触法"未成年人，以适当控制司法强力干预的范围。对那些实施了吸烟饮酒、旷课逃学、夜不归宿、离家出走、沉迷网络、结交不良朋辈、出入不宜场所等身份罪错行为的未成年人，则应避免国家强制力的过度干预，干预主体主要以家庭、学校、公益组织、社区等社会力量以及教育行政部门等为宜。因此，一般性的教育干预措施针对的主要是《预防未成年人犯罪法》规定的一般不良行为。

（二）发展背景

近年来，一些低龄未成年人严重违法犯罪的案件被媒体广泛报道，引发社会公众对此类未成年人处遇问题的高度关注，甚至一再出现要求降低刑事责任年龄的呼声。我国法律虽然有训诫、责令家长严加管教、工读学校、收容教养等措施，但在实体处置和程序设计等方面缺乏明确规定，造成操作困难，以至于相当部分未成年人曾经存在不良行为或严重不良行为，却未受到有效干预，也有相当数量的涉案未成年人因未达刑事责任年龄或情节显著轻微而被"一放了之"。这样的司法现状下，保护处分措施不仅为学界广泛讨论，在实践中也得到一定范围的探索运用。

2004年，上海市检察机关开始探索对不捕、不诉但确有违法犯罪行为的未成年人开展保护处分性质跟踪帮教。2010年，开始对依法不追究刑事责任

[①] 参见姚建龙：《犯罪后的第三种法律后果：保护处分》，载《法学论坛》2006年第1期。

的未成年人落实训诫、责令具结悔过、责令家长管教等保护处分措施。2015年，上海市检察机关着力推进对办案中发现的虞犯或触法未成年人落实分级处遇的保护处分措施。2019年2月，最高人民检察院下发《2018—2022年检察改革工作规划》明确提出："探索建立罪错未成年人临界预防、家庭教育、分级处遇和保护处分制度。"2020年2月，上海市检察机关制定和下发《关于对罪错未成年人开展保护处分工作的规定（试行）》，实现了全市检察机关适用保护处分制度的规范化、制度化。

（三）制度意义

保护处分在罪错未成年人矫治教育方面发挥着巨大作用。一是通过落实轻重有序的矫治措施对罪错未成年人的偏差行为进行分级干预，有助于实现帮教的个别化和有效性。是落实对未成年人"教育、感化、挽救"基本方针及"教育为主、惩罚为辅"基本原则的具体体现。二是通过及早干预，从未成年人出现严重不良行为就开始适用相应的矫治教育措施，对于未成年人犯罪预防乃至整个社会的犯罪总量控制，都具有积极意义。三是从保护处分制度价值来看，一方面保护处分措施尽可能避免了羁押措施、刑罚措施适用，起到了预防再犯和保障人权的双重作用；另一方面制度本身也对进一步推动我国少年法的立法进程，完善我国的少年法律体系亦具有重要意义，可以说为构建具有中国特色的二元结构未成年人司法处遇体系奠定了制度基础。

（四）常用法律政策依据

1.《未成年人保护法》

第100条　公安机关、人民检察院、人民法院和司法行政部门应当依法履行职责，保障未成年人合法权益。

第113条（第1款）　对违法犯罪的未成年人，实行教育、感化、挽救的方针，坚持教育为主、惩罚为辅的原则。

2.《预防未成年人犯罪法》

第6条（第1款）　国家加强专门学校建设，对有严重不良行为的未成年人进行专门教育。专门教育是国民教育体系的组成部分，是对有严重不良行为的未成年人进行教育和矫治的重要保护处分措施。

第39条　未成年人的父母或者其他监护人、学校、居民委员会、村民委员会发现有人教唆、胁迫、引诱未成年人实施严重不良行为的，应当立即向公安机关报告。公安机关接到报告或者发现有上述情形的，应当及时依法查处；对人身安全受到威胁的未成年人，应当立即采取有效保护措施。

第40条　公安机关接到举报或者发现未成年人有严重不良行为的，应当及时制止，依法调查处理，并可以责令其父母或者其他监护人消除或者减轻违法后果，采取措施严加管教。

第42条　公安机关在对未成年人进行矫治教育时，可以根据需要邀请学校、居民委员会、村民委员会以及社会工作服务机构等社会组织参与。

未成年人的父母或者其他监护人应当积极配合矫治教育措施的实施，不得妨碍阻挠或者放任不管。

第43条　对有严重不良行为的未成年人，未成年人的父母或者其他监护人、所在学校无力管教或者管教无效的，可以向教育行政部门提出申请，经专门教育指导委员会评估同意后，由教育行政部门决定送入专门学校接受专门教育。

第61条　公安机关、人民检察院、人民法院在办理案件过程中发现实施严重不良行为的未成年人的父母或者其他监护人不依法履行监护职责的，应当予以训诫，并可以责令其接受家庭教育指导。

3.《刑法》

第17条（第5款）　因不满十六周岁不予刑事处罚的，责令其父母或者其他监护人加以管教；在必要的时候，依法进行专门矫治教育。

4.《治安管理处罚法》

第12条　已满十四周岁不满十八周岁的人违反治安管理的，从轻或者减轻处罚；不满十四周岁的人违反治安管理的，不予处罚，但是应当责令其监护人严加管教。

> 【随堂问题】保护处分与分级处遇体系的关系？
>
> 保护处分措施与分级处遇体系大体上可以认为是包含与被包含的关系，分级处遇体系包含保护处分措施，并将其干预矫治的范围向前延伸至未成年人的不良行为，向后延伸至对未成年人的犯罪行为。当然，广义概念上的分级处遇体系除了具体干预矫治措施以外，还包括完备的配套体系，如建设专门队伍、落实监护责任、构建社会化支持体系等。

二、适用对象和范围

（一）适用对象

本书所指的保护处分的适用对象，主要是指《预防未成年人犯罪法》第38条规定的实施了严重不良行为的未成年人。

对于被检察机关不起诉或者人民法院判处免予刑事处罚的未成年人，符合适用条件需要进行矫治教育的,也可以纳入保护处分对象范围。

(二) 适用范围

根据《预防未成年人犯罪法》第38条的规定,未成年人实施的严重不良行为具体包括两类:

(1) 未成年人实施的有刑法规定、因不满法定刑事责任年龄不予刑事处罚的行为。

(2) 未成年人实施的严重危害社会的下列行为:①结伙斗殴,追逐、拦截他人,强拿硬要或者任意损毁、占用公私财物等寻衅滋事行为;②非法携带枪支、弹药或者弩、匕首等国家规定的管制器具;③殴打、辱骂、恐吓,或者故意伤害他人身体;④盗窃、哄抢、抢夺或者故意损毁公私财物;⑤传播淫秽的读物、音像制品或者信息等;⑥卖淫、嫖娼,或者进行淫秽表演;⑦吸食、注射毒品,或者向他人提供毒品;⑧参与赌博赌资较大;⑨其他严重危害社会的行为。

三、适用原则

(一) 优先适用原则

保护处分具有优先于刑罚的效力,只有在不得已的情况下才适用刑罚。

(二) 适度介入原则

保护处分是基于保护目的刑罚代替措施,与刑罚措施相并列,具有一定的司法强制性,因此不宜扩张其适用范围,比如不宜包含对未成年人不良行为的矫治。同时,其强制力虽然不同于刑罚措施,但这种不得已的司法干涉不可避免地存在负面效应。因此,保护处分的运作应当谦抑,保持一种必要的内敛。①

【随堂问题】保护处分措施为何不包含对未成年人一般不良行为的干预?

一是基于保护处分措施的谦抑性而言,司法机关应避免以爱和保护的名义过度干涉未成年人的偏差行为。二是基于未成年人成长规律,未成年人虽可能在某些年龄段会出现一段时间的偏差行为,但是随着时间推移会逐渐向好转变,无需介入即可自行恢复正常行为,即"自愈性"。

---

① 姚建龙:《犯罪后的第三种法律后果:保护处分》,载《法学论坛》2006年第1期。

三是不良行为在学理上一般认为其性质上本身具备自害性以及轻微他害性，司法机关不予介入也不会产生较大的人身危险性和社会危害性，故没有介入的必要和紧迫性。当然，前期各地探索保护处分的过程中，也有将不良行为归入保护处分范围的情况，"矫枉"是否"过正"有待进一步观察。

【随堂问题】保护处分适度介入原则的认识及把握？

保护处分无疑是"爱的处分"，但也是一种"不得已之爱"，它毕竟是一种对自然成长中少年不良行为的干预，如果运用不当，同样会使社会与少年反受其害。美国早期少年司法的实践已经印证了这一点。对保护处分措施的适用应当极为谨慎，不能因其以"保护"为最高价值诉求而有丝毫的放松。① 一方面，司法机关尽可能不介入未成年人的不良行为，而是交由家长、学校管教，促使未成年人在成长中自愈；另一方面，如果适用保护处分措施，也应当尽量避免扩大化，并通过规范程序，如应当经过调查、决定等环节才可适用相应的矫治教育措施，以保障未成年人的合法权益。

（三）分级矫治原则

由于未成年人触法行为的社会危害性和自身的再犯危险性以及教育矫正难度等，均存在较大的差异，因此在保护处分措施的种类、期限等方面，应当有所区别，司法机关应当根据教育矫治的实际需要，综合考虑罪错未成年人行为性质、情节、危害程度以及人身危险性等，决定采取的保护处分措施。丰富教育矫治手段，突出针对性，才能取得实际效果。②

【随堂问题】如何把握保护处分分级原则？

对未成年人适用保护处分措施时应当遵循分级处遇的理念，即使是在司法机关作出处分决定后，对未成年人的保护处分措施仍可以考虑升格或降格。具体而言，对于初次实施罪错行为、人身危险性较低的未成年人，一般应当优先适用训诫、责令具结悔过、责令赔礼道歉、赔偿损失等非约束性的保护处分措施；适用非约束性措施不能取得良好教育矫

---

① 姚建龙：《犯罪后的第三种法律后果：保护处分》，载《法学论坛》2006年第1期。

② 吴燕、黄冬生、孙萍、钟芬：《罪错未成年人分级处遇制度研究》，上海市检察官协会2019年重点课题。

治效果或者罪错行为性质、后果比较严重、反复实施罪错行为、人身危险性较大的未成年人，可以考虑在适用上述非约束性措施的同时适用责令接受观护帮教、治安处罚，或者启动送专门学校程序等针对性、强制性更强的矫治措施。

（四）共同参与原则

对实施严重不良行为未成年人的矫治教育，主要由公安机关或者教育行政部门等负责。相关部门可以根据需要邀请学校、居民委员会、村民委员会以及社会工作服务机构等社会组织参与，未成年人的父母或者其他监护人也应当积极配合矫治教育措施的实施。检察机关向相关部门移送线索后也可以配合开展教育和矫治工作。

四、具体措施

（一）责令严加管教

根据《预防未成年人犯罪法》第40条的规定，公安机关接到举报或者发现未成年人有严重不良行为的，应当及时制止，依法调查处理，并可以责令其父母或者其他监护人消除或者减轻违法后果，采取措施严加管教。

公安机关如发现有严重不良行为未成年人的父母或其他监护人存在监管不力、履职不当等情形的，对父母或其他监护人应采取相应的教育和惩戒措施，责令其配合司法机关、学校、专业社会工作者等，履行家庭教育责任，采取措施加强对未成年人的教育和管束。

> **【随堂问题】** 实践中如何保证责令严加管教的效果？
>
> 《未成年人保护法》第118条规定，未成年人的父母或者其他监护人不依法履行监护职责或者侵犯未成年人合法权益的，由其居住地的居民委员会、村民委员会予以劝诫、制止；情节严重的，居民委员会、村民委员会应当及时向公安机关报告。公安机关接到报告或者公安机关、人民检察院、人民法院在办理案件过程中发现未成年人的父母或者其他监护人存在上述情形的，应当予以训诫，并可以责令其接受家庭教育指导。此外，如果未成年人的父母或者其他监护人经司法机关教育不改或者拒绝执行司法机关亲职教育措施，造成严重后果的，检察机关可以依法告知、督促未成年人的临时照料人或相关单位、组织等向人民法院申请中止、撤销监护资格。如果未成年人父母或其他监护人不履行监护职

责、严重侵害未成年人合法权益，触犯刑法的，应当依法追究其刑事责任。

（二）矫治教育

根据《预防未成年人犯罪法》第41条的规定，对有严重不良行为的未成年人，公安机关可以根据具体情况，采取以下矫治教育措施：（1）予以训诫；（2）责令赔礼道歉、赔偿损失；（3）责令具结悔过；（4）责令定期报告活动情况；（5）责令遵守特定的行为规范，不得实施特定行为、接触特定人员或者进入特定场所；（6）责令接受心理辅导、行为矫治；（7）责令参加社会服务活动；（8）责令接受社会观护，由社会组织、有关机构在适当场所对未成年人进行教育、监督和管束；（9）其他适当的矫治教育措施。

需要注意的是，上述矫治教育措施，可以结合未成年人罪错行为的严重程度、产生原因、犯罪预防需要等，决定对其采取一项或者几项措施。

1. 训诫

对于初次实施不良行为、人身危险性较低的未成年人，一般应当优先适用训诫等非约束性的保护处分措施。通过训诫，指出罪错未成年人行为的违法和社会危害性，责令其改正。训诫的方式以书面训诫为宜。

【随堂问题】检察机关与公安机关适用训诫措施的区别，如何保证训诫效果？

法律上规定的训诫措施主要依据《刑法》第37条和《预防未成年人犯罪法》第41条的规定，其中《刑法》37条规定的训诫主要由法院、检察院执行，针对依照刑法规定免予刑事处罚但仍需承担刑事责任的群体，属于刑罚以外的刑事责任的实现方式。而《预防未成年人犯罪法》第41条规定的训诫主要由公安机关执行，针对的是实施了严重不良行为的未成年人，是治安处罚措施之外的行政教育措施。

根据现行法律规定，未成年人违反治安管理相关规定，不满14周岁的不予处罚，已满14周岁不满16周岁的治安拘留不予执行，已满16周岁不满18周岁初次被发现治安违法的治安拘留不予执行。因此，对这类人群无法适用拘留措施，只能进行口头训诫。实践中，由于缺乏操作性的细化规定及后续矫治措施，适用效果有限，导致很多未成年人对训诫不以为然，缺乏对法律的敬畏感，从而一犯再犯。而根据各地的实践探索，对未成年人治安违法行为采取训诫措施后，辅之赔礼道歉、赔偿损

> 失、行为矫治、观护帮教等综合矫治教育后，效果良好，既有制度上的约束力和强制力，也体现了对罪错未成年人的关心关爱。

2. 责令赔礼道歉、赔偿损失

被害人合法权益受到侵害的，公安机关可以要求该名未成年人向被害人赔礼道歉，赔偿经济损失。责令赔礼道歉的，应当征求被害人的意见，采用书面或者口头的方式进行；责令赔偿损失的，该名未成年人及其法定代理人可以与被害人自行协商确定赔偿金额，给付方式一般采取一次性给付。

3. 责令具结悔过

公安机关可以要求罪错未成年人对自己的行为进行深刻反省，保证改正不良行为，不再实施违法犯罪行为。具结悔过的方式以书面形式为宜，且应在专门的司法宣告场所当场进行宣读，以强化严肃性和矫治效果。

4. 责令定期报告活动情况

对实施严重不良行为的未成年人，公安机关可以要求该未成年人定期向承办人员报告其社交情况、活动轨迹等，并向其家庭、就读学校和居住社区了解、核实，以及时掌握未成年人的思想动态和行为表现等。报告时间应当根据未成年人的具体情况予以确定，并提前告知未成年人及其父母或其他监护人。

5. 责令遵守特定的行为规范，不得实施特定行为、接触特定人员或者进入特定场所

针对未成年人实施严重不良行为的具体种类，公安机关可以要求该未成年人必须遵守规定，未经批准不得从事特定活动、接触特定人员、进入特定区域或者场所。如对曾有赌博行为的未成年人，可以要求其不得再参与赌博等。

6. 责令接受心理辅导、行为矫治

如果发现未成年人产生精神紧张、焦虑、抑郁等较大心理问题，或行为习惯存在较大偏差、异常，如经常撒谎、严重叛逆等，公安机关可以委托心理咨询师、心理医生等专业人员介入、辅导，以帮助未成年人改变认知，消除和纠正不当行为、不良习惯。

7. 责令参加社会服务活动

通过要求未成年人到社区或敬老院等参加垃圾分类、助老爱老等公益劳动，或参加爱心义卖、环保宣传等社会服务活动，帮助未成年人改正不劳而获的不良思想，养成助人为乐等良好习惯。相关活动可以自行或委托专业社工做好计划，并事先与相关社区、机构做好衔接安排。

8. 责令接受观护帮教

对于有必要采取矫治教育措施的未成年人，公安机关可以责令其接受1—

6个月的观护帮教,并可根据罪错未成年人在观护帮教期间的表现和教育挽救的需要,适当缩短或延长观护帮教期限。可以组建由该名罪错未成年人的父母或其他监护人、所在学校教师、专业社工等参加的帮教小组,制定针对性的帮教方案。在本地无有效监护条件的,可以安置在观护基地进行帮教,也可以委托异地相关单位、组织进行帮教。

9. 其他适当的矫治教育措施

结合案件情况、行为性质及未成年人的具体情况,对严重不良行为未成年人开展其他适当的矫治教育。

(三) 专门教育

根据《预防未成年人犯罪法》的规定,有严重不良行为的未成年人就读专门学校采取的是"申请+决定"模式,对需要送专门学校进行专门教育的未成年人,可以由其父母或其他监护人、所在学校向教育行政部门提出申请,针对不同情况,由教育行政部门或者由教育行政部门会同公安机关决定。需要注意的是,作出决定均需经专门教育指导委员会评估同意,依据评估结果作出是否送专门学校的决定。

保护处分具体措施

刑法	第17条:责令家长或监护人管教、专门矫治教育
	第37条:训诫、责令具结悔过、赔礼道歉、赔偿损失、行政处罚(处分)
治安管理处罚法	第12条:责令监护人严加管教
预防未成年人犯罪法	第43条、第44条:专门教育

五、适用程序

对未成年人决定保护处分的,可以参照未成年人刑事案件办理程序,设置案件受理、事实调查、审查决定、宣布决定以及跟踪回访等程序,并将案件办理过程中形成的文书材料单独归档。

(一) 受理

公安机关对于接到举报或者在工作中发现或者其他部门移送的未成年人严重不良行为的线索,教育行政部门对于接到的送入专门学校申请后,应当及时受理、登记并移送相关部门办理。

（二）审查/评估

受理线索后，公安机关或者专门教育指导委员会应当对罪错未成年人严重不良行为进行调查，在查清事实、充分评估是否具有矫治教育必要性的基础上，作出是否适用保护处分以及适用何种保护处分的决定。

（三）决定

对未成年人作出保护处分决定的，决定机关应当制作保护处分审查报告，如矫治教育意见书等，内容可包括未成年人基本情况、案件受理及开展工作情况、听取意见情况、经审查认定的罪错行为及证据和处理意见等。此外，还应当制作相关保护处分决定书，写明拟适用的一项或者多项保护处分措施，适用责令接受观护帮教措施的，应当载明期限。如需对罪错未成年人进行训诫、责令赔礼道歉或者要求其作出保证的，应当拟制训诫书、道歉书、保证书等文书。

（四）宣布

保护处分决定应当向被保护处分的未成年人及其法定代理人宣布，并阐明保护处分的理由和法律依据。宣布保护处分决定及开展训诫、责令具结悔过、责令赔礼道歉、责令赔偿损失、责令严加管教、责令接受观护帮教等保护处分措施的，应当在办案场所进行，并通知未成年人及其法定代理人到场。工作结束后，应当制作宣布笔录、工作记录等附卷。

保护处分措施涉及责令赔礼道歉、赔偿损失、责令接受观护帮教等措施的，还应当通知被害人、帮教小组成员等到场，但要严格控制参与人范围。

（五）回访

保护处分措施结束后，决定机关可以对被保护处分的未成年人进行回访，巩固帮教效果，并做好相关记录。

（六）救济

罪错未成年人及其父母或者其他监护人对相关行政决定不服的，可以依法提起行政复议或者行政诉讼。

六、检察监督

《预防未成年人犯罪法》第 60 条明确规定，人民检察院通过依法行使检察权，对未成年人重新犯罪预防工作等进行监督。有观点认为《预防未成年人犯罪法》仅列明对重新犯罪工作进行监督。笔者认为，检察机关作为法律监督机关，对法律落实应当履行监督职责，因此《预防未成年人犯罪法》第

60条规定中的"等"字应涵盖对本法所规定的其他活动的监督,其中包括对保护处分活动的监督。具体的监督方法主要包括以下几种:

(一) 移送线索

检察机关在办案或工作中发现未成年人实施严重不良行为的,应当及时开展教育引导、督促其父母或者其他监护人加强管教。必要时,将相关线索移送公安机关,并可以会同公安机关开展矫治教育工作。

(二) 提出建议

检察机关如发现未成年人实施刑法规定的行为、因不满法定刑事责任年龄或情节显著轻微、危害不大而不予刑事处罚的,应及时建议专门教育指导委员会开展评估,对未成年人进行专门矫治教育。

(三) 监督落实

检察机关还应对相关决定机关是否严格落实法律规定要求、是否规范程序运行以及开展保护处分等其他相关活动开展监督,以切实保障未成年人的合法权益。

七、配套措施

(一) 权利保障

办理未成年人保护处分案件,应当充分听取未成年人及其法定代理人的意见,保障未成年人依法行使权利,对符合条件的未成年人帮助其获得法律援助。

对未成年人进行询问、谈话的,应当通知其法定代理人或者合适成年人到场。

应当依法保护罪错未成年人的隐私,尊重其人格尊严,不得公开或者传播罪错未成年人的姓名、住所、照片、图像及可能推断出该未成年人的资料。

(二) 社会调查

公安机关根据情况可以对未成年人的成长经历、罪错原因、监护教育等情况进行调查,并制作社会调查报告,作为作出保护处分决定和开展针对性教育矫治工作的参考。开展社会调查,也可以委托有关组织和机构进行。在开展社会调查的过程中还需要强化保护罪错未成年人的个人隐私,不得泄露未成年人的涉案信息。

(三) 心理测评与辅导

公安机关可以根据办案需要,对罪错未成年人开展心理测评与心理辅导,开展心理测评的应当征得罪错未成年人及其法定代理人同意。心理测评与心理疏导的情况，可以作为矫治教育的辅助和参考。根据罪错未成年人心理偏差程度及其人身危险性、再犯可能性等，制定个性化的教育矫治方案，使未成年人尽快摆脱罪错行为带来的不良影响，恢复正常生活和人际交往，防止重蹈覆辙。

（四）记录封存

依据《预防未成年人犯罪法》第59条的规定，未成年人的犯罪记录依法被封存的，公安机关、人民检察院、人民法院和司法行政部门不得向任何单位或者个人提供，但司法机关因办案需要或者有关单位根据国家有关规定进行查询的除外。依法进行查询的单位和个人应当对相关记录信息予以保密。未成年人接受专门矫治教育、专门教育的记录，以及被行政处罚、采取刑事强制措施和不起诉的记录，适用前款规定。因此，对罪错未成年人的保护处分相关记录，除司法机关为办案需要或者有关单位根据国家规定进行查询的以外，不得向任何单位和个人提供。

（五）配合衔接

检察机关应当加强与公安机关、人民法院、教育行政部门、民政部门、共青团、妇联等部门和社会组织的沟通联系，建立健全未成年人保护处分工作信息互通和配合协作机制，畅通线索移送、审查评估等配合衔接，共同开展罪错未成年人的针对性教育、矫治及预防。

第十六讲　专门教育

修订后的《预防未成年人犯罪法》对加强专门学校建设作出明确规定。本讲所说的"专门教育"主要针对《预防未成年人犯罪法》所规定的符合专门学校入学条件的严重不良行为未成年人，就如何规范入学程序、如何分类开展教育管理、如何完善教学内容和相关配套措施、以及如何开展检察监督等提出解决路径。

一、概述

（一）概念

专门学校又称工读学校，是面向有严重不良行为，包括实施了危害社会的犯罪行为但未达到刑事责任年龄、不适宜继续在普通学校接受教育的未成年人，集中开展教育矫治的特殊学校。[①] 专门学校开展的专门教育作为一种特殊教育形式既是国家教育体系的重要组成部分，也是罪错未成年人分级处遇机制中保护处分措施的重要一环。其目的在于依据教育客观规律与自身逻辑，尊重学生的主体性与差异性，创设适合工读学生身心发展水平、兴趣需要与个别差异的教育，促进学生的不良行为得到改善，社会适应能力得到发展，个体潜能得到发挥，使每个学生在各自的基础上得到应有的发展。[②]

（二）发展沿革

我国的专门教育自1955年的北京温泉工读学校开办伊始，也即现在的北京海淀寄读学校。历经创建、复办、转型期改革与发展、与时俱进办好工读教

[①] 张良驯：《对工读学校"去工读化"现象的研讨》，载《中国青年研究》2016年第4期。

[②] 肖建国、付俊杰、王会军：《未成年人违法犯罪预防视角下的工读学校适合教育》，载《预防青少年犯罪研究》2018年第3期。

育四个阶段。①

第一阶段：1955—1966 年是专门学校发展的黄金时期，此时全国共有 220 余所专门学校。由于正处探索与尝试时期，此时的工读学校定位与任务尚未明确，规模也较小，招生对象主要由流浪儿童、孤儿及部分违法犯罪的未成年人构成，并由公安部门统一负责招生，在教育与改造的效果上各地差异也较大。②

第二阶段："文化大革命"之后的改革开放初期，青少年犯罪形势严峻。为有效遏制青少年犯罪，《关于提请全党重视解决青少年违法犯罪问题的报告》（中发〔1979〕58 号）和《关于办好工读学校的试行方案的通知》（国发〔1981〕60 号）等文件相继出台，海淀工读学校也于 1979 年重新办学，这标志着专门教育的正式恢复重建。这一阶段的工读学校收生年龄较五六十年代有所降低，学生罪错的程度也逐渐增加，违法犯罪学生的比例相对较高。同时，工读学校的收生由公安部门单独决定改为公安、教育部门双渠道进行，并在教育的内容上加大了文化教育与职业教育的比重。③

第三阶段：随着经济的发展和教育的普及，工读学校再次进入发展的困境，2010 年工读学校在全国仅存 67 所。同时由于工读学校有关法律规范不健全，工读学校自身的教育功能难以保障，父母不愿送孩子进入工读学校，以及社会对于工读学校的不合理待遇等原因，工读学校的生源开始日趋减少，全国各地的工读学校不得不改革求变，纷纷淡化工读痕迹，多数改名为专门学校。

第四阶段：近年来，因留守儿童问题产生的违法犯罪行为逐渐引起重视，亟待国家拿出应对方案，也成为工读学校重启的契机。④ 2019 年 3 月，中共中央办公厅、国务院办公厅印发《关于加强专门学校建设和专门教育工作的意见》，在新时期，专门教育和专门学校的建设被提到一个新高度。2020 年末，新修订的《预防未成年人犯罪法》中已经删去了专门学校学生入学的"三自愿"原则，专门学校起到的教育矫治作用日益凸显。

---

① 路琦、郭开元、刘燕、张晓冰：《新时期专门学校教育发展研究》，载《中国青年研究》2018 年第 5 期。
② 姚建龙、孙鉴：《从"工读"到"专门"——我国工读教育的困境与出路》，载《预防青少年犯罪研究》2017 年第 2 期。
③ 姚建龙、孙鉴：《从"工读"到"专门"——我国工读教育的困境与出路》，载《预防青少年犯罪研究》2017 年第 2 期。
④ 于阳、徐翠红：《惩治未成年人违法犯罪：工读学校构建与工读教育完善》，载《预防青少年犯罪研究》2019 年第 2 期。

(三) 常用法律政策依据

1.《预防未成年人犯罪法》

第 6 条 国家加强专门学校建设，对有严重不良行为的未成年人进行专门教育。专门教育是国民教育体系的组成部分，是对有严重不良行为的未成年人进行教育和矫治的重要保护处分措施。

省级人民政府应当将专门教育发展和专门学校建设纳入经济社会发展规划。县级以上地方人民政府成立专门教育指导委员会，根据需要合理设置专门学校。

专门教育指导委员会由教育、民政、财政、人力资源社会保障、公安、司法行政、人民检察院、人民法院、共产主义青年团、妇女联合会、关心下一代工作委员会、专门学校等单位，以及律师、社会工作者等人员组成，研究确定专门学校教学、管理等相关工作。

专门学校建设和专门教育具体办法，由国务院决定。

第 43 条 对有严重不良行为的未成年人，未成年人的父母或者其他监护人、所在学校无力管教或者管教无效的，可以向教育行政部门提出申请，经专门教育指导委员会评估同意后，由教育行政部门决定送入专门学校接受专门教育。

第 44 条 未成年人有下列情形之一的，经专门教育指导委员会评估同意，教育行政部门会同公安机关可以决定将其送入专门学校接受专门教育：

（一）实施严重危害社会的行为，情节恶劣或者造成严重后果；

（二）多次实施严重危害社会的行为；

（三）拒不接受或者配合本法第四十一条规定的矫治教育措施；

（四）法律、行政法规规定的其他情形。

第 45 条 未成年人实施刑法规定的行为、因不满法定刑事责任年龄不予刑事处罚的，经专门教育指导委员会评估同意，教育行政部门会同公安机关可以决定对其进行专门矫治教育。

省级人民政府应当结合本地的实际情况，至少确定一所专门学校按照分校区、分班级等方式设置专门场所，对前款规定的未成年人进行专门矫治教育。

前款规定的专门场所实行闭环管理，公安机关、司法行政部门负责未成年人的矫治工作，教育行政部门承担未成年人的教育工作。

第 46 条 专门学校应当在每个学期适时提请专门教育指导委员会对接受专门教育的未成年学生的情况进行评估。对经评估适合转回普通学校就读的，专门教育指导委员会应当向原决定机关提出书面建议，由原决定机关决定是否将未成年学生转回普通学校就读。

原决定机关决定将未成年学生转回普通学校的,其原所在学校不得拒绝接收;因特殊情况,不适宜转回原所在学校的,由教育行政部门安排转学。

第47条 专门学校应当对接受专门教育的未成年人分级分类进行教育和矫治,有针对性地开展道德教育、法治教育、心理健康教育,并根据实际情况进行职业教育;对没有完成义务教育的未成年人,应当保证其继续接受义务教育。

专门学校的未成年学生的学籍保留在原学校,符合毕业条件的,原学校应当颁发毕业证书。

第48条 专门学校应当与接受专门教育的未成年人的父母或者其他监护人加强联系,定期向其反馈未成年人的矫治和教育情况,为父母或者其他监护人、亲属等看望未成年人提供便利。

2.《义务教育法》

第20条 县级以上地方人民政府根据需要,为具有预防未成年人犯罪法规定的严重不良行为的适龄少年设置专门的学校实施义务教育。

3.国家教育委员会、公安部、共青团《关于办好工读学校的几点意见》

明确了工读学校的性质、任务和办学指导思想,规范了学生的思想政治教育和学生管理、教学、职业技术教育和生产劳动工作。对教师队伍、领导管理、机构设置、人员编制、经费、教育科学研究和学生的出路方面进行了细化规定。

其中尤其需要注意有关工读学校的招生规定:工读学校的招生对象是12周岁至17周岁有违法或轻微犯罪行为,不适宜留在原校学习,但又不够劳动教养、少年收容教养或刑事处罚条件的中学生(包括那些被学校开除或自动退学、流浪在社会上的17周岁以下的青少年)。工读学生入学须经当地区、县教育局和公安局共同审批。学校和街道要共同做好家长及学生的思想工作。经过审批应当入工读学校学习而拒不报到的,或报到后又中途擅自逃离的,公安部门要积极帮助学校使他们入学。

4.中共中央办公厅、国务院办公厅《关于加强专门学校建设和专门教育工作的意见》

共分总体要求、合理设置和管理专门学校、依法规范招生和入学程序、建立科学的专门教育体系、规范专门学校学生管理制度、发挥政法机关和社会力量作用以及加强工作保障和配套体系建设七部分。

> 【随堂问题】当前专门教育发展存在哪些困难?
> 一是专门学校存在标签效应,可能造成交叉感染。长久以来,"工读

生就是不良少年甚至少年犯"的社会评价为这些学生以及工读学校扣上了摘不掉的帽子。① 调查数据显示，26.3%的学生认为在专门学校被其他同学负面影响；76.6%的专门学校教师认为专门学校教育存在的一大问题是学生之间的交叉感染。②

二是专门教育定位不够清晰，专门学校存在弱化倾向。有的专门学校没有按照法定程序和标准招收特定的未成年学生，反而招收了许多普通学生。这不仅会影响犯罪预防工作开展的效果，同时对大部分在工读学校就读的普通学生而言也会产生消极影响，动摇了工读学校存在的基础——在普通学校和少管所之间建立一个中间场所以进行专门教育矫治。"三自愿"原则也导致生源枯竭问题严重，普校初中担心统计中考成绩时，会受到去专门学校就读学生的影响；不良行为学生的家长对专门学校不了解，不肯把子女送学校接受专门教育。

三是师资结构不够合理，专业发展缺乏政策支撑。一方面是教师队伍的年龄和学科分布结构缺乏科学合理性，另一方面是缺乏独立考评机制，教师的职称晋升难度大，普遍滞后于普教学校。此外，针对专门教育的培训平台和机会不多，解决教育教学实际问题能力不足。

四是学校设置不够规范，变更用途缺乏全面评估。部分地区教育行政部门随着专门学校生源萎缩以及区域教育资源整合利用等，作出停止招生、变更校舍用途等安排。例如有的搬迁新址后，达不到规定要求，无法保证日常教育教学活动，有的停止招生后校址另做他用。

五是学校自身发展的桎梏，存在"六重六轻"教学困境，即重经验管理，轻改革创新；重纪律约束，轻文化濡染；重知识教学，轻实践活动；重行为塑造，轻心理辅导；重孤立发展，轻协同共育；重值班管理，轻教学研究。③ 当前的专门学校还缺乏比较完善的"收生"评估程序，造成"应送的不愿送"现象突出。此外，还存在尚未有统一、科学的专门学校办学评价标准，对校外预控生管控、教育、转化等工作的监管及效益评估等问题。

---

① 姚建龙、孙鉴：《从"工读"到"专门"——我国工读教育的困境与出路》，载《预防青少年犯罪研究》2017年第2期。

② 路琦、郭开元、刘燕、张晓冰：《新时期专门学校教育发展研究》，载《中国青年研究》2018年第5期。

③ 石军：《中国工读教育内部发展的困境与对策研究》，载《预防青少年犯罪研究》2012年第9期。

> 六是专门学校的区别教育亟待规范完善。目前各地专门学校收生标准各不相同，针对严重不良行为未成年人的矫治教育与针对有不良行为或者成绩较差普通学生的普通教育如何区别，如何合理布局、集中资源建立学校，如何规范入学程序、分类管理，如何建立专门的教学和办学成效评估机制等，都需要深入研究，做好规范和衔接工作。

二、专门机构

（一）专门学校

根据《预防未成年人犯罪法》第45条的规定，省级人民政府应当结合本地的实际情况，至少确定一所专门学校按照分校区、分班级等方式设置专门场所，对符合条件的严重不良行为未成年人进行专门矫治教育，并实行闭环管理。公安机关、司法行政部门负责未成年人的矫治工作，教育行政部门承担未成年人的教育工作。

目前各地专门学校招生对象较为多元，其中大多为一般不良行为未成年人，而且大多实行开放式管理。而根据《预防未成年人犯罪法》的上述规定，随着专门学校工作日益规范，未来专门学校可能会分成两种，一种是专门接受严重不良行为、未达刑事责任年龄未成年人，并进行封闭式管理的学校，还有一种是目前存在的招收一般不良行为及学习困难学生的专门学校。而两者之间如何实现精准分类、资源共享和有效衔接均有待实践探索逐步完善。

（二）专门教育指导委员会

根据《关于加强专门学校建设和专门教育工作的意见》的精神和《预防未成年人犯罪法》的规定，县级以上地方政府成立专门教育指导委员会。各地可以根据实际情况，成立省（自治区）、市（州）、区（县）三级专门教育指导委员会，直辖市可以设市、区（县）两级。

上级专门教育指导委员会负责统筹力量和资源，推进实施重大政策，协调重大问题解决，协调、指导下级专门教育指导委员会工作。下级专门教育指导委员会负责拟订本地区专门教育改革和发展规划，协调专门学校建设重大事项，协调推进落实本地区未成年学生违法犯罪早防预控等工作。

专门教育指导委员会由教育、民政、财政、人力资源社会保障、公安、司法行政、人民检察院、人民法院、共产主义青年团、妇女联合会、关心下一代工作委员会、专门学校等单位，以及律师、社会工作者等人员组成，研究确定专门学校教学、管理等相关工作。办公室设在同级教育部门。

（三）未成年学生教育保护机构

各地可以根据实际，设立未成年学生教育保护机构，并按学生比例配备专职教师。负责本地区未成年学生法治宣传教育，协调相关部门、学校、家庭开展学生不良行为早防预控，做好学生进入和离开专门学校的衔接等工作。设有专门学校的地区，未成年学生教育保护机构可与专门学校合署办公。

（四）专门教育评估机构

各地可以根据实际，设立专门教育评估机构或者小组等，在专门教育指导委员会的指导下，负责日常事务处理和具体评估工作。例如，2019年9月，全国首个专门教育研究和评估中心——上海市专门教育研究和评估中心揭牌成立。该中心主要负责开展预防未成年学生违法犯罪研究和专门教育研究；研究开发对行为不良未成年学生的教育评估工具，对全市需要送专门学校教育的行为不良未成年学生进行入学评估和教育转化效果评估；受委托开展专门学校办学实践和办学成效评估；指导专门学校专业发展；服务和指导中小学预防未成年学生违法犯罪工作。

> 【随堂问题】有无必要成立专门的评估机构？
>
> 根据《预防未成年人犯罪法》规定，对符合条件的严重不良行为未成年人，无论是由其父母或者其他监护人、所在学校申请，还是由教育行政部门会同公安机关决定，均需经专门教育指导委员会评估同意后方可送入专门学校接受专门教育。专门教育指导委员会组成人员为教育、民政、财政、人力资源社会保障、公安、司法行政、人民检察院、人民法院、共产主义青年团、妇女联合会、关心下一代工作委员会、专门学校等单位，以及律师、社会工作者等。除承担评估职责外，专门教育指导委员会还承担研究确定专门学校教学、管理等相关工作。从组成人员看，专门教育指导委员会更像是实践中的议事协调机构，很难具体、及时开展相关评估工作，因此有必要成立专门的评估机构或者小组等。评估机构或者小组可以单设，也可以设在同级教育部门的专门教育指导委员会办公室，可以通过政府购买服务的方式聘请专业社会力量协助开展具体的评估工作。

三、招生对象

经对其行为进行评估，可以依照法定程序送专门学校进行教育矫治的未成年人包括以下四类：

1. 有严重不良行为的未成年人，其父母或者其他监护人、所在学校无力管教或者管教无效的。

2. 有下列情形之一的未成年人：（1）实施严重危害社会的行为，情节恶劣或者造成严重后果；（2）多次实施严重危害社会的行为；（3）拒不接受或者配合《预防未成年人犯罪法》第41条规定的矫治教育措施；（4）法律、行政法规规定的其他情形。

3. 实施刑法规定的行为、因不满法定刑事责任年龄不予刑事处罚的未成年人。

4. 其他经评估也可以进入专门学校接受教育矫治的未成年人，如被检察机关决定相对不起诉、附条件不起诉，或者被人民法院判处免予刑事处罚的未成年人。

对于不适宜进入专门学校的未成年人，专门学校或者未成年学生教育保护机构可根据其父母或其他监护人、所在学校提出的申请或委托，选派师资力量到校开展有针对性的教育，也可将其接入专门学校进行独立分班的体验式学习。

> **【随堂问题】** 专门学校招生对象是否可以囊括外地学籍的学生？
> 目前，大部分专门学校只招收拥有本地学籍的未成年学生，笔者建议取消工读学校的户籍限制，实行以行为实施地为主、居住地为辅的招收政策。可将在本地区实施了严重不良行为的未成年人、未达刑事责任年龄的外地未成年人等收入专门学校，阻断其不良社会交往，有效矫正其行为。这样的招生范围既能够将外地罪错未成年人纳入矫治体系，也可以缓解部分地区专门学校的本地生源少、因招生难而吸纳很多不具备条件未成年人入校的情况。

四、入学方式

专门学校是保护处分措施的一种，其封闭式教学特点在一定程度上限制了未成年人的自由，因此，其入学程序等均需要遵循严格的规定。

（一）入学程序

1. 申请与建议

未成年人的父母或其他监护人、未成年人原所在的学校均可以向本地区专门教育指导委员会提出入校申请。无监护人或监护资格有争议尚不能确定的，由《民法典》规定的可以担任临时监护人、监护人的组织及机构提出申请。

公安机关、人民法院、人民检察院在办案中发现有严重不良行为未成年人,并认为该名未成年人符合进入专门学校的条件的,可以建议招生对象的父母、其他监护人或者原所在学校提出送专门学校的申请,或者直接向专门教育委员会提出评估建议。

2. 听证与评估

专门学校入学实施听证评估程序。可由招生对象所在地专门教育指导委员会组织听取公安机关、司法行政部门、人民法院、人民检察院、学校、父母或其他监护人、未成年人本人等各方意见,专门教育指导委员会也可以委托专门教育评估机构对学生行为进行评估,提出是否适合进入专门学校的建议,作为相关部门行使入学批准权的依据。

有一般不良行为的未成年学生送专门学校接受教育矫治,可由其父母或其他监护人提出申请,由专门教育指导委员会自行或委托专门教育评估机构对学生行为进行评估,提出是否适合进入专门学校的建议,作为专门学校收生的依据,并报教育行政部门备案。

3. 审查与决定

经专门教育指导委员会评估同意,相关部门经审查认为招生对象符合入学规定的,应当批准其入学。

对于父母或者其他监护人、所在学校无力管教或者管教无效的严重不良行为未成年人,由教育行政部门决定送入专门学校;对于实施严重危害社会的行为、情节恶劣或者造成严重后果或者多次实施的,或拒不接受、配合矫治教育的,或实施刑法规定的行为、因不满法定刑事责任年龄不予刑事处罚等的未成年人,由教育行政部门会同公安机关决定将其送入专门学校接受专门教育。

【案例】检察机关引导、督促对严重不良行为未成年人评估后送专门学校

13周岁的中学生秦某家庭经济较差,父母长期无固定职业。其自小在亲友间寄养,至4岁时回到父母身边,但始终无法融入原生家庭。从幼儿园开始,秦某即出现离家出走、说谎、不服家长管教等情况,上学后逃课、离家出走的次数更加频繁,对学习缺乏兴趣,成绩较差,多次因盗窃行为被失主扭送公安机关或由公安机关直接抓获。随着年龄增长、需求增多,秦某在外流浪期间,逐步表现出从跟随他人混迹社会、满足基本生活需求到主动多次实施盗窃。

2021年4月,某检察院在检校沟通工作中了解到该情况,通过社会调查分析评估后认为,秦某存在经常离家出走脱离父母居住、逃学、不服父母管教等情况,其不良行为根源来自家庭重男轻女观念,家庭成员间关

系僵化，且其不良行为发生时间早、持续时间长，矫治难度较大。检察官向家长阐明秦某的盗窃行为已属严重不良行为，符合送专门学校矫治的情形，指导其向秦某所在学校提出申请；同时检察机关向秦某所在学校、教育局制发《线索移送函》，并结合《预防未成年人犯罪法》的规定，释法说理、明确义务，推动学校向教育局、教育局向上级教育行政部门层报提出送秦某进入专门学校学习的申请。2021年5月，在上级教育行政部门的组织下，召开了由公安局、检察院、未保办、团委、社工站、法学会等法律、心理、社会工作、专门教育矫治专家共同参加的评审会。在评估过程中，专家们向校方代表和家长分别询问了秦某的家庭背景、成长经历、导致不良行为的原因、心理疾病就医经过、在校表现、校方和家长诉求等。评审环节，检察官指出秦某多次盗窃确已构成严重不良行为，符合《预防未成年人犯罪法》送专门学校教育的规定。经综合各方意见后，专门教育指导委员会作出接受秦某进入专门学校学习的决定。秦某成为某专门学校全日制住宿就读学生，接受更系统、更专业、更严格的行为矫治。

（二）学习期限

未成年学生在专门学校的学习时间一般应在3个月以上，最长不得超过3年。各地也可根据实际情况适当提高学习期限。延长或者缩短学习期限，需要经由专门学校向专门教育指导委员会提出申请，并经教育行政部门批准。

实践中，对未成年人进入专门学校学习期限作出决定前，可以通过专门教育评估机构结合招生对象的行为性质、矫治需要等作出综合评估，进而确定适当的学习期限。学习期限可以根据未成年人的实际表现等后续情况，由专门学校向专门教育指导委员会提出申请并经教育行政部门批准后，及时进行调整或变更。

（三）转出程序

1. 申请

专门学校根据学生的在校表现，在每个学期适时向学生原学校所在地专门教育指导委员会提出转出申请。未成年人的父母、其他监护人也可以向学校提出转出申请建议。

2. 评估

专门教育指导委员会对接受专门教育的未成年学生的情况、教育转化效果等进行评估，也可以委托专门教育评估机构等专业力量对学生情况进行评估。

3. 决定

对遵纪守法、表现良好、严重不良行为得到有效转化、经评估适合转回普通学校就读的学生，专门教育指导委员会应当向原决定机关提出书面建议，由原决定机关决定是否将未成年学生转回普通学校就读。

4. 转回

原决定机关决定将未成年学生转回普通学校的，其原所在学校不得拒绝接收；因特殊情况，不适宜转回原所在学校的，由教育行政部门安排转学。

专门教育启动条件和流程

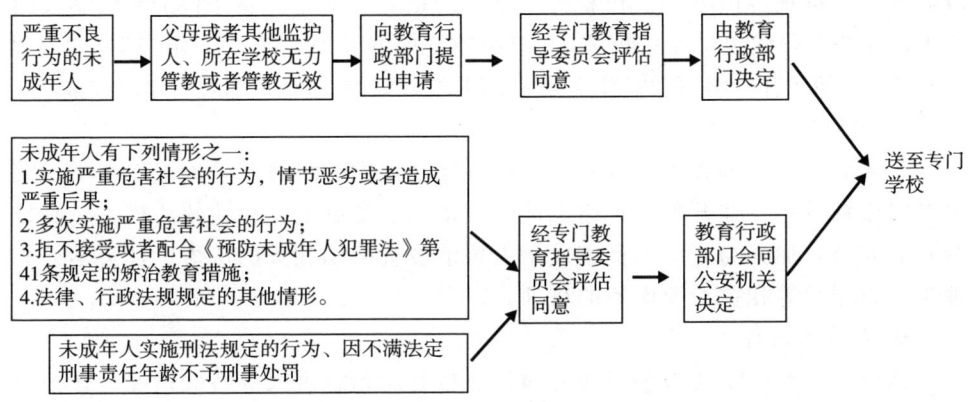

五、教育管理

（一）学生管理

1. 规范学籍管理

教育行政部门负责专门学校学生的学籍注册管理。专门学校的未成年学生的学籍保留在原学校，符合毕业条件的，原学校应当颁发毕业证书。根据学生和家长意愿，学生学籍也可转入专门学校或矫治教育后就读的其他学校。专门学校学生的学业表现情况和违法犯罪情况不再计入原所在学校。

2. 分级分类管理

专门学校实行寄宿制封闭管理，可采取教育与生活管理合一的运行模式。每一个学生班级夜间至少安排一位教师和一位教育管理人员值班，切实保护学生安全并加强教育管理。女生宿舍不得安排男教师值班。

专门学校实行男女学生分班管理，女生班级应至少配备一名女性班主任。有严重不良行为的学生和有一般不良行为的学生应当分班管理。对有严重不良行为的新生，入校后实行单独管理，开展法治教育、纪律教育、行为规范教育等，做好入学衔接工作。

专门学校要建立学生会、班委会等，促进学生自我管理；具备条件的，还应建立共青团、少先队组织，开展正常的团组织、少先队活动。

（二）教师管理

1. 重视选拔培养

教育行政部门要根据专门教育特点，选配政治过硬、品德优良、作风正派、爱岗敬业、热爱专门教育事业、具有较强业务水平和管理能力的专门学校教职工。要重视专门学校校长和骨干教师的培养，对于具备条件的专门学校教职工，在评先评优中要优先推荐。可选派本地区的名师、优秀教师定期到专门学校指导、交流工作。对不适宜继续履行专门学校教师职责的，要及时作出调整。

2. 加强专业培训

定期对专门学校教师进行业务培训，提高他们的教育、矫治工作水平。突出专门教育特色，在开展教育通识性课程培训的基础上，邀请政法机关、高校等专业人员，加强与行为不良未成年人矫治教育密切相关的法律、社会学、心理学、犯罪学等相关专业课程的培训。

3. 完善考核评价

充分考虑专门学校教师工作时间长、教育矫治难度大等特殊情况，在绩效工资核定时予以倾斜，如可以结合本地实际为专门学校教师核发特殊教育津贴。按照满足基本教育教学需求、有利于专门学校教师专业发展的原则，合理确定专门学校教师高级职务任职资格评定比例。对不适宜继续履行专门学校教师职责、属于从业限制范围的人员，要及时作出调整、予以清退。

（三）学校管理

1. 强化组织保障

各级党委和政府要加强对专门学校建设和专门教育工作的领导，定期对专门学校办学情况进行督导，完善专门教育课程体系及教材设计。政法机关要加强对专门学校工作指导，将其作为预防青少年违法犯罪工作重要内容，纳入综治工作及平安建设考评体系。同时，加强对专门学校、专门教育的正面宣传，引导未成年人及其父母或其他监护人形成正确认知，消除顾虑和误解。

2. 加强经费投入

专门学校实行以政府投入为主、受教育者合理分担、其他多渠道筹措经费的投入机制，将专门学校办学经费纳入财政预算予以保障。各地在安排经费时，财政保障水平应高于当地普通学校。对不同办学规模的学校，可根据实际情况合理确定调整系数，保障规模较小学校正常运转。

3. 开展效果评估

专门教育指导委员会定期对专门学校工作进行评估,把在校学生教育转化率作为评价专门学校教育成效的重要指标。评估工作可交由专门教育评估机构开展,同时组建评估专家队伍,制定专门的评估标准。

> 【随堂问题】专门学校经费问题如何解决?
>
> 当前虽然专门学校存在生源不足、"去工读化"等趋势,但是回顾建校的初衷,我们更应当着眼于如何畅通本应进入专门学校学生的入学渠道,而非对更多孩子适用专门教育从而保障专门学校的生存。为更好地帮助这类特殊群体,专门学生所需的学杂费、食宿及其他费用可探索由政府统筹安排,分别纳入地方教育事业费用预算的方式进行。据中办和国办的意见,专门学校实行以政府投入为主、受教育者合理分担、多渠道筹措经费的投入机制。

六、教学模式及教学内容

(一)教学模式

1. 教学任务

《关于办好工读学校的几点意见》明确工读学校设立的任务是"把有违法和轻微犯罪行为的学生教育、挽救成为有理想、有道德、有文化、有纪律并掌握一定生产劳动技术和职业技能的社会主义公民"。因此,专门学校围绕教育和矫治两大功能,在教学模式上应当突出对未成年人施行分类教学。教育功能方面,主要通过文化教育、劳动教育、职业教育等多种教育形式,帮助未成年人掌握文化知识和职业技能,促进其个体发展,为其自食其力打好基础;矫治功能方面,重在修复未成年人成长中心理受损的部分,调整其外在行为,协助其建立或完善社会道德规范体系和积极的自我评价体系,提高他们学习和生存能力,为他们的终身发展奠定基础①。

2. 课程设置

在课程设置上与普通学校应有所区别。一方面应保证学生继续接受并完成义务教育,为他们接受高中教育、职业技能教育和培训提供帮助;另一方面应针对学生不良行为产生的原因以及心理特点,增加专题教育,开展矫治工作。

---

① 石军:《中国工读教育六十年国际研讨会综述》,载《青少年犯罪问题》2015年第6期。

在对学生的教育矫治过程中可以引入心理治疗,运用科学技术手段找出心理问题和行为问题的根源,结合对学生的个体情况提出科学的矫正方案,使矫正效率最大化。[①] 在矫治不良行为的同时,帮助他们树立健康的心理信念,更好地回归社会。注意增加法治教育的课时,编写适合专门学校学生的法治教育教材,通过模拟法庭、情景剧、微电影、微动漫等丰富生动的形式,体现法治教育内容的针对性、趣味性,突出体验教育和浸润教育在法治教育中的作用。

3. 家校联合

专门学校应当与接受专门教育的未成年人的父母或者其他监护人加强联系,定期向其反馈未成年人的矫治和教育情况,为父母或者其他监护人、亲属等看望未成年人提供便利。此外,专门学校要充分发挥家庭在矫治未成年人严重不良行为中的特殊作用,加强对学生家庭的教育指导,提高家庭教育的科学性。可以采取家访、家长来校参加活动、邀请家长接受教育培训等措施,提高学生父母或其他监护人的监护责任意识以及家庭教育的理念、方法和技巧,改善有不良行为未成年学生的家庭教育环境。[②]。必要时,可以与司法机关共同开展亲职教育。

【案例】 嘉定新春(专门)学校观护基地

2016年9月,上海市嘉定区检察院与上海市嘉定新春学校合作在该校建立未成年人观护基地,接收未达到刑事责任年龄以及相对不起诉、附条件不起诉的未成年人。学校采取让观护对象住在基地、学在基地的方式实行陪伴式教育,安排专职教师、心理咨询师等,与检察官共同开展帮教。学校依据观护对象个体情况量身定制不同的观护课程,并根据未成年人表现、变化适时调整课程内容,以提升帮教的精准度与有效性。此外,学校还及时跟踪观护对象思想行为变化,反馈检察机关,共同帮助他们最终回归社会。

(二)教学内容

1. 道德教育

针对专门学校学生思想状况和认知规律,可以在专门学校生活中和学科教学中渗透全方位的道德影响,并且结合学生小组讨论、社会实践、社区服务等

[①] 郭开元:《犯罪预防视阈中的专门学校教育改革和发展》,载《青少年犯罪问题》2017年第3期。

[②] 郭开元:《犯罪预防视阈中的专门学校教育改革和发展》,载《青少年犯罪问题》2017年第3期。

多项实践措施,融汇道德的引导作用。① 积极引导学生践行社会主义核心价值观,继承发扬中华优秀传统文化和美德,注重道德观念的培养和行为习惯的养成,知晓做人做事的道德要求。

2. 法治教育

以增强规则意识、法治观念为重点,大力开展法治宣传教育、民族团结进步教育等,使学生了解法律常识,明确基本的法律底线和行为边界,对法律作用、权利义务关系有较为清晰的认知,知晓违法犯罪的社会危害性和法律后果,学会通过法律手段解决问题,依法维护自己的合法权益。

3. 心理健康教育

专门学校可以根据学生的身心特点和存在的问题,配备专业心理健康教师,构建多层次的危机预警干预机制,及时发现、疏导学生心理情绪,培养学生良好心理素质,促进其人格完善,提高其自我约束能力。鼓励开设生命教育课程,让学生学会珍惜生命、懂得感恩。

4. 职业教育

专门学校可根据学生的兴趣爱好和发展需要,采用联合办学、分班管理等方式,开展多元化职业教育,并提供必要的劳动和职业技术训练场所,帮助学生培养劳动习惯,掌握职业技能,毕业后具备自食其力的能力。

5. 义务教育

对没有完成义务教育的未成年人,专门学校应当根据义务教育课程设置要求,安排教学计划和教学活动,确保学生逐步达到义务教育相应教学要求;对已完成义务教育的未成年人,可根据实际情况开设高中阶段相关课程。同时,针对此类学生的特点和实际情况,适当调整教学内容和教学时间,通过开设形式多样的课堂教学和校本课程,满足学生的学习需求,提高学生的学习兴趣。

6. 其他特色教育。

除上述教育内容外,专门学校可以针对未成年人身心发展特点,开设艺术、体育、手工、礼仪等特色课程。加强专业人才引进和培养,不断提高矫治及转化工作的专业性,以实现学生全面发展与个性发展的有机结合。

【随堂问题】当前专门学校教育模式存在的问题及建议?

当前专门学校的建设大致有以下几种类型:一是刑事监狱化,突出体现在入学的强制性、管理的军事化以及高墙电网的布置。二是职业学

---

① 王瑞剑:《工读学生视角下的专门学校干预:困境与纾解》,载《预防青少年犯罪研究》2017年第2期。

校化，通过直接引入或者与职业学校合作，帮助专门学校内的未成年人尽早掌握一技之长，以期实现再社会化。三是普通学校化，招收大量的存在不良行为、学习成绩差、师生关系不好的学生，冲淡专门学校标签的同时，也能够摆脱专门学校生源不足的困境。① 四是矫治教育模式，这类专门学校招生对象主要为不良或严重不良行为未成年人，但是普遍存在生源少、师生数量倒挂、资源闲置等问题。

以上几种模式都需要进一步完善建设。笔者认为，专门学校的教育模式和招生途径既应当有别于普通学校，又应当有别于监管场所的管理体系和运行机制。综合来看，专门教育的开展应当深化思想道德建设，引导学生践行社会主义核心价值观；强化法治宣传，与相关部门、社会机构等开展合作，增强学生的规则意识和法治观念；需要注重亲职教育的开展，强化亲子关系，筑好家庭保护的第一道防线；切实提高在专门学校就读学生的转化率，并将转化率作为评价专门学校教育成效的重要指标；确保义务教育，保障基础教育的同时注重因材施教，确保教学质量和要求；突出职业技术教育，帮助学生掌握必要的劳动和职业技能；加强心理健康教育，及时沟通、疏通心理情绪，培养理性平和、积极阳光的良好心态。上述教育方式的开展，需要进一步强化师资力量，不断提高对专门学校教师的资格条件要求，加大专门学校经费的财政倾斜保障，汇聚专业的矫治师资，从而使专门教育队伍稳定、师资强化，足以承担专门学校的心理辅导、行为矫治等专门教学任务。②

七、检察监督

（一）提出建议

对于已满 12 周岁不满 18 周岁具有严重不良行为的涉案未成年人、因不满 16 周岁不予刑事处罚的未成年人、以及相对不起诉、附条件不起诉的未成年人，检察机关经审查认为符合送专门学校条件的，可以建议罪错未成年人的父母或其他监护人、原所在学校向专门教育指导委员会提出送专门学校进行矫治

---

① 姚建龙、孙鉴：《从"工读"到"专门"——我国工读教育的困境与出路》，载《预防青少年犯罪研究》2017 年第 2 期。

② 参见上海市人民检察院、长宁区人民检察院联合课题组：《罪错未成年人分级处遇制度研究》。

教育的申请，也可以直接向专门教育指导委员会提出评估建议。

（二）听证评估

检察机关参与专门教育指导委员会主持的听证程序及专门教育评估机构的评估工作。

（三）教育管理

检察机关派员担任专门学校的法治副校长或法治辅导员的，可以对罪错未成年人开展帮教，并视情参与专门学校的管理等工作。

（四）监督落实

检察机关还应当对涉及专门矫治教育的其他活动依法开展法律监督。

八、配套措施

（一）封存相关记录

学生在专门学校的教育经历实行记录封存，不纳入个人档案。司法机关需督促专门学校建立学生档案封存制度，除按照国家有关规定外，不得向任何单位和个人提供。有关单位和部门在复学、升学、就业等方面，不得歧视有专门学校学习经历的学生。充分保护专门学校学生的隐私及人格尊严，加大宣传力度，减少社会对专门学校学生的歧视，促进专门学校学生的升学、就业和社会融入。

（二）建立评估机制

制定专门教育评估标准，开发评估工具，研究建立评估机制，对严重不良行为未成年学生进行入学评估，开展专门学校阶段性教育转化效果评估和离校评估，并向家长提供相关建议，为学生健康成长提供有力支撑。

（三）引入社会力量

通过政府购买服务引入青少年社会工作者，建立驻校社工机制。驻校社工以社会工作者的独特身份，充分协调社会与社区公共资源，以第三方的角色进行多向沟通，为家长提供专业性的支持，在学生成长过程中发挥着积极作用。① 鼓励社会组织、团体或者志愿者等社会力量参与专门教育，助力学生成长。

---

① 肖建国、付俊杰、王会军：《未成年人违法犯罪预防视角下的工读学校适合教育》，载《预防青少年犯罪研究》2018年第3期。

（四）发挥法治副校长作用

专门学校应当聘任从事法治教育的专职或者兼职教师，并可以从司法和执法机关、法学教育和法律服务机构等单位聘请法治副校长、校外法治辅导员等，定期到专门学校开展法治教育和依法治校等工作。

专题四 未成年人司法保护的社会支持

拥有健全的社会支持体系是成熟未成年人司法制度的特殊内容和重要标志。检察机关未检部门在履行职能的过程中,依托社工等专业社会力量参与诉讼,通过专业化办案、社会化帮教,实现"司法的归司法,社会的归社会"。

第十七讲　社会观护

早在 20 世纪 90 年代初，检察机关就开始探索建立涉罪未成年人社会观护制度，而这一制度历经发展已经成为罪错未成年人社会化帮教不可或缺的途径。本讲在明晰社会观护相关概念的基础上，从观护原则、流程和内容入手，结合案例提出操作方法。

一、概述

（一）发展背景

20 世纪，随着儿童权利观念和国家监护理念在我国的广泛传播，我国相继加入、签署了《儿童权利公约》、《联合国少年司法最低限度标准》（又称《北京规则》）、《联合国预防少年犯罪准则》（又称《利雅得准则》）等国际公约。为尽可能对罪错未成年人适用非监禁刑，开展个性化教育矫治，相关文件均作出了明确规定，例如《北京规则》第 11 条规定，应酌情考虑在处理少年犯时尽可能不提交主管当局正式审判；第 24 条也明确：对于非监禁的少年，应做出努力在诉讼的各个阶段为其提供诸如住宿、教育或职业培训，就业或其他任何有帮助的实际援助，以便有利推动改造的过程。以上规定不仅为社会观护理念的确立奠定了基础，也促进了我国社会力量的培育、壮大，以及社会化工作的探索与发展。

1993 年，上海市长宁区检察院"少年起诉组"的检察官在司法实践中发现，刑罚并不能使罪错未成年人真正改过向善，回归社会。检察官们开始借助团委、妇联、教师、志愿者等社会力量共同来对罪错未成年人进行帮教，由此探索形成了观护员制度，并于 1995 年在长宁区福利院建立第一个"特殊青少年教育基地"。

2004 年 2 月，上海市阳光社区青少年事务中心注册成立，该中心为民办非企业社团，下设统管全市社区青少年工作的上海市社区青少年事务办公室，以政府购买服务的形式，自主经营并开展社会化运作。社团以专门社工为工作主体，配合相应的志愿者队伍，在各区设社工站、在各镇（街道）设社工点，服务面向的对象为上海市 16—25 周岁（当前服务对象为 6—35 周岁的青少年）失业、失学、失管（"三失"）的社区青少年，帮助他们解决就学、就业困难、拓展发展空间等现实困难。

2004 年底，上海市闵行区检察院在前期建立涉罪未成年人社会观护点的基础上，依托社工组织，在全市首创涉罪未成年人社会观护体系，通过建立区级观护站、街镇观护点，对被采取非羁押强制措施或刑事诉讼程序已终结（如不捕不诉）的涉罪未成年人，交由社会力量组成的专门观护组织，开展专业化的考察、帮教和矫正，以预防其再犯。嘉定、浦东等检察院相继开展相关探索。

2010 年，上海市检察院在基层实践的基础上，推动建立上海市涉罪未成年人社会观护体系，依托遍布各区的社工站和各乡镇街道的社工点，在各区建立观护站、在各乡镇街道建立观护点，实现社会观护体系全市覆盖。同时制发《关于进一步规范涉罪未成年人社会观护工作机制的若干意见》，对观护工作的基本概念和原则、适用条件、帮教方式、操作流程和配合衔接机制等作出明确、细化的规定，并制发观护工作文书，对其种类、格式、流转和制作要求予以明确，指导实践操作。① 截至 2020 年 12 月，全市共设立观护总站 16 个、观护点 214 个、观护基地 48 个，累计对 5970 名涉罪未成年人落实观护帮教，其中 99.2% 涉罪未成年人没有脱保或者重新犯罪，顺利回归社会；涉罪未成年人非羁押措施适用率从 24.6% 上升到 48.1%，不诉率从 6.4% 上升到 62.2%。②

2012 年，最高检肯定了上海的观护制度经验，在《关于进一步加强未成年人刑事检察工作的决定》（高检发诉字〔2012〕152 号）中要求，有条件的地方要积极建议、促进建立健全社工制度、观护帮教制度等机制，引入社会力量参与对被不批捕、不起诉的未成年人进行帮教。2016 年 5 月，中办、国办《关于进一步深化预防青少年违法犯罪工作的意见》第 20 条规定"完善未成年人社会观护体系"，在国家级重要文件中首次明确了这一概念。这一制度也被写入 2020 年新修订的《预防未成年人犯罪法》中。

---

① 吴燕：《涉罪未成年人社会观护体系的构建与完善》，载《预防青少年犯罪研究》2015 年第 5 期。

② 引自《10 年来上海未成年人犯罪数量逐年下降 占全部刑事案件比例从 10% 降至 1.5%》，https://baijiahao.baidu.com/s? id = 1649543451221067740&wfr = spider&for = pc，2020 年 4 月 25 日访问。

(二) 常用法律政策依据

1. 《预防未成年人犯罪法》

第4条 预防未成年人犯罪，在各级人民政府组织领导下，实行综合治理。

国家机关、人民团体、社会组织、企业事业单位、居民委员会、村民委员会、学校、家庭等各负其责、相互配合，共同做好预防未成年人犯罪工作，及时消除滋生未成年人违法犯罪行为的各种消极因素，为未成年人身心健康发展创造良好的社会环境。

第41条 对有严重不良行为的未成年人，公安机关可以根据具体情况，采取以下矫治教育措施：

（一）予以训诫；

（二）责令赔礼道歉、赔偿损失；

（三）责令具结悔过；

（四）责令定期报告活动情况；

（五）责令遵守特定的行为规范，不得实施特定行为、接触特定人员或者进入特定场所；

（六）责令接受心理辅导、行为矫治；

（七）责令参加社会服务活动；

（八）责令接受社会观护，由社会组织、有关机构在适当场所对未成年人进行教育、监督和管束；

（九）其他适当的矫治教育措施。

第42条 公安机关在对未成年人进行矫治教育时，可以根据需要邀请学校、居民委员会、村民委员会以及社会工作服务机构等社会组织参与。

未成年人的父母或者其他监护人应当积极配合矫治教育措施而实施，不得妨碍阻挠或者放任不管。

第50条（第2款） 对涉及刑事案件的未成年人进行教育，其法定代理人以外的成年亲属或者教师、辅导员等参与有利于感化、挽救未成年人的，公安机关、人民检察院、人民法院应当邀请其参加有关活动。

2. 最高人民检察院、共青团中央《关于构建未成年人检察工作社会支持体系合作框架协议》

一、目标任务

工作流程。各级检察机关未检工作机构在办案过程中，通过委托或服务申请等形式向本地未成年人司法社会服务机构提出工作需求。社会服务机构接受委托或申请后，提供针对性的支持服务，或转介至有关职能部门、社工机构、社会组织实施,并负责开展跟踪督导、质量评估。

三、合作内容

借助社会力量,解决涉罪未成年人、有严重不良行为未成年人、未成年被害人及民事行政案件未成年当事人帮教维权方面的实际困难,完善未成年人司法救助体系。有条件的地区建立未成年人观护基地、帮教基地,妥善安置取保候审、监视居住、附条件不起诉、适用非监禁刑、特赦的未成年人以及解除收容教养和其他刑满释放的青少年。

建立检察机关、共青团组织保护未成年人的联动机制,实现线索双向移转,有效介入和处置个案,加大检察机关对未成年人权益保护案件的法律监督。

四、配套保障

完善政策保障。适时制定社会专业力量参与未成年人司法保护工作的政策性指导文件,规范工作内容、工作流程和服务标准。推动把构建未成年人检察工作社会支持体系纳入综治工作考核评价。争取民政、财政、人力资源社会保障部门的政策支持,建立和完善青少年司法社工薪酬保障、考核评估、表彰奖励等机制。

3.《关于做好政府购买青少年社会工作服务的意见》

确定购买内容。青少年社会工作服务是以青少年为服务对象,运用科学的、专业的方法,以解决青少年的现实问题和迫切需求为着力点,以促进青少年全面发展、促进社会和谐稳定为出发点的专业服务。政府购买青少年社会工作服务的内容应为符合群团改革方向、适应青少年需求、专业性要求较高的,适合采取市场化方式提供、社会力量能够承接的社会服务,应突出公共性、引导性和保障性并主动向社会公开。根据《中长期青年发展规划(2016—2025年)》,主要包括青少年思想引导、身心健康、婚恋交友、就业创业、社会融入与社会参与、合法权益维护和社会保障、违法犯罪预防等服务。各地要根据实际,从青少年最基本、最紧迫的需求出发确定购买内容,突出重点,以点带面,逐步拓展购买领域和范围。

二、观护相关概念

社会观护是与司法化办案相配套的专业化帮教工作,本书阐述的社会观护是广义的概念,主要指检察机关将涉案的保护处分对象、已涉嫌犯罪但无羁押必要、适用附条件不起诉或者不起诉等的罪错未成年人,以及被判处非监禁刑接受社区矫正的未成年人等,交由专门社会力量组成的专门观护组织,共同对其进行专业化的考察、帮教和矫正,并将帮教结果作为司法处理的依据,确保诉讼顺利进行，预防未成年人再犯的活动。

（一）观护体系

观护体系是由党委领导、政府出资、检察牵头、社团运作、多方参与的涉罪未成年人社会化帮教预防工作体系。① 检察机关将罪错未成年人交由社会工作者、志愿者等社会力量组成的专门观护组织，在一定期限内进行专业化帮教、考察和矫治，为非羁押措施适用及诉讼正常进行等提供保障，促使未成年人顺利回归社会。检察机关依托这一社会支持保障平台，积极参与社会创新治理，实现专业化办案与社会化帮教的有机结合。

（二）观护组织

观护组织指对观护人员承担组织、协调、管理和培训等职责，并指导观护人员开展日常教育考察、帮教矫正工作的机构。观护组织一般隶属于本区域的社会治安综合治理等政府职能部门，可设置为观护站、观护点上下两级组织模式。由观护站统筹协调观护工作，并根据区域特点，在各街道（乡、镇）、社区内设置若干观护点，以便于观护对象就近参与日常观护活动。② 观护组织一般应具备日常观护工作所需的专业社工等帮教力量和开展相关帮教活动的场所、设施等。

（三）观护人员

观护人员指在观护组织的管理下，具体负责对涉罪未成年人进行日常教育考察、帮教矫正活动的工作人员，一般由专业社会工作者作为主要成员，居（村）委会干部、社区民警、学校的青保老师、共青团干部及志愿者等为辅助力量共同组成。

（四）观护对象

观护对象在观护制度探索之初原为涉嫌犯罪且符合取保候审条件的本地未成年人，但随着人口流动规模加剧，大城市中外省市户籍未成年人犯罪的数量上升，涉嫌犯罪且符合取保候审条件的暂居在犯罪地的外省市籍未成年人也被纳入到观护范畴。同时一些实施犯罪行为但未达刑事责任年龄的未成年人等逐步被纳入检察机关的帮教范围，观护对象也随之扩大到其他符合观护条件的人员，如社区矫正未成年人等。

（五）观护基地

观护基地主要指为无监护条件、无固定住所、无经济来源（"三无"）的

---

① 吴燕：《未成年人检察实务教程》，法律出版社2016年版，第343页。
② 吴燕：《上海观护二十五年》，中国检察出版社2018年版，第11页。

涉罪未成年人，提供免费食宿、文化知识学习、就业培训和实习场所等帮教条件，并承担帮教职责的企事业单位、工读学校、救助中心、社区活动中心等，其可以为涉罪未成年人提供食宿、文化知识学习、法治教育、劳动技能培训等特殊帮教条件。①

> 【随堂问题】当前观护基地运行中存在的主要问题？
> 一是观护基地的权利义务不对等。实践中观护基地的建立依赖于检察机关主动与爱心组织或机构联络，基地为观护对象服务所需的日常开支也主要由爱心企业或者当地的公益基金提供，少部分可以纳入政府行政预算，观护基地的运行效果更多有赖于资金和服务提供方的能力。如此，检察机关一般也难以对观护基地提出更规范、更高的要求。因此，观护基地中专门帮教老师工作水平良莠不齐，有的甚至只能要求观护对象在观护期间不脱逃、不重新犯罪。二是当前观护队伍的专业性和稳定性不强。观护人员是对涉罪未成年人承担主要观护职责的人员，一方面是社会力量的参与度较低，存在参与主体数量和多样性不足以及服务有效性较低的情况，另一方面对社工服务的评估机制也不完善，亟需细化流程，强化帮教工作的规范性。② 三是观护基地利用率不高。实践中一些地方受案件数量减少等因素影响，现有的观护基地出现空转。有必要整合司法机关需求，实现资源共享，将符合观护条件的严重不良行为未成年人纳入观护基地开展矫治教育。

三、观护原则

（一）专业化

专业化既是对司法办案的要求，也是对帮教矫治的要求。检察机关在选派观护帮教人员时应注重其具备专业化水平、熟悉未成年人的身心特点，乃至具备必要的犯罪学、社会学、心理学、矫正学等专业知识和技能。③ 可通过定期开展相关业务培训，帮助他们提高业务能力。

需要注意的是，观护人员出具的意见不能替代检察人员作出的专业判断，仅能作为对涉罪未成年人最终处遇方案的参考依据，检察人员应当根据案件的

---

① 吴燕：《未成年人检察实务教程》，法律出版社2016年版，第344页。
② 毕汝仙：《我国涉罪未成年人社会观护体系探究》，浙江大学2018年硕士学位论文。
③ 吴燕：《未成年人检察实务教程》，法律出版社2016年版，第344页。

事实和证据情况、未成年人的认罪态度及帮教情况等综合情况独立作出司法判断。

（二）社会化

社会力量是对未成年人开展观护帮教的重要保障，其中的"社会化"需要注意以下几个方面：一是尽可能避免对未成年人适用羁押措施，保证罪错未成年人在非羁押环境中接受帮教考察；二是社会力量的介入，除官方或者半官方性质的社会机构组织外，可以考虑吸纳家庭、社区、未成年人就读的学校或者就业单位等共同参与，以形成社会帮教合力；三是需要注意强化帮教人员的保密意识，避免未成年人个人隐私及相关案件信息外泄。

（三）全程化

观护工作伴随诉讼全过程，而检察机关作为办案主体、帮教主体，应当全程对观护工作进行监督和指导，具体需要注意以下两点：一是坚持督导而不替代，检察机关提出工作要求，但无需过多参与观护组织开展的专业化观护工作；二是对观护工作整体进程和结果进行监督把控，避免"一托了之"而影响观护工作的质效，尤其要注意针对罪错未成年人在帮教过程中可能产生的各种问题及时调整帮教方案。

（四）集约化

社会观护体系的建立需要集中大量社会资源。为了充分发挥其作用，避免资源的浪费，从诉讼阶段看，检察阶段无论是取保候审、附条件不起诉或者不捕不诉跟踪帮教，都可以依托社会观护体系的资源开展；检察机关在观护工作开展相对成熟的基础上，可立足诉讼阶段承上启下的优势，逐步拓宽观护工作的适用范围，向公安机关的侦查阶段和法院的审判阶段以及司法行政机关的社区矫正阶段延伸，形成覆盖刑事诉讼全过程的"大观护"格局。从观护对象看，不仅可以对涉罪未成年人开展帮教，也可以根据《预防未成年人犯罪法》的要求，将严重不良行为的未成年人纳入观护帮教范围。

四、观护流程

（一）条件审查

检察机关对涉案未成年人是否需要送交社会力量开展观护进行评估，如对涉罪未成年人进行羁押必要性评估，审查其是否有适用非羁押措施的可能。对于未成年人符合取保候审、附条件不起诉、不捕不诉条件等的，都可以视作符合观护帮教条件，进而作出送交专门组织或者其他社会力量进行观护的决定。

【随堂问题】 司法实践中为何有些地方的外地涉罪未成年人适用社会观护的比例仍较低？

在司法实践中，由于一些外地籍涉罪未成年人在犯罪地无固定住所及稳定工作，缺乏监护条件和帮教条件，采取非羁押措施风险较大，故为了保证诉讼顺利进行，案件承办人大多会"一捕了之"；加之一些地方社会观护等客观条件不完善等原因，导致外来涉罪未成年人与本地籍未成年人无法得到同等的保护。上述情况突出表现为外来涉罪未成年人非羁押措施和非监禁刑适用比例较低。

【随堂问题】 如何判断涉罪未成年人符合观护资格条件？

在早期实践探索中，涉罪未成年人纳入社会观护体系的条件较为严苛，例如上海市闵行区院在社会观护体系的建设过程中出台的《关于建立闵行区未成年人社会观护体系的实施意见》规定，纳入社会观护体系的对象包括三类：（1）涉嫌犯罪且符合取保候审条件的本区"三失"（失学、失业、失管）未成年人；（2）涉嫌犯罪且符合取保候审条件的暂住在本区的外省市籍未成年人；（3）其他符合观护条件的未成年人。①

从上述规定看，外省市户籍的未成年人必须符合取保候审条件才能被纳入观护帮教范围。但是在人口流入多的省市地区，外地籍未成年人犯罪率相对较高，但即便犯罪情节较轻也因无法提供保证人或保证金而对其适用取保候审措施，导致其羁押率相较于本地未成年犯罪嫌疑人也更高。因此，上海检察机关在司法实践中探索并推广了合适保证人制度，使绝大部分符合条件的涉罪未成年人可以被纳入观护体系进行帮教。

依据上海市检察院2010年制发的《关于进一步规范涉罪未成年人社会观护工作机制的若干意见》，将观护对象条件细分为三类：（1）作案时未满18周岁，有证据证明其涉嫌犯罪，并具备适用非羁押强制措施条件的未成年人；（2）来沪未成年犯罪嫌疑人在沪有监护条件且有固定住所的；（3）虽为无监护条件、无固定住所、无经济来源的来沪未成年犯罪嫌疑人，但是该地设有观护基地或观护点，具备观护帮教条件的。

---

① 宋英辉、上官春光、王贞会：《涉罪未成年人审前非羁押支持体系实证研究》，载《中国检察官》2014年第17期。

> 而综合各地标准来看，尚没有形成公认的系统化标准。有的将进入观护基地的条件与取保候审的条件加以区分，必须同时满足进入观护基地和取保候审两方面的条件；有的则将二者合并，符合进入观护基地的条件，则可以适用取保候审。①

（二）转介衔接

检察机关对涉罪未成年人采取非羁押强制措施并作出观护决定后，可以在3日内将观护对象的基本资料及有关文书等转交至观护站，由观护站进行审查、经同意后指派被观护未成年人所在社区的观护人员，开展观护帮教。

（三）日常观护

办案检察官应当会同观护帮教人员、被观护未成年人及其监护人等共同签订观护帮教协议。观护人员负责观护对象的日常观护工作，观护期一般为3至6个月，对附条件不起诉对象的监督考察则需要6个月至1年。日常观护是观护工作流程中的核心环节，主要包括对观护对象的价值观纠偏、行为矫治、心理疏导，安排其参加公益劳动、知识学习和技能培训等活动。

（四）审查决定

观护期满后，观护人员应根据观护对象在观护期间的综合表现，制作观护帮教情况（监督考察）报告并提出处理建议，报经观护站审核后，提交检察机关。办案检察官综合案件情况及观护帮教情况等，对观护对象作出最终司法处理决定。

（五）跟进帮教

检察机关作出司法处理决定后，应当及时将处理结果反馈观护站，便于与后续观护工作相衔接。

被不起诉的观护对象，应由原观护人员继续开展跟进观护帮教。跟进观护的期限一般为3至6个月。起诉后被判处非监禁刑的观护对象，可以由原观护人员继续开展跟进观护工作，也可转介至专门从事社区矫正工作的观护人员开展跟进观护工作。跟进观护期应根据刑罚轻重和缓刑考验期限加以确定，一般为6个月至3年。②

---

① 宋英辉、上官春光、王贞会：《涉罪未成年人审前非羁押支持体系实证研究》，载《中国检察官》2014年第17期。

② 吴燕：《上海观护二十五年》，中国检察出版社2018年版，第16页。

【案例】检察机关推动观护帮教与社区矫正无缝衔接

在石某寻衅滋事一案移送检察院审查起诉时,承办检察官了解到石某系随迁未成年人,自小随父母从农村来某市生活,其父母在该市某区有较稳定工作,且多年来一直借住在该区。经评估,检察官认为石某符合在本区进行社会观护及社区矫正的条件,遂与矫正社工、石某及其法定代理人签订《观护帮教协议书》,以便矫正社工提前掌握情况,也有利于帮教的连贯开展和顺利过渡,实现从诉前帮教到判后矫正的无缝衔接。2017年7月,检察官参与了石某的入矫宣告,石某在判决后从观护帮教期无缝转入社区矫正期,并由同一名矫正社工继续负责其缓刑期间的矫治工作。在石某的入矫宣告仪式上,承办检察官到场监督,并加入矫正帮教小组,共同对石某开展社区矫正期间的帮教工作。一方面,矫正社工要求石某定期汇报思想动态、法治学习、日常表现等情况,积极参加矫正中心安排的法治教育或公益活动,引导其认识自身错误、修正偏差行为、顺利回归社会。另一方面,承办检察官定期回访石某及其法定代理人,了解石某近况,并按照石某的个人情况,定制法治学习、心理矫治、外出参观等个性化活动。如组织暑期集中拓训,设有法治课堂、国防教育等课程,对石某强化教育矫治,防止假期矫治缺位;开设心理团辅课程,引导石某建构自我认识体系,树立未来发展的信心,建立合理的心理需求、社会需求与自我价值;参观烈士纪念馆,让石某学习革命先辈吃苦耐劳的品质,增强其遵纪守法意识,熏陶其爱国、爱社会、爱家的情怀;设立"周末矫治课堂",开展禁毒教育、应急救护技能培训等,鼓励石某学习生存技能,树立有益于社会的人生目标。经过5个月的帮教,石某顺利解矫并找到工作,开启了人生新篇章。

五、观护内容

(一) 教育考察

教育考察的目的是通过开展法治教育,促使观护对象知晓诉讼权利和义务,考察观护对象观护期间的表现和思想动态,及时掌握其活动情况。[1]

教育考察包括教育内容和教育方式两个方面。从教育内容看,主要包括法治教育、思想道德教育、职业培训、认罪服法教育、心理健康教育、生活辅导、期满总结教育等。其中前三类可以开展集中教育,后四类进行个别教育。

---

[1] 吴燕:《上海观护二十五年》,中国检察出版社2018年版,第25页。

就教育方式而言，集中教育可采用授课、座谈、讨论、参观等形式，个别教育可以通过谈话、家访等形式进行，特殊情况下，也可以通过电话、网络视频等方式进行。

（二）心理矫正

心理矫正是指通过专业方式，了解观护对象的成长经历、心理状况以及犯罪的深层次原因等，并以疏导、沟通等方式尽可能矫治未成年人的认知和心理偏差，帮助未成年人树立正确的价值观、人生观，从而使其顺利回归社会。

心理矫正的形式主要有三种：一是以谈话、填写问卷等形式与罪错未成年人面谈，了解实施犯罪前、犯罪时和犯罪后的心理状态、分析心理动因，帮助克服心理偏差。二是心理疏导或者治疗，主要面向存在严重心理问题、心理疾病、经测试存在心理危机的。三是心理健康教育，通过心理学讲座、小组心理辅导等活动普及心理健康知识，丰富矫治课程。需要注意的是，开展心理干预或者治疗，一般应当交由有相关资质的心理咨询师或医生开展。

（三）行为矫正与团体活动

行为矫治主要针对的是具有各种不习惯或者不良瘾癖的未成年人进行的治疗，主要通过制定专门戒除方案以及专业化的矫正治疗，来帮助未成年人形成良好的行为习惯。

未成年人较易受到朋辈影响，因此，可以借鉴社会工作中的"小组治疗模式"，将一些符合社会行为及反社会行为的观护对象安排在同一个团队中，通过在团体活动中互动，让未成年人获得同辈的认可，学会相互尊重和理解，学会如何在规则中进行互动，从而展现其积极的一面，逐步减少及控制不良行为。

【案例】心理矫正和行为矫正促罪错未成年人转变回归

"这个小伙挺好的，话虽少，但是做事认真、踏实，是个好孩子！"听到专门学校的老师对小康赞不绝口的称赞，承办检察官欣慰不已。此时任谁都不能把小康和几个月前因挟持同伴被拘、到案后沉默不语的16岁少年联系在一起。看着眼前依旧腼腆但不再低迷的小康，承办案件的未检检察官觉得这几个月付出的心血都是值得的。

小康原本是一家寄宿制武校的学生，由于与同学小洋发生纠纷，故持刀挟持另一学员，要求教练找回小洋以处理纠纷，小康因涉嫌绑架罪被移送检察机关批准逮捕。细致的检察官发现这个孩子几乎不太开口说话，可能存在一定的心理问题。通过心理测试和心理评估也发现，表面张扬胆大的小康有着敏感脆弱的内心，容易自我贬损。通过耐心辅导，小康终于坦言因身材偏胖和性格内向，长期受到其他学员的嘲笑和欺负，案发当日，小洋无缘无故挑衅并踢了小康一脚，激怒了小康，小康长期压抑的情绪随之爆发，于是出现他持刀挟持同学的一幕。到案后，他对自己的行为感到十分悔恨。针对该情况，检察官及时作出了相对不捕的决定，并将其送至设在专门学校的观护基地进行帮教，同时联合社工、专门学校老师对小康开展心理及行为矫治。一是结对带教，促进养成。学校安排资深教师带教小康，除了安排小康参加文化课程以外，带教老师几乎每天与小康谈心，并督促小康参加体育锻炼，参与学校农业种植与劳动课程，帮助他养成良好的生活习惯。二是心理疏导，重塑自信。考虑到小康存在的心理问题和性格缺陷，承办检察官联系心理咨询师专门为小康每周安排两次心理辅导课，同时引导小康主动控制消极情绪，还由专门老师教授社交技巧，帮助小康运用这些技巧来处理人际关系。三是发挥特长，学习技能。承办检察官结合小康不热爱武术但喜欢烹饪的兴趣爱好，特意要求专门学校调整技能课程安排，增加烹饪课的比重，使其能充分展现自己的闪光点，也勉励其通过学习增加一技之长，以便今后能找一份自己喜爱的工作。四是加强沟通，重构三观。承办检察官等多次至专门学校回访小康，陪他迎元旦、赠送书籍、与他聊心事，勉励他通过学习增强信心、热爱生活，通过努力实现自身价值。

通过精准帮教，小康有了很大转变。3个月后检察官在回访中了解到小康已经如愿进入某饭店工作。

（四）公益劳动

通过让罪错未成年人参加公益劳动，如服务老人、儿童、残障人士或其他有需要的人，增强其社会责任感和被认同感，逐步纠正其好逸恶劳、好吃懒做等不良习性，树立奉献社会的服务精神，在实现其自身价值的同时树立积极向上的人生观，从而促使其顺利回归社会。

公益劳动的主要类型有：（1）参加敬老院关怀老人活动；（2）帮助残障等弱势群体；（3）在儿童节、禁毒日、防艾日等关键时间节点进行宣传资料分发及参与相关活动等；（4）参加公共场所清洁以及环境保护、垃圾分类等公益劳动。

【案例】检察机关联合社工组织涉罪未成年人开展公益活动

检察院在对涉罪未成年人开展观护帮教过程中，联合社工组织针对涉罪未成年人开展主题为"拯救单车，扶正人生"的团体帮教活动，通过让涉罪未成年人参与整理路边共享单车等公益劳动，旨在增强未成年人的自信心、社会责任感和团队配合的能力，培育其爱心和奉献精神，帮助他们重新树立正确的人生目标。

检察官、青少年社工先与几名涉罪未成年人就共享单车乱停乱放、堆积占道的现象开展讨论,参加活动的未成年人不仅认识到自己平时也有这样的行为,也深刻认识到小小举动对城市交通安全的重要意义。随后他们将非机动车道、人行道、小区内的共享单车摆放整齐或搬至指定停放处。大家在活动中相互帮助、相互配合,共同将共享单车摆放得井然有序,保障了城市道路的畅通。大家表示,这次的帮教活动令他们受益匪浅,他们会好好利用帮教机会改过自新,重新踏上人生正轨。

(五) 文化学习与技能培训

罪错未成年人中有很多人存在受教育程度低、缺乏谋生技能等现实困境,即便对其适用了非羁押措施或者予以释放,由于其缺乏谋生技能,重返社会后的再犯可能性仍然较高,故有必要引导其学习文化知识,通过职业培训帮助其掌握相应职业技能并为其提供继续学习的机会,尽可能使其顺利回归社会。

具体而言,在文化学习方面,可以考虑设置日间辅导中心、开展团体授课等,有条件的地方也可以将其纳入政府学历教育,对于有一定自学能力的未成年人可以为其推荐书目或提供相应书籍;在技能方面,可以考虑为符合条件的观护对象提供专业辅导、技能培训或实习岗位,根据观护对象自身条件和个人意愿,将其分类纳入政府技能培训项目、就业服务计划等。

【案例】"优等生"的转变

2017年12月至2018年3月期间,小朱先后三次抢夺他人手机,涉案金额合计人民币3000余元。

案发时小朱系某校高二学生,他成绩优异,尊师守纪,是老师心中的好学生,很难想象平时老师心中的好学生竟是抢夺案的犯罪嫌疑人。承办检察官经审查后发现,小朱的犯罪动机竟是因为自己的手机丢了,不敢告诉父亲,但又要面子,不想被同学看不起,便有了抢人手机的想法,这一念之差却触犯了法律的底线。为了最大限度地教育、感化、挽救小朱,承办检察官多次走访小朱的家庭及学校,了解到小朱生活在单亲家庭中,从小与父亲一起生活,但其父忙于工作,平日无暇顾及小朱,也很少与小朱进行沟通交流。在小朱的世界里似乎已经形成了思维定势,即父亲很忙,自己的事情需要自己处理,为该案的发生埋下了祸根。承办检察官认为,小朱虽然涉嫌重罪,但其主要犯罪原因是法律意识淡薄、行为缺乏控制力,安排开展个性化的帮教。

为此,办案检察官联合学校老师等对小朱共同开展多元化观护帮教工作。一是组建观护帮教小组，制定个性化帮教方案。将学校政教主任、班主任纳入观护帮教小组成员，参与对小朱的观护帮教工作，将以往的帮教劳动内容改为学习法律知识，一方面有助于其提高法律意识，另一方面在校学习不影响其高三的学业。小朱在观护帮教期间，学习成绩稳中有升。二是开展心理疏导，重拾自信。针对小朱自卑的心理问题，承办检察官及时联系区心理协会咨询师对小朱进行个案辅导，教授其正确控制情绪、掌握正确处理事情、妥善处理人际关系的方法。三是开展亲职教育，重建家庭支持系统。针对案件中暴露出的亲子关系问题，承办检察官对其父亲开展亲职教育，教育其父亲如何履行好监护职责，提醒其在提供小朱物质基础的同时，也要多关心其心理健康情况。

小朱在观护帮教期间表现良好，检察官综合全案对小朱作出不起诉决定，小朱最终考上了心仪的大学。

观护工作的流程

```
公安机关 → 检察机关 ┬→ 提起公诉 → 法院 → 矫正社工帮教 → 司法局安置帮教
                   ├→ 不起诉 ──────→ 青少年社工跟踪帮教
                   └→ 非羁押措施 ────→ 未成年人社会观护总站
                                              ↓
观护总站处理建议 ← 社工评估意见 ← 分类帮教 ← 确定帮教社工

分类帮教：
- 本地籍及有固定住所的外地未成年人 → 社区观护点
- 在校未成年人 → 学校教育基地
- "三无"外地未成年人 → 观护帮教基地
```

六、常用文书参考

（一）观护帮教委托函

××××人民检察院
观护帮教委托函
（副　本）

　　　　　　　　　　　　　　　××检未观委〔20××〕××号

_____（接受委托的组织、机构或者异地检察机关）：
　　本院于____年__月__日对涉嫌_____罪的未成年犯罪嫌疑人_____作出（不批准逮捕/取保候审/不起诉）决定，并决定对其观护帮教__个月，从____年__月__日至____年__月__日。现因_____，商请你单位在收到本函后为该未成年人落实观护帮教工作。期满后，请填写《观护帮教情况报告》函复本院。

××年×月×日
（院印）

第一联　附卷

××××人民检察院
观护帮教委托函

××检未观委〔20××〕××号

_____（接受委托的组织、机构或者异地检察机关）：

  本院于____年__月__日对涉嫌_____罪的未成年犯罪嫌疑人_____作出（不批准逮捕/取保候审/不起诉）决定，并决定对其观护帮教__个月，从____年__月__日至____年__月__日。现因_____，商请你单位在收到本函后为该未成年人落实观护帮教工作。期满后，请填写《观护帮教情况报告》函复本院。

××年×月×日
（院印）

附件：

1. 《未成年人基本情况》；
2. 《不批准逮捕决定书》/《取保候审决定书》/《不起诉决定书》；
3. 《观护帮教情况报告》（样式）。

第二联　送达被委托的组织、机构或者异地检察机关

××人民检察院
观护帮教委托函
（回　执）

××检未观委〔20××〕××号

_____：

　　我单位已于___年__月__日收到你院发来的《观护帮教委托函》，现已与_____等组成观护帮教小组，对未成年犯罪嫌疑人/被不起诉人_____开展观护帮教工作，特此函复。

××年×月×日

（印章）

观护帮教小组联系人：

联系电话：

通信地址：

邮政编码：

第三联　由送达被委托的组织、机构或者异地检察机关回复后附卷

未成年人基本情况

姓名：　　　　性别：

出生年月：

公民身份号码：

联系电话：

户籍地址：

居住地地址：

（原）工作单位或就读学校：

法定代理人姓名：

联系电话：

办案机关联系人：

联系电话：

联系地址：

（二）观护帮教协议

观护帮教协议

甲方（检察机关未检部门）：

乙方（观护帮教对象及其监护人等）：

丙方（参与观护帮教的社团、组织）：

为了进一步贯彻《中华人民共和国预防未成年人犯罪法》，加强对涉罪未成年人的教育、感化和挽救，使其在司法机关、社会、家庭等的共同关心帮助下，增强法制观念，提高遵纪守法、遵守社会公德的意识，自觉接受教育矫正，共同签订如下观护帮教协议：

1. 观护帮教对象在观护帮教期间应认真接受教育，自觉接受考察，并积极参加甲方、丙方安排的各项活动；主动接受监护人及其他帮教人员在生活、交友等方面的管教，防止不良行为发生；不得吸烟酗酒，不得违规进入娱乐场所，不得夜不归宿，不得脱离监护单独居住，不得违反取保候审规定。观护帮教对象应主动接受甲方、丙方的心理矫正，按要求与其交流思想，定期提交书面思想汇报。

2. 监护人应对观护帮教对象加强管教，掌握其思想动态，矫正其不良行为，发现问题及时教育；督促其遵守取保候审规定，保证传唤及时到位，保障诉讼顺利进行；督促其按时向甲方、丙方汇报思想；发现观护帮教对象违反取保候审规定应及时向甲方、丙方报告（若开展不起诉后的观护帮教，则删除此要求）。

3. 甲方、丙方应当积极为观护帮教对象提供学习知识与培训技能的条件，并安排观护帮教对象参与心理矫正、行为矫正、团队活动、公益劳动等各类观护活动；关心观护帮教对象的思想动态和学习、工作情况，定期与观护帮教对象谈心、听取观护帮教对象的思想汇报，并及时与监护人交流观护情况；收集观护帮教对象的书面思想汇报，丙方在考察期满后应及时制作《观护帮教情况报告》并提出建议函复甲方。观护期间发现观护帮教对象有严重不良行为或违法行为，应当及时制止和训诫；发现观护帮教对象违反取保候审规定应及时向办案人员报告（若开展不起诉后的观护帮教，则删除此要求）。

4. 观护对象应遵守的其他要求：（根据观护对象的具体情况，制定个性化的观护帮教要求，内容应当具体，且有操作性。）

5. 甲方应与乙方、丙方保持联系沟通，对观护帮教对象要适时回访考察，与丙方、监护人共同考察观护效果，必要时配合丙方或监护人共同开展工作。

6. 观护帮教期限__个月（自____年__月__日至____年__月__日）。观护帮教对象在此期间遵守本协议的，期满时观护帮教自动结束，否则将视情况延长观护期限或作出相应的司法处理。

7. 本协议一式三份，甲、乙、丙三方各持一份。

甲方：（印章） 乙方：（签名）
联系人：（签名）
联系方式： 联系方式：
××年×月×日 ××年×月×日

丙方：（印章）
联系人：（签名）
联系方式：
××年×月×日

观护帮教协议（异地协作适用）

甲方（委托方检察机关未检部门）：××人民检察院
乙方（受托方检察机关未检部门）：
丙方（观护帮教对象及其监护人等）：
丁方（参与观护帮教的社团、组织）：

为了进一步贯彻《中华人民共和国预防未成年人犯罪法》，加强对涉罪未成年人的教育、感化和挽救，使其在司法机关、社会、家庭等的共同关心帮助下，增强法治观念，提高遵纪守法、遵守社会公德的意识，自觉接受教育矫正，共同签订如下观护帮教协议：

1. 观护帮教对象在观护帮教期间应认真接受教育，自觉接受考察，并积极参加乙方、丁方安排的各项活动；主动接受监护人及其他帮教人员在生活、交友等方面的管教，防止不良行为发生；不得吸烟酗酒，不得违规进入娱乐场所，不得夜不归宿，不得脱离监护单独居住，不得违反取保候审规定。观护帮教对象应主动接受乙方、丁方的心理矫正，按要求与其交流思想，定期提交书面思想汇报。

2. 监护人应对观护帮教对象加强管教，掌握其思想动态，矫正其不良行为，发现问题及时教育；督促其遵守取保候审规定，保证传唤及时到位，保障诉讼顺利进行；督促其按时向乙方、丁方汇报思想；发现观护帮教对象违反取保候审规定应及时向甲方、乙方和丁方报告（若开展不起诉后的观护帮教，则删除此要求）。

3. 乙方、丁方应当积极为观护帮教对象提供学习知识与培训技能的条件，并安排观护帮教对象参与心理矫正、行为矫正、团队活动、公益劳动等各类观护活动；关心观护帮教对象的思想动态和学习、工作情况，定期与观护帮教对象谈心、听取观护帮教对象的思想汇报，并及时与监护人交流观护情况；收集观护帮教对象的书面思想汇报，乙方在考察期满后应及时制作《观护帮教情况报告》并提出建议函复甲方。观护期间发现观护帮教对象有严重不良行为或违法行为，应当及时制止和训诫；发现观护帮教对象违反取保候审规定应及时向办案人员报告（若开展不起诉后的观护帮教，则删除此要求）。

4. 观护对象应遵守的其他要求：（根据观护对象的具体情况，制定个性化的观护帮教要求，内容应当具体，且有操作性。）

5. 甲方应与乙方、丁方保持联系沟通，对观护帮教对象要适时回访考察，与乙方、丁方、监护人共同考察观护效果，必要时配合方、丁方或监护人共同开展工作。

6. 观护帮教期限＿个月（自＿＿＿年＿月＿日至＿＿＿年＿月＿日）。观护帮教对象在此期间遵守本协议的,期满时观护帮教自动结束,否则将视情况延长观护期限或作出相应的司法处理。

7. 本协议一式四份,甲、乙、丙、丁四方各持一份。

甲方:(印章)　　　　　　　　乙方:(印章)
联系人:(签名)　　　　　　　联系人:(签名)
联系方式:　　　　　　　　　　联系方式:
××年×月×日　　　　　　　　××年×月×日

丙方:(签名)　　　　　　　　丁方:(印章)
　　　　　　　　　　　　　　　联系人:(签名)
联系方式:　　　　　　　　　　联系方式:
××年×月×日　　　　　　　　××年×月×日

(三)观护帮教情况报告

观护帮教情况报告

未成年人姓名		性　别		出生日期	
住　　址		公民身份号码		联系方式	
案　　由		观护帮教起止时间			
观护单位					
考察内容	遵守考察规定情况				
	接受矫治和教育情况				
考察意见	监护人意见				
	其他参与帮教机构、人员意见				
观护单位意见				××年×月×日 (部门印章)	
备注					

（四）观护帮教跟踪联系情况表（异地协作适用）

观护帮教跟踪联系情况表

受委托的检察机关				
对象姓名		案由		承办人
案号		考验期起止时间		
跟踪联系情况	年 月 日	说明联系对象身份（如受委托的检察机关承办人、帮教人员、监护人、未成年犯罪嫌疑人等），联系方式，考察对象的近期情况和思想动态。根据联系频率自动调整下方表格。		
	年 月 日			
	年 月 日			
	年 月 日			

第十八讲　合适保证人

合适保证人制度源于 2010 年起上海检察机关的实践探索，这项专门针对涉罪未成年人设计的制度使得未成年人免受羁押，也是对我国取保候审制度的完善。本讲围绕合适保证人的适用范围、选任与变更、权利与义务、退出机制与责任承担以及相关配套制度等，阐明实践中需要注意的问题。

一、概述

(一) 概念

合适保证人制度是指检察机关在刑事诉讼过程中，为没有羁押必要、但无法提出保证人或无力交纳保证金的涉罪未成年人所指定的，依法履行保证人义务的无利害关系人。该无利害关系保证人一般由未检部门提出。

合适保证人制度并非是对现行法律所规定的强制措施制度的创设，而是依附于取保候审制度的新型执行方式，合适保证人实质上仍是取保候审的保证人。从合适保证人的决定主体来看，合适保证人可以由检察机关在刑事诉讼过程中指定符合一定条件的人担任。合适保证人一般由无利害关系第三人担任，实践中大多由专业社工等社会力量来承担，具有自愿性、公益性、社会性等特征。

(二) 发展背景

对未成年人适用的非羁押措施主要为监视居住和取保候审。其中，监视居住因缺乏有效的监管条件和措施在司法实践中应用甚少；而取保候审制度根据《刑事诉讼法》第 68 条之规定，保证人一般是由犯罪嫌疑人或者被告人本人提出的。但实践中，一些犯罪情节较轻的外地籍未成年人在犯罪地既无监护条件又无经济来源，无法提供保证人也无力交纳保证金，因此即便有取保候审的可能但仍旧被羁押。

近年来，在一些人口流动频繁的地区，外地籍未成年人犯罪仍然占有较高比例，实践中未成年人和成年人适用强制措施标准并无区别、现有非羁押措施的种种不足等现实困境，导致外来未成年人羁押率居高不下、非监禁刑适用率低、审前羁押措施适用广泛等一系列问题，使得未成年人"交叉感染"在所难免。

自2010年起，上海检察机关部分基层院开始制度探索。如闵行区检察院聘请与"三无"（在本地无固定住所、无经济来源、无监护条件）未成年犯罪嫌疑人无利害关系的第三人——观护基地负责人，担任未成年人的保证人，为其创造取保候审条件。2015年，徐汇区检察院在全市建立第一支专业合适保证人队伍，同年召开研讨会，为制度建立进一步夯实理论基础。这种由检察机关指定无利害关系第三人担任未成年人取保候审保证人的新型方式，使更多犯罪情节较轻且符合取保候审条件的未成年人免受羁押，不仅可以弥补现有强制措施的种类不足、切实降低涉罪未成年人羁押率，而且对保障未成年人诉讼权利、实现涉罪未成年人的特殊和平等保护极具实践意义。2020年2月，上海市检察院第九检察部制发《关于在未成年人刑事案件中适用合适保证人制度的规定（试行）》对此项工作予以规范。新修订的《刑诉规则》《预防未成年人犯罪法》均吸纳了这一实践经验。

（三）常用法律政策依据

1.《刑事诉讼法》

第68条 人民法院、人民检察院和公安机关决定对犯罪嫌疑人、被告人取保候审，应当责令犯罪嫌疑人、被告人提出保证人或者交纳保证金。

第69条 保证人必须符合下列条件：

（一）与本案无牵连；

（二）有能力履行保证义务；

（三）享有政治权利，人身自由未受到限制；

（四）有固定的住处和收入。

2.《刑诉规则》

第89条 人民检察院决定对犯罪嫌疑人取保候审，应当责令犯罪嫌疑人提出保证人或者交纳保证金。

对同一犯罪嫌疑人决定取保候审，不得同时使用保证人保证和保证金保证方式。

对符合取保候审条件，具有下列情形之一的犯罪嫌疑人，人民检察院决定取保候审时，可以责令其提供一至二名保证人：

（一）无力交纳保证金的；

（二）系未成年人或者已满七十五周岁的人；

（三）其他不宜收取保证金的。

第96条 采取保证人保证方式的，如果保证人在取保候审期间不愿继续保证或者丧失保证条件的，人民检察院应当在收到保证人不愿继续保证的申请或者发现其丧失保证条件后三日以内，责令犯罪嫌疑人重新提出保证人或者交纳保证金，并将变更情况通知公安机关。

第463条（第3款） 对于没有固定住所、无法提供保证人的未成年犯罪嫌疑人适用取保候审的，可以指定合适的成年人作为保证人。

3.《预防未成年人犯罪法》

第52条 公安机关、人民检察院、人民法院对于无固定住所、无法提供保证人的未成年人适用取保候审的，应当指定合适成年人作为保证人，必要时可以安排取保候审的未成年人接受社会观护。

二、适用范围

（一）未成年犯罪嫌疑人的犯罪情节较轻，无羁押必要

这与目前司法实践中符合取保候审条件的未成年人情况基本相符。未成年犯罪嫌疑人实施的是不具有严重社会危害性的犯罪，或者有犯罪未遂、犯罪中止、从犯、胁从犯等法定从轻、减轻情节，或是刚过刑事追诉标准，依法可能判处3年有期徒刑以下刑罚或有适用缓刑、免除刑罚可能的，经初步评估具有非羁押可行性。

（二）未成年犯罪嫌疑人认罪态度较好，具有明显的悔罪表现

犯罪嫌疑人到案后如实供述自己的罪行或具有自首、立功的情节，或者具有向被害人赔礼道歉、积极退赃、退赔、取得谅解等情形，采取非羁押措施不致有脱保、毁灭罪证等危险。

（三）未成年犯罪嫌疑人无力支付保证金，也不能提出适格的保证人

对符合前述条件，没有羁押必要，但无法提出保证人、交纳保证金的未成年犯罪嫌疑人，检察机关应当变更强制措施为取保候审，并为未成年犯罪嫌疑人指定合适保证人。此外，检察机关如对无法提出保证人、交纳保证金的未成年犯罪嫌疑人作出无社会危险性不批准逮捕决定，或者经羁押必要性审查建议公安机关、人民法院变更强制措施的，同时也应当向公安机关、人民法院提出适用合适保证人的建议，并协助落实取保候审措施。

【案例】上海市闵行区检察院创设合适保证人制度

2011年12月，17岁的女孩丹丹因在赌博机房担任小工被公安机关抓获，并以开设赌场罪提请闵行区人民检察院审查逮捕。承办检察官经审查发现，丹丹身世悲惨，未满周岁时父母就离异，从小跟随父亲生活，父亲再婚重组家庭后，继母的腿部残疾，家庭窘迫的经济条件以及冷淡疏远的

亲子关系导致丹丹的求学之路中断，初中辍学后就经同学介绍至上海在游戏机房打工。丹丹的犯罪情节较轻，认罪态度较好，但是其在本市无固定住所、无监护人、无生活来源（属于"三无"涉罪未成年人），因此没有办法提供保证人或者支付保证金，根据她的情况很有可能被羁押。

闵行区院在前期开展初步探索的基础上，一方面寻求理论支撑，经过法学专家论证，明晰了刑事诉讼法对于保证人与犯罪嫌疑人之间的关系亲疏并未作出限制性的规定，从而为制度的合理设计找到了理论与法律依据；另一方面积极探索，借鉴欧美、我国台湾地区志愿者工作理念，联合区综治委尝试聘用观护基地负责人担任合适保证人，并由观护基地为丹丹提供免费食宿和技能培训，终于使丹丹顺利被取保候审。

重获自由的丹丹与观护基地所在公司员工同吃同住，一起参加岗位培训，参加集体旅游，合适保证人不但对其日常生活给予照顾与监督，还教会其上岗技能，沟通技巧，同时还联合检察官、社工对其开展法治教育、行为矫正，增强丹丹的法律意识与明辨是非能力。经过两个月的全方位帮教，丹丹原先忧郁自卑的脸上终于绽放了灿烂的微笑，与父亲的关系也得到了缓和，也能正视自己曾经犯下的错误，走出阴影并积极勇敢地生活。最终，闵行区人民检察院对丹丹作出不起诉决定，丹丹也因表现出色被观护基地录用为正式员工。

三、合适保证人的选任与变更

（一）合适保证人的条件

合适保证人作为一种特殊类型的保证人，除需满足刑事诉讼法规定的一般保证人的条件外，还需要符合品格和职业身份两个方面的条件。

1. 品格方面：（1）符合《刑事诉讼法》第69条规定的保证人的条件；（2）品行良好，无前科劣迹；（3）具有基本的法律常识和相关知识；（4）具有一定的工作经历和社会阅历；（5）身心健康，热心于未成年人保护工作。

2. 职业身份方面：（1）专业社会工作者；（2）观护基地帮教人员；（3）学校教师；（4）共青团干部；（5）未保干部；（6）离退休干部；（7）其他热心于未成年人保护工作的人员。

> **【随堂问题】** 单位可否担任合适保证人？
>
> 　　有观点提出，在探索试行合适保证人制度的过程中可否借鉴域外"单位保证人"制度，由单位来担任未成年犯罪嫌疑人的合适保证人？这方面存在着法律障碍。根据我国《刑事诉讼法》第 69 条之规定，保证人应具有人身自由和政治权利。但是由于单位组织无法享有政治权利和人身自由，故依据我国现行法律，单位主体无法成为合适保证人。此外，单位担任合适保证人还有一个法律责任承担的问题。保证人违反保证义务，有可能要承担法律责任，但是单位是无法承担法律责任的。
>
> 　　从实践探索的情况来看，当前多是从相关单位推荐的人选中选任合适保证人，如观护基地帮教人员、社工等，但是从长远来看，这样的运作模式远远满足不了司法实践的需要，尤其是面对外地未成年人对保证人需求越发强烈的现实状况。笔者认为，立法上可以探索设立专门从事保证人事务的组织，如可以借鉴英国保释支持小组的做法，探索在基层司法所之下设立合适保证人小组，招募志愿者对涉罪未成年人进行监督和照料，由社区提供短期住所，联系安置学校，费用则由财政给予补贴，或者仿效目前的专业社会工作者组织，采用政府购买服务的模式选任合适保证人。
>
> 　　此外，虽然单位作为保证人主体于法无据，但是也有学者指出，组织作为合适保证人比个人更能解决涉罪未成年人监管、再社会化的问题，可以考虑探索团组织、妇联等主体作为合适保证人。① 还有观点认为，从长远的角度来看，将特定的企业、社会单位纳入合适保证人的规制范围有其合理之处。因为外来涉罪未成年人多为"三无"人员，取保候审期间要解决其食宿、技能培训等问题，因此合适保证人制度的落实应与企事业单位、公益组织机构合作较为适宜。② 但这些观点还有待在实践探索中予以验证。

---

① 上海市徐汇区人民检察院未检科：《合适保证人制度的探索与研究研讨会会议综述》，载《预防青少年犯罪研究》2015 年第 5 期。

② 上海市徐汇区人民检察院未检科：《合适保证人制度的探索与研究研讨会会议综述》，载《预防青少年犯罪研究》2015 年第 5 期。

> **【随堂问题】** 合适保证人应具备哪些条件？
>
> 合适保证人的条件除了应当符合刑事诉讼法取保候审制度中关于保证人身份方面的一般性规定，如应有固定的工作和住所等要求外，还应具有一定的文化水平和基本的法律知识，具有社会学、教育学、心理学等相关学习经历、工作经验者为佳。此外，对涉罪未成年人这类特殊人群，尤其需要具备爱心、耐心和责任心，具有丰富教育经验和社会工作经历的司法系统离退休干部，或者长期从事青少年教育矫治工作的青少年保护工作者等，对青少年工作对象及相关工作流程较为熟悉，是合适保证人队伍的重要力量。
>
> 例如，在上海市徐汇区检察院的合适保证人制度试点中，该院根据刑事诉讼法关于保证人的相关规定，结合选任对象本人意愿、工作经历及其单位、同事的评价意见，从该区青少年事务社工站社工、未保办老师、上海师范大学社工系教师、观护基地志愿者中选聘了一批合适保证人，组建专业化队伍，取得良好的成效。

（二）合适保证人的选任

合适保证人的选任可以通过公开招募和单位推荐两种方式结合进行，但是均需要经检察机关审核后确认。检察机关应当向拟聘任的合适保证人颁发聘书，并制作合适保证人名册，载明合适保证人的姓名、性别、年龄、身份证号码、工作单位、住址、联系方式等个人信息。由于各地对于合适保证人需求量不一致，例如外地籍人员较少的地方则需求较少，故合适保证人队伍的具体数量由各检察机关根据办案实际需要确定为宜。

检察机关在合适保证人选任过程中，可以具体开展以下工作：一是检察机关与公安、司法、街道等部门建立联动机制，拓宽合适保证人人才信息渠道，实现信息共享，或者由具有合作关系的单位，如观护基地，从其内部挑选出合适保证人的人选，推荐给司法机关作为候选人员。二是获取相关人员信息后，与相关机关、企事业单位进行接洽，并签订合作协议。由检察机关对候选人员进行培训，使其熟知保证人的权利、义务、责任等，了解如何配合司法机关参与诉讼活动及观护帮教工作。三是培训结束后，由司法机关对候选人进行考核，并向合格者颁发合适保证人聘书。检察机关在办案过程中，从中选择适合案件具体情况的合适保证人，在征得涉罪未成年人及其法定代理人的同意后，与当事人共同签订帮教协议书。

【重点提示】 检察机关选任合适保证人需要注意的问题

一是检察机关在选任合适保证人时应当综合考虑未成年犯罪嫌疑人的

涉罪情况、个人情况、心理状态、监护状况以及悔过程度等情况，根据有利于监管教育的原则，在合适保证人名册中指定合适保证人，选任后应当征求该名合适保证人、未成年犯罪嫌疑人及其法定代理人的意见。二是为便于开展日常监管、同步解决未成年人食宿、技能培训等后续帮教问题，对纳入观护基地开展帮教的未成年犯罪嫌疑人，优先指定观护基地帮教人员担任其合适保证人。三是为尽可能保证合适保证人同期不帮教多人，避免同案犯之间产生利益冲突，对两名以上的同案未成年犯罪嫌疑人，一般应当指定不同的合适保证人。在确定合适保证人人选后，检察机关应当以书面或者口头的形式提前告知合适保证人关于未成年犯罪嫌疑人的涉罪情况及办理取保候审手续的时间、地点，尽快落实非羁押措施。

【随堂问题】关于合适保证人的人数限制？

我国现行法律、法规及司法解释并未限制个案中取保候审保证人的人数，但考虑到保证能力、同案犯串供等方面因素，如果确有必要由一人同时担任两名以上同案犯的合适保证人的，司法机关可以在充分考查保证人与被保证人双方的具体情况后，慎重作出决定。

另外，根据《刑诉规则》第89条第3款规定的精神，允许一名犯罪嫌疑人最多同时拥有两名保证人。如果某涉罪未成年人在沪有亲友，愿意为其充当保证人，但是经过司法机关的审查，其保证能力有所欠缺，这种情况下，为其指定一个合适保证人，与这名亲友共同承担保证责任，对未成年人权益保护是有积极作用的；或者因某种特殊情况，为涉罪未成年人指定一名合适保证人显然难以充分履行保证义务，那么为其同时指定两名合适保证人也是有必要的。

（三）合适保证人的变更

未成年犯罪嫌疑人的合适保证人拒绝继续担任保证人或被取消保证人资格的，检察机关应当在征得未成年犯罪嫌疑人及其法定代理人同意后，为其另行指定合适保证人。

未成年犯罪嫌疑人或其法定代理人提出更换合适保证人的，如果理由正当，检察机关经审查后可以准许，但更换次数一般以一次为限。

如果未成年犯罪嫌疑人的监护条件发生变化，具备条件可以提出保证人或交纳保证金的，检察机关可以对取保候审的保证方式予以变更。

【随堂问题】检察机关如何帮助合适保证人开展工作？

为保证未成年犯罪嫌疑人顺利度过考察帮教期，检察机关对需要聘任的合适保证人综合考量其职业身份、相关工作经验、品格诚实度、责任心以及观护基地的食宿条件、培训能力等情况后，将适宜人选推荐给未成年犯罪嫌疑人及其家属。检察机关还应适时对合适保证人进行业务培训，并为其履职提供便利条件，在其履职过程中要经常了解合适保证人的工作需求、工作状态，使未成年犯罪嫌疑人能够获得有效的司法帮助。

四、合适保证人的权利与义务

（一）权利

1. 监督、管教被保证人的权利

监督被保证人遵守取保候审的相关规定既是合适保证人的义务，同时也是其权利，合适保证人需要强化对被取保候审人的教育监管。相对应地，被保证人有服从合适保证人监督和管教的义务。

2. 要求解除保证义务的权利

根据《刑诉规则》第96条规定之精神，如果出现被保证人不服从管教导致无法正常开展保证人工作等情况，或者由于合适保证人自身的原因等导致其不愿或无法继续为该被保证人担保的，保证人有权向取保候审决定机关申请解除其在该案中保证人的身份和义务，并另行选定其他保证人。另外，取保候审期限届满，决定机关未及时解除犯罪嫌疑人取保候审措施的，合适保证人也有权提出解除取保候审，同时解除其保证人义务的要求。

3. 担任合适成年人的权利

在指定了合适保证人的案件中，继受了国家监护权的合适保证人应有权兼任合适成年人的角色，参与司法机关对涉罪未成年人的讯问、庭审，了解被保证人的涉案事实、个人情况和家庭背景，参与被保证人的审查逮捕、审查起诉听证、不批准逮捕、不起诉决定宣布及训诫教育活动，对被保证人的观护帮教、附条件不起诉监督考察活动以及在被保证人被判处非监禁刑后，参与社区矫正活动等。

【案例】检察机关为未成年犯罪嫌疑人落实合适保证人并开展帮教

检察院在办理小杨盗窃一案时，经社会调查发现，小杨家庭环境特殊，其父母均为智力残障人士，小杨很小就辍学外出打工，并与他人合租居住，由于公司拖欠工资，他为了维持生活实施了盗窃行为，其被抓捕后亲戚朋友以经济贫困、路途遥远为由拒绝为其担任保证人、提供保证金。

鉴于小杨的犯罪情节较轻，无前科劣迹，到案后认罪悔罪态度良好，检察机关经综合评估认为小杨无羁押必要，对其作出相对不捕的决定。鉴于小杨在犯罪地无固定住所，也无法提供适格的保证人，检察机关将其安置在某企业观护基地，同时聘请观护基地负责人担任其合适保证人，不仅解决了小杨的食宿问题，还为其提供临时的就业岗位，按时发放工资，保证了小杨的基本生活。由于小杨在观护基地表现良好，检察机关在审查起诉阶段对其作出附条件不起诉的决定，设定了6个月的考察期，并成立了一支由检察官、合适保证人、观护基地带教老师、专业社工组成的帮教队伍。合适保证人积极参与到对小杨的日常监督管理工作中，通过定期谈话、安排其参加公益活动等方式提高小杨的思想认识，及时掌握其近况，并与检察机关定期沟通。考察期满后，小杨不仅在该企业掌握了多项劳动技能，还养成了读书的好习惯，对自己之前的犯罪行为进行了深刻反思，对未来的生活和工作也进行了重新规划，顺利重返社会。

（二）义务

虽然合适保证人是一种特殊的保证人形式，具有一定的志愿和公益性质，但既然是保证人，就应当遵守一般保证人的法定义务，同时根据案件的需要，司法机关可以在帮教协议或保证书中为合适保证人附加一些特殊义务。

1. 记录及报告义务

如实记录并定期向检察机关报告涉罪未成年人在取保候审期间的工作、学习、生活情况。取保候审期结束，检察机关可以要求合适保证人制作被保证人取保候审期间表现的报告，提交检察机关作为司法决定的参考。

2. 帮教义务

合适保证人需要在取保候审期间教育、引导未成年人。发现涉罪未成年人有不良行为乃至严重不良行为的，需及时告知决定取保候审的检察机关与执行的公安机关等，并配合检察机关对未成年人开展训诫、教育。

3. 保密义务

合适保证人不得以任何形式公开或向他人透露其提供担保的未成年犯罪嫌疑人的个人信息及相关案情。

五、退出机制及责任承担

（一）退出机制

1. 主动退出

合适保证人因故不能继续担任合适保证人的，可以向检察机关提出申请，经检察机关批准后退出合适保证人队伍。由于合适保证人系以自愿参与为原则,故其有权选择退出合适保证人队伍,但应当提前通知司法机关,并上交合适保证人聘书。

2. 被动退出

如果合适保证人在工作过程中出现违法、犯罪行为、违背保密义务或其他不适合担任合适保证人的情形,检察机关有权取消其继续担任合适保证人的资格,收回其聘书。

(二)责任承担

检察机关发现合适保证人在履职过程中有怠于履职或侵害被保证人合法权益情形的,应当予以制止和纠正,并通报其所属机关或团体;情节严重,影响诉讼顺利进行的,检察机关有权取消其合适保证人资格,并视情依法追究相应法律责任。

《刑事诉讼法》第70条规定了一般保证人的义务及违反义务后应当承担的法律责任,同时"两高两部"《关于取保候审若干问题的规定》第16条也规定了被取保候审人违反刑事诉讼法相关规定时应承担的法律责任。故一旦发现合适保证人不履行或怠于履行保证义务,检察机关应即时取消其合适保证人的资格,并视情况依法追究其相应的法律责任。如果发现合适保证人与所参与的案件存在利害关系,可能影响案件公正处理或者其存在其他不宜担任保证人的情况,应当及时更换保证人。

【随堂问题】关于明确保证人法律责任的问题

根据刑事诉讼法规定,保证人不履行监督和报告义务时要承担罚款或刑事责任,对于积极协助被保证人违反取保候审义务等严重的行为,依照司法实践经验,可以窝藏、包庇罪予以追究。虽然在合适保证人制度的运行期间,检察机关一般会审慎选择合适成年人,责任心不强、放任未成年犯罪嫌疑人自流的情况并不多见,但是从立法的角度来看,有必要根据保证人的具体情况分级设立罚款、拘留、追究刑事责任等制裁措施,以供不同情况分别适用。

六、配套机制

(一)社会调查

检察机关在对案件情况进行初步审查之后,必要时应当立即通过自行开展或委托的方式对未成年犯罪嫌疑人开展社会调查,全面了解掌握其成长经历、犯罪原因、家庭监护情况、社会帮教条件等，为合适保证人开展后续工作做好充分准备。

（二）羁押必要性审查

检察机关应当对已被采取羁押措施的未成年犯罪嫌疑人，及时开展羁押必要性审查。对经综合评估认为没有羁押必要的未成年犯罪嫌疑人，应及时变更强制措施；对于符合取保候审条件的，进而决定适用合适的保证方式。

（三）观护帮教

在未成年犯罪嫌疑人被取保候审期间，合适保证人需要承担考察以及帮教的两方面职责，除履行一般保证人的义务外，以观护基地内的保证人为例，主要从以下几个方面开展工作：为未成年人提供必要的住宿及就餐条件；监督未成年犯罪嫌疑人学习文化知识、法律知识及劳动技能等；督促未成年人参加帮教小组安排的公益劳动等集体活动；检查未成年人提交的书面思想汇报等材料；定期向检察机关汇报未成年人的近期表现；配合承办检察官与未成年犯罪嫌疑人通话、会面及开展其他帮教活动等。

七、常用文书参考

(一)《合适保证人委托书》

×××× 人民检察院
合适保证人委托书
(副 本)

××检未保委〔20××〕××号

_____(合适保证人姓名)：

_____是本院办理的_____涉嫌____案的犯罪嫌疑人，经审查，本院决定对犯罪嫌疑人_____取保候审，因其系未成年人，且无法提出保证人或交纳保证金，根据《中华人民共和国刑事诉讼法》第六十八条、第六十九条，《人民检察院刑事诉讼规则》第四百六十三条的规定，委托你担任犯罪嫌疑人_____的保证人，并配合本院对其进行监管教育。请你于____年__月__日__时至_____，协助本院为犯罪嫌疑人_____办理取保候审手续，相关权利义务请参阅《合适保证人权利义务告知书》。

××年×月×日
(院印)

本人已收到本委托书，同意担任犯罪嫌疑人_____的保证人。
　　合适保证人(签名)：
　　　　　　　　　　　　　　　　　　　年　　月　　日

第一联　附卷

××××人民检察院
合适保证人委托书

××检未保委〔20××〕××号

_____（合适保证人姓名）：

_____是本院办理的_____涉嫌____案的犯罪嫌疑人，经审查，本院决定对犯罪嫌疑人_____取保候审，因其系未成年人，且无法提出保证人或交纳保证金，根据《中华人民共和国刑事诉讼法》第六十八条、第六十九条，《人民检察院刑事诉讼规则》第四百六十三条的规定，委托你担任犯罪嫌疑人_____的保证人，并配合本院对其进行监管教育。请你于____年__月__日__时至_____，协助本院为犯罪嫌疑人_____办理取保受审手续，相关权利义务请参阅《合适保证人权利义务告知书》。

××年×月×日
（院印）

第二联　送达合适保证人

(二)《合适保证人诉讼权利义务告知书》

××××人民检察院
合适保证人诉讼权利义务告知书

本院出于办案需要,指定你作为未成年犯罪嫌疑人×××的合适保证人,根据《中华人民共和国刑事诉讼法》《人民检察院刑事诉讼规则》及上海市人民检察院第九检察部《关于在未成年人刑事案件中适用合适保证人制度的规定(试行)》的规定,你依法享有的诉讼权利和承担的诉讼义务如下:

一、诉讼权利

1. 了解被保证人的涉案事实、个人情况和家庭背景等;
2. 在取保候审期间对被保证人进行监管教育;
3. 拒绝继续担任保证人;
4. 取保候审期限届满,办案机关未及时解除取保候审的,可以提出意见;
5. 其他有利于维护被保证人合法权益的权利。

二、诉讼义务

1. 监督被保证人遵守刑事诉讼法第七十一条的规定;
2. 发现被保证人可能发生或者已经发生违法犯罪行为及违反刑事诉讼法第七十一条规定的行为的,应当及时向执行机关报告;
3. 保守案件秘密,不得以任何形式公开或向他人透露案件情况或被保证人的个人信息;
4. 引导、教育被保证人遵守法律法规和取保候审规定,回归正常的工作、学习和生活;
5. 发现本人与所参与的案件存在利害关系或其他不宜担任合适保证人的情况,应当及时告知办案机关;
6. 其他法律规定保证人应当履行的义务。

××××人民检察院
合适保证人诉讼权利义务告知书
（回　执）

×××（合适保证人姓名）：

　　本院出于办案需要，委托你作为未成年犯罪嫌疑人×××的合适保证人，根据《中华人民共和国刑事诉讼法》《人民检察院刑事诉讼规则》及上海市人民检察院第九检察部《关于在未成年人刑事案件中指定合适保证人的规定（试行）》的规定，现向你告知依法享有的诉讼权利和承担的诉讼义务。

　　《合适保证人诉讼权利义务告知书》已向我告知，我已知悉。

合适保证人（签名）：
年　月　日

(三)《取保候审期间表现情况报告》

取保候审期间表现情况报告

犯罪嫌疑人姓名		性　别		出生日期	
住　址		公民身份号码		联系方式	
案　由		取保候审决定时间			
合适保证人姓名		工作单位		联系方式	
取保候审期间表现	遵守取保候审规定情况				
	接受矫治和教育情况				
合适保证人意见					
备　注					

第十九讲　家庭教育指导

不良的家庭环境、不当的监护方式是未成年人走上违法犯罪道路或者遭受不法侵害的重要因素，因此有必要对相关涉案未成年人的家长或其他监护人开展家庭教育指导，司法实践也将这种家庭教育指导称之为（强制）亲职教育。本讲详解检察机关开展家庭教育指导的基本原则、教育内容、适用范围、具体措施、工作流程及配套制度等。

一、概述

（一）概念

家庭教育指导是指由家庭外的社会组织及相关机构组织的教育活动，更多侧重家庭教育的外部影响和社会支持。[①] 教育的对象既包括父母也包括父母以外承担对未成年人监护职责的其他监护人。

检察机关在办理未成年人案件过程中，发现涉案未成年人的父母或其他监护人存在侵害未成年人合法权益、不依法履行监护职责或者履职不当、不力等情形的，可以对父母或其他监护人采取相应的教育和惩戒措施，督促、引导其加强对未成年人的教育和保护。这种家庭教育指导是一种间接干预手段，同时也是一种干预程度相对较低的手段。检察机关在履职中通过一系列家庭教育措施督促因监护失职或失误导致未成年子女违法犯罪或者遭受侵害的监护人切实履行监护职责，有利于强化父母与子女的沟通技巧，修复受损的亲子关系，帮助父母采取科学的管教方式，充分发挥监护人对涉案未成年人、高危未成年人教育监管的重要作用，有助于预防和减少未成年人犯罪；优化未成年人家庭成长环境，督促其关注关心未成年子女，避免未成年人遭受不法侵害，切实维护未成年人合法权益。

---

① 关颖：《亲职教育的意义、特点及其制度构建》，载《预防青少年犯罪研究》2014年第5期。

（二）常用法律政策依据

1.《未成年人保护法》

第15条 未成年人的父母或者其他监护人应当学习家庭教育知识，接受家庭教育指导，创造良好、和睦、文明的家庭环境。

共同生活的其他成年家庭成员应当协助未成年人的父母或者其他监护人抚养、教育和保护未成年人。

第17条 未成年人的父母或者其他监护人不得实施下列行为：

（一）虐待、遗弃、非法送养未成年人或者对未成年人实施家庭暴力；

（二）放任、教唆或者利用未成年人实施违法犯罪行为；

（三）放任、唆使未成年人参与邪教、迷信活动或者接受恐怖主义、分裂主义、极端主义等侵害；

（四）放任、唆使未成年人吸烟（含电子烟，下同）、饮酒、赌博、流浪乞讨或者欺凌他人；

（五）放任或者迫使应当接受义务教育的未成年人失学、辍学；

（六）放任未成年人沉迷网络，接触危害或者可能影响其身心健康的图书、报刊、电影、广播电视节目、音像制品、电子出版物和网络信息等；

（七）放任未成年人进入营业性娱乐场所、酒吧、互联网上网服务营业场所等不适宜未成年人活动的场所；

（八）允许或者迫使未成年人从事国家规定以外的劳动；

（九）允许、迫使未成年人结婚或者为未成年人订立婚约；

（十）违法处分、侵吞未成年人的财产或者利用未成年人牟取不正当利益；

（十一）其他侵犯未成年人身心健康、财产权益或者不依法履行未成年人保护义务的行为。

第21条 未成年人的父母或者其他监护人不得使未满八周岁或者由于身体、心理原因需要特别照顾的未成年人处于无人看护状态，或者将其交由无民事行为能力、限制民事行为能力、患有严重传染性疾病或者其他不适宜的人员临时照护。

未成年人的父母或者其他监护人不得使未满十六周岁的未成年人脱离监护单独生活。

第118条 未成年人的父母或者其他监护人不依法履行监护职责或者侵犯未成年人合法权益的，由其居住地的居民委员会、村民委员会予以劝诫、制止；情节严重的，居民委员会、村民委员会应当及时向公安机关报告。

公安机关接到报告或者公安机关、人民检察院、人民法院在办理案件过程中发现未成年人的父母或者其他监护人存在上述情形的，应当予以训诫，并可以责令其接受家庭教育指导。

2.《预防未成年人犯罪法》

第40条 公安机关接到举报或者发现未成年人有严重不良行为的，应当及时制止，依法调查处理，并可以责令其父母或者其他监护人消除或者减轻违法后果，采取措施严加管教。

第42条 公安机关在对未成年人进行矫治教育时，可以根据需要邀请学校、居民委员会、村民委员会以及社会工作服务机构等社会组织参与。

未成年人的父母或者其他监护人应当积极配合矫治教育措施的实施，不得妨碍阻挠或者放任不管。

第57条（第1款） 未成年人的父母或者其他监护人和学校、居民委员会、村民委员会对接受社区矫正、刑满释放的未成年人，应当采取有效的帮教措施，协助司法机关以及有关部门做好安置帮教工作。

第61条 公安机关、人民检察院、人民法院在办理案件过程中发现实施严重不良行为的未成年人的父母或者其他监护人不依法履行监护职责的，应当予以训诫，并可以责令其接受家庭教育指导。

3.《刑法》

第17条（第5款） 因不满十六周岁不予刑事处罚的，责令其父母或者其他监护人加以管教；在必要的时候，依法进行专门矫治教育。

4.《中国儿童发展纲要（2011—2020年）》

将家庭教育指导服务纳入城乡公共服务体系。普遍建立各级家庭教育指导机构，90%的城市社区和80%的行政村建立家长学校或家庭教育指导服务点。建立家庭教育从业人员培训和指导服务机构准入等制度，培养合格的专兼职家庭教育工作队伍。加大公共财政对家庭教育指导服务体系建设的投入，鼓励和支持社会力量参与家庭教育工作。

开展家庭教育指导和宣传实践活动。多渠道、多形式持续普及家庭教育知识，确保儿童家长每年至少接受2次家庭教育指导服务，参加2次家庭教育实践活动。加强家庭教育研究，促进研究成果的推广和应用。

5.《全国家庭教育指导大纲》①

家庭教育是学校教育和社会教育的基础。家庭是人生的第一所学校，家长是孩子的第一任老师，家庭生活中父母对儿童的教育和影响，对其良好行为习

---

① 《全国家庭教育指导大纲》，https：//baike.baidu.com/item/全国家庭教育指导大纲/9183749? fr = aladdin，2020年7月31日访问。

惯、思想品德、价值观的形成，健全人格培养等都具有基础性作用。

家庭教育重在教孩子如何做人。家庭教育要从养成良好习惯开始，逐步培育儿童正确的价值观，培养儿童热爱党、热爱祖国、热爱人民、热爱中华民族，明礼诚信、勤奋自立、友善助人、孝亲敬老等良好思想品德，增强儿童法律意识和社会责任感，使儿童养成好思想、好品德、好习惯、好人格，培养儿童与他人、与社会、与自然和谐相处的能力。

家长是家庭教育的责任主体。家长在家庭教育中负有主体责任，要依法依规履行对子女的监护职责和抚养教育义务，了解监护人法定权利和义务，学习家庭教育知识，掌握家庭教育理念和方法，提升科学实施家庭教育的能力。

家庭教育是家长和儿童共同成长的过程。家长素质是影响家庭教育的重要因素，家长应当努力做到举止文明、情趣健康、敬业进取、言行一致、好学善思，自觉践行社会主义核心价值观，以健康的思想、良好的品行教育影响儿童。

家庭建设是家庭教育的重要保障。家庭要倡导尊老爱幼、夫妻和睦、勤俭持家、亲子平等、邻里团结的家庭美德，创建民主、文明、和睦、稳定的家庭关系。家庭成员要共同构建优秀家庭文化、传承良好家风，为儿童健康成长营造和谐的家庭环境。家长要学会优化家庭生活，为儿童提供健康向上、丰富多彩的活动。

尊重儿童成长规律是家庭教育的前提。儿童期是人生的重要阶段，有其发展规律，家长在实施家庭教育时不能违背儿童成长规律。儿童成长既有共性也有个性，家庭教育要依据儿童成长特点，采取科学的教养方式。

尊重和保护儿童权利是家庭教育的基础。儿童是独立的权利主体，有生命权、健康权和获得基本生活保障的权利，有充分发展其全部体能与智能的权利；有享有国家、社会、学校、家庭保护，不受歧视、虐待和忽视的权利；有参与家庭和社会生活并就影响他们生活的事项发表意见的权利，实施家庭教育要尊重和保护儿童的各项权利。

家庭、学校、社会是促进儿童健康成长的共同体。家长要认识到家校社协同育人的重要意义，主动参与家校社协同教育，尊重教师，理性表达诉求，积极沟通合作，保持开放心态，引导儿童正确认识各种现象，科学合理利用各种教育资源，促进儿童健康成长。

6. 最高人民检察院、全国妇女联合会、中国关心下一代工作委员会《关于在办理涉未成年人案件中全面开展家庭教育指导工作的意见》

涉案未成年人家庭教育指导。对于未成年人出现下列情形之一的，应当对其家庭教育情况进行评估，根据评估结果对未成年人的父母或其他监护人提出改进家庭教育意见，必要时可责令其接受家庭教育指导：因犯罪情节轻微被人民检察院作出不起诉决定，或者被人民检察院依法作出附条件不起诉决定的；被依法追究刑事责任或者因未达到刑事责任年龄不予刑事处罚的；遭受父母或其他监护人侵害的；其他应当接受家庭教育指导的。

失管未成年人家庭教育指导。对办案中发现未成年人父母或者其他监护人存在监护教育不当或失管失教问题，尚未导致未成年人行为偏差或遭受侵害后果的，应当提供必要的家庭教育指导和帮助。特别是对于有特殊需求的家庭，如离异和重组家庭、父母长期分离家庭、收养家庭、农村留守未成年人家庭、强制戒毒人员家庭、服刑人员家庭、残疾人家庭、曾遭受违法犯罪侵害未成年人的家庭等，更要加强家庭教育指导帮助。未成年人父母或者其他监护人主动提出指导需求的，应予支持。人员力量不能满足需要的，可以帮助链接专业资源提供个性化家庭教育指导服务。

预防性家庭教育指导。未成年人违法犯罪多发地区，城市流动人口集中、城乡接合部、农村留守儿童集中等重点地区要结合办案广泛开展预防性家庭教育指导工作。通过家庭教育知识进社区、进家庭等活动，深入开展法治宣传和家庭教育宣传，提高父母及其他监护人的监护意识、监护能力和法治观念，营造民主、和谐、温暖的家庭氛围，预防未成年人违法犯罪和遭受侵害问题发生。各地可灵活运用线上直播、新媒体短视频等多种形式，以案释法，扩大家庭教育宣传的覆盖面。

7.《未成年人刑事检察工作指引（试行）》

第61条　对因家庭成员沟通和相处方式存在明显问题，影响涉案未成年人心理健康发育的，经涉案未成年人的法定代理人、监护人同意，可以对涉案未成年人及其法定代理人、监护人共同开展家庭教育和相处方式的心理咨询，并联合社会帮教力量启动亲职教育和亲子沟通辅导，帮助构建和谐健康的家庭模式。

二、基本原则

为了深入贯彻落实中共中央、国务院《关于进一步加强和改进未成年人思想道德建设的若干意见》和全国未成年人思想道德建设经验交流会议精神，进一步加强家庭教育理论体系建设，规范家庭教育指导内容和要求，提高家庭教育的科学性、针对性、实效性，2010年2月，全国妇联、教育部、中央文明办、民政部、卫生部、国家人口计生委、中国关工委联合印发《全国家庭教育指导大纲》。该《大纲》明确了家庭教育指导的原则，其中包括：坚持"儿童为本"原则、坚持"家长主体"原则、坚持"多向互动"原则。

多年来，《全国家庭教育指导大纲》在指导家庭教育理论研究、规范家庭教育内容、提高家庭教育指导服务科学性、针对性和实效性等方面发挥了重要作用。党的十八大以来，习近平总书记就家庭教育作出一系列重要指示，特别指出家庭教育最重要的是品德教育，是如何做人的教育。为深入贯彻落实习近平总书记的重要指示精神，强化品德教育在家庭教育中的核心地位，适应新时代家庭教育发展的新需求，2019年5月，全国妇联、教育部、中央文明办、民政部、文化和旅游部、国家卫生健康委员会、国家广播电视总局、中国科协、中国关工委共同对《全国家庭教育指导大纲》进行了修订。明确家庭教育的原则包括：思想性原则、科学性原则、儿童为本原则和家长主体原则。

【重点提示】《全国家庭教育指导大纲》按照各年龄段列明了家庭教育指导的内容要点，检察机关可以在会同或者委托专业机构、人员开展家庭教育指导时参考运用。

2021年5月，高检院、全国妇联和中国关工委联合下发《关于在办理涉未成年人案件中全面开展家庭教育指导工作的意见》，明确了对涉案未成年人开展家庭教育指导的基本原则：一是坚持正确方向。全面贯彻党的教育方针，牢牢把握立德树人的根本任务，弘扬社会主义核心价值观和中华民族传统家庭美德，培养未成年人爱党爱国爱人民情怀，增强国家意识和社会责任感，确保家庭教育的正确方向。二是突出问题导向。注意发现总结涉未成年人案件家庭教育存在的主要问题，有针对性地引导父母或者其他监护人改善家庭教育方式。着力解决父母或者其他监护人主体意识不强、责任落实不到位，家庭教育方式不当、教育理念和方法欠缺，家庭成员法治意识淡薄等问题。三是遵循科学规律。尊重未成年人身心发展规律和家庭教育规律，着眼未成年人全面发展，引导父母或者其他监护人树立正确的人才观、教育观，运用科学的方法和正确的方式抚养教育未成年人。四是坚持标本兼治。既注重个别教育，对办案中发现明显存在问题的未成年人父母或者其他监护人进行及时、有效的家庭教育干预和指导；又着眼源头预防，探索建立常态化预防未成年人犯罪和受侵害家庭教育指导模式。五是坚持创新推动。鼓励家庭教育指导实践探索和理论创新，积极探索行之有效的工作方式方法，形成可复制的经验、模式，推动家庭教育指导和服务水平不断提高。

三、教育内容

（一）教育对象

家庭教育指导的对象不仅包括涉罪未成年人的监护人，还包括其他涉案未成年人的监护人，如被犯罪侵害的未成年人、有严重不良行为等高危未成年人的家长或监护人。特别需要关注那些特殊弱势群体，他们的家长或监护人更需要学习、掌握正确的教育方式。

家庭教育指导是面向涉罪未成年人家庭，尤其是家长群体的教育活动，但对象并不仅限于家长。根据家庭治疗理论，第一，亲职教育将改善家庭关系、增强家庭功能作为治疗的目标和焦点，从而解决家庭及其成员各自的问题；第二，亲职教育在改变家庭病理现象时，以整个家庭系统为对象，鼓励多个成员共同参与治疗，同时做出改变；第三，教育方法一般以家庭中某一成员的问题为切入点，将家庭中某一成员的问题看作是整个家庭的问题，对所有家庭成员及彼此的互动状况进行长时间的整体性干预。① 由此可见，家庭教育指导的主体是家长，但是孩子参与非常重要，在实践中，可以要求参与家庭教育指导的父母事先签署协议，和孩子在固定的时间一起参加亲子课堂、接受辅导培训，确保教育效果。

> **【随堂问题】** 为何要开展家庭教育指导？
>
> 家庭是人生的第一所学校，家长是孩子的第一任老师，家教和家风是家长给孩子上的第一堂课，良好的家教、家风可以教育引导未成年人形成基本的行为规范。现实生活中绝大多数家庭都能给予孩子良好的家庭教育及保护，但也有不少孩子生活在问题家庭中。根据中国青少年研究中心和中国预防青少年犯罪研究会课题组对全国 10 个省份进行调研后形成的《2017 年我国未成年人犯罪研究报告》显示，未成年犯来自单亲家庭的比例高达 35.8%且仅有 50%左右的未成年犯在入监前和亲生父母长期共同生活。②
>
> 家庭教育指导的初衷在于修复亲子关系，教导家长如何恰当、合适地履行监护职责。在当前未成年人司法程序中已经给予罪错未成年人法庭教育、训诫等法定程序进行充分教育的前提下，让存在监管缺失、不当乃至违法犯罪行为的家长有机会学习正确的亲子相处方式，从而在根本上改善未成年人生活成长环境，解决家庭保护的难点。对上述家长，教育的重点应放在矫治未成年人不良行为和预防再犯上，帮助家长提升

---

① 吴宗宪、张雍锭：《未成年缓刑犯社区矫正中强制亲职教育的制度构建》，载《江西社会科学》2018 年第 8 期。

② 路琦、郭开元、张萌、张晓冰、胡发清、杨江澜：《2017 年我国未成年人犯罪研究报告——基于未成年犯与其他群体的比较研究》，载《青少年犯罪问题》2018 年第 6 期。

> 责任意识，改变不当教育方式，切实起到监督未成年人遵守教育矫治要求的作用。对没有上述不良行为乃至犯罪行为的未成年人家长，亲职教育则主要为其提供子女教育的资讯、理念、方法和教育技巧等，促使家长更好地履行监护教育职责，达到预防犯罪的效果。① 此外，对于受犯罪侵害的未成年人，如果监护人存在失职行为的，也有必要进行家庭教育辅导。
>
> 虽然家庭教育指导的自愿属性确实能保障教育效果，但缺乏强制性，教育效果会大打折扣。因此，制度运行的刚性势在必行。一是亲职教育作为一种法律责任的本质要求，其扩展了责任承担主体和教育方式方法，本身兼具教育性、惩罚性、司法性和福利性。② 制度内核的有责性需要刚性保障。二是对未成年人司法保护的切实需要。监护人应当参与家庭教育指导，办案实践中时有不负责任的家长干脆放弃孩子，不愿配合司法机关帮教。上述监护人也是孩子犯错乃至犯罪的深层次原因，对这样的家长有必要开展家庭教育指导，确保未成年人司法保护措施落到实处。

（二）教育内容

根据《关于在办理涉未成年人案件中全面开展家庭教育指导工作的意见》，家庭教育指导内容包括但不限于以下方面：（1）教育未成年人的父母或者其他监护人培养未成年人法律素养，提高守法意识和自我保护能力；（2）帮助未成年人的父母或者其他监护人强化监护意识，履行家庭教育主体责任；（3）帮助未成年人的父母或者其他监护人培养未成年人良好道德行为习惯，树立正确价值观；（4）教导未成年人的父母或者其他监护人对未成年人采取有效的沟通方式；（5）引导未成年人的父母或者其他监护人改变不当教育方式；（6）指导未成年人的父母或者其他监护人重塑良好家庭关系，营造和谐家庭氛围；（7）协助未成年人的父母或者其他监护人加强对未成年人的心理辅导，促进未成年人健全人格的养成。

开展家庭教育指导可以借鉴我国台湾地区的做法，有学者运用了犯罪学三级预防理论，设计了初级、次级和三级预防的课程，以对不同情况的亲子家庭

---

① 参见成都市武侯区人民检察院 成都新空间社会工作服务中心《"强制亲职教育"实施办法（试行）》。

② 游涛、张盈：《以强制性亲职教育问责教养失职监护人——涉罪未成年人监护人法律责任探究》，载《预防青少年犯罪研究》2015年第1期。

关系做有针对性的教育。① 初级预防课程注重系统全面,是教育的基础和更高层次表现。初级预防课程对象是所有监护人,课程内容丰富、全面,但缺乏针对性。次级课堂主要面向亲子关系日趋紧张,已经发生一定冲突后的家庭,课程内容包括沟通能力、解决问题能力、正确管教方式和态度、自我情绪控制和自我觉察能力、心理健康和辅导服务等。② 三级预防课程侧重于教育与矫治,是对存在严重问题的家庭所做的努力,必要时应对监护人作强制性辅导,其目的在于增强家庭功能。③ 对于存在严重问题的家庭,可以考虑适用三级预防课程,注重教育方式、理念、矫治方法和心理疏导等方面知识传授,从而改善家庭环境。

（三）工作方式

1. 前期探索

早在 20 世纪 90 年代,检察机关就结合办理的未成年人刑事案件对涉案未成年人家长开展形式多样的家庭教育指导。例如 1995 年上海市黄浦区检察院与南京东路街道共同建立了社区家长法制学校,对涉案未成年人家长开展家庭教育指导;2014 年上海市静安区检察院探索对涉案未成年人开展强制亲职教育;2018 年上海市长宁区检察院与区妇联开展密切合作,依托妇联下属的"家事关护站",为涉案未成年人家庭提供心理疏导、亲子关系修复、家庭教育指导等服务。对于因严重不负责任导致未成年人犯罪或被害的监护人,检察机关督促、会同公安机关进行训诫并责令其接受亲职教育,或将接受亲职教育作为监护人在观护帮教、监督考察期间的义务,同时妇联提供相应课程、配备专业家庭教育指导师。为进一步加强未成年人司法保护与社会保护的衔接,实现专业化办案与社会化帮教的有机结合,区检察院与上海市阳光社区青少年事务中心在未成年人帮教与维权中加强合作,共同组成观护帮教小组的同时引入家庭教育指导并进行科学评估,在督促监护人有效履职、修复亲子关系等方面提供专业支持。2020 年 2 月,上海市检察院第九检察部于制发了《关于规范亲职教育工作的指导意见（试行）》,对相关工作进行了规范。

四川省成都市武侯区采取"6+X 模式",在对家长开展 6 节必修亲职教育课程的基础上,再进行基础课不合格重修和个性化课程选修的特殊教育模

---

① 吴宗宪、张雍锭:《未成年缓刑犯社区矫正中强制亲职教育的制度构建》,载《江西社会科学》2018 年第 8 期。
② 魏渭堂:《亲职教育》（第三版）,新文京开发出版股份有限公司 2013 年版。
③ 吴宗宪、张雍锭:《未成年缓刑犯社区矫正中强制亲职教育的制度构建》,载《江西社会科学》2018 年第 8 期。

式，检察机关与社工组织合作共同对被教育对象开展教育，每人至少接受6次基础课程教育，并视具体情况接受个别课程教育，教育周期为3—6个月，阶段性教育结束后需要进行考核测评。

江苏省淮安市则采用以下模式：亲职教育工作人员就每一次强制亲职教育的开展情况及家庭参与、发展变化情况进行反馈，并以每两个月为一个阶段定期向检察机关递交书面报告。检察机关随时可参与强制亲职教育小组活动，并对监护人接受教育情况及社工组织工作开展情况进行监督和指导。

2019年11月，福州市检察机关探索通过社会调查，评估确认家庭监护不力与涉案未成年人问题的关联后，向监护人发出"督促监护令"，提出针对性的家庭教育指导方案等监护措施，督促监护人履行监护职责，依托基层组织、公安机关等力量跟踪监督"令"的落实情况，并作为案件后续办理的参考。

2021年5月，高检院第九检察厅下发文件，决定从6月1日起，各级检察机关未检部门在办理涉未成年人案件中依法开展"督促监护令"工作。

2. 督促监护令

检察机关未检部门在办理涉未成年人案件过程中，发现未成年人的父母或者其他监护人不依法履行监护职责或者侵犯未成年人合法权益的，可以向其发出督促监护令，书面督促其依法履行监护职责。

开展督促监护工作，一是要做好全面性调查评估，并制作调查评估报告，作为办案和督促监护的参考。调查评估报告应重点分析未成年人违法犯罪或遭受侵害与监护问题的关联性，内容包括涉案未成年人的生活环境、家庭教育、监护人监护履职状况等。针对不同类型的案件情况，调查评估可以单独或结合对涉案未成年人开展的社会调查工作一并进行。二是提出针对性要求，开展针对性指导。要根据个案不同情况、监护履职中存在的具体问题以及家庭教育相关情况等，向监护人提出针对性要求，制定针对性教育、指导措施，引导、支持、帮助、监督监护人履行好监护职责，提升家庭教育能力。三是注重协作联动，形成工作合力。要加强与公安、教育、团委、妇联、关工委等部门和居员会、村员会等基层群众自治组织、社工等社会组织的衔接配合，通过部门合作、联席会议、协调机制等，引导多方力量积极参与，发挥合力优势，提升督促监护工作质效。

四、适用范围

涉案未成年人的父母或其他监护人存在下列侵害未成年人合法权益、不依法履行监护职责或者履职不当、不力情形的，检察机关可以决定开展家庭教育指导：（1）不依法履行监护职责导致未成年人违法犯罪或者受到刑事侵害的；

（2）对未成年人实施不良行为、严重不良行为以及违法犯罪行为没有及时预防、管教和制止的；（3）其他未依法履行抚养、教育、保护职责，严重影响未成年人健康成长或者合法权益保障等的。

【案例】 检察机关对涉罪未成年人家长开展家庭教育指导

2018年4月，公安机关以李某涉嫌故意杀人罪（未遂）移送检察院审查逮捕。案发前一段时间，李某父亲经常对李某实施棍棒教育。李某因此对父亲极度怨恨，后冲动向父亲还手。鉴于本案特殊的案发原因和被害关系，检察机关在办案过程中融入"心理疏导+家庭教育指导"。一是由专业心理咨询师对李某进行心理测评及心理疏导。李某对自己"弑父"的行为深表悔恨。针对李某存在中度抑郁、自尊心强、控制力弱等心理问题，及时进行疏导，并安排其母亲在看守所亲情会见，缓解其精神压力。二是对被害人李某父亲开展家庭教育指导。通过教育，李父认识到"当众教育孩子"是本次案发的直接导火索，父爱的长期缺位和棍棒教育是导致父子关系僵化的重要原因，其愿意谅解李某的行为。三是"不批捕+附条件不起诉"帮助李某回归社会。李某学习成绩优异，为不影响其读书学习，检察机关对其不批准逮捕后又作出附条件不起诉决定。为了增进父子之间的理解沟通，检察官与李某父亲及李某签订帮教"三方协议"，制定帮教任务卡，由检察官定期对李某进行感恩教育，要求其定期通过适当方式向父母沟通思想；责令李某父亲继续定期前往专门机构接受家庭教育指导；二人互相交流心得并接受检察官监督。最终，父子二人关系日趋融洽，家庭和睦，李某也考上了理想的大学。

五、具体措施

《未成年人保护法》和《预防未成年人犯罪法》均规定了未成年人的父母或者其他监护人不依法履行监护职责的，公安机关、人民检察院、人民法院应当予以训诫，并可以责令其接受家庭教育指导。也就是说，法律规定的监护人法律责任只有接受训诫和接受家庭教育指导两种。

根据前期的实践探索，检察机关开展家庭教育指导的措施还包括责令具结悔过、责令严加管教等。其中，在教育措施的适用上可以根据监护行为性质的轻重，单独适用一项措施，也可视情况同时采取多项措施。

（一）训诫

未成年人父母或其他监护人存在侵害被监护未成年人合法权益、不依法履行监护职责或履职不当、不力的，检察机关可以单独或者会同公安机关对未成年人的父母或其他监护人进行训诫,要求其立即停止侵害行为,并依法履行监护责任。

进行训诫的,应当同时向未成年人的父母或其他监护人送达书面训诫书。检察机关的承办人在送达训诫书时或者在司法宣告环节同时可以考虑对监护人进行口头训诫,一方面可以保障其确实收到训诫书,另一方面也可观察罪错未成年人的监护状况,为进一步作出司法决定提供依据。

(二)责令具结悔过

未成年人的父母或其他监护人侵害未成年人合法权益,检察机关可以要求其以书面的方式对自己的行为进行反省,保证不再侵害未成年人合法权益。

责令具结悔过的,可以要求未成年人的父母或其他监护人出具书面保证,可以要求其当场宣读。

(三)责令严加管教

未成年人父母或者其他监护人放任未成年人实施不良行为、严重不良行为、违法犯罪行为的,检察机关可以责令其对未成年人严加管教,并配合办案机关对未成年人进行教育矫治。

责令严加管教的,检察机关可以向未成年人的父母或其他监护人送达书面责令严加管教书,写明严加管教的具体内容和要求。

(四)责令接受家庭教育指导

未成年人的父母或者其他监护人不依法履行监护职责或履职不当、不力的,检察机关可以责令其在一定时间内接受专业机构或者人员的家庭教育指导。

责令接受家庭教育指导的,检察机关应当会同专业机构或人员制定针对性的教育指导计划,引入精准、灵活的教育模式,如运用心理量表、专家咨询、团体培训、专家讲座等多种方式进一步丰富教育手段。此外,除了线下开设课程、组织活动外,还可以通过网络课程、远程团辅等方式开展教育。

【案例】检察机关委托社工对未成年人家庭开展教育指导

某社工组织接受某区检察院委托后的三个月,通过面谈、电话联系等方式,与未成年人小毅、小毅的父亲周某及小毅的奶奶进行沟通交流,帮助改善离异家庭及重组家庭中的亲子关系,改进隔代教养中的教育问题,并进行家庭教育指导。

此外,社工组织还采取各种方式积极帮助周某重建家庭关系,周某经指导能主动进行家庭沟通模式的改变,改变了认知,能更好地处理与小毅、小毅妈妈及小毅奶奶之间的关系和沟通状况,特别是在处理情绪等方面更有耐心。周某意识到在孩子面前攻击妈妈是对孩子的伤害，也不再反对小毅和妈妈联系；此外，他还意识到暴力教育的危害，愿意从自己做起，杜绝家庭成员之间暴力肢体冲突。周某还主动带小毅参加公司组织的亲子活动。小毅改变较大，能合理表达自己情绪和诉求，与爸爸及奶奶的沟通较好，学习成绩也有了较大进步。

【案例】 检察机关通过家庭教育指导帮助改善亲子关系

2017年3月，某检察院受理了一起未成年人涉嫌故意伤害案。17岁的小韩因为自己喜欢的女同学结识了其他男生，一气之下纠集几个同学将这名男生打成了轻伤二级。

社会调查结果显示，小韩性格内向温和，在校表现良好，从来没有违反过校纪校规，老师也很纳闷小韩这次为什么会如此冲动。而在妈妈眼中，小韩却是一个不折不扣的"熊孩子"，性情乖戾，不服管教。提审时，当检察官问及小韩与父母的关系时，小韩突然变得沉默起来，甚至刻意回避谈论。经过耐心开导，小韩终于坦言，妈妈脾气急躁，难以沟通，平时对他格外严厉，经常无理责骂，案发前他与妈妈又因为小事大吵了一架，二人冷战至今，小韩因为心怀怨气无处发泄，一时冲动殴打了同学。

听完小韩的叙述，检察官意识到小韩与父母之间的沟通存在很大问题，父母与孩子虽然生活在同一屋檐下，但是彼此却是心灵上的陌生人。在检察官的安排下，小韩和父母成为家庭教育指导与行为矫治培训班的学员。普法教育课上，检察官对学员进行法律宣讲，教大家尊重法律、敬畏法律；心理健康课上，专业的心理老师采用一对一的形式对孩子进行心理测评和辅导，引导孩子说出心里话，及时打开心结；家庭教育指导课上，家长与心理专家频繁互动，氛围热烈，对于家长的问题和困惑，老师都给予了针对性的建议。针对小韩家庭的情况，还安排一对一课程，指出亲子关系的症结并提出改进建议。在一堂亲子互动课程上，老师让每个孩子用最亲密的方式和父母打招呼，有人拥抱，有人亲吻脸颊，有人告诉父母"我爱你"……小韩愣了一下，不知该怎样表达，下一秒，他将妈妈抱了起来，妈妈瞬间泪流满面，小韩自己也被深深触动。经过几天的学习，小韩和妈妈都认识到了问题，并且愿意去沟通、交流、改正，家庭教育指导与行为矫治取得良好效果。

【随堂问题】 检察机关如何保障家庭教育指导的强制性？

在司法实践中发现，未成年人的家长对司法机关举行的训诫、帮教以及司法宣告仪式的参与度普遍不高，其参与热情和自我关联度都有待加强。究其根本,这与监护人一般认为其参与司法机关举办的活动更多是源于孩子犯的错而非自身,监护人参与只是补位有关。因此,司法机关通过一定的强制性措施,如训诫、责令严加管教等确保其接受教育指导。目前,各地检察机关都已对家庭教育指导的制度运行模式进行了探索。例如,河南登封市院的做法是让家长自愿报名,在诉讼环节内保障强制性,要求家长保证一定时间的脱产和孩子同吃同住,共同学习和分享。① 四川省成都市院在各区县院先行试点基础上形成了完备的亲职教育制度探索:一是首次通知不来的家长,公安机关给予训诫;二是多次通知不到场的,公安依据《未成年人保护法》和《治安管理处罚法》给予警告或5日以下拘留;三是后果严重或涉嫌犯罪的,公安启动立案程序,检察院进行立案监督。② 福州市检察院出台《"督促监护令"实施办法》,对监护人不依法履行监护职责,拒不履行或怠于履行"督促监护令"义务,放任未成年人有严重不良行为,或侵害未成年人合法权益的,由监护人所在单位或居委会、村委会或派出所依法予以劝诫、制止;构成违反治安管理行为的,由公安机关依法给予行政处罚,造成严重后果构成犯罪的,依法追究刑事责任。③ 上述措施的根本目的不在于惩戒家长,而是通过制度约束家长,使其认识到家庭教育指导的严肃性,提升其参与度和教育指导效果。

家庭教育指导的适用范围及措施

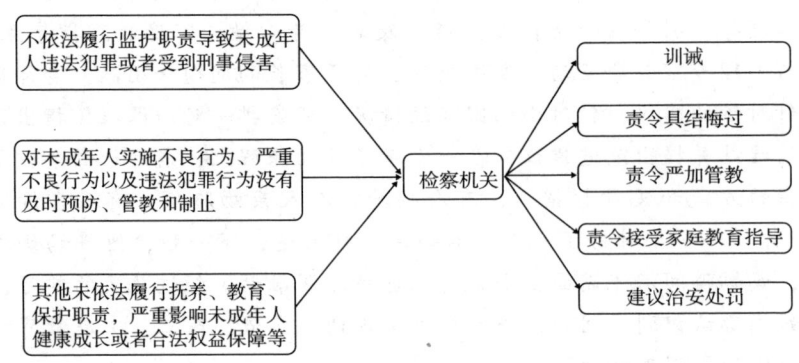

---

① 王颖颖:《论在涉罪未成年人帮教中开展强制亲职教育——以河南省登封市人民检察院的实践为例》,载《中国检察官》2018年第7期。
② http://www.cdjcy.gov.cn/sjy/61498.jhtml,2020年5月4日访问。
③ 参见《福州市人民检察院"督促监护令"实施办法(试行)》。

六、工作流程

（一）调查评估

办理未成年人案件，可以通过讯问、询问涉案未成年人及其父母或其他监护人、查阅案件材料、社会调查、心理测评、量表评估等方式，对涉案未成年人的生活环境、家庭教育、监护人履职情况、教养方式进行调查评估，并制作调查评估报告，为开展亲职教育工作提供依据。

调查评估既可以自行开展，必要的时候也可以委托社会组织等开展，调查的内容主要包括：（1）未成年人个人基本信息、违法犯罪或受犯罪侵害的情况和原因、不良行为史及成长经历；（2）涉法未成年人家庭基本信息、背景、父母婚姻状况、夫妻及亲子关系、父母工作、性格及家教情况；（3）未成年人家庭监护人是否存在监护不力、放弃监护或监护失误并导致未成年人出现需要接受亲职教育的情形；[①]（4）其他可能影响监护履职情况的情形。

（二）审查决定

检察机关决定对未成年人的父母或其他监护人进行家庭教育指导的，应当制作《家庭教育指导审查意见》《督促监护令》等。《家庭教育指导审查意见》着重论述分析未成年人罪错行为或者遭受侵害的情况，监护人履职情况，是否对监护人采取家庭教育指导措施以及采取的具体措施、时间等；《督促监护令》内容包括监护人在监管教育方面存在的失职行为，涉案未成年人因监护问题所导致的不良表现，制发"督促监护令"的法律依据，督促监护人履行监护职责的具体内容，监护人不履行本"督促监护令"应当承担的法律后果[②]等。

《督促监护令》可以书面送达，但一般应当向未成年人的父母或其他监护人宣布，并阐明家庭教育指导的理由和依据。宣布家庭教育指导决定及开展训诫、责令严加管教、责令接受家庭教育指导等工作的，应当在司法宣告室、未检工作室等司法办案场所进行，并制作宣布笔录、工作记录等附卷。责令严加管教、责令接受家庭教育指导的，还可以通知监护人住所地派出所、居委会、村委会以及参与相关工作的社工、专业机构工作人员等到场。

（三）督促落实

开展家庭教育指导期间，检察机关应当定期与未成年人及其父母或其他监

---

① 参见《淮安市关于联合开展强制亲职教育工作的实施意见》。
② 参见《福州市人民检察院"督促监护令"实施办法（试行）》。

护人、参与家庭教育指导的社工、专业机构工作人员等进行沟通，了解教育指导进展情况，必要时直接参与相关教育活动，对父母或其他监护人履行监护职责的意愿、能力以及亲子关系改进情况等进行动态评估，适时调整亲职教育措施和实施方案。

（四）跟踪回访

家庭教育指导结束后一定期限内，检察机关可以对未成年人及其父母或其他监护人进行回访，了解未成年人监护抚养状况有无改善，亲子关系是否得以修复，巩固教育效果，并做好相关记录。

七、配套制度

（一）权利保障

检察机关开展家庭教育指导，应当充分听取未成年人及其父母或其他监护人的意见，保障未成年人及其父母或其他监护人的合法权利。

开展教育指导过程中，应当注重保护未成年人及其父母或其他监护人的隐私，避免影响其正常的工作、学习和生活。

（二）社会支持

对于需要借助专业力量开展的家庭教育指导的，检察机关可以通过未成年人检察（司法）社会服务中心，将需求转介至相关专业社会组织予以落实；也可以采用政府购买服务的形式，与妇联、共青团、社会组织等建立协作机制，开展个案辅导及团体活动。

（三）配合衔接

检察机关应当加强与公安机关、人民法院、民政部门、共青团、妇联、村（居）委员会等单位和组织的沟通协作，建立健全相关工作的信息互通和配合衔接机制，形成司法保护与家庭保护、社会保护等的有效衔接。

（四）法律监督

未成年人的父母或其他监护人不履行监护职责、侵害被监护的未成年人合法权益，经教育不改或者拒绝执行检察机关教育指导措施，造成严重后果的，检察机关可以依法告知、督促未成年人的临时照料人或相关单位、组织等向人民法院申请撤销监护资格。未成年人及其临时照料人或相关单位、组织向人民法院申请撤销监护资格的，检察机关可以支持起诉，为未成年人提供法律帮助。

未成年人的父母或其他监护人不履行监护职责、严重侵害被监护的未成年人合法权益，构成违反治安管理行为的，由公安机关依法给予行政处罚，造成严重后果构成犯罪的，依法追究刑事责任。

【案例】 检察机关提出量刑建议禁止监护侵害被告人逃避家庭教育指导

安某与丈夫离婚后，女儿小奕由安某抚养。2014年9月，安某将小奕遗弃在某法院后逃匿。法院工作人员联系小奕生父，发现其因身体、经济和家庭等原因，不具备必要的抚养能力。后经多方联系协调，安某接回女儿继续抚养。2016年4月，安某再次将小奕遗弃在该法院门外，再未出现。

2019年8月，某检察院经全面审查证据，询问证人，走访法院、民政等单位核实情况，查明安某在第一次遗弃女儿被劝阻后，再次将年幼、无独立生活能力的女儿遗弃，致使其滞留福利机构时间长达三年多，情节恶劣，依法应当以遗弃罪追究其刑事责任，遂向法院提起公诉。

法庭审理期间，被告人安某悔罪表现明显，亲属作出书面保证并为其提供了固定住所，社区也组建了帮教小组。未成年被害人小奕表达了对母亲的谅解和希望与其共同生活的意愿。检察机关结合案件情况和未成年被害人意愿，向法院制发适用缓刑的量刑建议书。考虑到未成年被害人虽然与安某存在一定的亲情基础，但安某反复遗弃被害人，再犯可能明显，应予从严惩处，并采取必要的预防措施，故建议法院对其判处有期徒刑缓刑并附加禁止令，在缓刑考验期内禁止其逃避家庭教育指导，巩固其履行监护职责的意愿和能力。2020年4月，法院采纳量刑建议，以遗弃罪判处被告人安某有期徒刑3年，缓刑5年；在缓刑考验期间，禁止其逃避家庭教育指导。安某未提出上诉。

判决生效后，检察机关立足刑事执行检察职能，派员出席安某的社区矫正入矫宣告仪式，依法对社区矫正执法活动进行监督，督促各项社区矫正措施落实到位。会同司法局等单位上门走访，加强对安某的法治教育，考察矫正效果。同时，积极配合妇联等单位，以政府购买服务的方式，聘任具有心理咨询资质和家庭教育指导经验的家庭辅导师为安某提供一对一的专业心理辅导，并向安某提供包括法律知识、职业技能、亲子交流、心理咨询等课程在内的"菜单式培训"，帮助其更好地承担起监护职责。该检察院还推动成立由社工为主体的帮扶小组，通过课业辅导、结对关爱、经济救助等方式，对小奕开展爱心帮扶，满足其情感和归属需求，促进其健康成长。

八、常用文书参考

（一）《督促监护令》

××××人民检察院
督促监护令

××检督促〔20××〕××号

_____（涉案未成年人父母或其他监护人）：

经本院审查查明，你存在（简述侵害未成年人合法权益或不依法履行监护职责、怠于履职、履职不力的具体行为）行为，导致被监护人产生（简述涉案未成年人因监护不当所导致的不良表现）问题。根据《中华人民共和国未成年人保护法》《中华人民共和国预防未成年人犯罪法》的相关规定，本院要求你履行以下监护职责：

1.
2.
3.

如不履行监护职责、严重侵害被监护未成年人合法权益，构成违反治安管理行为的，由公安机关依法给予行政处罚，造成严重后果构成犯罪的，依法追究刑事责任。

××年×月×日
（院印）

第一联　附卷/第二联　送达涉案未成年人父母或其他监护人

(二)《训诫书》

训 诫 书

(被训诫人):

本院依据《中华人民共和国未成年人保护法》《中华人民共和国预防未成年人犯罪法》的相关规定,依法对你进行训诫:

……(训诫教育内容应包括以下几点):

1. 涉案未成年人父母或其他监护人侵害被监护的未成年人合法权益、不依法履行监护职责或者履职不当、不力行为的违法性和危害性;

2. 对涉案未成年人父母或其他监护人进行训诫,要求其依法履行监护职责。

检察员:×××

××年×月×日

(三) 责令严加管教书

××××人民检察院
责令严加管教书

(罪错未成年人父母或其他监护人):

经本院审查,×××(罪错未成年人)实施了……(简要描述罪错行为)行为,违反了……(具体叙写刑法、治安管理处罚法、预防未成年人犯罪法等相关法条)的规定。对于×××(罪错未成年人)的行为,你作为家长/监护人具有不可推卸的责任,我院责令你依法履行监护责任,对×××(罪错未成年人)严加管教:

1.
2.
3.
……

(列明具体措施和要求)

××年×月×日
(院印)

(四)《家庭教育指导委托函》

××××人民检察院
家庭教育指导委托函
(副　本)

××检教委〔20××〕××号

(接受委托的组织、机构):
　　本院于＿＿＿年＿月＿日决定对＿＿＿＿＿＿家庭教育指导,并责令其接受家庭教育指导,期限＿个月,从＿＿＿年＿月＿日至＿＿＿年＿月＿日,商请贵单位在收到本函后协助落实家庭教育指导。期满后,请填写《家庭教育指导情况报告》函复本院。

××年×月×日
(院印)

第一联　附卷

××××人民检察院
家庭教育指导委托函

××检教委〔20××〕××号

（接受委托的组织、机构）：

　　本院于___年__月__日决定对_____家庭教育指导，并责令其接受家庭教育指导，期限__个月，从___年__月__日至___年__月__日，商请贵单位在收到本函后协助落实家庭教育指导。期满后，请填写《家庭教育指导情况报告》函复本院。

××年×月×日
（院印）

附：
1.《未成年人基本情况》；
2.《督促监护令》；
3.《家庭教育指导情况报告》（样式）。

第二联　送达被委托的组织、机构

(五)《家庭教育指导协议》

家庭教育指导协议

甲方（检察机关未检部门）：
乙方（参与家庭教育指导的社团、组织）：
丙方（涉案未成年人父母或其他监护人）：

为了进一步贯彻《中华人民共和国未成年人保护法》《中华人民共和国预防未成年人犯罪法》，督促未成年人父母或其他监护人依法履行监护职责，优化未成年人家庭成长环境，切实预防和减少未成年人犯罪及遭受侵害，共同签订如下家庭教育指导协议：

1. 甲方应当主动向乙方提供办案期间掌握的丙方家庭情况的材料，为乙方开展家庭教育指导工作提供便利条件；会同乙方研究制定教育计划，并视情参与相关活动；定期与乙方、丙方及其监护人沟通，了解工作开展情况及丙方家庭关系改善情况；发现丙方不按规定接受家庭教育指导、侵害未成年人合法权益或者实施其他违法犯罪行为的，及时进行训诫和处理。

2. 乙方应当根据甲方的委托，积极为丙方提供学习家庭教育知识的条件，并安排丙方参与心理疏导、亲子活动等各类家庭教育指导活动；发现丙方不参加活动、侵害未成年人合法权益或实施其他违法犯罪行为的，应当及时制止和劝诫，并立即向甲方报告；定期与丙方及其监护人进行沟通，记录丙方参加家庭教育指导活动的情况，制作《家庭教育指导情况报告》函复甲方。

3. 丙方在家庭教育指导期间应当遵守的一般规定：

（一）按照甲方、乙方的要求，准时参加相关活动，认真学习家庭教育知识；

（二）依法履行监护职责和抚养义务，不得实施家庭暴力、虐待、遗弃、故意伤害等侵害未成年人合法权益的行为；

（三）加强对未成年人的监管教育，不得让未成年人单独居住，不得放任未成年人实施不良行为、严重不良行为或违法犯罪行为。发现未成年人有相关行为的，应当及时报告司法机关，并配合开展教育矫治工作。

（四）尊重未成年人，主动加强与未成年人的沟通，营造良好、和睦的家庭环境；

（五）培养良好的行为习惯，不得实施违反社会公德、违反法律规定的行为，为未成年人树立行为榜样。

4. 丙方在家庭教育指导期间应当遵守的其他规定：

（根据教育对象的具体情况，制定个性化的教育要求，内容应当具体，且有操作性。）

5. 家庭教育指导期限__个月（自____年__月__日起至____年__月__日止）。丙方在此期间遵守本协议的，期满时家庭教育指导自动结束，否则将视情况延长家庭教育指导期限或作出相应的司法处理。

6. 本协议一式三份，甲、乙、丙三方各持一份。

　　甲方：（印章）　　　　乙方：（印章）　　　丙方：（签名）
　　联系人：（签名）　　　联系人：（签名）
　　联系方式：　　　　　　联系方式：　　　　　联系方式：
　　××年×月×日　　　　××年×月×日　　　××年×月×日

（六）《家庭教育指导情况报告》

家庭教育指导情况报告

监护人姓名		性　别		出生日期	
住　址		公民身份号码		联系方式	
与涉案未成年人关系		家庭教育指导起止时间		家庭教育指导单位	
家庭教育指导事由					
家庭教育指导情况					
家庭教育指导意见				××年×月×日（部门印章）	
备注					

第二十讲 心理干预

实践中，很多涉案未成年人及其家属等都存在一定的心理问题，对这些群体及时开展心理干预极为必要。本讲所说的心理干预仅包括对涉案人员开展的心理测试、心理疏导和心理矫治及心理危机干预等活动，在阐述心理干预适用范围、适用原则、工作流程的同时，对干预方式进行具体梳理。

一、概述

（一）概念

心理干预（psychological interwention）是指在心理学理论指导下有计划、按步骤地对一定对象的心理活动、个性特征或者心理问题施加影响，使之发生朝向预期目标变化的过程。心理干预的内容方式包括健康促进、预防性干预、心理咨询、心理治疗等。[①]

对未成年人的心理干预是在被干预对象及其法定代理人许可下，由司法机关自行或委托专业人员，针对涉案未成年人或者其监护人的相关心理问题，开展的一系列干预措施，旨在帮助他们建立良好的行为、思想和生活方式。本讲阐述的心理干预措施主要包括心理测试、心理疏导、心理矫治（心理矫正）、心理危机干预等活动。面向的对象主要为未成年犯罪嫌疑人、严重不良行为未成年人、未成年被害人及未成年证人等。此外，接受亲职教育的未成年人的监护人、未成年被害人家属等也可以参照适用。

心理测试是指以观察、访谈和填写问卷或量表等形式对未成年人的心理状况进行评估，以分析其性格特征、受害程度、犯罪动因等，为后续的心理干预工作提供依据。心理疏导则主要面向司法办案中可能因犯罪行为遭受心理创伤的未成年人，帮助他们正确认识自己，接纳自己，进而欣赏自己，并克服成长

---

① 引自 https：//baike. baidu. com/item/心理干预/3937014？fr＝aladdin，2020 年 10 月 18 日访问。

中的障碍。① 心理矫正是指对未成年罪犯在教育改造期间，通过一系列有效措施，破坏以致消除曾经支配其发生犯罪行为而又继续保留在头脑中的犯罪意识及其不良心理。简单说，就是对罪犯罪过心理和不良行为的改造和矫治。② 心理危机干预是指对于出现紧张、焦虑、恐惧或植物神经症状和行为障碍，甚至出现自杀、自残倾向或者相关行为表现的未成年人给予及时的心理援助，帮助其尽快摆脱困境。

对涉罪未成年人开展心理测试、心理疏导和心理矫治等心理干预措施是基于未成年人的身心发展尚未成熟，可塑性极强，易冲动犯罪，且未成年人犯罪多是受不良的社会环境影响等原因，故需要对他们进行人格甄别，判断其人身危险性和社会危害性，预测其再犯可能性，从而为司法人员判断是否对未成年人适用羁押措施或对其适用何种处分措施提供重要参考。而对未成年被害人及其家属等群体开展心理测试、心理疏导，其目的在于通过及时的心理干预，使这类群体摆脱因违法犯罪侵害行为带来的不良影响，避免留下心理阴影或造成心理创伤，尽快恢复正常生活和人际交往。对未成年人等开展心理危机干预是通过心理急救、行为调整和认知调整等干预技术，防止其出现自杀、自残或者攻击他人等过激行为，通过促进其交流、沟通，帮助其重建心理健康。

（二）上海探索

上海检察机关未检部门早在1993年就开始与上海市青少年心理行为门诊部合作，在审查起诉阶段对涉罪未成年人开展心理测评。1999年，上海市人民检察院侦查监督处与上海市爱心工程基金会青少年心理行为门诊部签订心理测评协议，测评内容包括未成年犯罪嫌疑人的心理成熟度、犯罪心理动因、重新犯罪可能及悔过程度等。同年，上海市检察院制定的《未成年人刑事检察工作规定》中单列了心理测试的有关内容，规定对于明显有心理偏差迹象的未成年犯罪嫌疑人，应进行心理测试。《上海市检察机关在办理未成年人刑事案件中开展心理测试工作的暂行规定》中明确了应当开展心理测试的情形，从此，对涉罪未成年人进行心理测试成为上海检察机关未检部门办理未成年人案件的必经程序。当时所使用的测试工具主要是MMPI，采取的形式是未检检察官采用纸笔形式对涉罪未成年人进行测试，但由于检察官没有掌握对心理测试进行计分与解释的技能，就委托青少年心理行为门诊部的医生进行分析，其

---

① 赵晓风：《论未成年人违法犯罪心理干预机制建构》，载《预防青少年犯罪研究》2015年第1期。

② 郭翔：《犯罪学辞典》，人民出版社1989年版。

过程是，先把做完的测试邮寄给医生，医生分析完之后再寄回给检察院。①

2009年，上海市长宁区检察院为简化专门测评问卷，开始使用卡特尔16种人格因素测验（16PF）作为心理测评工具。2013年2月，上海市检察院联合北京师范大学刑事法律科学研究院、四川省资阳市强制隔离戒毒所共同研发"涉罪未成年人心理测评与风险控制系统"，该系统也是我国第一套针对涉罪未成年人的专门测评工具，由涉罪未成年人心理测评问卷系统、涉罪未成年人风险评估系统、人员信息管理系统和统计分析系统组成。2014年12月，系统软件开发完成，首先在上海市检察机关未检部门进行试用。2015年3月，上海市检察院召开专家论证会进行了总结，将测试软件系统向全国进行推广。2017年2月起，上海市检察院、北京师范大学刑事法律科学研究院又与中国公安大学李玫瑾教授负责的团队合作，进一步完善相关量表，并在全国130余个省区市检察机关进行试测。

（三）常用法律政策依据

1.《预防未成年人犯罪法》

第12条　预防未成年人犯罪，应当结合未成年人不同年龄的生理、心理特点，加强青春期教育、心理关爱、心理矫治和预防犯罪对策的研究。

2.《刑诉规则》

第476条　人民检察院可以要求被附条件不起诉的未成年犯罪嫌疑人接受下列矫治和教育：

（一）完成戒瘾治疗、心理辅导或者其他适当的处遇措施；

（二）向社区或者公益团体提供公益劳动；

（三）不得进入特定场所，与特定的人员会见或者通信，从事特定的活动；

（四）向被害人赔偿损失、赔礼道歉等；

（五）接受相关教育；

（六）遵守其他保护被害人安全以及预防再犯的禁止性规定。

3.《未成年人刑事检察工作指引（试行）》

第58条　人民检察院根据需要可以对涉罪未成年人（包括未达法定刑事责任年龄而不负刑事责任的未成年人）、未成年被害人、未成年证人（特别是目睹暴力者）进行心理疏导。必要时，经未成年人及其法定代理人同意，可以对未成年人进行心理测评。心理测评应当由具有心理咨询师资质的检察人员

---

① 滕洪昌、李月华：《对我国涉罪未成年人心理测评实践的反思》，载《青少年犯罪问题》2019年第2期。

或者委托具有执业资质的心理咨询师进行。

对于遭受性侵害的未成年被害人，人民检察院尤其应当做好心理安抚、疏导工作。

第 59 条　对于在工作中发现未成年人有自杀、自残倾向或者相关行为表现的，人民检察院应当及时指派或者委托具有专业知识的人员进行心理危机干预。

第 60 条　开展心理测评前，应当告知被测评人员测评的原则、目的，消除其紧张情绪。

心理测评后，应当及时出具心理测评报告，由测评人员签字，为进一步开展心理干预、心理疏导、心理矫正工作提供依据，并可以根据需要以合适的方式向涉案未成年人及其法定代理人反馈和解释。

对涉案未成年人进行心理疏导时应当记录工作情况，并可以根据情况开展后续跟踪心理矫正工作。

对依法提起公诉的案件，可以将办案过程中形成的心理测评报告、心理疏导、矫正记录等材料移送人民法院，保证工作的连续性。

第 62 条　人民检察院在提前介入侦查活动、审查逮捕时发现未成年犯罪嫌疑人需要进行心理测评、心理疏导的，应当及时通知侦查机关，建议开展心理测评、心理疏导工作；有条件的地区也可以自行开展心理测评、心理疏导工作。发现未成年被害人存在严重心理障碍的，应当及时进行心理疏导。

4.《监狱教育改造工作规定》

第 43 条　监狱应当开展对罪犯的心理矫治工作。心理矫治工作包括：心理健康教育，心理测验，心理咨询和心理疾病治疗。

第 44 条　监狱应当建立心理矫治室，配置必要的设备，由专业人员对罪犯进行心理矫治。

第 45 条　监狱应当对罪犯进行心理健康教育，宣传心理健康知识，使罪犯对心理问题学会自我调节、自我矫治。

第 46 条　监狱应当在罪犯入监教育、服刑改造中期、出监教育期间对罪犯进行心理测验，建立心理档案，为开展有针对性的思想教育和心理矫治提供参考，对重新犯罪的倾向进行预测。

第 47 条　监狱应当配备专门人员，对罪犯提供心理咨询服务，解答罪犯提出的心理问题。

第 48 条　监狱对有心理疾病的罪犯，应当实施治疗；对病情严重的，应当组织有关专业人员会诊，进行专门治疗。

第 49 条　监狱从事心理测验、心理咨询工作的人员应当具备以下条件：

（一）取得心理咨询员、心理咨询师、高级心理咨询师等国家职业资格证书；

（二）具有强烈的事业心和高度的责任感；

（三）具有良好的品行和职业道德。监狱可以聘请社会专业人员参与对罪犯的心理矫治工作。

二、适用范围

（一）干预对象

心理干预的对象主要包括：（1）未成年罪犯；（2）未成年犯罪嫌疑人；（3）被采取各种保护处分措施的未成年人；（4）未成年被害人；（5）未成年证人（特别是目睹侵害行为者）；（6）涉案未成年人家属等其他人员。

【案例】检察机关委托专业机构对未成年证人开展心理疏导

2019年12月，某地发生了一起因家庭琐事引发的妻子持刀捅刺丈夫致死案，本案唯一的目击证人是两人年仅五岁的儿子瑞瑞。案发后，瑞瑞被接去与姑姑等一起生活，据姑姑反映瑞瑞经常出现做噩梦、莫名嚎啕大哭、突然浑身发抖等情况，负责案件办理的未检检察官初步判断瑞瑞可能患上了创伤后应激障碍。为更好地了解瑞瑞的现状，检察官专程去看望瑞瑞，通过与瑞瑞及其家人面对面的交流，得知瑞瑞及姑姑家庭所遭遇的困难。检察官一方面联系专业的心理咨询机构为瑞瑞开展心理疏导，同时还联系本院的控申部门、当地妇联等，为瑞瑞分别落实了司法救助金和困境儿童补助金，使瑞瑞以后的生活得到基本保障。经过16次的心理疏导，心理咨询师反馈瑞瑞的情绪已趋于稳定，正逐渐走出案件带来的心理阴影。瑞瑞的姑姑特意寄来感谢信，表达其家庭对检察官的感激之情。

【随堂问题】心理干预对象范围是否有必要拓宽至未成年被害人家属？

2008年汶川地震时国家领导人多次指示要做好"心理安抚"工作，至此心理疏导的作用逐渐被广为接受和熟知。① 当时接受心理疏导的不仅有地震幸存者，还包括一些幸存者家属，这两类人群对心理疏导措施的渴求毋庸置疑。在当前的司法实践中，为避免被害人家属因犯罪行为导致心理创伤，检察机关已在监护侵害未成年人、性侵害未成年人等一

---

① 滕洪昌、李月华：《对我国涉罪未成年人心理测评实践的反思》，载《青少年犯罪问题》2019年第2期。

些特殊案件中对被害人家属适用心理干预措施的先例，相关探索也取得了不错的效果。因此，有必要在心理干预机制的探索中增加并细化针对被害人家属进行心理干预的规定，并明确适用范围及条件等。

（二）干预主体

心理干预的干预主体主要分两类：（1）具有心理咨询师资质的检察人员；（2）具有执业资质的心理咨询师、心理医生等专业人员。

【随堂问题】 如何选择合适主体对未成年人进行心理干预？

根据《未成年人刑事检察工作指引（试行）》的规定，各级人民检察院应当鼓励未检工作人员积极参加心理学专业知识培训以及考取心理咨询师专业资格，并按规定解决相关费用。对于心理干预主体问题应当区分具体情况，例如在一些心理学专业从业人员有缺口、社会支持体系建设尚不健全的地区，鼓励检察干警学习心理学相关知识，并开展有限的符合其能力范围的心理干预活动，以解决燃眉之急。但应当注意，从心理咨询师伦理角度看，要求心理咨询师与咨询对象之间不应存在其他关系，所以即便是开展心理干预活动也尽量由非本案承办检察官承担为宜。

从长远的角度出发，未检干部学习心理学知识应当作为社会支持体系中相关社会力量提供服务的补充，司法实践中仍应以由具备执业资质的心理咨询师、心理医生等专业人员为主开展心理干预活动，主要基于以下几个原因：一是尽量避免出现"全能司法官"，让专业的人做专业的事的实践要求，检察官应将精力更多投入案件办理中；二是心理学知识确有专业槽，专门从事心理研究的人员也难以专精，检察官开展心理干预活动如果不够专业，也难以取得预期效果；三是随着未成年人司法转介制度的逐渐成熟和未成年人社会支持体系的日臻完善，许多发达地区通过政府购买服务的方式由专门的心理学从业人员参与对未成年人的心理干预活动，在少年司法逐步演进过程中，未来以专业人员为主开展心理干预活动是大势所趋。因此，各地需要根据实际情况选择合适主体开展未成年人心理干预，积极为专门的社会力量介入提供平台和资金支持。

三、适用原则

(一) 自愿原则

根据《人民检察院办理未成年人刑事案件的规定》第 12 条规定，经未成年犯罪嫌疑人及其法定代理人同意，可以对未成年犯罪嫌疑人进行心理测评。因此，检察机关在办案中如果认为有必要对未成年人进行心理测评时，必须事先征得未成年人及其法定代理人同意。

(二) 必要原则

并非所有案件中的未成年人或其家属等都需要适用心理疏导或心理矫正等措施。如果未成年人经心理测评确无疏导必要的，也可考虑不做；如果未成年人的心理健康已经出现较为严重的问题或者出现精神障碍类问题，应由专业人员介入或送专门医院进行干预治疗。

(三) 及时原则

依据《未成年人刑事检察工作指引（试行）》的相关规定，人民检察院在提前介入侦查活动、审查逮捕时发现未成年犯罪嫌疑人需要进行心理测评、心理疏导的，应当及时通知侦查机关，建议开展心理测评、心理疏导工作；发现未成年被害人存在严重心理障碍的，应当及时进行心理疏导；发现未成年人有自杀、自残倾向或者相关行为表现的，应当及时指派或者委托具有专业知识的人员进行心理危机干预。

(四) 平等原则

未成年人的心理相较于成年人更加脆弱、敏感，特别是那些已经犯罪或者涉嫌犯罪的未成年人对于"罪犯"的身份更是充满抗拒心理，要纠正未成年人认知上存在的偏差，矫正其不良行为习惯，完善其人格结构，工作人员在对涉案未成年人进行心理干预的过程中，要特别注意言语、态度，应与未成年人建立平等和谐、相互信赖的关系，营造宽松的氛围，使未成年人放下心理包袱，以乐观向上的心态去对待心理干预活动，提高主动性和参与度，实现事半功倍的良好效果。

(五) 保密原则

保密原则是心理咨询工作的基本原则，有观点认为检察机关或专业心理咨询师在对未成年人进行心理测评或者疏导过程中，即便知晓了案件事实经过或者即便发现了未成年人被侵害的线索也应当基于保密原则，不能将这些信息运用于办案。笔者认为上述观点有失偏颇。保密原则的确是咨询师与来访者构建相对安全、相互信任关系的基础，但是这一原则并非没有例外，根据中国心理学临床与咨询心理学工作伦理守则，保密要求的例外情形有以下几种：（1）发现来访者有伤害自身或伤害他人的严重危险时；（2）来访者有致命的传染性疾病且可能危及他人时；（3）未成年人在受到性虐待或虐待时；（4）法律规定需要披露时。

因此，在办案中应当从最有利于未成年人这一原则出发，使用在心理干预环节获得的证据。需要注意的是，如果在证据的运用中可能导致未成年人隐私泄露或者损害未成年人权益的，应当慎重考量，审慎决定。

四、工作流程

（一）权利告知

《未成年人刑事检察工作指引（试行）》要求：必要时，经未成年犯罪嫌疑人及其法定代理人同意，可以对未成年犯罪嫌疑人进行心理测评。也就是说，一般情况下开展心理测评均需经过未成年人及其法定代理人的同意，所以事先应当履行法定告知程序。尤其在开展心理测评前，检察人员应当告知被测评人员测评的原则、目的，消除其紧张情绪。

（二）心理评估

检察机关根据办案需要认为有必要对涉案未成年人等进行心理干预的，一般应先开展心理测评等心理评估活动。心理测评后，应当及时出具心理测评报告，由测评人员签字，为进一步开展心理干预、心理疏导、心理矫正工作提供依据，并可以根据需要以合适的方式向涉案未成年人及其法定代理人反馈和解释。

（三）心理干预

对未成年人的心理状况开展综合评估后认为有必要的，可以进行心理干预。其中，心理疏导针对的不仅有未成年犯罪嫌疑人，还有未成年被害人等其他涉案未成年人，他们均具有易感性和易变性的心理特征，如果得不到及时有效的心理疏导，很可能产生认知偏差、留下心理阴影，甚至发生人格改变，继而影响其情感交流、人际交往；而心理矫治因针对的是法律惩处和教育改造难以得到根本矫治的未成年罪犯或未成年犯罪嫌疑人等，必须采取一些特殊方法才能取得效果，因此，均需要有一定心理学知识和技能的人员进行。实践中，可以由具有相关资质的检察人员自行开展，必要时应聘请相关专业人员介入。需要注意的是，心理危机干预针对的主要是有自残、自杀倾向或者相关行为表现的未成年人，必须指派或者委托具有专业知识的人员进行。

（四）记录反馈

对涉案未成年人进行心理干预的情况应当及时予以记录，并形成心理档案。记录内容包括能够反映未成年人心理轨迹等的相关测评、评估、疏导及矫正的过程、内容、方法、效果等情况，在此基础上进行综合分析，并预测其未来的行为倾向。必要时，可以向其法定代理人或者监护人反馈相关情况，以配合共同做好未成年人的保护、挽救等工作。

（五）材料移送

心理测评报告、心理疏导、矫正记录等工作记录，应当连同相关表格、报告等资料单独建档，妥善保存，并严格执行保密制度。对依法提起公诉的案件，需要将相关材料移送人民法院的，可以移送。

（六）跟踪回访

检察人员应当对疏导、矫治等干预过程中出现的问题及时进行汇总梳理，并制定下阶段适合涉案未成年人心理活动规律、个性特点的干预计划。同时，应当建立一套回访机制，即在刑事诉讼流程结束后，对涉案未成年人进行定期（如3—5年后）回访调查，了解其回归社会后的精神需要和心理动态，为构筑长效的心理辅导机制提供数据、资料保障，实现良性循环的效用。①

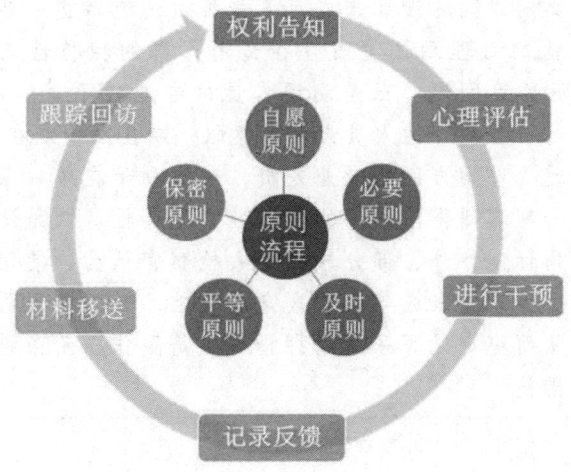

---

① 赵卿：《未成年人心理疏导和矫治制度研究》，载《青少年犯罪问题》2015年第1期。

五、干预方式

(一) 心理测评

开展心理测评的方法包含访谈法、观察法、问卷法和投射法四种。其中问卷测评方法由于便于操作且标准统一，是实践中运用最广的心理测评手段。通过让未成年人填写问卷量表的形式对其性格特征、主观认识和受害程度等进行综合判断，全面分析犯罪影响和真实心理状态，并发现可能存在的心理问题。需要注意的是，案件承办人尤其需要关注评估量表中对测评人个人的性格、认罪悔罪态度、自控能力强弱等作出的评价。心理测评应当由具有心理咨询师资质的检察人员或者委托具有执业资质的心理咨询师进行。

> **【随堂问题】** 当前开展心理测评工作面临的主要难点是什么？
> 一是不同地区在心理干预机制的适用上存在发展代差。有的地区已经探索的较为成熟，有的地区则刚刚起步，对心理测评的开展方式、程序上均有待规范，且缺乏刚性要求和监督措施。二是测评工具缺乏。目前检察机关使用的心理测评工具主要是经过修订的国外量表。而心理测评结果的准确性在很大程度上又主要依靠评估工具的科学性和有效性，国外的评估工具对我国的涉罪未成年人是否适用有待进一步研究。例如有观点认为当前的心理测评量表存在适用人群的独特性差、人格特质"消极"倾向明显等问题。三是测评人员的专业性不足。从实践来看，对未成年人进行心理测评的人员大多为兼职，或在高校或在社会组织中，司法机关也缺乏心理学方面的专业人员，这不利于在统一条件下对涉罪未成年人进行心理测评得出结论的同质性和平衡性。四是测评目的片面化。除了完成指标任务外，部分未成年人检察官认为，使用心理测评的目的主要是想了解涉罪未成年人的人身危险性，对其是否再犯进行评估时提供参考，从而决定是否采用羁押措施、是否作出附条件不起诉、是否执行缓刑等措施。①

1. 访谈法

访谈法（interview），又称晤谈法，是指通过访员和受访人面对面地交谈来了解受访人的心理和行为的心理学基本研究方法。因研究问题的性质、目

---

① 滕洪昌、李月华：《对我国涉罪未成年人心理测评实践的反思》，载《青少年犯罪问题》2019年第2期。

或对象的不同，访谈法具有不同的形式。根据访谈进程的标准化程度，可将其分为结构型访谈和非结构型访谈。①

举例而言，心理咨询师或承办人通过约谈涉罪未成年人的家长，了解罪错未成年人的成长环境、家庭教育方式，以及案发后未成年人的表现。从而通过亲子约谈，促使涉罪未成年人的家长积极参与到帮教工作中来，以提升帮教效果。②

2. 观察法

观察法是指研究者根据一定的研究目的、研究提纲或观察表，用自己的感官和辅助工具去直接观察被研究对象，从而获得资料的一种方法。③ 常用的心理评估方法就包括了行为观察法等。

3. 问卷法

问卷法是通过由一系列问题构成的调查表收集资料以测量人的行为和态度的心理学基本研究方法之一。"问卷"译自法文 questionnaire 一词，其原意是"一种为统计或调查用的问题单"。④ 例如第三代测试"涉罪未成年人心理测评与风险控制系统"中的心理测评问卷包括应对方式（Coping Style）、精神病态（Psychopathic Deviate）、行为倾向（Behavioral Tendency）、认知偏差（Cognitive Bias）、社会支持（Social Support）和实务诉讼（Practice）⑤。

4. 投射法

投射法是指向受测试者提供意义比较含糊的刺激情境，让其自由发挥，分析其反应，然后推断其人格特征。利用这个方法设计的测验称为投射测验。⑥ 常见的投射方式如沙盘、主体统觉测验等。

（二）心理疏导

依据《未成年人刑事检察工作指引（试行）》第58条之规定，人民检察院根据需要可以对涉罪未成年人（包括未达法定刑事责任年龄而不负刑事责任的未成年人）、未成年被害人、未成年证人（特别是目睹暴力者）进行心理

---

① 引自 https：//baike. baidu. com/item/访谈法/11003465? fr = aladdin，2020 年 10 月 18 日访问。

② 参见刘邦惠：《违法犯罪青少年心理矫治探析》，载《犯罪学》2018 年第 1 期。

③ 引自 https：//baike. baidu. com/item/观察法/1210099? fr = aladdin，2020 年 10 月 18 日访问。

④ 引自 https：//baike. baidu. com/item/问卷法，2020 年 10 月 18 日访问。

⑤ 参见刘邦惠：《违法犯罪青少年心理矫治探析》，载《犯罪学》2018 年第 1 期。

⑥ https：//baike. baidu. com/item/投射法，2020 年 10 月 18 日访问。

疏导。此外，还可以对其他有必要进行心理疏导的涉案人员开展相关工作，如有严重不良行为的未成年人及未成年被害人家属等。

1. 前期准备

开展心理疏导一般应当在未成年人检察工作室进行，有条件的地方，可以建立符合未成年人特点的心理治疗场所或者区域，其功能涵盖背景设计、心理测评、心理咨询、沙盘游戏、宣泄放松等，相关设施布置应以温馨、舒适、安全、保密为原则。

办案人员可以通过审查社会调查报告、案件材料，结合对相关人员的询问和讯问情况，对涉罪未成年人、被害人、证人等是否有必要开展心理疏导予以综合评估，办案人员认为确有需要的，在适用心理疏导前需要征得该名未成年人及其法定代理人同意。

有相关心理学资质的检察人员可以根据案件情况自行开展心理疏导，也可以直接委托专业人员，或者与检察（司法）社会服务中心等NGO组织对接，由其转介司法服务，联系并委托心理咨询师等专业人员，为未成年人提供心理疏导服务。

2. 心理疏导

检察人员或者专业人员根据未成年人的心理问题，通过倾听、询问、讨论等方式找出问题原因，分析问题症结，进而对其情绪困扰或者发展困惑等进行疏泄和引导，帮助未成年人进行自我调适、改变自我认知，提高其自我管理能力和对环境的适应能力，增进其身心健康。

3. 记录反馈

开展心理疏导的人员要及时记录开展心理疏导的具体情况，并根据未成年人的心理问题视情开展后续心理干预。相关情况可以反馈给未成年人的法定代理人，以便共同应对、解决未成年人的心理问题。对依法提起公诉的案件，相关心理疏导记录等材料应移送人民法院，以保证疏导工作的延续性。

【重点提示】实践中几种需要开展心理疏导的情况

在办案过程中如发现有心理问题的涉案未成年人，特别是遭受犯罪侵害的未成年被害人，检察人员尤其应当做好心理安抚、疏导工作；在工作中发现未成年人有自杀、自残倾向或者相关行为表现，检察人员在开展心理疏导的同时，应及时委托具有专业知识的人员对其进行心理危机干预；对发现因家庭成员沟通和相处方式存在明显问题，影响涉案未成年人心理健康，经涉案未成年人及其法定代理人或监护人同意，可以对涉案未成年人及其法定代理人、监护人共同开展家庭教育和相处方式的心理咨询，并联合社会帮教力量启动亲职教育和亲子沟通辅导，帮助构建和谐健康的家庭模式。①

（三）心理矫治

心理矫治的对象主要是未成年犯罪嫌疑人及未成年罪犯，也包括采取保护处分措施的未成年人等罪错未成年人。心理矫治是一种以人为本的矫正手段，通过对这些特殊人员采用心理学的理论、方法和技术，改变他们的认知、情绪和行为，完善其人格，有效帮助他们提高自我控制能力和人际交往能力，更好地认识自己和他人，从而更好地适应社会，达到预防再犯的目的。罪错未成年人心理矫治的操作体系涵盖了心理评估、心理健康教育、个体心理咨询、团体心理咨询和心理危机干预五个方面。心理矫治可通过面对面交谈、心理热线、专家讲课、小组活动等途径进行，认知行为疗法和积极的同伴文化法是违法犯罪青少年心理矫治极为有效的方法。② 我国初步引入心理矫治并结合劳动教育等对罪犯加以改造是在20世纪80年代末。③ 目前，心理矫治的提法在矫正机关已经得到共识，而且以部门规章的形式对心理矫治工作进行了规定。④ 如《监狱教育改造工作规定》第43条规定，监狱应当开展对罪犯的心理矫治工作。心理矫治工作包括：心理健康教育，心理测验，心理咨询和心理疾病治疗。

1. 心理评估

通过观察、访谈等测评方法，全面深入了解罪错未成年人的人格状况、心理健康状况及社会危险性等，并作出准确评价和判断。重点关注其认知能力、情绪控制能力、人际交往能力、亲子关系情况。

当前上海市检察机关主要采用"涉罪未成年人心理测评与风险控制系统"对涉罪未成年人的心理状况进行评估，办案人员根据系统量表所反映出的情况作为司法判断的重要参考，并汇总上报至上海市检察院，以形成较为完整的涉罪未成年人心理状况评估数据体系。实践中可以借鉴参考。

（1）评估目的

心理测试的评估目的主要在于通过测评评估该名罪错未成年人是否有以下风险：是否会短期内继续作案；报复相关人员；成为惯犯和累犯；暴力倾向程度和风险；脱逃风险以致形成新的危险等情况。以期作出是否限于青春期违

---

① 吴燕主编：《未成年人检察实务教程》，法律出版社2016年版，第347页。
② 刘邦惠：《违法犯罪青少年心理矫治探析》，载《犯罪学》2018年第1期。
③ 雷小政：《涉罪未成年人心理辅导与矫治机制改革》，载《中国刑事法杂志》2014年第1期。
④ 滕洪昌、李月华：《论我国涉罪未成年人心理咨询的现状与完善——以未成年人检察实践为例》，载《青少年犯罪问题》2018年第1期。

法、是否可以开展心理疏导的评估结果,从而制定心理干预和调整社会政策的最佳方案。

(2) 评估内容

评估内容包括涉案未成年人违法犯罪行为类型及程度、前期不良史、涉案未成年人相关心理风险因素、涉案未成年人有无人格风险(持续终身型犯罪)以及是否限于青春期违法等情况。

(3) 评估程序和结果

办案人员需要通过仔细查阅侦查卷宗关注涉案未成年人的违法事实、作案动机等情况,并视情况通过走访涉案未成年人的家庭与学校了解其监护、养育和教育情况。

办案人员在开展心理评估谈话及记录前,需要通过谈话等手段观察该名涉案未成年人的心理状态是否合适评估,如合适评估,则需要告知其评估的内容并形成规范的评估记录,在心理测评结束后,按照心理分值计算总得分情况。最终对被测者进行风险等级评价并写明作出该判断的主要理由。

【案例】未检检察官对未成年犯罪嫌疑人开展心理疏导

2019年4月,未成年人小罗因涉嫌寻衅滋事罪被公安机关取保候审后移送检察机关审查起诉。在对犯罪嫌疑人进行心理测评时,已具有二级心理咨询师资质的承办检察官发现,小罗对于心理评估B题、D题中涉及父母亲的回答都显得较为艰难,且能明显感觉到其与父母之间的关系不是很融洽。经了解,小罗父母均是长途司机,平时吃住都在卡车上,父母与小罗之间交流少,对其管教也很少。承办检察官随即对小罗开展心理疏导,帮助其理解父母,认识自身行为存在的危害性;同时还委托专业机构通过线上线下相结合的方法开展为期两个月的亲职教育,安排小罗的父母接受家庭教育指导,之后小罗与父母的关系得到明显改善。

2. 心理健康教育

心理健康教育是指根据违法犯罪未成年人生理、心理发展特点,有目的、有计划地运用心理学的方法和手段,对其心理施加影响,培养良好的心理素质,促进身心和谐发展的一种教育方式。对违法犯罪未成年人进行心理健康教育能够帮助他们更好地认识自己,接纳自己,从而自觉调整心理状态,积极面对矫正、监管,提高教育矫治的质量。心理健康教育的内容一般包括:认知模式的教育,积极情感的教育,良好生活方式教育,人格教育,自我意识教育以及和谐人际关系的教育等等。

3. 个体心理咨询

按照心理咨询对象数量的多少,可将心理咨询分为个体咨询与团体咨询,个体咨询也是心理咨询中最为常见的形式。对于一些心理困扰比较严重的违法犯罪未成年人，应当采取个别心理辅导的形式对其进行心理矫治。由于个体心理咨询的保密性较好，咨询师可以全面深入了解咨询对象的心理状况，并为其制定矫治方案，继而通过询问、共情、开导等，共同分析未成年人存在的问题并找到解决问题的方法，有针对性地帮助违法犯罪未成年人摆脱心理问题的困扰。

4. 团体心理咨询

团体心理咨询是指将有相同类型心理问题的人召集起来，在团体的情境下对其进行心理咨询与辅导。团体心理咨询主要是针对违法犯罪未成年人存在的相似的心理问题，如自我认识、自我控制、人际关系、情绪调节、愤怒控制等方面。团体心理咨询能够在一段时间内同时对多名未成年人进行心理辅导，具有咨询成本低、咨询效率高的特点。同时，团体的形式能够为违法犯罪未成年人提供一个温暖、信任和互动的人际氛围，让有相似心理问题的未成年人在心理咨询师的指导下共同探讨问题、了解问题和解决问题，大家可以互相感染、互相监督，能够减轻内心的苦恼，也更加容易达到预期的效果。①

（四）心理危机干预

心理危机是一种认识，当事人认为某一事件或境遇是个人的资源和应付机制所无法解决的困难。除非及时缓解，否则危机会导致情感、认识和行为方面的功能失调。② 心理危机本质上是伴随着危机事件的发生而出现的一种心理失衡状态。在个体的成长过程中，危机事件的不可避免性决定了心理危机的不可避免性。

1. 干预对象

（1）违法犯罪未成年人

违法犯罪未成年人面对自己的特殊身份和一些突发事件要承受许多方面的压力，如未成年人可能因犯罪导致亲子关系冲突、家庭关系紧张，可能因被羁押对看守所、未成年犯管教所等生活环境不适应，或者因长期服刑无法适应外面的社会环境，不能得到人们的接纳等原因，而产生心理危机。这些心理危机容易引起一些恶性事件的发生，成为监管中潜在的危险因素，因此有必要对其实施心理危机干预，使用心理学的方法、技术帮助其心理状态恢复到危机发生前的水平，恢复健康心理。

---

① 参见刘邦惠：《违法犯罪青少年心理矫治探析》，载《犯罪学》2018年第1期。
② 参见刘邦惠：《违法犯罪青少年心理矫治探析》，载《犯罪学》2018年第1期。

（2）未成年被害人

未成年人在遭受犯罪行为侵害后，其心理创伤较成年被害人更为严重。未成年被害人在遭受犯罪侵害时和侵害后，往往会出现惊愕、焦虑、不安、烦躁或愤怒、羞耻、自责，严重时会情绪低落、陷入抑郁、歇斯底里或精神崩溃，甚至导致自杀、自残等。如遭受性侵害的未成年人，一方面遭受性侵会让她们出现恐慌、自闭等心理症状，留下终生的心理阴影；另一方面因传统观念的歧视、家庭情感的缺失，其精神长期压抑得不到及时修复，也使一部分人自甘堕落，误入歧途，甚至沦为加害者。尤其一些遭受性侵、虐待的幼童，由于其言语表达、理解等能力有限，其心理症状表现并不十分明显，但若得不到及时有效的疏导，则很可能成为其长久的心理阴影，甚至发生人格改变，影响其正常情感、人际交往等。①

【案例】上海市青浦区检察院与相关单位共建"心语工作室"

青浦区检察院与区教育局、区妇联三家单位联合，共同建立"心语工作室"，由心理老师通过"房树人"分析、沙盘模拟、意象对话、个别面询等方式，为来访的未成年人、被害人及其家属提供专业的咨询、疏导、支持，并进行测试、分析、评估，制定来访者辅导计划与方案，建立来访者咨询档案等。如13岁的小敏与一名成年男子发生性关系后怀孕，小敏称与该男子系恋爱关系，如"男朋友"被司法机关处理其便要自杀。未检检察官在与小敏家属达成共识后，由家属定期带被害人至"心语工作室"接受辅导，在心理老师的悉心疏导下，被害人情绪趋于缓和后重返校园。此外，青浦区检察院还积极借鉴我国台湾地区未成年人检察工作的先进经验，在未检工作室中配备了一批小熊绒毛玩具。在对被害人进行询问时，帮助被害人用较为直观的方式，在小熊身上指出自己遭受侵害的身体部位及方式，并在询问过程中将绒毛小熊交给被害人，起到放松精神、舒缓情绪的作用。

（3）其他有必要进行心理危机干预的涉案人员。

2. 干预方法

心理咨询人员通过倾听、共情等心理干预技术引导未成年人解除心理负担，辅之以心理安慰，使他们能够真实表达自己的想法，帮助他们全面分析犯罪影响和真实心理状态等，发现其可能存在的心理问题，淡化其偏执、迷惑、颓废、自责等心理定势，使其度过心理危险期，积极地面对人生。

通常采取以下干预方法：（1）取得干预对象的信任，建立良好的沟通关系；（2）提供疏泄机会，鼓励未成年人表达内心情感；（3）对干预对象提供

---

① 赵卿：《未成年人心理疏导和矫治制度研究》，载《法律心理学》2015年第1期。

心理危机干预知识的宣教、解释心理危机的发展过程，帮助其建立自信，提高对心理和生理应激的应付能力；（4）根据不同个体对事件的反应，采取不同的干预方法，如积极处理急性应激反应，开展心理疏导、支持性心理治疗、认知矫正、放松训练、晤谈技术等，以改善焦虑、抑郁和恐惧情绪，减少过激行为的发生，必要时适当应用镇静药物。（5）调动和发挥社会支持系统（如家庭、学校、社区等）的作用，鼓励未成年人多与家人、亲友、同学等接触联系，减少孤独和隔离。①

【随堂问题】涉罪未成年人心理干预的目的是什么？

当前开展的心理干预工作多是由司法机关主动发起，例如我们经常可以看到在各类调研文章中，尤其是检察官撰写的文章中出现类似表述：心理咨询有助于调节未成年犯罪嫌疑人情绪、便于检察官作出更加准确的判断以及降低未成年犯重新犯罪率等。② 我们在案件办理中也发现，心理干预措施的效果没有得到广泛认可，例如不论加害方或者受害方，未成年人及其家属即便在犯罪行为发生后一般较少会考虑未成年人是否会因犯罪会产生心理问题，进行心理测试及疏导的要求基本都是办案人员主动提出，未成年人及家属在不太理解的情况下经办案人员劝说基本也不会拒绝适用，但是如果出现需要长期进行心理干预的情况，在介入后期也可能会出现拒绝服务的情况，这在涉性侵害未成年被害人心理疏导过程中尤为常见。

需要注意的是，目前司法实践中针对涉案未成年人的心理干预措施在精准性、有效性等方面仍然有待强化。不论是未成年犯罪嫌疑人在实施侵害行为后或是未成年被害人遭受侵害后都可能产生抑郁、自卑、焦虑等消极心理，甚至更为严重的心理问题，均需要及时的心理干预保障其心理健康，司法机关的介入应当从未成年人保护的角度出发，转变就案办案思维，考虑未成年人的实际需求，帮助未成年人正确认识自己，塑造健全人格，同时扩大心理干预的范围，加大对未成年被害人及其家庭的心理救助力度，尽量帮助涉案未成年人恢复心理健康。

---

① 引自心理危机干预—百度百科，https：//baike.baidu.com/item/%E5%BF%83%E7%90%86%E5%8D%B1%E6%9C%BA%E5%B9%B2%E9%A2%84/7386584？fr=aladdin，2021年4月15日访问。

② 滕洪昌、李月华：《论我国涉罪未成年人心理咨询的现状与完善——以未成年人检察实践为例》，载《青少年犯罪问题》2018年第1期。

【案例】 检察机关委托专业机构对未成年被害人开展心理危机干预

年仅9岁的小琴自2013年起就遭父亲强奸猥亵直至其14岁才案发。被害人由于被侵害时间长，身心受到严重伤害，对被侵害的事实抗拒回忆，还出现用刀划伤自己手臂等自残行为及情绪失控等心理问题；小琴的母亲因长期在外打工忽视了对女儿的照管，自责心理严重。在案件办理过程中，检察机关及时与当地专业机构联系，指派一名资深二级心理咨询师和一名精神卫生中心的心理医生分别对被害人小琴及其母亲进行心理干预。专业人员对小琴的心理状况进行评估后，分析小琴的极端行为、消极情绪主要是采用回避、否认等防御方式保护自我，于是给予小琴充分共情，无条件地积极关注，肯定其主动报案的维权行为，并设想遇到困难时的解决方案，帮助其树立面对困难的信心；耐心倾听小琴母亲的诉说，分析随着时间进展，小琴怨恨、内疚、自责情绪会逐渐显露，引导其注意观察孩子的心理变化，用积极乐观的心态关心、陪伴孩子。经过历时3个多月的定期疏导，小琴逐渐走出了心理阴霾，顺利通过中考。

六、常用文书参考

（一）《心理测评/心理疏导委托函》

××××人民检察院
心理测评/心理疏导委托函
（副　本）

　　　　　　　　　　　　　　　××检未心委〔20××〕××号

（心理咨询机构或心理咨询师姓名）：

　　因办案需要，根据《未成年人刑事检察工作指引（试行）》第五十八条、第一百四十九条、第一百七十三条的规定，本院委托贵单位/您对＿＿＿＿＿＿＿＿＿＿一案的未成年犯罪嫌疑人/未成年被害人/未成年证人＿＿＿＿进行心理测评/心理疏导，并请将相关情况书面告知本院。对在心理测评/心理疏导工作中获取的相关信息，应采取严格的保密措施，谨防信息泄露，造成后果的，将承担相应责任。

　　　　　　　　　　　　　　　　　　　　××年×月×日
　　　　　　　　　　　　　　　　　　　　　（院印）

接收单位/人员：（签名或盖章）
　　　　　年　　月　　日

第一联　附卷

××××人民检察院
心理测评/心理疏导委托函

××检未心委〔20××〕××号

（心理咨询机构或心理咨询师姓名）：

　　因办案需要，根据《未成年人刑事检察工作指引（试行）》第五十八条、第一百四十九条、第一百七十三条的规定，本院委托贵单位/您对_____一案的未成年犯罪嫌疑人/未成年被害人/未成年证人_____进行心理测评/心理疏导，并请将相关情况书面告知本院。对在心理测评/心理疏导工作中获取的相关信息，应采取严格的保密措施，谨防信息泄露，造成后果的，将承担相应责任。

××年×月×日

（院印）

案件承办人：
联系电话：
邮寄地址：

第二联　送达被委托单位或个人

(二)《心理测评征询意见书》

××人民检察院
心理测评征询意见书
(副　本)

××检未心征〔20××〕×号

(未成年犯罪嫌疑人及其法定代理人)：

　　_____涉嫌_____一案，根据《未成年人刑事检察工作指引（试行）》第三十五条、第五十八条的规定，我院认为有必要进行心理测评，现就是否接受心理测评征询你本人及你的法定代理人的意见。你本人或者法定代理人有权同意或者不同意接受心理测评。

　　心理测评将由具备心理咨询师资质的检察人员或由我院委托的具备职业资质的心理咨询师进行。对在心理测评工作中获取的相关未成年人信息，有关人员应采取严格的保密措施，谨防信息泄露，造成后果的，将承担相应责任。

2021 年 2 月 20 日
(院印)

以上征询意见书我已看过，我同意/不同意进行心理测评。
　　未成年犯罪嫌疑人（签名）：
　　　　　　年　　月　　日
　　法定代理人（签名）：
　　　　　　年　　月　　日

第一联　附卷/第二联　送达法定代理人/
第三联　送达未成年犯罪嫌疑人的法定代理人

（三）《涉罪未成年人心理测评问卷（自评）》和《涉罪未成年人风险评估（他评）》[①]

未成年人心理测评问卷（自评）

你好！欢迎参加本次测试。请先完成基本情况，阅读问卷说明，再正式作答。

基本情况（请在横线上填写或在符合您实际情况的选项上打上"√"）
1. 姓 名：_____
2. 出生日期：_____年_____月_____日____
3. 性 别：①男　②女
4. 民 族：_____
5. 本次所涉嫌罪名：_____
6. 文化程度：①从没上学　②小学　③小学没毕业　④初中　⑤初中没毕业　⑥高中/职高/中专/中职/技校　⑦高中/职高/中专/中职/技校没毕业　⑧大学/大专/高职及以上
7. 是否独生：①是　　②否（在家中是第__个孩子）
8. 职 业：①学生　②无业人员　③无固定工作　④固定工作
9. 户 籍：①本地城镇　②本地农村　③外地城镇　④外地农村　⑤其他（请说明）
10. 近两年居住情况：①固定住在一处或换过1次住处　②换过2次住处　③换过3次及以上住处
11. 家庭结构（可多选）：①完好家庭　②单亲家庭跟父亲　③单亲家庭跟母亲　④丧父　⑤丧母　⑥再婚家庭　⑦与祖/外祖父母生活　⑧儿童福利院　⑨其他（请说明）_____
12. 父亲文化程度（从前面第6题的选项选择）_____
13. 母亲文化程度（从前面第6题的选项选择）_____
14. 父亲教育方式：①民主　②专制　③放任　④溺爱　⑤粗暴
15. 母亲教育方式：①民主　②专制　③放任　④溺爱　⑤粗暴
16. 家庭经济情况：①很好　②较好　③一般　④较差　⑤很差

---

① 涉罪未成年人心理测试与风险评估系统由上海市人民检察院未成年人检察处、北京师范大学刑事法律科学研究院、四川省大堰强制戒毒所联合研发。

续表

17. 家人争吵打架：①没有　　②偶尔　　③经常	
18. 与家人关系：①良好　　②一般　　③差	
19. 个人开支有无计划：①有　　②无	
20. 个人收支能否维持生活：①能　　②否	
21. 在校成绩：①良好　　②中上　　③一般　　④中下　　⑤较差	
22. 被老师体罚：①没有　　②偶尔　　③经常	
23. 被同学欺负或欺负同学：①没有　　②偶尔　　③经常	
24. 旷课逃学：①没有　　②偶尔　　③经常	
25. 被学校处分：①没有　　②一次　　③两次及以上	
26. 离家出走：①没有　　②偶尔　　③经常	
基本情况（请在横线上填写或在符合您实际情况的选项上打上"√"）	
27. 夜不归宿：①没有　　②偶尔　　③经常	
28. 骗家长的钱：①没有　　②偶尔　　③经常	
29. 强行向他人索要财物：①没有　　②偶尔　　③经常	
30. 打架斗殴或辱骂他人：①没有　　②偶尔　　③经常	
31. 偷窃或故意毁坏财物：①没有　　②偶尔　　③经常	
32. 携带管制刀具：①没有　　②偶尔　　③经常	
33. 参与赌博或变相赌博：①没有　　②偶尔　　③经常	
34. 抽烟喝酒：①没有　　②偶尔　　③经常	
35. 是否曾经吸毒：①没有　　②一次　　③两次及以上	
36. 观看、收听色情、淫秽的音像制品、读物等：①没有　　②偶尔　　③经常	
37. 进入未成年人不适宜进入的营业性场所（电子游戏厅、歌舞厅、黑网吧等）：①没有　　②偶尔　　③经常	
38. 常与社会无业青年一起活动：①是　　②否	
39. 朋友中违法者人数：①没有　　②1个　　③2个及以上	
40. 导致过他人受伤：①是　　②否	
41. 被公安机关抓过或处罚过：①没有　　②一次　　③两次及以上	
42. 被警察殴打过：①没有　　②一次　　③两次及以上	
43. 此次涉罪的：①就我一人　　②两人一起　　③三人及以上	

【问卷说明】

本测试由许多题目组成，仔细阅读每个题目后，选择符合你实际情况的选项，并在相应的数字打上"√"。请回答每一个题目，不要有遗漏。

注意：每题的每个选项没有对错之分。每题只做一种选择，不要多选。如果题目内容是你没有遇到过的，请选择你最先想到的选项。不必费时考虑，看懂后就回答。作答中，如有疑问，请举手询问。

现在开始正式作答！

题号	题目	完全不符合	较不符合	较为符合	完全符合
0	很明了本测试的说明	1	2	3	4
1	经常自己责怪自己	1	2	3	4
2	避开困难以求心中宁静	1	2	3	4
3	常责怪自己没出息	1	2	3	4
4	常感觉到自己无所作为而得过且过	1	2	3	4

题号	题目	完全不符合	较不符合	较为符合	完全符合
5	与人冲突，常常是因为对方的性格怪异	1	2	3	4
6	经常感到自卑，自己都可怜自己	1	2	3	4
7	总是做些不合适的事情，这就是自己常常遇到挫折的主要原因	1	2	3	4
8	自己的失败多是外因造成	1	2	3	4
9	常借烟或酒消愁	1	2	3	4
10	常认为自己生活过得不顺是因为老天爷对自己不公平	1	2	3	4
11	常责怪他人	1	2	3	4
12	常爱想些高兴的事来自我安慰	1	2	3	4
13	"退后一步海阔天空"说得对	1	2	3	4
14	常向制造问题的人发脾气	1	2	3	4
15	常想通过娱乐活动来消除烦恼	1	2	3	4
16	对困难采取等待观望、任其发展的态度	1	2	3	4

续表

17	常抱怨自己无能	1	2	3	4
18	常用睡觉的方式逃避痛苦	1	2	3	4
19	有时非常想离开家	1	2	3	4
20	似乎没有一个人了解自己	1	2	3	4
21	家人过于挑剔我	1	2	3	4
22	做事的方式方法容易被人误解	1	2	3	4
23	人多的时候,不知道说些什么话好	1	2	3	4
24	遇到陌生人不知道说什么好	1	2	3	4
25	和别人的家庭比较,自己的家庭缺乏爱和温暖	1	2	3	4
26	假如没有人作对,一定会有更大的成就	1	2	3	4
27	从未有过顺心如意的生活	1	2	3	4
28	觉得有人想害自己	1	2	3	4
29	和人争辩的时候,常争不过别人	1	2	3	4
30	别人时常议论我	1	2	3	4
题号	题目	完全不符合	较不符合	较为符合	完全符合
31	当朋友遇到困难时,会不问原因立刻给他们帮助	1	2	3	4
32	不会因为对他人造成伤害而感到愧疚	1	2	3	4
33	和朋友在一起时,喜欢以长辈的口吻与其聊天	1	2	3	4
34	身边的朋友时常告诉我做事不要冲动	1	2	3	4
35	对看不惯的,总想去破坏	1	2	3	4
36	常感到有眼睛盯着或有人在谈论自己	1	2	3	4
37	会做一些特别的事情来引起异性的关注	1	2	3	4
38	自伤的行为能带来快感	1	2	3	4
39	在父母面前不能控制自己,会大发脾气	1	2	3	4
40	做的很多事情是因为一时冲动	1	2	3	4
41	会做一些能带来快乐但对自己有害的事情	1	2	3	4

续表

题号	题目	完全不符合	较不符合	较为符合	完全符合
42	遇到的事情不管是简单还是复杂，都让人烦恼或激动	1	2	3	4
43	为了摆脱现实中的一些不满，会寻求刺激而去做危险的事	1	2	3	4
44	对不喜欢的人会寻找机会去打击	1	2	3	4
45	容易中断正在做的事情而去做另一件事情	1	2	3	4
46	每次上网就会忘记时间	1	2	3	4
47	关系好并且可以找他们帮忙的朋友不多	1	2	3	4
48	遇到烦恼时，很少向人说	1	2	3	4
49	近两年来，基本上是没有和家人一起住	1	2	3	4
50	与邻居之间从不关心，只是点头之交	1	2	3	4
51	遇到急难情况时，得到经济支持和解决实际问题帮助的来源很少	1	2	3	4
52	遇到烦恼时，从不向任何人倾诉	1	2	3	4
53	与朋友之间从不关心，只是点头之交	1	2	3	4
54	从家人那里得到的支持和照顾很少	1	2	3	4
55	遇到困难时，只靠自己，很少请求别人帮助	1	2	3	4
56	遇到急难情况时，得到的安慰和关心的来源很少	1	2	3	4
题号	题目	完全不符合	较不符合	较为符合	完全符合
57	遇到大的挫败时，好象天都塌下来了	1	2	3	4
58	几个人就某件事发言时，会觉得自己的发言比别人好	1	2	3	4
59	与人竞争失败时，感觉自己前面什么都没有做好	1	2	3	4
60	几个人就某事发言，看到有人点头，会想大家对我肯定印象很深	1	2	3	4

续表

61	几个认识的人商量去哪玩时,会想如果他们喜欢我,会邀我一起去	1	2	3	4
62	好友一段时间不来联系我,说明一点都不关心我	1	2	3	4
63	几个人就某事发言时,如果别人什么都没说,会觉得自己讲得不好	1	2	3	4
64	与人交往时,我无法让任何人开心起来	1	2	3	4
65	不知道好友为何心情不好,我会想到多半是因为自己太无情、太冷漠	1	2	3	4
66	我交不到朋友,因为没有人会对我感兴趣	1	2	3	4
67	交不到朋友是因为他们太傲慢了	1	2	3	4
68	与人交往时,我无法给他们留下好印象	1	2	3	4
69	和人说事,谈了半小时他说有事就结束,会认为他是想快点打发我	1	2	3	4
70	如果有人出去玩耍没有邀请我,说明他们不够朋友	1	2	3	4
71	几个人就某件事发言时,有问题我无法回答,这会令人觉得我笨	1	2	3	4
72	和人说事,谈了半小时他说有事就结束,会认为他讨厌我占他时间	1	2	3	4
73	几个人就某事发言时,觉得自己会得好评,因为我的运气一直很好	1	2	3	4
74	一帮人之中我常常是带头的	1	2	3	4
75	家人之中没有谁喜欢我	1	2	3	4
76	当他人触犯自己利益时,法律解决不了什么问题	1	2	3	4
77	经常能看到别人看不到的东西	1	2	3	4
78	对于因为我的行为而受到伤害和损失的人,不用说抱歉	1	2	3	4

续表

题号	题目	完全不符合	较不符合	较为符合	完全符合
79	上班太没有意思了	1	2	3	4
80	和朋友在一起玩时,"嗑药"可以助兴	1	2	3	4
81	惹了麻烦,常跑到朋友家躲起来	1	2	3	4
82	经常缺钱	1	2	3	4
题号	题目	完全不符合	较不符合	较为符合	完全符合
83	已经3次或3次以上被抓	1	2	3	4
84	尽管犯事被抓到,也不觉得后悔	1	2	3	4
85	身边的朋友之中有人待过监狱或者正在监狱里面	1	2	3	4
86	不想去工作	1	2	3	4
87	犯了错误后,总想找个地方躲起来	1	2	3	4
88	所接触的异性对我都是有所企图的	1	2	3	4
89	为了自身安全,可以把一些东西弄走,让人找不到	1	2	3	4
90	那些被抓到的人,是因为他们的运气实在太差	1	2	3	4
91	为保护自己,作假欺骗下别人没有什么大不了	1	2	3	4
92	要想出人头地,做点犯法的事算不了什么	1	2	3	4
93	忍不住就想去赌博	1	2	3	4
94	谁要是惹了我,我会想办法报复	1	2	3	4
95	现在那些有钱有名的人,以前背地里不知道干过多少坏事	1	2	3	4
96	对有些人狠一点,他们就会老实点	1	2	3	4
97	有过类似像拿头碰墙壁等自伤行为	1	2	3	4
98	很容易感觉无聊,需要刺激	1	2	3	4
99	对于有些人,不需要说对不起,那是他们自己活该	1	2	3	4
100	常去找远方的朋友玩耍	1	2	3	4

续表

题号	题目				
101	对自己的行为我个人不需要负责	1	2	3	4
102	与家人联系不多	1	2	3	4
103	警察和法律是保护不了自己的	1	2	3	4
104	因偷盗被抓过	1	2	3	4
105	没有人管	1	2	3	4
106	和人一起惹了麻烦后,我们常常一起想办法	1	2	3	4
107	没有与家人或朋友来往	1	2	3	4
108	对去外地某处的住宿交通情况很熟悉	1	2	3	4
题号	题目	完全不符合	较不符合	较为符合	完全符合
109	经常变换住处	1	2	3	4
110	没有什么朋友	1	2	3	4
111	总感觉有人要害自己	1	2	3	4
112	与邻居不熟悉也不打交道	1	2	3	4
113	对于性很好奇	1	2	3	4
114	住处那一片太乱、太不安全	1	2	3	4
115	待在学校太难受	1	2	3	4
116	即使犯事被判刑,下次我还是会那样做	1	2	3	4
117	家人经常找不到我	1	2	3	4
118	现在放出去,仍不想被人监管	1	2	3	4
119	多次逃学	1	2	3	4
120	即使犯了事,也不觉得对不起家人	1	2	3	4
121	身边犯事的朋友比较多	1	2	3	4
122	现在这社会,坏人太多了	1	2	3	4
123	以后可能还会被抓进去	1	2	3	4
124	时常感觉没有事可以做	1	2	3	4

续表

题号	题目	完全不符合	较不符合	较为符合	完全符合
125	对于性有啥不懂的可以找我,我太了解了	1	2	3	4
126	家人或朋友常叫我不要太冲动	1	2	3	4
127	家人或亲戚之中有人正在监狱里面或者待过监狱	1	2	3	4
128	耍朋友谈恋爱对于我来说不是什么难事	1	2	3	4
129	看到有些人就让人生气	1	2	3	4
130	常喝酒喝得一塌糊涂	1	2	3	4
131	因性方面的犯罪被抓过	1	2	3	4
132	惹了麻烦,如果谁要说出,会想办法不让其说出去	1	2	3	4
133	待在这世上真没意思	1	2	3	4
134	身边的朋友经常变换	1	2	3	4
题号	题目	完全不符合	较不符合	较为符合	完全符合
135	时间多得都不知道怎么消磨	1	2	3	4
136	解决问题时老是解决不了,还整出更多问题	1	2	3	4
137	经常离家出走	1	2	3	4
138	无法控制自己的行为	1	2	3	4
139	因暴力犯罪被抓过	1	2	3	4
140	有些人活在这世上纯属浪费粮食	1	2	3	4
141	对本测试的每一个问题,都已诚实地回答	1	2	3	4
142	确信没有遗漏或乱答上面的每一个问题	1	2	3	4

测试完毕,请检查有无漏选或多选,谢谢!

涉罪未成年人风险评估（他评）

你好！欢迎参加本次评估。请先完成嫌疑人基本情况，阅读问卷说明，再正式评估。

基本情况（请在横线上填写或在符合嫌疑人实际情况的选项上打上"√"）

1. 姓名：　　　　　2. 出生年月：　　　年　　　月　3. 性别：①男　②女
4. 民族：
5 身份证号：　　　　　　　6. 案由：　　　　　　　　7. 案号：

【问卷说明】

本问卷由两部分组成，仔细阅读每一题项后，选择符合嫌疑人实际情况的选项，并在相应的数字打上"√"。注意：请评估每一个项，不要有遗漏。每题只做一种选择，不要多选。

现在开始正式评定！

题号	题项	选项
1	犯罪类型	1. 其他犯罪　2. 一般暴力性犯罪为　3.《刑法》第十七条第二款规定的八种犯罪行为
2	犯罪形态	1. 预备　　　2. 未遂/中止　3. 既遂
3	是否共同犯罪	1. 单独犯罪　2. 一般共同犯罪　3. 团伙犯罪（选2或3进到第4题，1进到第5题）
4	作用地位	1. 从犯、胁从犯或被教唆犯　2. 作用一般　3. 首要分子、主犯或教唆犯
5	犯罪情节	1. 情节较轻　2. 情节一般　3. 情节严重
6	处罚情节	具有刑法第17条以外其他量刑情节的： 1. 具有法定、酌定从轻或者减轻情节 2. 无法定、酌定从轻或者减轻处罚情节 3. 具有法定从重处罚情节
7	量刑幅度	1. 可能判处一年有期徒刑以下刑罚 2. 可能判处三年以下有期徒刑 3. 可能判处三年以上不满十年有期徒刑
8	作案次数	1. 一次　2. 二次　3. 三次以上

续表

9	前科劣迹	1. 无前科劣迹 2. 曾受行政处罚及刑事处罚一次 3. 曾受行政处罚或刑事处罚两次以上	
10	认罪悔罪态度	1. 有明显的认罪态度和悔罪表现 2. 认罪态度或悔罪表现一般 3. 无认罪或悔罪表现	
11	曾经实施毁灭、伪造证据，干扰证人作证或者串供等行为或有实施上述行为的现实可能性	1. 否 2. 是	
12	曾经对被害人、举报人、控告人实施打击报复的行为或有实施上述行为的现实可能性	1. 否 2. 是	
13	以自杀、自伤、自残等方法逃避侦查、起诉、审判或有实施上述行为的现实可能性	1. 否 2. 是	
14	有逃跑可能	1. 否 2. 是	

以下题项请依据走访、社会调查、审讯、案卷资料等多方面进行评定，实在不清楚请在"0"上打"√"

题号	题项	完全不符合	部分符合	完全符合	无法确定
15	做事冲动，不考虑后果，不能自控	1	2	3	0
16	否定责任（对家人、朋友、集体和社会缺乏责任感，只索取不付出）	1	2	3	0
17	情感冷漠（情感欠缺反应或迟钝，对人对事冷淡、无兴趣）	1	2	3	0
18	对人对社会抱怨多、敌意高	1	2	3	0
19	平时品行差，有严重不良行为（强要或损害财物、偷窃、伤人等）	1	2	3	0
20	会见走访对其印象差	1	2	3	0
21	家庭结构不完整且家庭成员之间关系不融洽	1	2	3	0
22	系孤儿	1	2	3	0
23	受家人亲戚拒绝排斥，很少被赞赏	1	2	3	0

续表

24	家庭经济条件差	1	2	3	0
25	家长不了解其行踪	1	2	3	0
26	多次离家出走	1	2	3	0
27	居无定所	1	2	3	0
28	在校时学业不良	1	2	3	0
29	在校时被老师认为常惹麻烦	1	2	3	0
30	无健康的休闲娱乐活动	1	2	3	0
31	同伴或朋友有偷盗行为	1	2	3	0
32	有违法或犯罪行为的朋友有两个及以上	1	2	3	0
33	没有相近或同一年龄的正常朋友	1	2	3	0
34	受同伴朋友拒绝排斥	1	2	3	0
35	不愿被监管	1	2	3	0
36	本地无监护人、或虽有但不具备或不愿意监护帮教	1	2	3	0
37	监护人不能或不愿意提供经济担保	1	2	3	0
38	监护人品行较差，或有违法、犯罪记录	1	2	3	0
39	所在社区组织管理薄弱，监管环境较差	1	2	3	0

评估完毕，请检查有无漏选或多选，谢谢！

最后请就该嫌疑人的风险程度给一个总的评价（不要去算前面的得分。）

低1　　2　　3　　4　　5　　6　　7　高

★★对《涉罪未成年人心理测试问卷》及《涉罪未成年人风险评估－他评版》的意见和建议（请认真提出修改意见，以便完善量表及测评系统）：

第二十一讲　司法保护转介机制

2016年，上海检察机关牵头与相关职能部门创设未成年人检察社会服务体系，其核心就是建立未成年人司法保护转介机制。本讲围绕未成年人检察社会服务的工作模式及流程、服务主体及内容以及相关配套措施等，结合实践探索，就具体操作展开详细论述。

一、概述

上海的社会组织发展较早，而检察机关未检部门依托社会力量辅助开展未成年人检察工作也较为成熟。但随着传统委托模式下的未成年人司法保护社会支持体系运作面临越来越多的发展障碍，司法保护转介机制应运而生。

（一）概念

"转介"是指将本机构不能提供服务的个案，经过专业服务机构转送到其他服务机构，使案主能够获得适宜的专业服务的一种工作过程。[1] 具体而言，专业服务机构转介的内容主要是案主的各方面需求，转介则是本机构无法提供或基于各种原因不能提供，其作为第三方平台，收集案主的需求并转送至其他服务机构的过程。

未成年人司法保护转介机制，是指司法机关在办理未成年人案件过程中，凭借自身能力无法完全实现对涉案未成年人的司法保护，而将相关需求交由专门的第三方机构，由该机构寻找、对接具备上述相应服务能力的政府部门或民间组织，由他们来向司法机关提供专业服务和社会支持的机制。转介机制为社会力量介入未成年人司法程序搭建了桥梁和媒介。

（二）制度背景

社会力量介入司法保护工作的探索时间较早，20世纪90年代初期，上海检察机关未检部门就已提出"司法保护一条龙"与"社会保护一条龙"相结

---

[1] 吴燕：《刑事诉讼程序中未成年人司法保护转介机制的构建——以上海未成年人司法保护实践为视角》，载《青少年犯罪问题》2016年第3期。

合的工作理念。当时的做法主要是检察机关主动与相关职能部门、社会组织联系，邀请热心青少年保护工作的干部群众、五老人员（老党员、老专家、老教师、老战士、老模范）等参与未成年犯的教育矫治和犯罪预防工作；检察机关还通过会签相关规范性文件等形式，加强与有关单位、机构、组织的合作，聘请相关人员参与对涉罪未成年人心理测评、法律援助、社会调查、诉前考察等一系列特殊检察工作。

随着未检工作的发展成熟，其专业化、规范化和社会化并重的要求，促使未成年人社会支持体系建设日益完善。2004年，上海检察机关依托政府向社会购买服务的机制，建立了涉罪未成年人社会观护体系，委托专业社工对作出不捕、不诉决定的涉罪未成年人进行考察帮教，并专门组建了观护帮教队伍。检察机关依托专业化的社会力量辅助开展未成年人刑事诉讼工作的实践由此开始。

在上述司法实践的基础上，上海市预防青少年违法犯罪专项组先后牵头制定了《上海市进一步推进重点青少年群体服务管理和预防犯罪工作实施意见》等，促进司法机关与社会组织的规范协作。2013年，上海市人民检察院与上海市社区青少年事务办公室联合制定了《涉罪未成年人帮教与维权工作合作备忘录》，依托专业社工组织力量对社会调查、合适成年人到场、观护帮教、附条件不起诉监督考察等相关工作机制进行整合，以委托为主要模式的未成年人司法保护社会支持体系日臻完善。

2016年4月，上海市预青专项组和上海市人民检察院会签了《关于建立上海市未成年人检察社会服务体系的合作协议》，截至2016年底，全市16个区级检察社会服务中心全部挂牌成立。其中，8个区级中心在检察机关内设置了独立的办公地点，闵行、嘉定、奉贤等区还聘任了专职社工担任中心工作人员。2017年7月，随着"上海市未成年人检察社会服务指导中心"的挂牌，标志着市区两级服务中心全部落地。2018年2月，最高检和团中央会签《关于构建未成年人检察社会支持体系的合作框架协议》，明确检察机关未检部门在办案过程中，通过委托或服务申请等形式向本地未成年人司法社会服务机构提出工作需求。社会服务机构接受委托或申请后，提供针对性的支持服务，或转介至有关职能部门、社工机构、社会组织实施，并负责开展跟踪督导、质量评估。2019年4月，最高检第九检察厅会同共青团中央维护青少年权益部部署在40个地方开展未检社会支持体系建设试点工作。

2020年7月31日，上海《未成年人司法社会工作服务规范》正式向社会发布。上海未成年人司法社会工作服务体系已从单纯的涉刑事案件的未成年人社会工作服务，延展至有不良或严重不良行为青少年的犯罪预防、困境儿童的未成年人社会工作服务,并将服务对象分为 9 类——有不良行为的未成年人、有严重不良行为的未成年人、涉罪未成年人、未成年社区矫正对象、未成年在押服刑人员、刑罚执行完毕的未成年人、未成年被害人、未成年证人、司法程序中涉及的其他未成年人等。① 2020 年 8 月,《未成年人司法社会工作服务国家标准》制订阶段性总结暨试行工作启动会在京召开,江苏、浙江、福建、河南、广西、重庆、宁夏等 7 个地区试行该标准,并于同年 12 月 31 日之前依照试行任务清单,对标准的可行性、可操作性进行验证与修订。

> **【随堂问题】** 司法保护转介机制建立的意义?
>
> 传统的委托模式下的未成年人司法保护社会支持虽然取得一定成绩,但随着工作的不断深入,体系运作也面临着发展障碍。主要是:(1)社会组织主要围绕刑事诉讼中的涉罪未成年人提供司法服务,对未成年被害人经济救助、临时监护、家庭亲子关系修复等多样化的司法服务需求难以实现;(2)提供司法社会服务人员专业能力不够,在一定程度上影响了对涉案未成年人教育保护的效果;(3)委托模式下检察机关即是服务需求的提出者、接受者,又是服务的组织者,背离了司法专业化的属性;(4)社工组织自我考核及评估的模式,导致全面性和公正性存在局限,也影响了司法服务的专业化水平。
>
> 成熟的少年司法制度应当具备功能要素、规则要素和主体要素。所谓功能要素,也即司法要实现的特有功能,规则要素是指要有作为依据的相关制度和法律规范,而主体要素则是具备实现制度功能的个人和机构。② 司法保护转介机制具备鲜明少年司法制度特征,意义重大。

1. 有利于实现儿童权益最大化

随着未检工作职能向"四大检察"全面推进,不仅要求我们在侦查、羁押、审讯、刑罚执行等司法过程中向涉案未成年人提供权利保障支持,同时对涉案的未成年人提供心理、身体、经济等多方面的帮扶,这是在未成年人司法程序中体现儿童权益最大化原则的必然要求,而由第三方机构引入并联通社会资源,在未成年人司法活动的全流程中能够提供来自社会各个方面的有力支撑。

---

① 引自《让成长不再有"隐秘的角落"上海今出台〈未成年人司法社会工作服务规范〉》,https://wap.xinmin.cn/content/31777067.html?from=timeline,2020 年 8 月 2 日访问。

② 孙谦:《关于建立中国少年司法制度的思考》,载《国家检察官学院学报》2017 年第 4 期。

2. 有利于推动少年司法专业化发展

少年司法的专业化既包括原则理念、组织机构、诉讼程序、司法人员的专业化，同时也包括社会辅助体系的专业化。未成年人司法保护转介机制的建立，可以将这些非司法人员本职的工作转介给具有专业知识和能力的单位或者个人，开展相关的权利维护、教育矫治或救助工作，从而实现了未成年人司法机构专业化、司法人员专业化与配套社会辅助体系专业化的要求。①

3. 有利于完善我国少年司法制度

当前除了刑事诉讼法规定的法律援助、社会调查、心理疏导等一系列未成年人特殊处遇机制，未成年人在司法实践中还有医疗救助、转学、落户、就业等诸多现实需求。上述特殊需求的落实，单靠司法机关既不现实更不专业，借助未成年人司法保护转介机制可对社会资源进行集约化管理，提高社会力量参与司法程序的效率和质量，必然可以为少年司法中的社会支持体系未来的完备构架奠定基础。②

（三）常用法律政策依据

1. 《人民检察院办理未成年人刑事案件的规定》

第9条（第2款）　人民检察院开展社会调查，可以委托有关组织和机构进行。开展社会调查应当尊重和保护未成年人名誉，避免向不知情人员泄露未成年犯罪嫌疑人的涉罪信息。

2. 《刑诉规则》

第457条（第2款）　人民检察院可以借助社会力量开展帮助教育未成年人的工作。

第474条　人民检察院可以会同未成年犯罪嫌疑人的监护人、所在学校、单位、居住地的村民委员会、居民委员会、未成年人保护组织等的有关人员，定期对未成年犯罪嫌疑人进行考察、教育，实施跟踪帮教。

3. 最高人民检察院、共青团中央《关于构建未成年人检察工作社会支持体系合作框架协议》

各级检察机关未检工作机构在办案过程中，通过委托或服务申请等形式向本地未成年人司法社会服务机构提出工作需求。社会服务机构接受委托或申请后，提供针对性的支持服务，或转介至有关职能部门、社工机构、社会组织实

---

① 吴燕：《刑事诉讼程序中未成年人司法保护转介机制的构建——以上海未成年人司法保护实践为视角》，载《青少年犯罪问题》2016年第3期。

② 吴燕：《刑事诉讼程序中未成年人司法保护转介机制的构建——以上海未成年人司法保护实践为视角》，载《青少年犯罪问题》2016年第3期。

施，并负责开展跟踪督导、质量评估。

根据《关于做好政府购买青少年社会工作服务的意见》服务清单中"青少年合法权益维护和社会保障支持服务""青少年违法犯罪预防"等相关目录，通过政府购买服务的方式，以项目化运作为载体，支持和引导本地社会工作服务机构向涉罪未成年人、未成年被害人以及民事、行政案件未成年当事人提供必要的社会服务。

4.《未成年人刑事检察工作指引（试行）》

第12条 人民检察院可以通过政府购买服务、聘请专业人士等方式，将社会调查、合适成年人到场、心理疏导、心理测评、观护帮教、附条件不起诉监督考察等工作，交由社工、心理专家等专业社会力量承担或者协助进行，提高未成年人权益保护和犯罪预防的专业化水平，推动建立健全司法借助社会专业力量的长效机制。

5.《关于做好政府购买青少年社会工作服务的意见》

确定承接主体。承接政府购买青少年社会工作服务的主体主要为具备相应能力，且依法在登记管理部门登记或经国务院批准免予登记的社会组织和符合条件的事业单位，以及依法在工商管理或行业主管部门登记成立的企业、机构等社会力量。购买主体要结合拟购买的青少年社会工作服务具体内容，明确承接主体的资质及具体条件，按照规定方式和程序，确定承接主体。各地要结合实际，积极做好承接主体的培育工作。共青团要充分发挥联系青年广泛、组织网络齐全等优势，协助有关部门做好相关工作。

加强绩效评价。各地各有关部门要建立健全由购买主体、青少年社会工作服务对象以及第三方机构共同参与的绩效评价机制，要注重过程评价与结果评价、短期效果评价与长远效果评价、社会效益评价与经济效益评价相结合。在绩效评价体系中，要侧重服务对象的满意度评价，加大服务对象评价的比重。绩效评价结果要向社会公开，并作为选择购买青少年社会工作服务承接主体、编制以后年度政府购买青少年社会工作服务项目和预算的重要参考依据。

二、工作模式及流程

（一）转介机构

目前，上海地方探索构建的未成年人检察社会服务体系由市级未成年人检察社会服务指导中心和区级未成年人检察社会服务中心组成。"未成年人检察社会服务（指导）中心"设有专门的办公室和工作人员，负责受理检察机关委托的涉案未成年人教育矫治或保护救助等司法保护需求，并根据司法保护工作实际需要，将其转介给相关单位或专业社会组织开展工作。其中，设置在各区的未成年人检察社会服务中心，作为基层开展未成年人司法保护转介工作的专门机构，发挥着极大的转介服务作用。

随着上海检察服务体系的发展成熟，2020年已建成上海阳光星辰少年司法服务中心，该中心按照"一门式受理、转介"的工作思路，推动形成覆盖未成年人警务、未成年人检察、未成年人审判、未成年人社区矫正等未成年人司法全过程，以及包括对未成年被害人司法保护、对严重不良行为未成年人矫治教育等全领域的社会服务模式，形成较为完善的未成年人司法社会支持体系。

（二）转介方式

1. 个案委托

未检部门在办案过程中对发现的司法服务需求，可以通过工作联系函向未成年人检察社会服务中心提出，该中心根据检察机关的要求，委托有关单位或者社工组织开展相关工作。

2. 项目合作

针对重点青少年群体和涉及未成年人保护的源头性、普遍性问题，以各级社会服务中心为主体，采用政府购买服务的形式，设立专业化运作的社会服务项目，引导和培育社会力量共同参与构建未成年人司法保护长效机制。

（三）工作流程

1. 需求提交

检察机关未检部门对办案过程中发现的涉及未成年人的服务需求，通过工作联系函的形式向同级未成年人检察社会服务中心提出委托申请。

2. 分配转介

社会服务中心接受委托后，应根据不同的服务需求，及时转介至有关组织、机构或职能部门提供专业化服务。

对于涉罪未成年人社会调查、合适成年人到场、附条件不起诉监督考察及观护帮教等司法服务，可以委托社工组织，由专业社工开展具体工作；对于涉罪未成年人、未达刑事责任年龄未成年人、严重不良行为未成年人、未成年被害人及民事行政公益诉讼案件未成年当事人的身体康复、心理疏导、经济救助、就学就业帮扶、家庭关系、亲子关系修复、国家监护等服务需求，可以转介至共青团、教育委员会、民政局、妇联等成员单位，由相关成员单位开展具体工作。

3. 督导反馈

未成年人检察社会服务中心负责对相关部门和组织开展未成年人司法保护工作的全程进行跟踪督导，确保转介服务及时落实，体现成效。各级检察机关未检部门及受委托的组织、机构、职能部门应当及时向同级社会服务中心反馈工作开展情况。

> 【随堂问题】未成年人司法中"转处"与"转介"概念辨析？
>
> "转介"和"转处"在名称上有些相近，两者虽然都是未成年人司法中的概念，但实际上有很大区别。"司法转介"是具备未成年人司法体系特点的机制，与刑事司法体系不同的是，未成年人司法有将教育矫治和保护救助等需求交给社会力量来完成的客观需求。"司法转介"可以视为未成年人司法与社会支持之间的一种衔接模式，主要是指将已经进入司法体系中未成年人的需求，转交由非司法机构实现服务与满足的过程。司法机关负责发现未成年人的各方面需求并且委托第三方机构转介这种需求，而社会支持体系则负责承接这些需求，并提供专业性的服务。① 但是并非所有的引入社会资源的方式都可称之为"司法保护转介"，其特征在于打破封闭的司法程序，转介的承担机构本身不需要具备未成年人司法保护能力，其职能在于对未成年人司法保护社会资源的整合和集约化管理，通过转介实现未成年人保护社会资源利用的最大化。关于转处措施，学界已经形成了一定共识，例如有学者认为，转处（diversion），又译为"转向"或者"分流"。"转处"的基本含义是将未成年人罪错案件从司法系统中转移出去，交给非司法部门（通常是行政性福利机构或社会部门）处理的过程。② 主要指对罪错未成年人通过具有教育刑性质的保护处分措施或者其他非刑罚处罚方法进行处理的方式。
>
> 从上述定义可以发现，"转介"的实质是将进入司法体系中的对未成年人开展司法保护的需求由第三方机构转送至其他非司法机构，而"转处"则是将涉罪未成年人由司法机关交由非司法机关处理的过程。此外，二者的不同点还在于，转介是未成年人司法运作的辅助程序，制度初衷在于实现对未成年人的司法教育和保护；而转处的本质可以视为刑罚的替代措施，目的是实现对罪错未成年人的非犯罪化、非监禁化和非刑罚化。③

---

① 吕莉茹：《触法未成年人司法转处机制研究》，华东政法大学2016年硕士学位论文。

② 吕莉茹：《触法未成年人司法转处机制研究》，华东政法大学2016年硕士学位论文。

③ 吕莉茹：《触法未成年人司法转处机制研究》，华东政法大学2016年硕士学位论文。

三、服务主体及内容

（一）服务机构

目前承接司法机关服务的机构主要是专业的社工组织，例如上海市阳光社区青少年事务中心（以下简称阳光中心）、北京超越青少年社工事务所、陕西指南针司法社工服务中心、成都新空间社会工作服务中心等。以上海阳光中心为例，成立于 2003 年的阳光中心其主管单位为上海团市委，由上海市社区青少年事务办公室直接领导，以项目化方式自主运作、承接预防和减少青少年违法犯罪工作。上海市社区青少年事务办公室与阳光中心签订《政府（青少年事务）委托服务合同》，通过政府购买服务的方式，将 16—25 周岁（目前为 6—35 周岁）社区青少年教育、管理和服务事务交由社团承担，社团以项目化方式自主运作、承接预防和减少青少年违法犯罪工作。① 各级检察机关未检部门在办理未成年人案件过程中，根据需要委托上述社工组织开展相关帮教维权工作。由于阳光中心是在政府主导下建立的，其承接业务最初也是根据上级主管部门要求，因此具有半官方性质。

此外，还有另一类受托方是纯民间性质的社工组织，目前与上海检察机关建立工作联系的，包括浦东区的上海彩虹青少年发展中心、普陀区的蒲公英未成年人社会培育中心、宝山区的上海远舟青少年发展指导中心等，他们同样根据检察机关需求，为涉案未成年人开展社会调查、帮教考察、心理疏导、技能培训、助学帮困等相关服务。

【案例】 上海市普陀区蒲公英未成年人社会培育中心帮教案例

2019 年 3 月，犯罪嫌疑人张某明知上游犯罪嫌疑人从事网络诈骗的情况下，仍提供自己银行账户用于转账，后其至 ATM 机提现并抽取 1000 余元提成，其行为涉嫌掩饰、隐瞒犯罪所得罪。由于张某系未成年人，案发后主动投案自首，并如实供述自己全部犯罪事实，普陀区检察院对其作出取保候审及附条件不起诉决定，并转介至普陀区未成年人社会培育中心进行帮教。检察官向培育中心提供了张某的相关资料并会同中心对其进行多次谈话、考察，在充分了解其性格特点、成长经历及家庭背景后，对张某进行全面评估。同时也听取了其本人的意愿和想法并与"帮教菜单"中各帮教点特色进行对比，最终确定一知名餐饮企业作为帮教基地，对其

---

① 吴燕：《刑事诉讼程序中未成年人司法保护转介机制的构建——以上海未成年人司法保护实践为视角》，载《青少年犯罪问题》2016 年第 3 期。

开展为期六个月的帮教。培育中心全面分析研判了张某的成长经历和性格特征,发现自幼辍学的未成年人缺乏爱国主义教育及红色传承,对党的光辉历史、先进事迹知晓甚少。针对其法律意识淡薄、贪图享乐、浮躁的性格特点及在沪无固定住所的特殊情况,将其安排至区内一知名餐饮企业,同时为其提供实习和生活场所。该餐饮企业负责人系多年党龄的老党员,政治意识较强,一方面通过严格管理,对张某进行行为矫治,以党性帮教促进其更好更快成长,另一方面做到严格保护张某个人隐私,让其能够在正常环境中工作生活,避免他人对观护企业及涉罪未成年人存在偏见或歧视,实现了对未成年观护对象以及观护帮教企业的双重隐私保护。

张某在该餐饮企业内顺利完成实习并正式担任厨师助理,协助厨师进行菜式制作、切配等工作,他工作积极,态度端正,获得了领导及同事的一致好评。

(二)服务内容

与成年人司法制度相比,少年司法更具有开放性,它与社会的互动更为积极,对社会支持更为依赖。① 司法机关因人力不足、缺乏专业知识等,有些工作需要借助专业社会力量来开展。目前由社会力量承担的未成年人司法保护工作主要包括:社会调查、合适成年人到场、附条件不起诉监督考察、观护帮教、亲职教育、身体康复、心理疏导、经济救助、就学就业帮扶、临时监护等各项需要。具体可以归纳为以下七个方面的工作:

1. 参与刑事诉讼

刑事诉讼中的非司法机关力量介入方式较多,一般指罪错未成年人特殊处遇和程序,例如社会调查、心理测试、心理疏导、合适成年人参与、合适保证人参与、人民陪审员参审、人民监督员监督等活动。②

2. 协助帮教考察

未检工作实行"捕诉监防教一体化"工作模式,其中的"教"字就要求检察机关罪错对未成年人既不能不教而罚,更不能不教而宽,而应当借助社会力量将帮教、考察作为少年司法教育刑理念的落实手段,贯穿刑事诉讼全过程,既包括非羁押性强制措施期间的考察帮教、附条件不起诉期间的监督考察,也包括不捕不诉后的跟踪帮教、判处非监禁刑后的矫正帮教等。

---

① 孙谦:《关于建立中国少年司法制度的思考》,载《国家检察官学院学报》2017年第4期。

② 姚建龙:《少年司法的转介:一个初步的探讨》,载《未成年人检察》(第一辑),中国检察出版社2016年版,第16页。

【案例】 专业社工协助检察官对聚众斗殴案中多名未成年人开展分类精准帮教

2018年盛某某因与杨某某发生恋爱纠纷而怀恨在心，故纠集7人至杨某某打工的火锅店与其谈判索要分手费。嗣后，杨某某纠集其同事4人与盛某某等人在广场发生互殴，致3人轻微伤。11名涉案人员中有9人系未成年人。未检部门对8名未成年人决定附条件不起诉，对一名未满16周岁未成年人决定绝对不起诉，并联合公安机关开展保护处分工作。实现了司法办案专业化与服务保护社会化的有机结合，取得良好效果。

未检部门向司法社会服务中心提交监督考察需求，该中心将需求转介至某社工站。由于涉案人员较多，社工站派出多名社工与检察官对接，对涉罪未成年人进行全面、系统评估，制定了符合个人性格特点的观护帮教计划，并分别组建个性化帮教小组，为未成年人落实全方位、多维度、立体化的观护帮教措施，突出了帮教的精准化。针对本案中2名外地随迁子女，交由其在本地打工的父母或成年亲属监护，要求法定代理人加强管教，并在监督考察期间定期接受亲职教育；对5名本地在校学生，由学校配合帮教工作，检察官联合监护人、社工及学校老师开展"四位一体"结对帮教；对一名"三无"涉罪未成年人，检察机关依托未成年人社会观护体系，将其安置于观护基地，并聘请观护基地负责人担任未成年人的合适保证人，合力做好帮教工作。

帮教过程中，针对一名涉罪未成年人表现出的冲动狂妄、两性观念混乱等问题，社工通过开展心理调适、推荐书籍撰写读后感、安排其参加团康活动与集中教育等，帮助其树立正确的两性观念，提高其社会成熟程度，使之能与他人和睦相处；针对父母长期在异地工作，导致教育监管不力的情况，检察官联合社工开始亲职教育，定期开展家访，组织参与亲子活动，激发家庭教育的责任感；针对父母感情不和导致未成年人性格叛逆甚至离家出走的问题，司法社会服务中心工作人员应检察官委托将需求转介给专业的家庭教育指导师，由其引导家长加强沟通，降低家庭矛盾对孩子的影响，促进亲子关系修复。

服务结束后社工通过定期家访等多种形式进行长期跟踪回访，协助检察官全面掌握未成年人的回归社会情况。对于其中再次出现不良行为、具有再犯风险的一名未成年人及时进行跟踪帮教，并对其就学就业定制个性化方案，进一步提升精准帮教的效果。8名被不起诉人无一例再犯，均顺利回归社会就学就业。其中1人被观护基地录用为正式员工，5名在校生均进入高职或高校进一步深造。

3. 帮助身心康复

身心康复需求包含两个方面：一是身体康复需求。例如在未成年人遭受性侵、虐待等涉及人身伤害类案件中，对未成年人开展的医疗救助及康复服务。二是心理康复需求。需要专业力量及时介入对涉案未成年人，包括涉罪未成年人，特别是未成年被害人等采取心理测评、心理疏导等心理干预措施。

【案例】心理干预矫治帮助涉罪未成年人重塑正确人生观

2019年11月，未成年犯罪嫌疑人陈某某与多名朋友在某饭店包房内吃饭时，因友人酒后无故挑衅被害人方，双方发生争执，陈某某等人对被害人拳打脚踢，造成两名被害人受伤。陈某某到案后认罪态度较好且积极赔偿被害人，检察机关对其不批准逮捕，此后司法社会服务中心将陈某某转介至某观护基地开展观护帮教。

由于陈某某长期出入网吧、酒吧等不良场所，性格易怒，遇事冲动，观护基地安排专业的心理老师对其开展心理矫治及心理疏导，一方面矫正其青春期不良的行为模式及心理，另一方面最大程度缓解其因刑拘时看守所羁押带来的负面情绪，同时对其开展情绪管理、结交良友、健康娱乐的专题教育。通过互动体验、案例教学等方式，引导其学会结交良师益友，平时多思慎行，不要冲动行事，树立正确的人生观和价值观。

4. 解决就学需求

宪法规定了未成年人的受教育权。检察机关在办案中发现未成年人遭受犯罪侵害或者实施违法犯罪行为后需要继续接受义务教育的，应当保障其受教育权。如确有必要更换班级或者办理转学的，检察机关应当督促相关学校或者教育行政部门及时介入，为落实未成年人相关保护措施提供条件。

例如为提高青年综合素质和就业竞争能力，促进社会和谐，2020年长宁区社会服务中心联合上海开放大学（原上海电视大学）长宁分校共同推出"长宁区社区青年助学大专班"及"长宁区社区青年助学本科班"。长宁区检察院通过司法服务中心将有深造需求的涉案未成年人安排至学校跟班就读，为其提供就学机会。

【案例】检察机关帮助未成年被害人转学

2018年2月，某县检察院办理了一起强奸案。本案犯罪嫌疑人是被害人所在学校老师，案发时被害人不满12周岁、系留守儿童。由于案件引发社会舆论高度关注，严重影响了被害人的学习和心理状态，检察机关及时与当地教育行政部门联系，为被害人办理了转学手续，将被害人转至其父工作地继续就读，保障了未成年人的受教育权和隐私权。

5. 解决就业需求

未成年人一旦脱离监护和学校管束，由于缺乏自控能力和谋生手段，很容易走上违法犯罪的道路。对于已经开始工作的罪错未成年人，特别是涉侵财类违法犯罪的未成年人，检察机关可以在帮教过程中引入社会力量，对未成年人进行技能培训、职业辅导，有条件的，可以提供实习岗位、就业机会等。

【案例】涉罪未成年人经帮教顺利就业

未成年人小徐因涉嫌寻衅滋事罪被检察院作出不起诉处理。为了让小徐获得一技之长，为今后在社会立足打下基础，司法社会服务中心根据检察机关的服务需求，针对小徐热爱健身、喜欢体育运动的个性特点，将其转介至某健身中心担任健身教练助理并由社工跟进帮教。每周健身教练会指导其如何协助开展工作，逐步让其对顾客开展简单的健身指导。随着工作熟悉程度越来越高，专业知识越来越丰富，带教老师又指导其接待客户、宣传推广健身知识、办理业务等。通过帮教，小徐不仅改变了错误认知，其社会交往能力及处理突发情况的应变能力也明显增强，后被该健身中心录用为正式员工。

6. 解决生活需求

对生活困难的罪错未成年人，除依法开展司法救助外，检察机关可以通过民政部门等开展其他社会救助，帮助其解决生活困难；对于因遭受监护侵害、监护人已被撤销监护权而无法回归原生家庭的未成年人，需联系民政部门等来承担监护的兜底责任。

【案例】检察机关对未成年被害人开展救助帮助其回归原生家庭

2012年9月，方某在医院产下女儿星星。后星星因新生儿窒息等症状被转至某儿科医院救治，方某在签署了放弃治疗/自动出院知情同意书后，却拒绝将女儿接回家，也不支付医药费，导致星星在医院滞留长达6年4个月。2019年，方某因犯遗弃罪，被法院判处有期徒刑1年，缓刑1年。

在社区矫正期间，检察机关联合社工针对方某法律意识淡薄与责任感缺失的问题，一方面对其开展训诫，让其明白自身遗弃行为的社会危害性和刑罚该当性，激发其对法律的敬畏心，促使方某从最初的逃避、侥幸心态转变为主动提出接回弃儿；另一方面依托未成年人司法社会服务中心，聘任家庭教育指导师对其进行亲职教育，提高责任意识，促进其与弃儿之间的情感沟通与修复，帮助孩子营造和谐的家庭氛围。检察机关还依托医疗协助机制，对被弃儿童开展了医疗救助，减免了部分医疗费用；依托与妇联组织共建的项目，为孩子提供了综合救助，送去了生活用品。跟踪回访期间，检察官多次赴方某家中看望，了解星星的生活状况与需求，监督监护人积极履行抚养义务,确保女童回归家庭后幸福成长。

7. 其他

检察机关需要对涉案未成年人及其家庭开展亲职教育,或者在开展民事、行政、公益诉讼工作中,需要相关单位或者社会组织支持的,也可以将相关需求转介至检察社会服务中心,由专业的社会力量提供相关服务。①

【案例】检察机关通过亲职教育等帮助涉罪未成年人实现转变

未成年犯罪嫌疑人小林因涉嫌故意伤害罪被检察机关作出相对不诉处理。小林的父亲从小对小林管教严厉,进入青春期后小林与父亲关系紧张,性格孤僻并经常夜不归宿。办案检察官委托专业的家庭教育指导师对小林的父母开展亲职教育,安排他们参加教养策略、家庭沟通技巧训练等课程,强化家长的教育监管责任意识,纠正家长不当的家庭教育方式;同时借助亲子游戏、团体活动等形式,搭建沟通桥梁,拉进父子距离,引导完善亲子关系,强化家庭支持力量。检察机关还为小林定制了个性化、符合其未来发展的素质拓展等团建、锻炼项目,安排其参加提升团队合作能力和野外生存能力的封闭式训练营、城市定向越野等活动,帮助其提升沟通协作能力。小林与父母的隔阂逐步消除,沟通能力也明显提高。

【随堂问题】当前司法转介机制存在的突出问题?

一是"单向转介"趋向明显。少年司法转介应具有多向性,应当包括司法机关向其他政府部门、社会组织的转介,也应包括社会组织向其他政府部门的转介、社会组织之间的转介。但实践中,往往仅呈现检察机关单向转介,各部门间没有畅通渠道、打破壁垒。二是"跨区域转介"难。当前出现的跨区域犯罪、人员流动性强等特殊情况,都需要少年司法转介同时具备全局性、社会性。跨区域司法转介还能够协调发展各地未成年人保护力度,促进提高少年保护的社会整体意识。而实践中,异地社会调查、监督考察、观护帮教等存在较多现实障碍,部分地区还在探索阶段,从而导致案主的异地就学、异地生活救助等更是困难重重。司法转介的区域壁垒使案主无法便利地获得国家、社会资源支持与帮助,消减了制度本身具备的再社会化效果。② 三是服务内容不够丰富。以帮

---

① 吴燕:《刑事诉讼程序中未成年人司法保护转介机制的构建——以上海未成年人司法保护实践为视角》,载《青少年犯罪问题》2016年第3期。

② 刘仁琦:《嵌入、契合与实效:我国少年司法转介机制研究——附条件不起诉社会支持体系的完善》,载《青少年犯罪问题》2018年第5期。

教为例，对于案主个体差异、社会差别及犯罪原因等不同因素导致犯罪的情况，应当有针对性地采用个性化措施，而现实情况却是缺乏专业手段、专业人员，并受制于帮教和观护基地存在管理不到位，人力、物力、资金不足等桎梏，帮教的个别化和有效性很难实现。四是提供司法社会服务人员的专业性不够。随着未检业务的拓展，检察机关针对涉案未成年人的社会服务需求不是单一的，而是更为多元化，除了心理疏导、身体康复、经济救助等，还包括临时监护、就学就业帮扶、家庭亲子关系修复等。虽然社工一般都有社工师等资质证明，但就司法实践来看，其无论在上述知识技能的储备上，或是在未成年人保护的意识认识上，提升的空间还很大。①

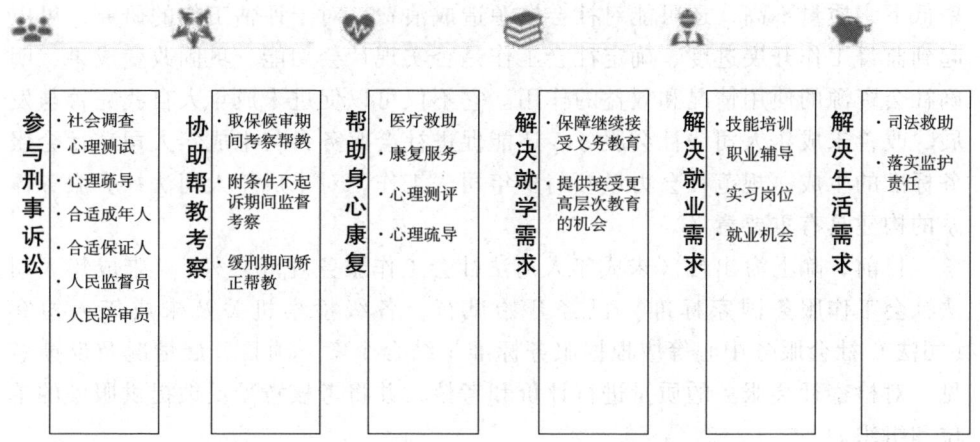

司法转介机制的主要内容

四、配套措施

（一）经费支持

经费问题关系社工组织的正常运转和日常维系，对于具有政府背景的阳光中心等机构来说，其每年可以通过政府购买服务的形式获得部分运行资金，但是阳光中心的资金主要用于向本市户籍未成年人提供服务。而与此同时，纯民

---

① 吴燕：《刑事诉讼程序中未成年人司法保护转介机制的构建——以上海未成年司法保护实践为视角》，载《青少年犯罪问题》2016年第3期。

间性质的社工组织完全依靠自负盈亏,因此必要的经费支持是构建转介机制的基础。

为此,上海市人民检察院与上海市社区青少年事务办公室联合制定的《涉罪未成年人帮教与维权工作合作备忘录》,明确社工参与社会调查、合适成年人到场、观护帮教、监督考察等工作的付费标准,并将这部分经费列入办案机关的年度预算,由同级财政机关安排资金,具体由办案机关根据个案服务数量与社工中心进行结算,以弥补社工组织在资金支持上的不足。同时在付费标准上,纯民间性质的社工组织付费标准高于上海市阳光社区青少年事务中心,以实现对其的扶持。①

(二) 质量评估

在未成年人得到少年司法社会服务体系帮助并取得成效的同时,司法实践中发现,由于国内未成年人司法社会服务的评估标准存在空白,造成未成年人司法社会服务得不到及时、科学的评估,不仅可能造成司法社会服务提供的效率低下、质量不高,还可能对社会资源造成浪费。对于评估工作的研究,可以起到监督工作开展进度、确定社会工作是否实现社会功能、巩固改变成果、明确社会资源的使用情况和效益的作用。它不仅可以促进未成年人自我完善与发展、改善未成年人司法社会服务,还能促进社会服务参与未成年人司法社会服务标准的生成、规范社会力量参与少年司法工作,对未成年人司法社会服务体系的构建具有重要意义。

目前,除上海出台《未成年人司法社会工作服务规范》外,《未成年人司法社会工作服务国家标准》已经开始试行,各级检察机关及未成年人检察(司法)社会服务中心等应根据服务标准,结合个案、项目开展情况及反馈意见,对检察社会服务的质量进行评价和考核,并将考核意见反馈提供服务的单位和组织。

---

① 吴燕:《刑事诉讼程序中未成年人司法保护转介机制的构建——以上海未成年人司法保护实践为视角》,载《青少年犯罪问题》2016 年第 3 期。

五、常用文书参考

（一）司法服务转介委托单

××××区未成年人司法社会服务中心

司法服务转介委托单

×××司委〔　〕号

　　_____区未成年人司法社会服务中心：

　　_____系未成年人，现需要对其开展到场工作，特将《司法服务转介委托单》递交贵中心，请及时委托后书面通知本院。

服务时间：
联系人：
联系电话：
未成年人姓名：　　　　性别：　　　　年龄：
户籍所在地：
居住地址：

（司法办案机关落款盖章）
年　月　日

第一联　司法办案机关留存/第二联　司法办案机关交服务中心

×××区未成年人司法社会服务中心
司法服务转介委托单
（回执）

×××司委〔　〕号

_____：

　　贵单位____号《司法服务转介委托单》提交的对____开展的服务需求已收悉，我中心已于____年____月____日将该需求转介(单位名称)，已指派开展此项服务，联系电话_____。

×××区未成年人司法社会服务中心
年　月　日

第三联　服务中心交司法办案机关

(二) 司法服务转介单

×××区未成年人司法社会服务中心
司法服务转介单

×××司服转 [　　] 号

_____：

  我中心接提交的《司法服务转介委托单》，需对未成年人_____开展工作，请贵单位及时指派工作人员，并将指派情况告知我中心。

服务时间：
服务中心联系人：　　　　　联系电话：
司法办案机关承办人姓名：　　　联系电话：
未成年人姓名：　　　性别：　　　年龄：
户籍所在地：
居住地址：

×××区未成年人司法社会服务中心
年　月　日

第一联　服务中心留存／第二联　服务中心交专业机构

×××区未成年人司法社会服务中心
司法服务转介单
（回　执）

　　　　　　　　　　　　　　　　×××司服转〔　〕号

×××区未成年人司法社会服务中心：

　　你中心《司法服务转介单》对未成年人＿＿＿＿＿＿＿开展的服务项目已收悉，现指派我单位＿＿＿＿＿＿＿开展此项工作，联系电话＿＿＿＿＿＿。

　　　　　　　　　　　　　　　　　（专业机构落款盖章）
　　　　　　　　　　　　　　　　　　　年　月　日

第三联　专业机构交服务中心

（三）未成年人司法社会服务中心服务评价表

××××区未成年人司法社会服务中心服务评价表

未成年人姓名		案由	
司法办案单位			
承办人		联系电话	
服务单位			
服务项目		责任人	
服务评价			

附 录

附录一

上海检察机关未成年人刑事执行检察工作规程

检察机关未检部门统一集中办理涉未成年人刑事执行检察业务,是指人民检察院根据相关法律法规,积极开展对涉罪未成年人的羁押必要性审查,对看守所、未成年犯管教所监管未成年人的活动实行监督,对社区矫正部门开展社区矫正活动实行监督,根据不同情况,采取公函、检察建议、纠正意见等方式,规范刑事执行活动,维护未成年人的合法权益。

一、一般规定

未成年人刑事执行检察业务包括:未成年人刑事案件羁押必要性审查、未成年人看守所执法活动检察、未成年犯管教所检察、未成年人社区矫正检察。

未成年人刑事案件羁押必要性审查,是指人民检察院依法对批准逮捕和移送审查起诉的未成年犯罪嫌疑人,进行有无必要继续羁押的审查,对不需要继续羁押的,建议有关机关或依职权予以释放或者变更强制措施。

未成年人看守所执法活动检察,是指人民检察院依法对看守所对未成年犯罪嫌疑人的执法活动是否符合法律规定实行监督。

未成年犯管教所检察,是指人民检察院依法对未成年犯管教所开展未成年罪犯刑罚执行活动实行监督。

未成年人社区矫正检察,是指人民检察院依法对社区矫正部门开展未成年人社区矫正活动是否符合法律规定实行监督。

二、法律规范

未成年人刑事执行检察工作依据《刑事诉讼法》、《社区矫正法》、《人民检察院刑事诉讼规则》、《社区矫正法实施办法》、《看守所检察办法》、《未成年犯管教所管理规定》、《人民检察院办理羁押必要性审查案件规定(试行)》、《社区矫正法实施细则》等法律法规开展。

三、办案流程

(一) 羁押必要性审查

各级院未检部门应积极贯彻"最有利于未成年人"以及"全程、全面、客观、及时"的原则,对犯罪时未满十八周岁且已被羁押的犯罪嫌疑人、被告人有无羁押必要性依法开展审查,最大限度减少对未成年人不必要的羁押。

重点工作内容包括:

1. 各级院未检部门在审查起诉阶段应当"每案必查",在批准逮捕、提起公诉后,应当主动对在押未成年犯罪嫌疑人跟踪审查。在押未成年犯罪嫌疑人及其法定代理人、近亲属或者辩护人在侦查或审判阶段提出羁押必要性审查申请的,应当说明不需要继续羁押的理由,有相关证据或其他材料的,应当提供。

2. 各级院未检部门收到申请材料后,应当进行初审,并在三个工作日以内提出是否立案审查的意见。

3. 对在押的未成年犯罪嫌疑人是否应当释放或者变更强制措施存在较大争议的,可以举行不公开听证审查,当面听取各方面意见。决定举行不公开听证审查的,一般应当通知未成年犯罪嫌疑人及其法定代理人或者合适成年人、辩护人、侦查人员、被害人及未成年被害人的法定代理人、诉讼代理人等到场。必要时,可以通知羁押场所监管人员等到场。

审查过程应当形成书面记录,交听证参与各方签字确认。审查情况应当在羁押必要性审查报告中载明。

根据情况可以在看守所举行听证,也可以采用远程视频等方式进行审查。

4. 办理羁押必要性审查案件,应当在立案后十个工作日以内决定是否提出释放或者变更强制措施的建议。案件复杂或者情况特殊的,经检察长或者分管副检察长批准,可以延长五个工作日。

5. 经审查认为不需要继续羁押的,应当建议公安机关或者人民法院释放未成年犯罪嫌疑人、被告人或者变更强制措施。经审查认为有继续羁押必要的,由检察官决定结案,并通知办案机关。审查起诉阶段,经审查认为不需要继续羁押的,应当直接释放未成年犯罪嫌疑人或者变更强制措施。对于依申请立案审查的案件,未检部门办结后,应当将提出建议和办案机关处理情况,或者有继续羁押必要的审查意见和理由及时书面告知申请人。

6. 其他。

（二）看守所执法活动检察

各级院未检部门应指定专人负责对看守所监管未成年人的活动进行监督。

重点工作内容包括：

1. 与对应看守所及本院派驻看守所检察的人员建立信息通报机制，及时掌握未成年人出入所信息，做好出入所检察工作。

2. 审查未成年人收押、换押、提解法律文书及手续是否齐备，程序是否合法。

3. 对未成年人在入所后三个工作日内进行谈话并制作谈话笔录，重点了解、核实其年龄、家庭情况、成长经历、身体状况、精神状态以及监护、帮教条件等内容，作为后续羁押必要性审查的重要参考依据。

4. 定期对未成年人关押区域及看守所重点区域进行巡查，每月不少于一次，建立检察日志和月台账，必要时可开展专项检察、交叉检察、巡回检察。

5. 定期安排检察官、社工、心理咨询师入所开展认罪认罚、行为矫治、心理疏导等工作，掌握未成年人思想动态及表现情况。积极安排亲情会见和通话，开展教育转化工作，促使未成年人认罪认罚。

6. 对变更强制措施的未成年人，做好释放前教育工作，决定释放或为其安排相应的社会观护帮教措施；对其中无经济能力的未成年人，联合相关部门开展"阳光护送"活动，协助做好安置帮扶工作。

7. 对看守所落实未成年人与成年人"分别关押、分别管理、分别教育"等制度情况以及是否存在违规将未成年犯留所执行、超期羁押等违法违规监管问题进行重点监督。

8. 对看守所安排侦查人员、律师提审、会见程序的合法性，以及所内是否存在违规提审、提解、会见及讯问程序不合法等问题进行监督。

9. 对看守所日常监管活动，是否存在虐待体罚、违规使用警械具等侵害未成年人合法权益等进行监督。

10. 定期查看"检察信箱"，及时受理未成年人举报、控告、申诉。

11. 未成年人的事故检察、死亡检察参照刑事执行的相关规定。

12. 其他。

（三）未成年犯管教所检察

未成年犯管教所检察工作主要由驻未成年犯管教所检察室专人负责，根据《关于进一步加强未成年人刑事执行检察工作的通知》及相关刑事执行工作要求开展各项驻所检察工作；各级院未检部门根据《关于进一步加强未成年人刑罚执行工作的意见》（沪检未检〔2015〕11号）要求，应指定专人加强与驻所检察室和未成年犯管教所的配合协作。

重点工作内容包括：

1. 按要求将审查起诉期间形成的未成年犯的社会调查报告、心理测评报告、心理疏导记录、帮教记录等相关材料复印件移交未管所及驻所检察室。

2. 在未成年犯入所后及刑满释放、特赦前，派员参与出入所教育，开展教育转化、心理疏导等工作。

3. 依托驻所检察室定期对未成年犯的谈心谈话记录，梳理未成年犯入所后的思想变化和现实表现等情况，作为个别矫治的重要参考。

4. 联合青少年社工等社会力量入所开展特色帮教，重塑未成年犯的人格，为帮助其回归社会做好准备。

5. 结合国家禁毒日、宪法日等特殊时期，派员入所开展普法宣传，预防出所后再次犯罪。

6. 在服刑期满或假释前，由司法矫正社工提前进行对接，建立良好的帮教关系。

7. 未成年罪犯减刑、假释、暂予监外执行案件办理参照罪犯减刑、假释、暂予监外执行案件办理的相关规定。

8. 其他。

（四）社区矫正检察

各级院未检部门应由专人负责监督社区矫正机构对被管制、剥夺政治权利、缓刑、假释和暂予监外执行的未成年社区矫正对象的执法活动是否合法。未成年社区矫正对象，指犯罪时不满十八周岁被判处五年有期徒刑以下刑罚，且入矫时不满二十周岁的社区矫正人员。

重点工作内容包括：

1. 监督社区矫正部门是否为未成年社区矫正对象建立社区矫正执行档案，包括适用社区矫正的法律文书，以及接收、监管审批、处罚、收监执行、解除矫正等有关社区矫正执行活动的法律文书。

2. 监督社区矫正部门是否依法向人民法院、公安机关、监狱管理机关对未成年社区矫正对象提出撤销缓刑、撤销假释建议或者对暂予监外执行的收监执行建议，或者是否依法向人民法院提出减刑建议。

3. 监督公安机关是否依法将应收监的未成年罪犯送交看守所、监狱，以及看守所、监狱是否依法收监执行。

4. 对人民法院禁止令确定需经批准才能进入的特定区域或者场所，从事的特定活动，接触特定的人，未成年社区矫正对象有正当理由确需进入、从事或接触的，监督县级社区矫正部门是否依法批准并告知同级人民检察院。

5. 监督社区矫正部门是否根据未成年社区矫正对象的需要,协调有关部门和单位开展职业培训和就业指导,帮助落实社会保障措施。

6. 监督社区矫正部门是否定期到未成年社区矫正对象的家庭、所在单位、就读学校和居住的社区了解、核实其思想动态和现实表现等情况。

7. 监督社区矫正部门是否及时发现未成年社区矫正对象有违反监督管理规定或者人民法院禁止令情形,并派员调查核实、收集有关证明材料,提出处理意见。

8. 监督社区矫正部门对未成年人的社区矫正是否与成年人分开进行。

9. 社区矫正对象为未成年女性时,监督矫正小组是否有女性成员。

10. 监督社区矫正部门设立的矫正小组是否有熟悉青少年成长特点的人员参加。

11. 监督社区矫正部门是否针对未成年社区矫正对象的年龄、心理特点和身心发育需要等特殊情况,采取有益于其身心健康发展的管理措施。

12. 监督社区矫正部门是否采用易为未成年社区矫正对象接受的方式,开展思想、法治、道德教育和心理辅导。

13. 监督社区矫正部门是否对未成年社区矫正对象给予身份保护,矫正宣告是否不公开进行,矫正档案是否保密。

14. 派员参与未成年社区矫正对象入矫、解矫宣告,对全过程进行现场监督。

15. 定期开展专项检查,通过现场检查、实地查看、联组学习、个别谈话、集中教育等方式对未成年人社区矫正工作开展全面检查。

16. 组织未成年社区矫正对象共同开展主题教育活动,将集中教育与个别关爱相结合,配合做好教育转化工作。

17. 其他。

附录二

关于加强本市中小学校法治副校长工作的若干意见

（沪法宣办〔2020〕10号，2020年7月30日）

第一章 总 则

第一条 为进一步加强和完善中小学校法治副校长工作，切实推进中小学校治理体系和治理能力现代化，发挥法治副校长职能作用，健全青少年法治教育支持体系，预防和减少青少年违法犯罪，促进青少年健康成长，根据有关规定，结合本市实际，制定本意见。

第二条 司法行政部门会同教育行政部门为中小学校配备法治副校长。

法治副校长是指不脱离原工作岗位，不占学校领导职数和人员编制的，从法院、检察院、公安、司法行政等单位选聘、派出的公职人员。

第三条 本市中小学校法治副校长工作由司法行政部门、教育行政部门共同牵头，学校及法治副校长派出单位参与的方式进行。各单位的具体职责如下：

（一）市、区司法行政部门和教育行政部门要齐抓共管，负责本市中小学校法治副校长工作的统筹指导。

（二）司法行政部门要会同有关部门组织法治副校长的业务培训，帮助、指导他们开展法治宣传教育工作，及时发现、培养典型，交流推广经验。

（三）教育行政部门要把法治副校长的工作情况作为评估学校整体工作的一项重要内容，配合有关部门做好法治副校长的选聘、审核、培养、管理和考核等工作。

（四）法院、检察院、公安、司法行政等派出单位提供符合资质的法治副校长人选，并督促、指导和支持法治副校长有序开展工作。

（五）学校为法治副校长提供必要的工作保障，充分发挥法治副校长的作用。

法治副校长接受司法行政部门、教育行政部门、聘任学校和派出单位的联合管理。

第二章 法治副校长的选聘

第四条 担任法治副校长应当符合以下条件：

（一）政治素质好，品德优秀，作风正派，具有志愿服务和奉献精神，热心青少年法治教育工作。

（二）有较丰富的法律知识与实践经历，从事政法工作两年以上，具有较强的语言表达能力和组织协调能力，并了解教育教学规律。

（三）一般具有大专以上学历，从事政法工作多年的法律工作者学历可高中以上。

（四）身体健康，能坚持正常工作。

第五条 法治副校长按照聘任协议约定的职责和范围履职，主要参与以下依法治校工作：

（一）参与制订学校法治教育规划、计划，协助学校开设法治教育课程，做到教学计划、教学内容、课时、师资、考核"五落实"，健全社会参与的青少年法治教育支持体系。根据治安形势变化，结合学校实际和学生特点，开展以案释法工作，实施有针对性的法治教育。法治副校长每年在任职学校应当组织落实一般不少于4课时的法治教育任务。

（二）加强对教职员工的法治教育，督促学校健全完善侵害未成年人案件强制报告、涉及性侵害违法犯罪人员入职前查询和从业限制等制度机制。

（三）协助学校加强内部安全防范工作，健全、完善规章制度，落实各项防范措施，消除安全隐患，开展依法治校、平安校园、文明校园等创建活动。

（四）了解掌握学校周边地区治安动向，提出工作建议并积极参与组织开展学校周边治安秩序整治，建立长效工作机制，维护学校周边地区的治安秩序。

（五）参与学校纠纷协商机制，主持或参与学生安全事故纠纷的协商调解；参与学生欺凌治理和罪错学生教育矫治等工作，完成学校要求的防治学生欺凌的训诫职能及教育任务。

（六）依法妥善处理在校教师、学生违法犯罪案件，配合相关部门严肃查处侵害师生合法权益和滋扰校园的案件，加强对涉案未成年学生的隐私保护。对校园内发生的严重违纪问题，督促学校根据校规校纪妥善处理，维护学校正常的教学、生活秩序。

（七）协助学校沟通与社区、家庭及社会有关方面的联系，促进学校、家庭、社区"三位一体"法治教育机制的完善。

（八）其他与学校相关的法律事务及青少年法治宣传工作。

第六条 本市中小学校应当配备至少1名法治副校长。对师生人数众多、治安状况复杂的学校，可根据需要聘任2名以上法治副校长。根据工作需要，可以一人兼任2至3所学校的法治副校长。

第七条 区司法行政部门统筹区内法院、检察院、公安、司法行政等派出单位，明确本区符合任职条件的法治副校长人员总名单。

区教育行政部门统筹区内学校、明确法治副校长的人员需求，会同区司法行政部门共同审核确定各区法治副校长推荐名单。

学校在区教育行政部门的指导下开展法治副校长选聘工作，法治副校长由学校与推荐名单中的受聘者按照就近原则实行双向选择。

经聘任后的法治副校长花名册由区司法行政部门、区教育行政部门各自报送市司法行政部门、市教育行政部门备案。

第八条 法治副校长由学校聘任，订立聘任协议，并颁发聘书，以适当方式向社会进行公示。

法治副校长聘书和聘任协议，由市司法行政部门会同市教育行政部门共同规范格式及主要内容。

第九条 法治副校长任期一般为三年，可以续聘。

已聘任法治副校长因工作变动或其他原因不能继续履行职责的，或根据本意见规定开展对法治副校长的考核后认定法治副校长不能胜任的，可以予以解除聘任协议，由学校或区教育行政部门提出并予以调整。

第三章 法治副校长的管理

第十条 司法行政部门和教育部门应当形成法治副校长工作机制，对法治副校长的工作职责、工作方式、工作要求等内容进行规范，并签订相关协议，制度化保障法治副校长参与学校治理的及时性、有效性。

学校应当为法治副校长履行职责提供必要的条件，配合法治副校长做好相关工作，主动介绍校园的有关情况，涉及到法治副校长履职的重要会议、活动，应事先与法治副校长沟通，并通知其参加。

第十一条 由区司法行政部门会同区教育行政部门共同制订法治副校长业务培训工作计划，并按照计划每年组织不少于一次业务培训。

各区可结合实际，探索开展法治副校长集体备课、教案研讨、公开课观摩等新型培训模式，提高法治副校长业务水平。

第十二条 学校建立法治副校长工作评价和档案管理制度，由所在学校以年度为单位为法治副校长作出工作评价鉴定，并将结果报送区司法行政部门、区教育行政部门。

区司法行政部门会同区教育行政部门每年对区内法治副校长的工作情况进行一次抽查。

第十三条 对工作成绩突出的法治副校长,由区司法行政部门会同区教育行政部门联合进行通报表扬,同时向派出单位建议作为考核其工作、晋职、晋级和立功受奖的依据之一。

对推荐、聘任法治副校长工作成绩突出的派出单位、学校,由市司法行政部门会同市教育行政部门在五年普法总结中予以参考,作为表彰依据之一。

第十四条 法治副校长在学校履职的工作经费由学校保障。

区司法行政部门应当将法治副校长的培训费纳入财政预算。

第四章 附 则

第十五条 本意见所适用的中小学校,包含中等职业学校、专门学校。幼儿园的法治副校长聘任及管理工作参照本意见执行。

第十六条 本意见自发布之日起施行,有效期三年。

附录三

上海市检察机关未成年人
民事案件办案规程

未检部门办理未成年人民事检察案件,主要任务是依法监督涉未成年人民事法律统一正确实施,保障未成年人合法权益,主要效力在于依法启动相应的未成年人权益保护程序或促进审判权规范运行,以实现维护司法公正和权威、化解社会矛盾、维护未成年人合法权益等目的。主要业务包括未检民事诉讼监督、对监护侵害行为和涉未成年人家庭暴力案件处(办)理的监督以及督促起诉、支持起诉等案件办理。

一、未成年人民事诉讼监督

(一) 一般规定

未成年人民事诉讼监督,指人民检察院对涉未成年人的民事裁判结果、调解书、民事审判程序审判人员违法行为以及民事执行活动进行监督。为促进公正廉洁执法、不断加强自身监督,未成年人民事诉讼监督案件,按照《民事诉讼监督规则》的规定,应当遵守负责控告申诉检察、民事(未成年人)检察、案件管理的部门分别承担受理、办理、管理工作的原则,各部门互相配合、互相制约,确保未成年人民事诉讼监督工作及时有效开展。

(二) 法律规范

人民检察院办理未成年人民事诉讼监督案件,主要应当根据《民法典》《民事诉讼法》《未成年人保护法》《关于适用〈中华人民共和国民事诉讼法〉的解释》《关于适用〈中华人民共和国民事诉讼法〉审判监督程序若干问题的解释》《关于对民事审判活动与行政诉讼实行法律监督的若干意见(试行)》《民事诉讼监督规则》等法律法规,结合未成年人检察工作实际进行。

(三) 案件受理

当事人根据《民事诉讼法》第二百零九条第一款的规定向人民检察院申

请检察建议或者抗诉,由作出生效民事判决、裁定、调解书的人民法院所在地同级人民检察院负责控告申诉检察的部门受理。当事人认为民事审判程序中审判人员存在违法行为或者民事执行活动存在违法情形,向人民检察院申请监督的,由审理、执行案件的人民法院所在地同级人民检察院负责控告申诉检察的部门受理。

(四) 办案流程

1. 一般流程

(1) 案件来源

未成年人民事诉讼监督案件的来源包括:

①当事人向人民检察院申请监督;

②当事人以外的自然人、法人和非法人组织向人民检察院控告;

③人民检察院在履行职责中发现。

(2) 审查范围和对象

人民检察院审查未成年人民事诉讼监督案件,应当围绕申请人的申请监督请求、争议焦点以及《民事诉讼监督规则》第三十七条规定的情形,对人民法院民事诉讼活动是否合法进行全面审查。其他当事人在人民检察院作出决定前也申请监督的,应当将其列为申请人,对其申请监督请求一并审查。

(3) 当事人举证

申请人或者其他当事人对提出的主张,应当提供证据材料。人民检察院收到当事人提交的证据材料,应当出具收据。

如果申请人不提交证据材料证明监督事由存在,而又不存在其他需要监督的事由,人民检察院可以直接作出不支持监督申请的决定。

(4) 回避告知

人民检察院应当告知当事人有申请回避的权利,并告知办理案件的检察人员、书记员等的姓名、法律职务。

(5) 听取意见

人民检察院审查案件,应当通过适当方式听取当事人意见。听取涉案未成年人意见时,应当通知法定代理人或其他合适成年人到场。人民检察院认为确有必要时,可以召开听证会,当事人是未成年人案件的听证会一般不公开举行。对事实认定、法律适用、案件处理等方面存在较大争议或者有重大社会影响的未成年人民事诉讼监督案件,在确保未成年人的隐私不泄露情况下,可以采取公开的方式进行听证。

(6) 调查核实

人民检察院审查案件,必要时可以调查核实有关情况。人民检察院可以采取以下调查核实措施：

①查询、调取、复制相关证据材料；

②询问当事人或者案外人；

③咨询专业人员、相关部门或者行业协会等对专门问题的意见；

④委托鉴定、评估、审计；

⑤勘验物证、现场；

⑥查明案件事实所需要采取的其他措施。

需要注意的是，人民检察院调查核实，不得采取限制人身自由和查封、扣押、冻结财产等强制性措施。有《民事诉讼监督规则》第六十四条第一款规定的情形之一的，人民检察院可以向银行业金融机构查询、调取、复制相关证据材料。

（7）调阅诉讼卷宗

人民检察院审查案件，可以依照有关规定调阅人民法院的诉讼卷宗。

需要注意的是，通过拷贝电子卷、查阅、复制、摘录等方式能够满足办案需要的，可以不调阅诉讼卷宗。人民检察院认为确有必要，可以依照有关规定调阅人民法院的诉讼卷宗副卷，并采取严格保密措施。

（8）制作报告、提出意见

承办检察官审查终结后，应当制作审查终结报告。审查终结报告应当全面、客观、公正地叙述案件事实，依据法律提出处理建议或者意见。

承办检察官通过审查监督申请书等材料即可以认定案件事实的，可以直接制作审查终结报告，提出处理建议或者意见。

（9）讨论

承办检察官办理案件过程中，可以提请负责民事（未成年人）检察的部门负责人召集检察官联席会议讨论。检察长、负责民事（未成年人）检察的部门负责人在审核或者决定案件时，也可以召集检察官联席会议讨论。

检察官联席会议讨论情况和意见应当如实记录，由参加会议的检察官签名后附卷保存。负责民事（未成年人）检察的部门负责人或者承办检察官不同意检察官联席会议多数人意见的，负责民事（未成年人）检察的部门负责人应当报请检察长决定。

检察长认为必要的，可以提请检察委员会讨论决定。检察长、检察委员会对案件作出的决定，承办检察官应当执行。

（10）处理决定

人民检察院对审查终结的案件，应当区分情况作出下列决定：

①提出再审检察建议；

②提请抗诉或者提请其他监督；
③提出抗诉；
④提出检察建议；
⑤终结审查；
⑥不支持监督申请；
⑦复查维持。

负责控告申诉检察的部门受理的案件，负责民事（未成年人）检察的部门应当将案件办理结果书面告知负责控告申诉检察的部门。

（11）当事人和解

人民检察院在办理未成年人民事诉讼监督案件过程中，当事人有和解意愿的，可以引导当事人自行和解。

需要注意的是，当事人和解是当事人对其私权的处分，但当事人的和解方案不能损害国家利益、社会公共利益或者他人合法权益，尤其应当重点关注涉案未成年人的利益保护问题。此外，当事人通过自行达成的协议处分自己权利的行为应当与检察机关对公权力监督职能区分开来，对人民法院在案件处理过程中存在应当监督的情形的，检察机关仍应当采取恰当的方式进行监督，不能以当事人和解代替检察监督。

（12）审查期限

人民检察院受理当事人申请对人民法院已经发生法律效力的涉未成年人民事判决、裁定、调解书监督的案件，应当在三个月内审查终结并作出决定，但调卷、鉴定、评估、审计、专家咨询等期间不计入审查期限。对涉未成年人民事审判程序中审判人员违法行为监督案件和对涉未成年人民事执行活动监督案件的审查期限，参照前述规定执行。

需要注意的是，下级人民检察院提请抗诉的民事诉讼监督案件、提请其他监督等案件，由上一级人民检察院负责案件管理的部门受理，受理后的审查期限仍适用上述规定。

（13）中止审查

有下列情形之一的，人民检察院可以中止审查：
①申请监督的自然人死亡，需要等待继承人表明是否继续申请监督的；
②申请监督的法人或者非法人组织终止，尚未确定权利义务承受人的；
③本案必须以另一案的处理结果为依据，而另一案尚未审结的；
④其他可以中止审查的情形。

中止审查的，应当制作《中止审查决定书》，并发送当事人。中止审查的原因消除后，应当及时恢复审查。

（14）终结审查

有下列情形之一的，人民检察院应当终结审查：

①人民法院已经裁定再审或者已经纠正违法行为的；

②申请人撤回监督申请或者当事人达成和解协议，且不损害国家利益、社会公共利益或者他人合法权益的；

③申请人在与其他当事人达成的和解协议中声明放弃申请监督权利，且不损害国家利益、社会公共利益或者他人合法权益的；

④申请监督的自然人死亡，没有继承人或者继承人放弃申请，且没有发现其他应当监督的违法情形的；

⑤申请监督的法人或者非法人组织终止，没有权利义务承受人或者权利义务承受人放弃申请，且没有发现其他应当监督的违法情形的；

⑥发现已经受理的案件不符合受理条件的；

⑦人民检察院依职权启动监督程序的案件，经审查不需要采取监督措施的；

⑧其他应当终结审查的情形。

终结审查的，应当制作《终结审查决定书》，需要通知当事人的，发送当事人。

（15）结果审查

人民法院对民事诉讼监督案件作出再审判决、裁定或者其他处理决定后，提出监督意见的人民检察院应当对处理结果进行审查，并填写《民事诉讼监督案件处理结果审查登记表》。

（16）跟进监督

有下列情形之一的，人民检察院可以按照有关规定再次监督或者提请上级人民检察院监督：

①人民法院审理民事抗诉案件作出的判决、裁定、调解书仍有明显错误的；

②人民法院对检察建议未在规定的期限内作出处理并书面回复的；

③人民法院对检察建议的处理结果错误的。

（17）复查

当事人认为人民检察院对同级人民法院已经发生法律效力的民事判决、裁定、调解书作出的不支持监督申请决定存在明显错误的，可以在不支持监督申请决定作出之日起一年内向上一级人民检察院申请复查一次。

负责民事（未成年人）检察的部门审查后，认为下一级人民检察院不支持监督申请决定错误，应当以人民检察院的名义予以撤销并依法提出抗诉；认为不存在错误，应当决定复查维持，并制作《复查决定书》，发送申请人。

对复查案件的审查期限，参照《民事诉讼监督规则》第五十二条第一款规定执行。

2. 民事裁判结果监督的具体要求

人民检察院发现人民法院已经发生法律效力的涉未成年人民事判决、裁定有《民事诉讼法》第二百条规定情形之一的，依法向人民法院提出再审检察建议或者抗诉。人民检察院发现涉未成年人民事调解书损害国家利益、社会公共利益的，依法向人民法院提出再审检察建议或者抗诉。人民检察院对当事人通过虚假诉讼获得的民事调解书应当依照前款规定监督。

对《民事诉讼法》第二百条中涉及的"有新的证据，足以推翻原判决、裁定的"、"认定的基本事实缺乏证据证明"、"适用法律确有错误"、"审判组织的组成不合法"、"违反法律规定，剥夺当事人辩论权利"的认定，参见《民事诉讼监督规则》第七十六条、第七十七条、第七十八条、第七十九条、第八十条的规定。

人民检察院认为当事人的监督申请不符合提出再审检察建议或者提请抗诉、抗诉条件的，应当作出不支持监督申请的决定，并在决定之日起十五日内制作《不支持监督申请决定书》，发送当事人。

（1）再审检察建议

有《民事诉讼监督规则》第八十一条规定情形之一，或者符合第八十二条、第八十三条规定的案件适宜由人民法院再审纠正的，人民检察院可以提出再审检察建议。

人民检察院提出再审检察建议，应当制作《再审检察建议书》，在决定提出再审检察建议之日起十五日内将《再审检察建议书》连同案件卷宗移送同级人民法院，并制作决定提出再审检察建议的《通知书》，发送当事人。人民检察院提出再审检察建议，应当经本院检察委员会决定，并将《再审检察建议书》报上一级人民检察院备案。

（2）提请抗诉

有《民事诉讼监督规则》第八十二条、第八十三条规定情形之一的，人民检察院一般应当提请抗诉。对人民法院已经采纳检察建议进行再审的案件，提出再审检察建议的人民检察院一般不得再向上级人民检察院提请抗诉。

人民检察院提请抗诉，应当制作《提请抗诉报告书》，在决定提请抗诉之日起十五日内将《提请抗诉报告书》连同案件卷宗报送上一级人民检察院，并制作决定提请抗诉的《通知书》，发送当事人。

（3）抗诉

最高人民检察院对各级人民法院已经发生法律效力的成年人民事判决、裁定、调解书，上级人民检察院对下级人民法院已经发生法律效力的民事判决、裁定、调解书，发现有《民事诉讼法》第二百条、第二百零八条规定情形的，应当向同级人民法院提出抗诉。

人民检察院提出抗诉，应当制作《抗诉书》，在决定抗诉之日起十五日内将《抗诉书》连同案件卷宗移送同级人民法院，并由接受抗诉的人民法院向当事人送达再审裁定时一并送达《抗诉书》。人民检察院应当制作决定抗诉的《通知书》，发送当事人。

（4）出庭

人民检察院提出抗诉的案件，人民法院再审时，人民检察院应当派员出席法庭。一般情况下，人民检察院应当派员出席再审法庭。接受抗诉的人民法院将抗诉案件交下级人民法院再审的，提出抗诉的人民检察院可以指令再审人民法院的同级人民检察院派员出庭。

检察人员出席再审法庭的任务是：一是宣读抗诉书；二是对人民检察院调查取得的证据予以出示和说明；三是庭审结束时，经审判长许可，可以发表法律监督意见；四是对法庭审理中违反诉讼程序的情况予以记录。

检察人员发现庭审活动违法的，应当待休庭或者庭审结束之后，以人民检察院的名义提出检察建议。

（5）常见监督内容

①对涉未成年人侵权案件的判决，责任划分是否清晰，过错责任、无过错责任、公平责任等原则、规则适用是否正确，认定事实是否清楚，证据是否确实充分，适用法律是否正确，审判程序是否合法，是否保障当事人诉讼权利；

②对教唆、帮助无民事行为能力的未成年人实施侵权行为的人，是否认定为侵权人，依法承担民事责任；

③对教唆、帮助限制民事行为能力的未成年人实施侵权行为的人，是否认定为共同侵权人，依法承担民事责任；

④夫妻离婚后，未成年子女侵害他人权益的，是否认定同该子女共同生活的一方承担民事责任，如果独立承担民事责任确有困难的，是否责令未与该子女共同生活的一方共同承担民事责任；

⑤未成年人造成他人损害的，有明确的监护人时，是否由监护人承担民事责任，监护人不明确时，是否由顺序在前的有监护能力的人承担民事责任；

⑥侵权行为发生时行为人不满十八周岁，在诉讼时已满十八周岁，但没有经济能力的，是否认定由原监护人承担民事责任；

⑦未成年人遭受性侵害的损害赔偿请求权的诉讼时效期间,是否自受害人年满十八周岁之日起计算;

⑧未成年人在幼儿园、学校或者其他教育机构学习、生活期间受到人身损害的,或者受到第三人侵害的,是否适用相应原则确定相关单位和机构的责任;

⑨在离婚和子女抚养判决中,对不满两周岁的子女,是否以由母亲直接抚养为原则,对已满两周岁的子女,是否按照最有利于未成年子女的原则判决,对子女已满八周岁的,是否听取和尊重其真实意愿;

⑩对监护人的确定有争议的,是否按照最有利于未成年人的原则在依法具有监护资格的人中指定监护人;

⑪在离婚和子女抚养判决中,对不抚养子女的一方负担抚养费、生活费和教育费、医疗费等费用的多少和期限的长短,是否合法、合情、合理,是否有利于子女的身心健康;

⑫在探望权纠纷判决中,对不直接抚养子女一方行使探望权的方式、时间等是否合法、合情、合理,是否有利于子女的身心健康;

⑬对不直接抚养子女一方探望子女不利于子女身心健康的,是否依法中止其探望,中止的事由消失后,是否依法恢复其探望;

⑭在确认亲子关系是否存在案件判决中,一方提出证据证明亲子关系存在或不存在,另一方没有相反证据又拒绝做亲子鉴定的,是否依法推定提出证据一方的主张成立;

⑮是否对宣告婚姻无效案件不适用调解,是否对宣告婚姻无效案件中涉及财产分割和子女抚养部分依法调解,调解达成协议的,是否另行制作调解书;

⑯在遗产继承案件判决中,遗产分割时,是否保留胎儿的继承份额。胎儿娩出时是死体的,保留的份额是否按照法定继承办理;

⑰无诉讼行为能力人未经法定代理人代为诉讼或者应当参加诉讼的当事人,因不能归责于本人或者其诉讼代理人的事由,未参加诉讼的;

⑱其他。

3. 审判人员违法行为监督的具体要求

(1) 民事审判程序范围

第一审普通程序;简易程序;第二审程序;特别程序;审判监督程序;督促程序;公示催告程序;海事诉讼特别程序;破产程序。

(2) 审判人员范围

法官、人民陪审员、法官助理、书记员。

(3) 决定和文书发送

人民法院涉未成年人民事审判程序中有《民事诉讼监督规则》第一百条、第一百零一条规定情形之一的，人民检察院应当提出检察建议。人民检察院提出检察建议的，应当制作《检察建议书》，在决定提出检察建议之日起十五日内将《检察建议书》连同案件卷宗移送同级人民法院，并制作决定提出检察建议的《通知书》，发送申请人。

人民检察院认为当事人申请监督的涉未成年人审判程序中审判人员违法行为认定依据不足的，应当作出不支持监督申请的决定，并在决定之日起十五日内制作《不支持监督申请决定书》，发送申请人。

需要注意的是，对人民检察院依职权启动监督程序的案件，经审查认为审判人员违法行为认定依据不足的，由于案件不存在监督申请人，所以人民检察院应当作出终结审查决定，而不能作出不支持监督申请的决定。

(4) 常见监督内容

①审判人员是否有接受当事人及其代理人利益输送或者违反规定会见当事人及其代理人的；

②未成年人因遭受家庭暴力或者面临家庭暴力的现实危险，向人民法院申请人身安全保护令的，人民法院是否依法受理；

③对生效离婚判决中未涉及探望权，当事人就探望权问题单独提起诉讼的，人民法院是否依法受理；

④对当事人因同居期间财产分割或者子女抚养纠纷提起诉讼的，人民法院是否依法受理；

⑤在诉讼中，无民事行为能力人和限制民事行为能力人没有监护人的，是否依法指定诉讼中的法定代理人；

⑥在婚姻关系存续期间，父母一方或双方拒不履行抚养子女的义务，未成年子女请求抚养费的，人民法院是否依法受理并支持；

⑦人民法院在互联网公布裁判文书时，是否删除未成年人的相关信息；

⑧涉及离婚诉讼或者涉及未成年人子女抚养、监护的裁判文书，是否在互联网公布；

⑨人民法院送达诉讼文书时，是否依法采取适当的送达方式，送达程序是否合法；

⑩其他。

4. 民事执行活动监督的具体要求

(1) 监督范围

人民法院行使涉未成年人民事执行权主要包括行使执行审查权和执行实施

权。如果人民法院行使执行审查权和执行实施权存在违法、错误，以及存在消极执行、拖延执行等怠于履职等情形，或者在执行活动中执行人员存在违法行为的，人民检察院应当依法进行监督。

（2）决定和文书发送

人民检察院对涉未成年人民事执行活动提出检察建议的，应当经检察长或者检察委员会决定，制作《检察建议书》，在决定之日起十五日内将《检察建议书》连同案件卷宗移送同级人民法院，并制作决定提出检察建议的《通知书》，发送当事人。

人民检察院认为当事人申请监督的人民法院执行活动不存在违法情形的，应当作出不支持监督申请的决定，并在决定之日起十五日内制作《不支持监督申请决定书》，发送申请人。

需要注意的是，对人民检察院依职权启动监督程序的案件，由于案件不存在监督申请人，所以人民检察院应当作出终结审查决定，而不能作出不支持监督申请的决定。

（3）常见监督内容

①人民法院对离婚父母一方或双方拒不履行探望子女判决裁定的，是否从有利于未成年子女健康成长出发，采用执行调解、训诫教育、强制措施、纳入失信人名单等多种合法程序要求被执行人履行义务；

②是否对未成年子女的人身、探望行为进行强制执行；

③是否将未成年人纳入失信被执行人名单；

④在查封、扣押、冻结财产时，是否确保被执行人及其所扶养未成年子女或依靠其生活的未成年人生活所必需的物品和完成义务教育所必需的物品；

⑤在当事人履行生效判决、裁定或者调解书的过程中，请求中止探望的，是否依法征询双方当事人的意见，对需要中止探望的，是否依法作出裁定，中止探望的情形消失后，是否根据当事人的请求书面通知其恢复探望；

⑥其他。

二、督促起诉和支持起诉

（一）督促起诉

未成年人合法权益受到侵犯，相关组织和个人未代为提起诉讼的，检察机关可以通过检察建议等形式督促相关组织和个人通过诉讼等形式维护未成年人合法权益。

（二）支持起诉

1. 一般规定

检察机关对损害未成年集体或个人民事权益的行为，可以支持未成年受害者及其近亲属等提起民事诉讼。检察机关支持起诉的主要职责是辅助未成年人一方当事人进行诉讼，弥补其诉讼能力的不足，帮助其维护合法利益。

2. 法律规范

支持起诉的依据，主要是《民事诉讼法》第十五条"机关、社会团体、企业事业单位对损害国家、集体或者个人民事权益的行为，可以支持受损害的单位或者个人向人民法院起诉"，以及《未成年人保护法》第一百零六条"未成年人合法权益受到侵犯，相关组织和个人未代为提起诉讼的，人民检察院可以督促、支持其提起诉讼；涉及公共利益的，人民检察院有权提起公益诉讼"。

3. 办理流程

（1）受理条件

检察机关受理支持起诉的案件，必须同时具备以下条件：

①未成年人起诉存在困难；

②支持未成年人或民政等相关单位和近亲属等个人起诉确实有助于维护未成年人合法权益的；

③采取其他方式不足以实现权利救济，检察机关认为确有必要的。

（2）支持形式

①检察机关可以为未成年人提供法律支持，帮助落实法律援助，提供法律咨询、提出适当的诉讼策略；

②检察机关可以为未成年人提供证据支持，对未成年人系刑事犯罪案件被害人的，可以在刑事案件证据范围内，依法为当事人提供必要证据支持；

③检察机关可以为未成年人提供出庭支持，向法院提交《支持起诉意见书》，并指派检察人员出庭发表支持起诉意见，履行法律监督职责。

（3）常见支持起诉的情形

①未成年人遭受他人不法侵害，造成身体伤害、精神损害等，无人代为提起诉讼主张权利，或者虽经诉讼仍无法及时得到合理赔偿时，向检察机关提出申请要求支持起诉的；

②未成年人无法得到适当的监护，或其继承权等权利受到侵害，没有适格主体为其主张权利的，向检察机关提出申请要求支持起诉的；

③未成年人遭受监护人侵害后，其近亲属等向人民法院提起撤销监护资格诉讼，或者未成年人向监护人追索抚养费等，向检察机关申请支持起诉的，检察机关可以支持起诉；

④其他。

三、对处理监护侵害行为和办理涉未成年人家庭暴力案件的监督

(一) 一般规定

对处理监护侵害行为的监督,是指对父母或者其他监护人性侵害、出卖、遗弃、虐待、暴力伤害未成年人,教唆、利用未成年人实施违法犯罪行为,胁迫、诱骗、利用未成年人乞讨,以及不履行监护职责严重危害未成年人身心健康等行为的处理进行监督,确保未成年人得到妥善照料。对办理涉未成年人家庭暴力案件的监督,是指对发生在家庭成员之间,以及具有监护、寄养等关系的共同生活人员之间的涉未成年人家庭暴力犯罪的案件办理进行监督,积极预防和有效惩治各种家庭暴力犯罪。

(二) 法律规范

为切实维护未成年人合法权益,对处理监护侵害行为、办理涉未成年人家庭暴力案件的监督,应当根据《民法典》《民事诉讼法》《未成年人保护法》《关于依法处理监护人侵害未成年人权益行为若干问题的意见》《关于依法办理家庭暴力犯罪案件的意见》等法律规定,依法及时有效干预。

(三) 督促履行监护职责

1. 未成年人的父母或者其他监护人应当履行下列监护职责:
(1) 为未成年人提供生活、健康、安全等方面的保障;
(2) 关注未成年人的生理、心理状况和情感需求;
(3) 教育和引导未成年人遵纪守法、勤俭节约,养成良好的思想品德和行为习惯;
(4) 对未成年人进行安全教育,提高未成年人的自我保护意识和能力;
(5) 尊重未成年人受教育的权利,保障适龄未成年人依法接受并完成义务教育;
(6) 保障未成年人休息、娱乐和体育锻炼的时间,引导未成年人进行有益身心健康的活动;
(7) 妥善管理和保护未成年人的财产;
(8) 依法代理未成年人实施民事法律行为;
(9) 预防和制止未成年人的不良行为和违法犯罪行为,并进行合理管教;
(10) 其他应当履行的监护职责。

2. 未成年人的父母或者其他监护人不得实施下列行为:
(1) 虐待、遗弃、非法送养未成年人或者对未成年人实施家庭暴力;

（2）放任、教唆或者利用未成年人实施违法犯罪行为；

（3）放任、唆使未成年人参与邪教、迷信活动或者接受恐怖主义、分裂主义、极端主义等侵害；

（4）放任、唆使未成年人吸烟（含电子烟，下同）、饮酒、赌博、流浪乞讨或者欺凌他人；

（5）放任或者迫使应当接受义务教育的未成年人失学、辍学；

（6）放任未成年人沉迷网络，接触危害或者可能影响其身心健康的图书、报刊、电影、广播电视节目、音像制品、电子出版物和网络信息等；

（7）放任未成年人进入营业性娱乐场所、酒吧、互联网上网服务营业场所等不适宜未成年人活动的场所；

（8）允许或者迫使未成年人从事国家规定以外的劳动；

（9）允许、迫使未成年人结婚或者为未成年人订立婚约；

（10）违法处分、侵吞未成年人的财产或者利用未成年人牟取不正当利益；

（11）其他侵犯未成年人身心健康、财产权益或者不依法履行未成年人保护义务的行为。

3. 其他保障未成年人安全的行为和措施

未成年人的父母或者其他监护人应当为未成年人提供安全的家庭生活环境，及时排除引发触电、烫伤、跌落等伤害的安全隐患；采取配备儿童安全座椅、教育未成年人遵守交通规则等措施，防止未成年人受到交通事故的伤害；提高户外安全保护意识，避免未成年人发生溺水、动物伤害等事故。

人民检察院在办理案件过程中，发现未成年人的父母或其他监护人存在不履行或不正确履行上述对未成年人的教育、抚养、保护等监护职责的，应当对未成年人的父母或其他监护人进行训诫，并可以责令其接受家庭教育指导。

（四）常见诉讼监督情形

1. 法院受理撤销监护人资格案件和人身安全保护令案件不应收取诉讼费用；

2. 法院审理撤销监护人资格案件应依法在三十日的法定期限内结案，有特殊情况延长的，需依程序审批；

3. 被撤销监护人资格的父母，应当继续负担未成年人的抚养费用和因监护侵害行为产生的各项费用。相关单位和人员起诉的，人民法院应当支持；

4. 当事人是无民事行为能力人、限制民事行为能力人，或者因受到强制、威吓等原因无法申请人身安全保护裁定的，相关单位或人员应帮助代为申请；

5. 人民法院接受诉讼前人身安全保护裁定申请后，应当在48小时内作出裁定；接受诉讼中人身安全保护裁定申请，情况紧急的，也应当在48小时内作出裁定；特别紧急的，应当在24小时内作出；

6. 作出人身安全保护裁定后，应当立即执行；

7. 对被申请人拒不履行人身安全保护裁定，危及未成年人及其临时照料人人身安全或者扰乱未成年人救助保护机构工作秩序的情况，应当依法处理；

8. 其他。

在处理监护侵害行为和办理涉未成年人家庭暴力案件过程中，人民法院、人民检察院、公安机关可以告知临时照料人有权向人民法院申请人身安全保护令和撤销监护人资格，检察机关可以通过督促、支持起诉等方式开展监督。检察机关发现民政和其他行政部门未履行或不正确履行相关职责的，可以通过制发检察建议等方式予以纠正。

附录四

上海市检察机关未成年人
行政案件办案规程

检察机关未检部门统一集中办理涉未成年人行政检察案件,是指人民检察院根据相关法律法规,以行政诉讼监督为基础,以非诉执行监督为延伸,为维护未成年人合法权益,对行政诉讼活动、行政非诉执行活动开展监督,积极推动行政争议实质性化解。在对行政诉讼案件开展监督的同时,对案件所涉的行政行为同时开展审查,根据不同情况,采取公函、检察建议、纠正意见等方式,对行政机关提出建议,规范行政行为。

一、一般规定

未成年人行政检察业务包括:未成年人行政诉讼监督、未成年人行政非诉执行监督、促进行政机关依法行政。

未成年人行政诉讼监督是指未检部门根据当事人申请或者依职权办理当事人系未成年人,或者主要涉及未成年人权益的行政诉讼监督案件,包括对已经发生效力的判决、裁定,损害国家利益、社会公共利益的调解书的监督、对审判人员违法行为的监督以及对执行活动的监督。

未检行政非诉执行监督是指未检部门根据当事人申请或者依职权对行政机关向人民法院申请强制执行,主要涉及未成年人权益的案件进行监督。

促进行政机关依法行政是指未检部门根据《行政诉讼法》《行政处罚法》《未成年人保护法》等法律法规的相关规定,在开展行政诉讼监督、行政非诉监督过程中,发现行政机关依法行政未能保障未成年人合法权益,但不符合行政违法的立案条件,也不属于公益诉讼办案范围,而向行政机关提出检察建议,促进行政机关依法保障未成年人合法权益。

行政诉讼监督方式包括制发再审检察建议书、提请抗诉、抗诉等。

行政非诉执行监督方式包括制发检察建议书等。

促进行政机关依法行政方式包括制发公函、检察建议书或提出纠正意见等。

二、法律规范

未成年人行政检察工作依据《行政诉讼法》《行政强制法》《行政处罚法》《行政许可法》《关于适用〈中华人民共和国行政诉讼法〉的解释》《关于对民事审判活动与行政诉讼实行法律监督的若干意见（试行）》《行政诉讼监督规则》等法律法规开展。

人民检察院办理行政检察监督案件，适用《行政诉讼监督规则》的相关规定，该规则没有规定的，根据《行政诉讼监督规则》第135条，适用《民事诉讼监督规则》的相关规定。

三、办案流程

（一）案件来源及管辖

1. 当事人向人民检察院提出申请

当事人对已经发生法律效力的行政判决、裁定、调解书向人民检察院申请监督的，按照《行政诉讼监督规则》相关规定，由作出生效判决、裁定、调解书的人民法院所在地同级人民检察院受理。

当事人认为审判程序中审判人员存在违法行为或者执行活动存在违法情形，向人民检察院申请监督的，按照《行政诉讼监督规则》相关规定，由审理、执行案件的人民法院所在地同级人民检察院受理。

当事人不服审理、执行案件人民法院的上级人民法院作出的复议裁定、决定等，向人民检察院申请监督的，由作出复议裁定、决定等的人民法院所在地同级人民检察院受理。

2. 当事人以外的公民/法人或者其他组织向人民检察院控告

3. 人民检察院依职权发现

（二）受理

1. 受理范围

（1）人民法院驳回当事人再审申请或者逾期未对再审申请作出裁定的，当事人对已经发生法律效力的判决、裁定、调解书，认为确有错误的；

（2）认为再审行政判决、裁定确有错误的；

（3）认为行政审判程序中审判人员存在违法行为的；

（4）认为人民法院行政案件执行活动存在违法情形的。

当事人依照第一项、第二项规定向人民检察院申请监督，应当在人民法院送达驳回再审申请裁定之日或者再审判决、裁定发生法律效力之日起六个月内提出；对人民法院逾期未对再审申请作出裁定的，应当在再审申请审查期限届满之日起六个月内提出。

当事人依照第一项、第二项规定向人民检察院申请监督，具有下列情形之一的，应当在知道或者应当知道之日起六个月内提出：

①有新的证据，足以推翻再审判决、裁定的；

②原生效判决、裁定认定事实的主要证据系伪造的；

③据以作出原生效判决、裁定的法律文书被撤销或者变更的；

④审判人员在审理该案件时有贪污受贿、徇私舞弊、枉法裁判行为的。

当事人依照第三项、第四项向人民检察院申请监督，应当在知道或者应当知道审判人员违法行为或者执行活动违法情形发生之日起六个月内提出。

上述期间为不变期间，不适用中止、中断、延长的规定。

2. 不予受理的情形

（1）当事人对生效行政判决、裁定、调解书未向人民法院申请再审或者申请再审超过法律规定的期限的；

（2）人民法院在法定期限内正在对再审申请进行审查的；

（3）人民法院已经裁定再审且尚未审结的；

（4）人民检察院已经审查终结作出决定的；

（5）行政判决、裁定、调解书是人民法院根据人民检察院的抗诉或者再审检察建议再审后作出的；

（6）申请监督超过法定期限的；

（7）根据法律规定可以对人民法院的执行活动提出异议、申请复议或者提起诉讼后，当事人、利害关系人、案外人没有提出异议、申请复议或者提起诉讼的，但有正当理由或者人民检察院依职权监督的除外；

（8）当事人提出有关执行的异议、申请复议、申诉或者提起诉讼后，人民法院已经受理并正在审查处理的，但超过法定期限未作出处理的除外；

（9）其他不应当受理的情形。

同级人民检察院不依法受理的，当事人可以向上一级人民检察院申请监督。

3. 人民检察院依职权进行监督情形

（1）损害国家利益或者社会公共利益的；

（2）审判、执行人员有贪污受贿、徇私舞弊、枉法裁判等违法行为的；

（3）依照有关规定需要人民检察院跟进监督的；

（4）人民检察院作出的不支持监督申请决定确有错误的；

（5）其他确有必要进行监督的。

人民检察院对行政案件依职权监督，不受当事人是否申请再审的限制。

（三）审查

1. 办案期限

未检部门受理当事人申请涉未行政诉讼监督（含非诉执行监督）的案件，应当在三个月内审查终结并作出决定，但调卷、鉴定、评估、审计、专家咨询等期间不计入审查期限。

有需要调查核实、实质性化解行政争议及其他特殊情况需要延长审查期限的，由本院检察长批准。

2. 审查方式

未检部门应当对行政诉讼监督案件及涉未非诉执行监督案件进行初步审查，调阅人民法院诉讼卷宗、执行卷宗。

听取案件当事人、涉案未成年人及其法定代理人意见；可以听取人民法院相关审判人员、执行人员等人员意见，并在审结报告中予以反映。对于抗诉案件，可以听取提请抗诉检察机关承办人意见。

根据案件情况，可以走访相关部门、向当事人或者案外人调查核实有关情况，调取相关证据等，并在审结报告中予以反映。

人民检察院调查核实，有关单位和个人应当配合。拒绝或者妨碍人民检察院调查核实的，人民检察院可以向有关单位或者其上级主管机关提出检察建议，责令纠正，必要时可以通报同级政府、监察机关；涉嫌违纪违法犯罪的，依照规定移送有关机关处理。

承办检察官对审查认定的事实负责。在办理案件过程中，承办检察官可以提请负责行政检察的部门负责人召集检察官联系会议讨论。

人民检察院审查行政诉讼监督案件，在事实认定、法律适用、案件处理等方面存在较大争议，或者有重大社会影响，需要当面听取当事人和其他相关人员意见的，可以召开听证会。

人民检察院不得为证明行政行为的合法性调取行政机关作出行政行为时未收集的证据。

（四）审查终结

1. 再审检察建议和提请抗诉

人民检察院对生效判决、裁定、调解书的审查，认定符合《行政诉讼法》第九十一条规定情形的，可以向同级人民法院提出检察意见，并报上级人民检察院备案；也可以提请上级人民检察院向同级人民法院提请抗诉。

依据《行政诉讼监督规则》第八十八条、第九十一条，向同级人民法院提出再审检察建议的，应当制作《再审检察建议书》，在决定之日起十五日内将《再审检察建议书》连同案件卷宗移送同级人民法院，并制作决定提出再审检察建议的《通知书》，发送当事人。人民检察院提出再审检察建议，应当经检察委员会决定，并在提出再审检察建议之日起五日内将《再审检察建议书》及审查终结报告等案件材料报上一级人民检察院备案。上一级人民检察院认为下级人民检察院发出的《再审检察建议书》错误或者不当的，应当指令下级人民检察院撤回或者变更。

人民检察院提出再审检察建议的，人民法院根据《关于对民事审判活动与行政诉讼实行法律监督的若干意见（试行）》等规定审查回复。

人民检察院提出再审检察建议后，同级法院未启动再审程序的，人民检察院可以决定提请上级人民检察院抗诉，跟进监督。

依据《行政诉讼监督规则》第八十九条、第九十条、第九十一条，提请上一级人民检察院抗诉的，应当制作《提请抗诉报告书》，在决定之日起十五日内将《提请抗诉报告书》连同案件卷宗等材料报送上一级人民检察院，并制作决定提请抗诉的《通知书》，发送当事人。

人民检察院提出抗诉，应当制作《抗诉书》，在决定之日起十五日内将《抗诉书》连同案件卷宗移送同级人民法院，并制作决定抗诉的《通知书》，发送当事人。

人民检察院提出抗诉的案件，人民法院再审时，人民检察院应当派员出席法庭。

人民检察院提出抗诉后，接受抗诉的人民法院未在法定期限内作出审判监督的相关裁定的，人民检察院可以采取询问、走访等方式进行督促，并制作工作记录。

2. 检察建议

人民检察院发现涉未成年人行政诉讼案件审判活动中，存在《行政诉讼监督规则》第一百零四条所列情形；发现人民法院执行裁定、决定等执行活动中，存在《行政诉讼监督规则》第一百零九条、第一百一十条、第一百一十一条所列情形；应当向同级人民法院提出检察建议。

人民检察院对行政执行活动提出检察建议，应当经检察委员会或检察长决定。应当制作《检察建议书》，在决定之日起十五日内将《检察建议书》连同案件卷宗移送同级人民法院。当事人申请监督的案件，人民检察院应当制作决定提出检察建议的《通知书》，发送申请人。

人民检察院认为人民法院在行政案件执行活动中可能存在怠于履行职责情形的，可以向人民法院发出《说明案件情况通知书》，要求说明案件的执行情况及理由，并在十五日内书面回复人民检察院。

人民法院对人民检察院监督行为提出书面异议的，人民检察院应当在规定期限内将处理结果书面回复人民法院。人民法院对回复意见仍有异议，并通过上一级人民法院向上一级人民检察院提出的，上一级人民检察院认为人民法院异议正确的，应当要求下级人民检察院及时纠正。

人民检察院办理行政诉讼监督案件，发现行政机关有违反法律规定、可能影响人民法院公正审理的行为，可以向行政机关提出检察建议，并将相关情况告知人民法院。

3. 不支持监督申请

人民检察院认为当事人的监督申请不符合监督条件，应当制作《不支持监督申请决定书》，在决定之日起十五日内发送当事人。

下级人民检察院提请抗诉的案件，上级人民检察院可以委托提请抗诉的人民检察院将《不支持监督申请决定书》发送当事人。

人民检察院作出的不支持监督申请决定确有错误的，应当依职权启动监督程序。

4. 终结审查

人民检察院审查涉未成年人行政检察监督案件中，发现存在《民事诉讼监督规则》第八十一条规定的情形之一的，应当终结审查。

终结审查的，应当制作《终结审查决定书》，需要通知当事人的，发送当事人。

四、常见监督情形

1. 对涉及未成年人的行政拘留、罚款、警告等行政诉讼的监督；

2. 对涉及限制未成年人人身自由或者对未成年人财产进行查封、扣押、冻结等行政强制措施和行政强制执行的诉讼及非诉执行监督；

3. 对申请与未成年人权益密切相关的行政许可，行政机关拒绝或者在法定期限内不予答复，或者对行政机关作出的有关行政许可的其他决定不服的诉讼监督；

4. 对行政机关作出的与未成年人利益密切相关的自然资源所有权或者使用权的决定不服的诉讼监督；

5. 对涉及未成年人权益的征收、征用决定及其补偿决定不服的诉讼监督；

6. 对申请行政机关履行保护未成年人人身权、财产权等合法权益的法定职责，行政机关拒绝履行或者不予答复的诉讼监督；

7. 对行政机关滥用行政权力排除或者限制竞争，影响未成年人利益的诉讼监督；

8. 对行政机关没有依法支付涉及未成年人的抚恤金、最低生活保障待遇或者社会保险待遇等的诉讼监督；

9. 对行政机关不依法履行、未按照约定履行或者违法变更、解除政府特许经营协议、土地房屋征收补偿协议等，影响未成年人利益的诉讼监督；

10. 对行政机关侵犯未成年人人身权、财产权等合法权益的诉讼监督；

11. 其他监督重点：

①民政部门是否落实对未成年的临时监护和长期监护；是否对困境儿童开展救助保护等，是否按标准按时发放最低生活保障金等；是否对外地户籍流浪未成年人接送实行全市"一口办理"，及时查找流浪未成年人父母或其他监护人，及时联系流出地政府救助保护机构等；

②教育部门是否依法保障未成年人的受教育权，是否有效开展"控辍保学"工作，是否保障孤残儿童和农民工子女等接受义务教育；

③教育部门是否对各级中、小学违反相关规定给学生补课的行为进行检查监督；是否对学校老师违规进行有偿补课，安排未成年人参加商业性活动，向未成年人及其父母或者其他监护人推销或者要求其购买指定的商品和服务，与校外培训机构合作为未成年人提供有偿课程辅导等违法违规行为进行查处；是否督促学校建立学生欺凌防控工作制度，以及预防性侵害、性骚扰未成年人工作制度等；

④市场监督管理部门是否对校外培训机构的收费时段与教学安排协调一致以及一次性收费时间跨度是否符合国家要求等进行监督管理；

⑤公安机关是否依法履行行政管理职责，督促旅馆落实入住人员的身份证件查验和来访人员登记制度；

⑥交通部门在进行交通规划时，是否对学校周边及保障学生安全方面进行统筹规划；是否采取措施保障学校周边交通灯、交通线设置符合相关规定，是否消除大型车辆等对学生人身安全造成的隐患；

⑦教育、人力资源和社会保障、市场监督管理等部门是否依法对学校、校外培训机构等与未成年人密切接触行业未对从业人员进行性侵害、虐待等违法犯罪记录进行查询等违法情形进行处理；

⑧国家机关及其工作人员发现未成年人身心健康受到侵害、疑似受到侵害或者面临其他危险情形的，是否履行报告义务；

⑨其他行政机关在履行职责过程中，是否依法保障特定未成年人的各项合法权益的情况。

在办理行政案件中，检察机关发现行政机关违法行使职权或不作为，侵害众多未成年人利益，应依法开展公益诉讼。

附录五

上海市检察机关未成年人公益诉讼案件办案规程

上海检察机关未检部门统一集中办理涉未成年人公益诉讼案件,是指人民检察院根据相关法律法规,对侵害众多未成年人合法权益的行为,依法向人民法院提起公益诉讼,维护未成年人公共利益,包括未成年人民事公益诉讼和未成年人行政公益诉讼。

未检部门应围绕未成年人的生命权、身体权、健康权、隐私权、受教育权、个人信息保护,重点关注家庭保护、学校保护、社会保护、网络保护、政府保护、司法保护未成年人过程中,涉及众多未成年人的相关制度是否落实,措施是否完善等。

一、未成年人民事公益诉讼

(一)一般规定

未成年人民事公益诉讼,指人民检察院在履行职责中发现个人信息保护、儿童游乐场所安全、食品药品安全、产品质量、破坏生态环境等领域侵害众多未成年人合法权益损害未成年人公共利益的行为,在没有法律规定的机关和组织,或者法律规定的机关和组织不提起诉讼的情况下,可以向人民法院提起诉讼。法律规定的机关或者组织提起诉讼的,人民检察院可以支持起诉。

(二)法律规范

人民检察院办理未成年人民事公益诉讼案件,应当以《宪法》为根据,正确适用《民法典》《民事诉讼法》《未成年人保护法》《预防未成年人犯罪法》以及《关于检察公益诉讼案件适用法律若干问题的解释》《人民检察院公益诉讼办案规则》《关于适用〈中华人民共和国民事诉讼法〉的解释》的相关规定,结合未成年人检察工作实际进行。

常见法律、法规以及司法解释列举如下:

1. 主要根据《未成年人保护法》开展的公益诉讼领域:

（1）个人信息保护方面：《民法典》《中华人民共和国个人信息保护法》《中华人民共和国网络安全法》《儿童个人信息网络保护规定》等；

（2）食品安全方面：《食品安全法》《食品安全法实施条例》《关于审理消费民事公益诉讼案件适用法律若干问题的解释》《国务院关于加强食品安全工作的决定》《国务院关于加强食品等产品安全监督管理的特别规定》《食品经营许可管理办法》《餐饮服务许可管理办法》《食品生产经营日常监督检查管理办法》《保健食品注册与备案管理办法》等。

（3）药品安全方面：《药品管理法》《中医药法》《药品管理法实施条例》《传染病防治法》《医疗用毒性药品管理办法》《麻醉药品和精神药品管理条例》《药品监督行政处罚程序规定》《药品生产质量管理规范（2010年修订）》《药品经营质量管理规范》等。

2. 其他领域：

（1）生态环境保护方面：《环境保护法》《水污染防治法》《大气污染防治法》《固体废物污染环境防治法》《海洋环境保护法》《环境影响评价法》《放射性污染防治法》《环境噪音污染防治法》《关于审理环境民事公益诉讼案件适用法律若干问题的解释》《关于审理环境侵权责任纠纷案件适用法律若干问题的解释》《最高人民法院、民政部、环境保护部关于贯彻实施环境民事公益诉讼制度的通知》等。

（2）资源保护方面：《土地管理法》《水法》《森林法》《草原法》《矿产资源法》《渔业法》《农业法》《野生动物保护法》《煤炭管理法》《水土保持法》《河道管理条例》《长江河道采砂管理条例》《土地管理法实施细则》《基本农田保护条例》《土地复垦条例》《矿产资源开采登记管理办法》《矿山地质环境保护规定》《森林法实施条例》《国家级公益林管理办法》《国家级公益林区划界定办法》等。

（3）其他方面：《产品质量法》《消费者权益保护法》《英雄烈士保护法》《网络安全法》《劳动法》《保险法》《著作权法》《专利法》等。

涉及行业具体标准的，可以参考行政法规、规章以及行业标准或指引等规范性文件的有关规定。

（三）案件管辖

人民检察院办理未成年人民事公益诉讼案件，一般由违法行为地、损害结果地或者违法行为人住所地基层人员检察院立案管辖，立案管辖与人民法院诉讼管辖级别、地域不对应，需要提起诉讼的，应当将案件移送有管辖权人民法院对应的同级人民检察院。

检察机关对破坏生态环境和资源保护、食品药品安全领域侵害众多未成年人合法权益等损害未成年人公共利益的犯罪行为提起刑事附带民事公益诉讼的，由办理刑事案件的人民检察院立案管辖。

（四）办案流程

人民检察院办理未成年人民事公益诉讼案件，应遵循诉讼原则、检察权运行规律和公益诉讼案件办理规定。

1. 立案

（1）线索发现、评估和管理

检察机关在履行职责中，发现破坏生态环境和资源保护、食品药品安全领域侵害众多未成年人合法权益等损害未成年人公共利益行为的线索，应当予以受理。

受理后，应当围绕线索的真实性、可查性等进行评估，必要时可以进行初步调查，并形成《初步调查报告》。重点审查违法和公益受损的情形是否真实存在；是否属于未成年人民事公益诉讼案件范围，未成年人公共利益受到损害的事实和程度是否可以得到查证；可能存在的社会舆情、信访风险等。

（2）立案条件和程序

经审查认为可能损害未成年人公共利益，属于未成年人民事公益诉讼案件范围的，应当制作立案审批表，附初步证据材料，经过初步调查的，还应附《立案审查报告》，报请检察长决定是否立案。决定立案的，应当制作《立案决定书》，并到案件管理部门登记。

2. 诉前程序

（1）调查

①调查方式。立案后，未检部门可以采取以下方式进行调查核实：查阅、调取、复制有关执法、诉讼卷宗材料等；询问行政机关工作人员、违法行为人以及行政相对人、利害关系人、证人等；向有关单位和个人收集书证、物证、视听资料、电子数据等证据；咨询专业人员、相关部门或者行业协会等对专门问题的意见；委托鉴定、评估、审计、检验、检测、翻译；勘验物证、现场；其他必要的调查方式。

人民检察院开展调查和收集证据不得采取限制人身自由或者查封、扣押、冻结财产等强制性措施。。

开展上述调查时，应当按照法定程序，全面、客观地收集证据，并制作《询问提纲》《询问笔录》《调取证据通知书》《调取证据清单》《委托技术协助书》《委托鉴定书》等法律文书。

②调查内容。办理未成年人民事公益诉讼案件，应重点调查核实以下几个方面的情况：

一是侵权行为人的基本情况。侵权行为人是个人的,应当调查行为人身份信息、户籍信息等;侵权行为人是法人或其他组织的,应当调查行为主体的性质、工商登记注册信息、组织机构代码证、经营范围、营业执照、缴纳税收情况、营利情况、经营规模等。同时,还需要调查可能承担连带责任的其他侵权人。

二是违法行为人实施的损害社会公共利益的行为。行为人实施了破坏生态环境和资源保护、危害食品药品安全的行为及具体过程。

三是社会公共利益受到损害的类型、具体数额或者修复费用等。包括未成年人公共利益遭受或可能遭受损害的状态、类型、后果等。

四是违法行为与损害后果之间的因果关系。包括违法行为与损害事实之间是否具有因果关系及因果关系大小。

五是违法行为人的主观过错情况。结合侵权主体实施违法行为的次数、持续时间、手段和方式、获利情况、是否曾接受行政处罚或刑事处罚等综合确定。

六是违法行为人是否存在免除或者减轻责任的相关事实;

七是其他需要查明的事项。

③调查保障。未检部门在调查过程中,经风险评估或现场观察可能发生妨碍调查行为的,应当由司法警察协助调查。调查过程中应当使用执法记录仪等录音录像工具。

对于拒绝配合调查的,检察人员应当警告其可能妨碍公务的法律后果。

对于干扰阻碍调查活动,威胁、报复陷害、侮辱诽谤、暴力伤害检察人员的,应当根据中共中央办公厅、国务院办公厅《保护司法人员依法履行法定职责规定》第十七条的规定,依法从严惩处。

行政机关及其工作人员拒绝或者妨碍人民检察院调查收集证据的,人民检察院可以向同级人大常委会报告,向同级纪检监察机关通报,或者通过上级人民检察院向上级主管机关通报。

(2) 审查

①审查内容。未检部门审查未成年人民事公益诉讼案件,应当查明:行为人实施了破坏生态环境和资源保护、危害食品药品安全的行为;未成年人公共利益受到损害;违法行为与损害后果之间存在因果关系;侵权主体及各主体责任分配;行为人的主观过错程度;证据的合法性、真实性和关联性,以及各证据之间是否存在冲突;法律适用,包括依据的法律、法规、规章、司法解释等,参考的政策性文件等;其他需要查明的内容。

②审查方式。人民检察院可以依照规定组织听证,听取听证员、行政机

关、违法行为人、行政相对人、受害人代表等相关各方意见，了解有关情况，听证方式原则上采取不公开的方式。对事实认定、法律适用、案件处理等方面存在较大争议或者有重大社会影响的案件，在确保未成年人的隐私不泄露情况下，可以采取公开的方式进行听证。

听证形成的书面材料是人民检察院依法办理公益诉讼案件的重要参考。

③审核决定。负责公益诉讼检察的部门负责人对本部门的办案活动进行监督管理。需要报请检察长决定的事项，应当先由部门负责人审核。部门负责人可以主持召开检察官联席会议进行讨论，也可以直接报请检察长决定。

④审查决定。对审查终结的未成年人民事公益诉讼案件，应当区分情况作出下列决定：终结案件或在全国影响的媒体上公告。

（3）终结案件

经审查，有下列情形之一的，未检部门应当终结案件：经审查不存在损害未成年人公共利益或需要追究民事法律责任情形的；损害未成年人公共利益的情形在依法公告前已经消除且未成年人公共利益已经获得有效救济的；其他应当终结案件的情形。

终结案件的，应当报请检察长决定，并制作《终结案件决定书》。

（4）公告

检察机关在提起未成年人民事公益诉讼之前，应当在全国影响的媒体上公告，告知适格主体提起民事公益诉讼，公告期为三十日。

公告的对象，一是指法律规定的机关，主要包括经国务院授权的省、市级人民政府及其指定的相关职能部门等。二是指有关组织，主要包括环保组织和消费者协会等。

公告的内容，一般应当包括：检察机关在履行职责中发现的行为人在破坏生态环境和资源保护、食品药品安全、产品质量、烟酒销售、文化宣传、网络信息传播等领域损害未成年人公共利益或者有重大损害危险的基本事实；建议法律规定的机关和有权提起诉讼的有关组织在公告期内向有管辖权的人民法院提起诉讼；公告期；联系人、联系地址、联系电话、公告单位、日期等。

（5）审批

经过诉前程序，应当制作《起诉审查报告》，提出是否提起诉讼的处理意见，报经检察长决定。检察长认为有必要的，可以提请检察委员会讨论。

人民检察院办理民事公益诉讼案件，审查起诉期限为三个月，自公告期满之日起计算。经检察长批准后可以延长一个月，还需要延长的，报上一级人民检察院批准。

办理未成年人民事公益诉讼案件，委托鉴定、评估、审计、检验、检测、翻译期间不计入审查期限。

拟决定不提起诉讼的，应当制作《终结案件决定书》。

侵权行为人自行纠正违法行为，采取补救措施，或者承诺整改的，检察机关可以就民事责任的承担与侵权行为人进行磋商。经磋商达成协议的，可以向审判机关申请司法确认。经磋商未达成协议的，检察机关应当及时提起民事公益诉讼。

民事公益诉讼案件可以依法在人民法院主持下进行调解。调解协议不得减免诉讼请求载明的民事责任，不得损害社会公共利益。

诉讼请求全部实现的，人民检察院可以撤回起诉。人民检察院决定撤回起诉的，应当经检察长决定后制作《撤回起诉决定书》，并在三日内提交人民法院。

3. 支持起诉

法律规定的机关或者有关组织提起诉讼的，检察机关可以支持起诉。

（1）支持起诉的程序

检察机关审查是否支持法律规定的机关或者有关组织提起民事公益诉讼的，应当制作《支持起诉审查报告》，经集体讨论后，报检察长决定。

决定支持起诉的，应当制作《支持起诉意见书》，并发送受理案件的人民法院。

对依职权审查的支持起诉案件决定不支持起诉的，应当制作《终结案件决定书》。

对申请支持起诉的公益诉讼案件决定不支持起诉的，应当制作《不予支持起诉决定书》，并发送申请人。

（2）支持起诉的方式

参考《最高人民法院关于审理环境民事公益诉讼案件适用法律若干问题的解释》第十一条的规定，支持起诉的方式包括：提供法律咨询、向人民法院提交支持起诉意见书、协助调查取证、出席法庭等。

（3）支持起诉的内容

《支持起诉意见书》事实部分应当写明案件来源、案件基本事实及证据情况。法律适用部分应当写明原告起诉的理由，分析法律关系与责任，以及检察机关作为支持起诉机关的法律依据。

4. 提起诉讼

经过诉前程序，法律规定的机关和有关组织没有提起未成年人民事公益诉讼，或者没有适格主体提起诉讼，未成年人公共利益持续处于受侵害状态的，检察机关以公益诉讼起诉人的身份依法提起未成年人民事公益诉讼。

起诉条件：有充分证据证明侵权主体实施了破坏生态环境或者危害食品、药品安全以及其他领域损害未成年人公共利益的行为；有证据证明危害行为与损害后果之间存在因果关系，法律规定的机关和有关组织没有提起民事公益诉讼。

起诉材料：未成年人民事公益诉讼起诉书；被告的行为已经损害未成年人公共利益的证明材料；检察机关已履行公告程序的证明材料。

诉讼请求：检察机关可以向人民法院提出要求被告停止侵害、排除妨碍、消除危险、恢复原状、赔偿损失、赔礼道歉等诉讼请求。

诉讼保全：对于可能因被告一方的行为或者其他原因，使判决难以执行或者造成与国家利益或者未成年人公共利益相关的其他侵害情形，检察机关可以建议人民法院对被告财产进行保全。

在证据可能灭失或者以后难以取得的情况下，检察机关可以在诉讼过程中建议人民法院保全证据。

庭前会议：根据案情需要，可以建议法院适时召开庭前会议，组织证据交换，归纳争议焦点，规范庭审程序，并就双方出庭人员、合议庭组成、人民陪审员等问题达成共识，提高庭审效率。

出席法庭：人民法院开庭审理检察机关提起的未成年人民事公益诉讼案件，检察机关应当指派未检部门的检察官以公益诉讼起诉人身份出庭履行职责，参加相关诉讼活动。

检察机关应当在收到人民法院发送的出庭通知书之日起三日内向人民法院提交派员出庭通知书。派员出庭通知书应当写明出庭人员的姓名和法律职务以及出庭履行的具体职责。

出庭检察人员主要履行以下职责：宣读民事公益诉讼起诉书；对检察机关调查收集的证据予以出示和说明，对相关证据进行质证；参加法庭调查，进行辩论并发表出庭意见；依法从事其他诉讼活动。

撤诉：在未成年人民事公益诉讼案件审理过程中，检察机关诉讼请求全部实现的，经向上一级人民检察院请示，可以撤回起诉。批准后，制作《撤回起诉决定书》提交人民法院。

5. 二审

检察机关认为一审未生效裁判错误的，可以向上一级人民法院提起上诉。

人民法院审理第二审案件，上一级人民检察院应当派员与提起公益诉讼的人民检察院共同出庭。

6. 执行

未成年人民事公益诉讼判决、裁定发生法律效力，而被告未按判决、裁定确定的义务履行的，由人民法院移送执行。

7. 诉讼监督

人民检察院提起诉讼或者支持起诉的民事公益诉讼案件，由负责民事检察的部门或者办案组织分别履行诉讼监督的职责。

8. 备案审查

办理未成年人民事公益诉讼案件，应当准确填录检察机关统一业务应用系统，并报上一级人民检察院备案。对于重大、疑难、复杂的公益诉讼案件，可以按照《人民检察院案件请示办理工作规定（试行）》的相关规定层报最高人民检察院请示。

（五）重点领域

检察机关办理未成年人民事公益诉讼案件，可以重点关注以下领域和常见情形。

1. 食品药品安全问题。任何组织或者个人生产、销售或向未成年人提供超保质期、变质或有毒、有害食品，以及假药、劣药或不符合安全标准的医用器材等情形，侵害或可能侵害众多未成年人合法权益的。

对食品药品安全领域侵害众多未成年人合法权益的犯罪行为，提起公诉时，依法向人民法院一并提起刑事附带民事公益诉讼，在追究刑事责任的同时要求其承担停止侵害、排除妨碍、消除危险、赔偿损失、赔礼道歉、消除影响等侵权责任，探索惩罚性公益赔偿金等赔偿制度。

2. 生态环境污染问题。校园周边、未成年人生活、学习、娱乐、活动等场所周边存在大气污染、水污染、土壤污染、固体废物污染、噪音污染等生态环境污染的情形，侵害或可能侵害众多未成年人合法权益的。

3. 破坏资源保护问题。任何组织或个人破坏土地、水等资源保护，侵害或可能侵害众多未成年人合法权益的。

4. 产品质量问题。任何组织或者个人生产、销售或向未成年人提供不符合行业或安全标准的文具、玩具、护肤品、电子产品等产品或服务，侵害或可能侵害众多未成年人合法权益的。

5. 英雄烈士问题。任何组织或者个人侵害少年英雄烈士的姓名、肖像、名誉、荣誉等损害社会公共利益的行为。

6. 个人信息保护问题。任何组织或个人以非法获取、泄露、公开等方式侵害众多未成年人的姓名、出生日期、身份证件号码、电话号码等个人信息的。

7. 教育侵权问题。中小学校、幼儿园，以及校外培训机构无证经营，相关设置不符合行业标准，或安全管理不规范等，产生传染性疾病、食品安全事故、意外伤害、性侵欺凌等情形，侵害或可能侵害众多未成年人合法权益的。

8. 雇佣童工、未成年职工问题。用人单位招用不满16周岁的童工，或招用未成年职工未采取特殊劳动保护措施，未保障未成年人的身心健康和接受义务教育的权利，或安排未成年职工从事过重、有毒、有害等危害未成年人身心健康的劳动、危险作业等。任何组织或者个人为不满16周岁的未成年人介绍就业。父母或者其他监护人允许、诱导或强迫不满16周岁的未成年人的被用人单位非法招用，侵害或可能侵害众多未成年人合法权益的。

9. 娱乐场所管理问题。营业性歌舞娱乐场所、互联网上网服务等场所向未成年人开放或者违反规定在中小学校园周边特定范围内经营；相关经营者向未成年人出售烟酒、彩票，或者烟酒、彩票经营者未在显著位置设置不向未成年人出售烟酒、彩票标志等，侵害或可能侵害众多未成年人合法权益的。

10. 网络保护问题。网络产品和服务提供者、智能终端产品制造者和销售者向未成年人提供或未采取有效措施避免未成年人接触含有淫秽、色情、暴力、邪教、迷信、凶杀、恐怖、赌博、涉毒等不良或沉迷内容的图书、报刊、音像制品、网络信息、网络游戏、电子出版物等，侵害或可能侵害众多未成年人合法权益的。

其他侵害或可能侵害众多未成年人权益的情形。

二、未成年人行政公益诉讼

（一）一般规定

未成年人行政公益诉讼指，人民检察院在履行职责中发现食品药品安全、产品质量、烟酒销售、文化宣传、网络信息传播、儿童游乐场所设施安全、娱乐游戏、生态环境和资源保护等领域对保护社会公共利益负有监督管理职责的行政机关违法行使职权或者不作为，致使众多未成年人合法权益受到侵害的，应当向行政机关提出检察建议，督促其依法履行职责。行政机关仍然没有依法履行职责，未成年人公共利益处于受侵害状态的，人民检察院依法向人民法院提起诉讼。

（二）法律规范

人民检察院办理未成年人行政公益诉讼案件，应当以《宪法》为根据，正确适用《行政诉讼法》《未成年人保护法》《预防未成年人犯罪法》《行政处罚法》《行政强制法》《行政许可法》《行政复议法》以及《关于检察公益诉讼案件适用法律若干问题的解释》《关于适用〈中华人民共和国行政诉讼法〉的解释》《人民检察院公益诉讼办案规则》《检察机关行政公益诉讼案件办案指南（试行）》的相关规定，结合未成年人检察工作实际进行。

常见法律、法规、规章以及规范性文件列举如下：

1. 主要根据《未成年人保护法》开展的公益诉讼领域

（1）教育培训监管方面：《教育法》《义务教育法》《民办教育促进法》《营利性民办学校监督管理实施细则》《上海市培训机构监督管理办法》《国务院办公厅关于进一步加强控辍保学提高义务教育巩固水平的通知》《国务院办公厅关于规范校外培训机构发展的意见》《关于进一步减轻义务教育阶段学生作业负担和校外培训负担的意见》等；

（2）校园综合管理方面：《校车安全管理条例》《学校卫生工作条例》《学生伤害事故处理办法》《中小学幼儿园安全管理办法》《国务院办公厅关于加强中小学幼儿园安全风险防控体系建设的意见》《中小学幼儿园安全防范工作规范（试行）》等；

（3）人身权保护方面：《疫苗管理法》《电影产业促进法》《出版管理条例》《网络出版服务管理规定》《广告法》《未成年人节目管理规定》《娱乐场所管理条例》《娱乐场所管理办法》《游戏游艺设备管理办法》《互联网上网服务营业场所管理条例》《旅游法》《禁止使用童工规定》《未成年工特殊保护规定》《上海市3岁以下幼儿托育机构管理暂行办法》等；

（4）食品监管方面：《食品安全法》《食品安全法实施条例》《国务院关于加强食品安全工作的决定》《国务院关于加强食品等产品安全监督管理的特别规定》《食品召回管理办法》《食品生产许可管理办法》《食品经营许可管理办法》《餐饮服务许可管理办法》《餐饮服务食品安全监督管理办法》《网络餐饮服务食品安全监督管理办法》《食用农产品市场销售质量安全监督管理办法》《保健食品注册与备案管理办法》《食品生产经营日常监督检查管理办法》《特殊医学用途配方食品注册管理办法》《婴幼儿配方乳粉产品配方注册管理办法》《网络食品安全违法行为查处办法》等；

（5）药品监管方面：《药品管理法》《中医药法》《药品管理法实施条例》《传染病防治法》《药品经营质量管理规范》《医疗用毒性药品管理办法》《医疗机构制剂注册管理办法》《医疗机构制剂配制监督管理办法》《麻醉药品和精神药品管理条例》《市场监督管理行政处罚程序暂行规定》《药品生产质量管理规范》《药品经营质量管理规范》《药品医疗器械飞行检查办法》《药品注册管理办法》《药品生产监督管理办法》《药品流通监督管理办法》《药品经营许可证管理办法》《药品、医疗器械、保健食品、特殊医学用途配方食品广告审查管理暂行办法》等；

（6）烟酒销售方面：《烟草专卖许可证管理办法实施细则》《关于禁止向

未成年人出售电子烟的通告》《关于进一步保护未成年人免受电子烟侵害的通告》等；

（7）网络信息传播方面：《网络安全法》《网络信息内容生态治理规定》《网络直播营销管理办法（试行）》等；

（8）娱乐游戏方面：《国家新闻出版署关于防止未成年人沉迷网络游戏的通知》《国家新闻出版署关于进一步严格管理切实防止未成年人沉迷网络游戏的通知》等。

2. 其他领域

（1）生态环境保护方面：《环境保护法》《水污染防治法》《大气污染防治法》《固体废物污染环境防治法》《海洋环境保护法》《环境影响评价法》《放射性污染防治法》《环境噪声污染防治法》《城镇排水与污水处理条例》《环境保护税法实施条例》《行政执法机关移送涉嫌犯罪案件的规定》《放射性物品运输安全管理条例》《危险废物经营许可证管理办法》《环境监察办法》《环境行政处罚办法》《建设项目环境保护管理条例》等；

（2）资源保护方面：《土地管理法》《水法》《森林法》《草原法》《矿产资源法》《渔业法》《农业法》《野生动物保护法》《煤炭法》《水土保持法》《土地管理法实施条例》《河道管理条例》《长江河道采砂管理条例》《森林法实施条例》《国家级公益林管理办法》《国家级公益林区划界定办法》等；

（3）其他方面：《产品质量法》《消费者权益保护法》《网络安全法》《劳动法》《劳动合同法》《就业促进法》《工会法》《职业病防治法》《妇女权益保障法》《保险法》《著作权法》《专利法》等。

涉及行业具体规范标准的，可以参考行政法规、规章以及行业标准或指引等规范性文件的有关规定。

（三）案件管辖

人民检察院办理行政公益诉讼案件，由行政机关对应的同级人民检察院立案管辖。行政机关为人民政府，由上一级人民检察院管辖更为适宜的，也可以由上一级人民检察院立案管辖。

设区的市级以上人民检察院管辖本辖区内重大、复杂的案件。公益损害范围涉及两个以上行政区划的公益诉讼案件，可以由共同的上一级人民检察院管辖。

人民检察院立案管辖与人民法院诉讼管辖级别、地域不对应的，具有管辖权的人民检察院可以立案，需要提起诉讼的，应当将案件移送有管辖权人民法院对应的同级人民检察院。

上级人民检察院可以根据办案需要，将下级人民检察院管辖的公益诉讼案件指定本辖区内其他人民检察院办理。最高人民检察院、省级人民检察院和设区的市级人民检察院可以根据跨区域协作工作机制规定，将案件指定或移送相关人民检察院跨行政区划管辖。基层人民检察院可以根据跨区域协作工作机制规定，将案件移送相关人民检察院跨行政区划管辖。人民检察院对管辖权发生争议的，由争议双方协商解决。协商不成的，报共同的上级人民检察院指定管辖。

上级人民检察院认为确有必要的，可以办理下级人民检察院管辖的案件，也可以将本院管辖的案件交下级人民检察院办理。下级人民检察院认为需要由上级人民检察院办理的，可以报请上级人民检察院决定。

（四）办案流程

人民检察院办理未成年人行政公益诉讼案件，应当遵循诉讼原则、检察权运行规律和公益诉讼案件办理规定。

1. 立案

（1）线索发现与评估

未检部门在履行职责中，发现生态环境和资源保护、食品药品安全、产品质量、烟酒销售、文化宣传、网络信息传播、儿童游乐场所设施安全、娱乐游戏等领域，负有监督管理职责的行政机关违法行使职权或者不作为，可能致使众多未成年人合法权益受到侵害的线索，应当对其真实性、可查性等进行评估，必要时可以进行初步调查，并形成《初步调查报告》。重点审查违法和公益受损的情形是否真实存在；是否属于未成年人行政公益诉讼案件范围，未成年人公共利益受到侵害的事实和程度是否可以得到查证；可能存在的社会舆情、信访风险等。

人民检察院对公益诉讼案件线索实行统一登记备案管理制度。重大案件线索应当向上一级人民检察院备案。

（2）立案条件和程序

未检部门经过对未成年人行政公益诉讼案件线索进行评估，认为同时存在以下情形的，应当立案：①未成年人公共利益受到侵害；②生态环境和资源保护、食品药品安全、产品质量、烟酒销售、文化宣传、网络信息传播、儿童游乐场所设施安全、娱乐游戏等领域对保护未成年人公共利益负有监督管理职责的行政机关可能违法行使职权或者不作为。

未检部门对于符合上述情形且属于《公益诉讼规则》第六十八条规定的行政强制执行中行政机关违法行使职权或者不作为的情形之一的，应当立案。

对于未成年人公共利益受到严重侵害，未检部门经初步调查仍难以确定不依法履行监督管理职责的行政机关，也可以立案调查。检察官对案件线索进行评估后提出立案或者不立案意见的，应当制作《立案审批表》，经过初步调查的附《初步调查报告》，报请检察长决定后制作《立案决定书》或者《不立案决定书》。

决定立案的，应当在七日内将《立案决定书》送达行政机关，并可以就其是否存在违法行使职权或者不作为、未成年人公共利益受到侵害的后果、整改方案等事项进行磋商。磋商可以采取召开磋商座谈会、向行政机关发送事实确认书等方式进行，并形成会议记录或者纪要等书面材料。

2. 诉前程序

（1）调查

①调查方式。立案后，未检部门可以采取以下方式开展调查和收集证据：查阅、摘抄、复制有关执法、诉讼卷宗材料等；询问行政机关工作人员、违法行为人以及行政相对人、利害关系人、证人等；向有关单位和个人收集书证、物证、视听资料、电子证据等证据；咨询专业人员、相关部门或者行业协会等对专门问题的意见；委托鉴定、评估、审计、检验、检测、翻译；勘验物证、现场；其他必要的调查方式。人民检察院开展调查和收集证据不得采取限制人身自由或者查封、扣押、冻结财产等强制性措施。

开展上述调查时，应当依法、客观、全面调查收集证据，并制作《询问笔录》《调取证据通知书》《调取证据清单》《委托鉴定（评估、审计、检验、检测、翻译）函》等法律文书。

未检部门开展调查和收集证据，应当由两名以上检察人员共同进行。检察官可以组织司法警察、检察技术人员参加，必要时可以指派或者聘请其他具有专门知识的人参与。根据案件实际情况，也可以商请相关单位协助进行。在调查收集证据过程中，检察人员可以依照有关规定使用执法记录仪、自动检测仪等办案设备和无人机航拍、卫星遥感等技术手段。

未检部门可以依照规定组织听证，听取听证员、行政机关、行政相对人、受害人代表等相关各方意见，了解有关情况。听证形成的书面材料是未检部门依法办理公益诉讼案件的重要参考。

②调查内容。办理未成年人行政公益诉讼案件，应围绕以下事项进行调查。

一是行政机关的监督管理职责。包括该行政机关的职权范围，认定行政机关监督管理职责的依据为法律法规规章，可以参考行政机关的"三定"方案、权力清单和责任清单等；该行政机关在履行职责过程中常用的法律、法规、规章、内部规则、操作指南、流程指引及技术标准等；该行政机关对某一违法行为进行查处的法律依据、程序流程、处罚条件、适用情形及处罚措施等；不同行政机关存在职能或者权限交叉时各自的分工及职责。对于行政机关的派出机构，如其职权来源于法律、法规、规章授权，则应直接以其作为被监督对象；如其职权来源于行政机关委托，则应以委托的行政机关作为被监督对象。

二是行政机关不依法履行职责的行为，即违法行使职权或者不作为的过程、方式和状态。包括行政机关违法行使职权的具体环节和方式；违法行使职权的原因、手段、后果及持续性；行政许可和审批的合法性及合规性；查处违法行为的手段和程序是否依法依规；作出的行政处罚决定或者采取的行政强制措施在事实认定、法律适用和处理结果上是否依法依规；行政机关不作为的起始时间、持续时间、具体方式及履职可能等。

三是未成年人公共利益受到侵害的事实。

四是行政机关不依法履行职责的行为与未成年人公共利益受到侵害的关联性。

五是其他需要查明的事项。

未检部门在办理案件中发现行政规范性文件存在合法性问题有悖于公益保护的，可以在层报市院后向有关制定主体提出意见和建议。

③调查保障。行政机关及其工作人员拒绝或者妨碍人民检察院调查收集证据的，人民检察院可以向同级人大常委会报告，向同级纪检监察机关通报，或者通过上级人民检察院向其上级主管机关通报。

（2）决定

调查结束，检察官应当制作《调查终结报告》，区分情况提出以下处理意见：①终结案件；②提出检察建议。

（3）终结案件

经调查，人民检察院认为存在下列情形之一的，应当作出终结案件决定：①行政机关未违法行使职权或者不作为的；②未成年人公共利益已经得到有效保护的；③行政机关已经全面采取整改措施依法履行职责的；④其他应当终结案件的情形。

终结案件的，应当报检察长决定，并制作《终结案件决定书》送达行政机关。

（4）提出检察建议

经调查，未检部门认为生态环境和资源保护、食品药品安全、产品质量、烟酒销售、文化宣传、网络信息传播、儿童游乐场所设施安全、娱乐游戏等领域负有监督管理职责的行政机关不依法履行职责，致使未成年人公共利益受到侵害的，应当报检察长决定向行政机关提出检察建议，并于《检察建议书》送达之日起五日内向上一级人民检察院备案。

①检察建议的对象

生态环境和资源保护、食品药品安全、产品质量、烟酒销售、文化宣传、网络信息传播、儿童游乐场所设施安全、娱乐游戏等领域负有监督管理职责的行政机关和法律、法规、规章授权的组织。

对于同一侵害未成年人公共利益的损害后果，数个负有不同监督管理职责的行政机关均可能存在不依法履行职责情形的，未检部门可以对数个行政机关分别立案。

未检部门在立案前发现同一行政机关对多个同一性质的违法行为可能存在不依法履行职责情形的，应当作为一个案件立案。在发出检察建议前发现其他同一性质的违法行为的，应当与已立案案件一并处理。

②检察建议的内容

《检察建议书》应当包括以下内容：行政机关的名称；案件来源；未成年人公共利益受到侵害的事实；认定行政机关不依法履行职责的事实和理由；提出检察建议的法律依据；建议的具体内容；行政机关整改期限；其他需要说明的事项。

《检察建议书》的建议内容应当与可能提起的行政公益诉讼请求相衔接。

③送达

决定提出检察建议的，应当在三日内将《检察建议书》送达行政机关。

行政机关拒绝签收的，应当在送达回证上记录，把《检察建议书》留在其住所地，并可以采用拍照、录像等方式记录送达过程。

可以采取宣告方式向行政机关送达《检察建议书》，必要时，可以邀请人大代表、政协委员、人民监督员等参加。

④回复

行政机关应当在收到检察建议书之日起两个月内依法履行职责，并书面回复人民检察院。出现未成年人公共利益损害继续扩大等紧急情形的，行政机关应当在十五日内书面回复。

⑤跟进调查

提出检察建议后，未检部门应当对行政机关履行职责的情况和未成年人公共利益受到侵害的情况跟进调查，收集相关证据材料。

行政机关在法律、司法解释规定的整改期限内已依法作出行政决定或者制定整改方案，但因突发事件等客观原因不能全部整改到位，且没有怠于履行监督管理职责情形的，人民检察院可以中止审查。中止审查的，应当经检察长批准，制作《中止审查决定书》，并报送上一级人民检察院备案。中止审查的原因消除后，应当恢复审查并制作《恢复审查决定书》。

经过跟进调查，检察官应当制作《审查终结报告》，区分情况提出以下处理意见：终结案件；提起行政公益诉讼；移送其他人民检察院处理。

3. 提起诉讼

行政机关经检察建议督促仍然没有依法履行职责，未成年人公共利益处于受侵害状态的，未检部门应当依法提起行政公益诉讼。

（1）起诉条件

行政机关经检察建议督促仍然没有依法履行职责，未成年人公共利益处于受侵害状态的。

行政机关未依法履行职责的情形主要有：①逾期不回复检察建议，也没有采取有效整改措施的；②已经制定整改措施，但没有实质性执行的；③虽按期回复，但未采取整改措施或者仅采取部分整改措施的；④违法行为人已经被追究刑事责任或者案件已经移送刑事司法机关处理，但行政机关仍应当继续依法履行职责的；⑤因客观障碍导致整改方案难以按期执行，但客观障碍消除后未及时恢复整改的；⑥整改措施违反法律法规规定的；⑦其他没有依法履行职责的情形。

（2）起诉材料

人民检察院提起公益诉讼，应当向人民法院提交公益诉讼起诉书和相关证据材料。起诉书的主要内容包括：①公益诉讼起诉人；②被告的基本信息；③诉讼请求及所依据的事实和理由。

公益诉讼起诉书应当自送达人民法院之日起五日内报上一级人民检察院备案。

（3）诉讼请求

人民检察院可以根据行政机关的不同违法情形，向人民法院提出确认行政行为违法或者无效、撤销或者部分撤销违法行政行为、依法履行法定职责、变更行政行为等诉讼请求。

依法履行法定职责的诉讼请求中不予载明行政相对人承担具体义务或者减损具体权益的事项。

①确认行政行为违法或无效，主要适用于以下三种情形：一是行政行为应当撤销，但撤销会给未成年人公共利益造成重大损害；二是行政行为违法，但不具有可撤销内容；三是行政行为有实施主体不具有行政主体资格或者没有依据等重大且明显违法情形。该诉请一般表述成"确认被告未依法履行某某职责行为违法"。在要求确认违法的同时，可以一并要求行政机关采取补救措施。

②撤销或部分撤销违法行政行为，适用于行政行为主要证据不足，适用法

律、法规错误,违反法定程序,超越职权,滥用职权,明显不当六种情形;符合《中华人民共和国行政诉讼法》第七十条规定情形的,可以一并要求行政机关重新作出具体行政行为。

③依法履行法定职责,适用于行政机关不履行或不全面履职法定职责,判决履行仍有意义的情形。在诉讼请求中一般无需列明要求行政机关履行职责的期限,可由法院在裁判中确定合理期限。该诉请一般表述为"责令被告依法履行某某职责"。

④变更行政行为,适用于被诉行政机关作出的行政处罚明显不当,或者其他行政行为涉及对款额的确定、认定确有错误的,可以提出变更行政行为的诉讼请求。

在未成年人行政公益诉讼案件审理过程中,行政机关已经依法履行职责而全部实现诉讼请求的,人民检察院可以撤回起诉。确有必要的,人民检察院可以变更诉讼请求,请求判决确认行政行为违法。人民检察院决定撤回起诉或者变更诉讼请求的,应当经检察长决定后制作《撤回起诉决定书》或者《变更诉讼请求决定书》,并在三日内提交人民法院。

(4) 诉讼保全

对于可能因被告一方的行为或者其他原因,使判决难以执行或者造成与未成年人公共利益相关的其他侵害情形,检察机关可以建议人民法院对被告财产进行保全。根据检察机关建议,人民法院采取保全措施的,检察机关无需提供担保。

在证据可能灭失或者以后难以取得的情况下,检察机关可以在诉讼过程中建议人民法院保全证据。

(5) 庭前会议

人民法院通知人民检察院派员参加证据交换、庭前会议的,由出席法庭的检察人员参加。人民检察院认为有必要的,可以商人民法院组织证据交换或者召开庭前会议。

(6) 出席一审法庭

人民检察院提起公益诉讼的案件,应当派员出庭履行职责,参加相关诉讼活动。

人民检察院应当自收到人民法院出庭通知书之日起三日内向人民法院提交《派员出庭通知书》。《派员出庭通知书》应当写明出庭人员的姓名、法律职务以及出庭履行的职责。

人民检察院应当指派检察官出席第一审法庭,检察官助理可以协助检察官出庭,并根据需要配备书记员担任记录及其他辅助工作。涉及专门性、技术性问题，可以指派或者聘请有专门知识的人协助检察官出庭。

出庭检察人员履行以下职责：①宣读公益诉讼起诉书；②对人民检察院调查收集的证据予以出示和说明，对相关证据进行质证；③参加法庭调查、进行辩论，并发表出庭意见；④依法从事其他诉讼活动。

（7）变更诉讼请求

适用条件：在未成年人行政公益诉讼案件审理过程中，行政机关已经依法履行职责而全部实现诉讼请求的，人民检察院可以撤回起诉。确有必要的，人民检察院可以变更诉讼请求，请求判决确认行政行为违法；以及符合《行政诉讼法》关于变更诉讼请求的其他情形。

程序：人民检察院决定变更诉讼请求的，应当经检察长决定后制作《变更诉讼请求决定书》，并在三日内提交人民法院。

（8）撤诉

在未成年人行政公益诉讼案件审理过程中，行政机关已经依法履行职责而全部实现诉讼请求的，人民检察院可以撤回起诉。人民检察院决定撤回起诉的，应当经检察长决定后制作《撤回起诉决定书》，并在三日内提交人民法院。

4. 上诉

人民检察院应当在收到人民法院第一审公益诉讼判决书、裁定书后三日内报送上一级人民检察院备案。

人民检察院认为第一审公益诉讼判决、裁定确有错误的，应当提出上诉。

提出上诉的，由提起诉讼的人民检察院决定。上一级人民检察院应当同步审查进行指导。

人民法院决定开庭审理的上诉案件，提起诉讼的人民检察院和上一级人民检察院应当共同派员出席第二审法庭。

5. 执行

未成年人行政公益诉讼判决、裁定发生法律效力，而行政机关未按判决、裁定确定的义务履行的，由人民法院移送执行。

6. 诉讼监督

上级人民检察院发现下级人民法院已经发生法律效力的未成年人行政公益诉讼判决、裁定确有错误，损害国家利益或者社会公共利益的，应当依法提出抗诉。

人民法院决定开庭审理的未成年人行政公益诉讼再审案件，与人民法院对应的同级人民检察院应当派员出席法庭。

人民检察院发现人民法院未成年人行政公益诉讼审判程序违反法律规定，

或者审判人员有《中华人民共和国法官法》第四十六条规定的违法行为,可能影响案件公正审判、执行的,或者人民法院在未成年人行政公益诉讼案件判决生效后不依法移送执行或者执行活动违反法律规定的,应当依法向同级人民法院提出检察建议。

7. 备案审查

办理未成年人行政公益诉讼案件,应当准确填录检察机关统一业务应用系统,并报上一级人民检察院备案。对于重大、疑难、复杂的未成年人行政公益诉讼案件,可以按照《人民检察院案件请示办理工作规定(试行)》的相关规定层报最高人民检察院请示。

(五)重点领域

检察机关办理未成年人行政公益诉讼案件,可以重点关注以下领域和常见情形。

1. 未成年人门票等优惠政策。爱国主义教育基地、图书馆、青少年宫、儿童活动中心、儿童之家是否对未成年人免费开放;博物馆、纪念馆、科技馆、展览馆、美术馆、文化馆、社区公益性互联网上网服务场所以及影剧院、体育场馆、动物园、植物园、公园等场所,是否按照有关规定对未成年人免费或者优惠开放。城市公共交通以及公路、铁路、水路、航空客运等是否按照有关规定对未成年人实施免费或者优惠票价。

存在上述问题时,重点审查市场监督管理、文化和旅游、交通运输等部门是否履行监管职责,致使未成年人的特殊优惠政策不能有效落实。

2. 产品质量问题。重点关注儿童游乐设备、文具、玩具、儿童护肤品、电子产品等行业经营者是否生产、销售或提供不符合行业标准的产品或服务。存在上述问题时,重点审查市场监管部门等负有监管职责的行政机关是否存在违法行使职权或者不作为,致使未成年人公共利益受到侵害的情形。

3. 校园安全问题。重点在关注校舍选址是否严格执行国家相关标准规范,是否对地质灾害、自然灾害、环境污染等因素进行全面评估,校舍建设是否严格执行国家建筑抗震有关技术规范和标准。学校使用的关系学生安全的建筑材料、设施设备、教学仪器、体育器械等是否符合安全质量和标准,是否进行必要的安全检查和维修。学校是否健全校内各项安全、卫生、应急管理制度,是否开展安全教育,是否完善安全防范措施。校园消防安全防控是否符合安全标准化建设,是否设置消防安全通道、逃生标识等。中学化学实验室危险品的使用、保管、登记是否规范。校车是否进行安全检查,校车驾驶员是否符合资质,校车的管理、使用是否规范等。学校是否采取合理的预防、受理投诉、调查处置等措施,防止和制止性骚扰的发生。是否有人在学校、幼儿园和其他未成年人集中活动的公共场所吸烟、饮酒。

存在上述问题时,重点审查教育部门、质监部门、消防部门、建筑部门等负有监管职责的行政机关是否存在违法行使职权或者不作为,致使未成年人公共利益受到侵害的情形。

4. 校园周边治理问题。重点关注校园周边200米范围内是否存在网吧、电子游戏厅、歌舞厅等未成年人不适宜进入的场所,以及是否在校园周边违规设立烟、酒、彩票销售网点。校园周边道路交通设施设置,包括交通信号灯、交通标志和标线、人行设施、分隔设施、停车设施、监控设施、照明设施等是否符合国家规范标准。校园门前是否设置人行横道线及预告标示线,校园出入口是否施划网状线等,校园周边道路是否设置人工照明设施,是否设置限制速度标志等,是否加强校园周边道路管控,是否开展交通事故安全防范工作等。

存在上述问题时,重点审查教育部门、文化和旅游部门、市场监管部门、环保部门、交通运输部门等负有监管职责的行政机关是否存在违法行使职权或者不作为,致使未成年人公共利益受到侵害的情形。

5. 教育培训机构问题。校外培训机构及其他未成年人活动娱乐场所的设置是否符合行业标准,是否符合国家关于场地、消防、环保、卫生、食品经营等管理规定要求,相关证照是否齐全。是否具有相对稳定的师资队伍,是否严格执行国家关于财务与资产管理的规定等。

存在上述问题时,重点审查教育部门、市场监管部门等负有监管职责的行政机关是否存在违法行使职权或者不作为,致使未成年人公共利益受到侵害的情形。

6. 义务教育问题。中小学校是否依法保障未成年人的受教育权,是否有效开展"控辍保学"工作。在农村地区,是否免除义务教育学杂费,落实对家庭经济困难学生免费提供课本和补助寄宿生生活费等政策。是否保障孤残儿童和农民工子女等接受义务教育。中小学校是否存在与校外培训机构联合招生,或将校外机构培训结果与中小学校招生入学挂钩等行为,中小学是否违规进行晚自习、周末补课、将文体课改为文化课等,学校教师是否违规对学生进行有偿补课、诱导或逼迫学生参加校外机构培训等。

存在上述问题的,重点审查教育部门等负有监管职责的行政机关是否存在违法行使职权或者不作为,致使未成年人公共利益受到侵害的情形。

7. 招用童工、未成年职工问题。相关组织或个人是否存在违法招用未满十六周岁的童工的行为。对特殊行业和特殊情况招收的不满十六周岁的未成年人,是否采取特殊劳动保护措施,是否保障未成年人的身心健康和接受义务教育的权利;童工患病或者受伤的,用人单位是否送到医疗机构治疗,并负担治疗期间的全部医疗和生活费用等。是否安排未成年职工从事过重、有毒、有害等危害未成年人身心健康的劳动、危险作业等。

存在上述问题的，重点审查劳动和社会保障部门是否切实加强劳动用工管理，依法规范用工；公安机关是否违反规定发放身份证或者在身份证上登录虚假出生年月；市场监督管理部门是否发现申请人是不满十六周岁的未成年人，仍然为其从事个体经营发放营业执照的等负有监管职责的行政机关违法行使职权或者不作为，致使未成年人公共利益受到侵害的情形。

8. 娱乐场所问题。营业性歌舞娱乐场所、互联网上网服务等场所是否向未成年人开放。相关经营者是否在显著位置设置禁止未成年人进入的标志。

存在上述问题时，重点审查市场监管部门、文化和旅游部门等负有监管职责的行政机关是否存在违法行使职权或者不作为，致使未成年人公共利益受到侵害的情形。

9. 未成年人入住酒店等问题。旅馆、宾馆、酒店等住宿经营者接待未成年人入住，或者接待未成年人和成年人共同入住时，是否询问父母或者其他监护人的联系方式、入住人员的身份关系等有关情况；发现有违法犯罪嫌疑的，是否向公安机关报告，并及时联系未成年人的父母或者其他监护人；是否建立入住人员身份登记和外来访客的审核核验制度等。

存在上述问题时，重点审查公安等负有监管职责的行政机关是否存在违法行使职权或者不作为。

10. 烟、酒、彩票销售问题。烟、酒、彩票经营者是否在显著位置设置不向未成年人出售烟、酒或者彩票标志，是否向未成年人售卖烟、酒、彩票等。

存在上述问题时，重点审查市场监管部门、民政部门、体育行政部门、财政部门等负有监管职责的行政机关是否履行相关监管职责。

11. 网络安全问题。网络产品和服务提供者、智能终端产品制造者和销售者是否落实保护未成年人的各项措施，是否向未成年人提供或未采取有效措施避免未成年人接触含有淫秽、色情、暴力、邪教、迷信、凶杀、恐怖、赌博、涉毒等不良或沉迷内容的图书、报刊、音像制品、网络信息、网络游戏、电子出版物等。网络游戏服务提供者是否在每日二十二时至次日八时向未成年人提供网络游戏服务。

存在上述问题时，重点审查网信、文化和旅游、市场监管、新闻出版等负有监管职责的行政机关是否存在违法行使职权或者不作为，致使未成年人利益受到侵害的情形。

12. 生态环境污染问题。重点关注未成年人生活、学习、活动场所周边是否存在大气污染、水污染、土壤污染、固体废物污染、噪音污染等生态环境污染的情况。校园周边的空气、用水、土壤等是否符合国家行业标准，是否存在垃圾存放、污水排放等环境污染源。

存在上述问题的，重点审查环保部门、国土部门、林业部门等负有监管职责的行政机关对上述污染环境的事实是否存在违法行使职权或者不作为，致使未成年人公共利益受到侵害的情形。

13. 资源保护问题。重点关注涉未成年人公共利益的土地资源、水资源、草原资源等领域是否存在破坏资源的违法情况。

存在上述问题的，重点审查对资源保护和使用负有监督管理职责的行政机关对破坏涉未资源的事实是否存在违法行使职权或者不作为，致使未成年人公共利益受到侵害的情形。

14. 食品药品安全问题。重点关注未成年人食品、药品的研制、生产、流通、使用环节有无违法情况。学校食堂是否使用超保质期、变质或有毒有害食品，学校饮用水是否符合健康标准，学校是否落实食品、饮用水安全管理责任。校园周边小卖部、超市、杂货店等商铺是否存在无证经营食品行为，经营的食品是否存在超保质期、变质或含有有毒有害物质等不符合食品安全标准的情形。校内医务室及辖区药店是否存在提供、使用、销售儿童假药、劣药或不符合安全标准的儿童医用器材等情况。

存在上述问题时，重点审查市场监督管理部门、卫生健康部门等负有食品药品监管职责的行政机关是否存在违法行使职权或者不作为，致使未成年人公共利益受到侵害的情形。

15. 其他相关问题。

附录六

未成年人司法社会工作服务规范

前言

本标准按照 GB/T 1.1－2009 给出的规则起草。

本标准由上海市青少年服务和权益保护办公室提出，并组织实施。

本标准由上海市社会管理和公共服务标准化技术委员会归口。

本标准起草单位：上海市青少年服务和权益保护办公室、上海市阳光社区青少年事务中心、上海市高级人民法院、上海市人民检察院、上海市公安局、上海市社会工作者协会、上海市益扬青少年社会工作促进中心。

1 范围

本标准规定了未成年人司法社会工作的服务原则、服务对象、服务要求、服务方法、委托和服务流程、服务保障及服务质量评价和持续改进等。

本标准适用于上海市以未成年人为对象开展的司法社会工作服务。

2 规范性引用文件

下列文件对于本文件的应用是必不可少的。凡是注日期的引用文件，仅注日期的版本适用于本文件。凡是不注日期的引用文件，其最新版本（包括所有的修改单）适用于本文件。

MZ/T 071　社区社会工作服务指南

MZ/T 094　社会工作方法 个案工作

MZ/T 095　社会工作方法 小组工作

3 术语和定义

下列术语和定义适用于本文件。

3.1 未成年人司法社会工作 social work in juvenile justice

以有不良行为的未成年人、有严重不良行为的未成年人、涉罪未成年人、未成年社区矫正对象、未成年在押服刑人员、刑满释放的未成年人、未成年被害人、未成年证人、司法程序中涉及的其他未成年人为对象，整合运用社会工作专业价值、理论、方法和技巧，为恢复、改善、提高未成年人社会功能，促进未成年人健康成长及实现犯罪预防而提供的专业化、职业化社会服务活动。

3.2 亲社会行为 pro‐social behavior

利他和助人的积极的社会行为。

4 服务对象

4.1 有不良行为的未成年人

有不良行为的未成年人包括但不限于：

a) 实施了吸烟、饮酒；

b) 多次旷课、逃学；

c) 无故夜不归宿、离家出走；

d) 沉迷网络以致于影响正常学习和生活；

e) 与社会上具有不良习性的人交往，组织或参与实施不良行为的团伙；

f) 进入法律、法规规定未成年人不宜进入的场所；

g) 参与赌博或变相赌博，或者参加封建迷信等不良活动；

h) 观看、收听含有色情、淫秽、暴力、恐怖、极端等内容的音像制品、读物或者网络信息；

i) 其他有害于未成年人身心健康成长的不良行为，不予干预会日益严重的未成年人。

4.2 有严重不良行为的未成年人

有严重不良行为的未成年人包括但不限于：

a) 实施了结伙斗殴，追逐、拦截他人，强拿硬要或者任意损毁、占用公私财物等行为；

b) 非法携带枪支、弹药或者弩、匕首等国家规定的管制器具；

c) 辱骂、殴打他人，或者故意伤害他人身体；

d) 盗窃、哄抢、抢夺或者故意损毁公私财物；

e) 传播淫秽的读物、音像制品或者信息等；

f) 卖淫、嫖娼，或者进行淫秽表演；

g) 吸食、注射毒品，或者向他人提供毒品；

h) 参与赌博赌资较大；

i) 其他严重危害社会的违法行为的未成年人。

4.3 涉罪未成年人

实施涉嫌犯罪行为时未满十八周岁并进入刑事诉讼程序的未成年犯罪嫌疑人、被告人。

4.4 未成年社区矫正对象

被判处管制、宣告缓刑、假释或者暂予监外执行，实施社区矫正时未满十八周岁的未成年人。

4.5 未成年在押服刑人员

被判处拘役、有期徒刑、无期徒刑，在看守所或者未成年人管教所接受教育改造的未成年罪犯。

4.6 刑罚执行完毕的未成年人

刑罚执行完毕，未满十八周岁的未成年人。

4.7 未成年被害人

合法权益受到犯罪行为或未成年人罪错行为侵害的未成年人。

4.8 未成年证人

在刑事诉讼过程中，了解案件情况并向司法机关作证的诉讼参与未成年人。

4.9 司法程序中涉及的其他未成年人

因家庭监护缺失或监护不当导致人身安全受到威胁或侵害进入司法保护程序的未成年人，以及民事、行政、公益诉讼案件中涉及的其他未成年人。

5 服务原则

5.1 最有利于未成年人原则

尊重未成年人人格尊严，给予未成年人特殊、优先保护，采取教育和保护相结合的方式开展适应未成年人身心发展规律和特点的服务。

5.2 社会工作伦理原则

坚持社会主义核心价值观，遵循社会工作者职业道德指引。

5.3 系统性原则

重视未成年人与其家庭、学校、朋辈、社区等系统的互动关系，全面系统地评估未成年人服务需求，提供系统性社会工作服务。

5.4 协同性原则

未成年人工作的相关部门及社会工作服务机构分工合作、有机衔接，发挥所长、形成合力。

5.5 保密原则

保护未成年人的名誉和尊严，对服务过程中涉及到的相关信息，未经法定程序审查决定，不得提供给任何单位和个人。

6 服务要求

6.1 基本要求

社会工作服务机构受司法机关、未成年人工作相关部门的委托，指派社会工作者对有不良行为和严重不良行为的未成年人、涉刑事案件和涉民事案件的未成年人以及司法程序中涉及的其他未成年人提供社会工作服务。

6.2 犯罪预防的未成年人社会工作服务

6.2.1 开展思想引导

社会工作者应对有不良行为和严重不良行为的未成年人，开展理想信念教育、社会主义核心价值观教育、中华优秀文化教育等服务，提升其思想道德水平。

6.2.2 开展法治教育

社会工作者应对有不良行为和严重不良行为的未成年人，开展法治宣传及教育、毒品预防教育、防艾教育等服务，提升其守法意识，矫正其偏差行为。

6.2.3 开展心理健康教育

社会工作者应对有不良行为和严重不良行为的未成年人，开展心理健康维护、心理行为问题矫正等服务，提升其心理健康意识，改善对环境的适应能力。

6.2.4 开展行为规范训练

社会工作者应对有不良行为和严重不良行为的未成年人，开展正向信念、品行修养、习惯养成、亲社会行为规范等服务，改善其对自身行为负责任的意识、态度和行为。

6.2.5 提升自我防护意识和能力

社会工作者应对有不良行为和严重不良行为的未成年人，开展青春期自护、安全防范等服务，提升其自我防护意识和能力。

6.2.6 提升自我管理意识和能力

社会工作者应对有不良行为和严重不良行为的未成年人，开展情绪管理、时间管理、沟通管理等服务，提升其自我管理意识和能力。

6.2.7 提升生涯规划能力

社会工作者应对有不良行为和严重不良行为的未成年人开展学业及职业技能训练、生涯发展辅导，提升其生涯规划能力。

6.2.8 促进人际交往

社会工作者应对有不良行为和严重不良行为的未成年人，开展表达理解、人际融合、解决问题等技能训练，提升其人际交往能力。

6.2.9 调适社会关系

社会工作者应对有不良行为和严重不良行为的未成年人，开展改善朋辈关系、师生关系、家庭关系等服务，协助其建立良好的社会关系。

6.2.10 开展家庭教育指导

社会工作者应对有不良行为和严重不良行为的未成年人父母或者其他监护人，开展家庭教育指导，协助其树立正向教育观念，提升其教育子女及亲子沟通的知识和技能。

6.2.11 建立社会支持网络

社会工作者应对有不良行为和严重不良行为的未成年人,通过资源整合、环境改善、政策倡导等服务,建立有利于其健康成长的社会支持网络。

6.2.12 引导社会参与

社会工作者应对有不良行为和严重不良行为的未成年人,通过举办社会活动类、志愿服务类、运动类、职业技能类等社会服务活动,充实未成年人的闲暇时间,改善其社会参与的意愿、态度和技能,增加其获得社会参与的机会。

6.2.13 参与保护处分

社会工作者应对因年龄或情节等法定原因而没有达到刑事追究标准的严重不良行为未成年人,参与开展训诫、心理辅导、行为矫正、感化教育等专业服务,预防其违法犯罪。

6.3 涉刑事案件的未成年人社会工作服务

6.3.1 侦查、起诉、审判阶段的服务

6.3.1.1 担任合适成年人

社会工作者应对涉罪未成年人、未成年被害人、未成年证人开展服务,在讯问、询问或者审判时,因无法通知法定代理人、法定代理人不能、不宜到场或者法定代理人是共犯或侵害人的,作为合适成年人到场,履行监督、沟通、抚慰、教育等职责,维护未成年人的合法权益。

6.3.1.2 开展社会调查

社会工作者应对涉罪未成年人开展服务,至其所在的家庭、学校、居(村)委、工作场所等单位,对未成年人的性格特点、家庭情况、社会交往、成长经历、是否具备有效监护条件或者社会帮教条件等情况进行调查,并制作社会调查报告,为司法处理提供参考依据。

6.3.1.3 参与观护帮教

社会工作者应对处于取保候审观护帮教、不捕不诉跟踪帮教期间的涉罪未成年人,定期开展思想辅导、日常监督、生活观察、行为矫正、安全保护、公益劳动等服务,以改善其行为、预防其再犯行为的产生,并做好服务记录,为司法处理提供依据。

6.3.1.4 参与附条件不起诉考察教育

社会工作者应对处于六个月以上一年以下附条件不起诉考验期间的涉罪未成年人,定期开展日常监督、活动报告、生活观察、行为矫正、思想教育引导、心理健康教育、法治教育、公益劳动等服务,以改善其偏差行为,预防其再犯行为的产生,并做好服务记录,为司法处理提供依据。

6.3.1.5 开展家庭教育指导服务

社会工作者应对涉罪未成年人父母或者其他监护人，开展家庭教育指导，主要包括建立家庭规则、学习沟通技巧、调和及重建家庭关系等，提升其家庭教育能力。

6.3.1.6 提供羁押期帮教服务

社会工作者应对被羁押在拘留所或看守所的未成年人，根据其年龄、性别和思想行为特征，开展心理疏导、行为矫正、法治教育、思想教育、文化教育、出所衔接等服务，建立其亲社会行为，提升其社会适应能力。

6.3.1.7 参与刑事和解

社会工作者可对涉罪未成年人、非重大人身合法权益受到侵害的被害人和受罪错行为影响的任何其他未成年人，开展调解服务，激发涉罪未成年人悔改意识，鼓励涉罪未成年人主动做出获得对方谅解的行为，协助涉罪未成年人弥补对他人造成的伤害，修复涉罪未成年人与受害人之间的关系。

6.3.1.8 担任合适保证人

社会工作者可对符合取保候审条件，但无法交纳保证金、提出保证人的未成年人，作为其合适保证人，在取保候审期间监督其言行，发现被保证人发生违反法律规定的行为，及时向执行机关报告。

6.3.1.9 服务未成年被害人

社会工作者宜对合法权益受到侵害的未成年人，提供心理疏导、关系修复、转移安置、技能培训等服务，提升其恢复正常生活和学习的能力。

6.3.1.10 服务未成年证人

社会工作者宜对了解案件情况并向司法机关作证的诉讼参与未成年人，特别是目睹暴力者，全程关注其生理、心理、精神状态，必要时进行评估和干预。

6.3.2 刑事执行阶段的服务

6.3.2.1 参与未成年人社区矫正

社会工作者应对未成年社区矫正对象，综合评估其被判处的刑罚种类、犯罪情况、悔罪表现、个性特征和生活环境等情况，开展思想引导、法治教育、心理健康教育、行为规范训练、教育学习、技能培训、就业指导、危机干预、家庭教育指导、社区服务、社会关系调试、公益活动等服务，矫正其犯罪心理和行为，提升其融入社会的能力。

6.3.2.2 参与未成年人监狱矫正

社会工作者应对未成年在押服刑人员，综合评估其年龄、性别和思想行为等情况，开展思想引导、法治教育、心理健康教育、文化教育、行为规范训练、技能指导、社会适应能力训练、出所衔接等服务，提升其再社会化能力。

6.3.3 刑罚执行完毕后的服务

社会工作者应对刑罚执行完毕的未成年人,开展思想引导、法治教育、困难帮扶和生活管理等服务,提升其就学、就业、社会融入等方面的能力。

6.4 涉民事案件的未成年人社会工作服务

6.4.1 参与庭前调解

社会工作者在家事案件中,应从原告和被告双方个人发展、家庭观念、子女教育等多方面开展调解工作,协助原告、被告双方舒缓情绪、解决冲突。

6.4.2 开展家事调查

社会工作者应对家事案件中涉及的未成年人,至其所在的家庭、学校、居(村)委等场所,围绕其个性性格、身心状况、成长经历、居住环境、扶养现状,父母或者其他监护人的教育程度、财产状况、工作情况等方面有针对性地进行调查了解,并向相关部门出具家事调查报告。

6.4.3 提供心理疏导

社会工作者在家事案件中,应根据案件实际情况,在未成年人的父母或者其他监护人同意后,对未成年人开展情绪及心理辅导,提升其应对危机及家庭困境的能力。

6.4.4 开展回访观护

社会工作者在家事案件中,在案件判决书或调解书生效后,应对未成年人及其家庭进行定期回访,了解未成年人权益保护情况,对侵害未成年人权益的行为进行适度干预,并向相关部门出具回访观护报告。

6.4.5 开展家庭教育指导服务

社会工作者在家事案件中,应对未成年人父母或者其他监护人,开展家庭教育指导,主要包括学习情绪控制技巧、强化家长职责、掌握帮助未成年人充分发展性别角色的能力等,提升其家庭教育能力。

6.4.6 担任权益代表人

社会工作者对法定代理人无法行使监护权、与未成年子女产生利益冲突或父母双方因离异而争夺抚养权等特殊情况下的未成年人,可由其代表未成年人作为独立的诉讼主体参与诉讼,全面参与庭审,包括调查、举证、发表主张、参与调解等。

6.4.7 担任探望监督人

社会工作者在抚养权变更、抚养费纠纷、探望权纠纷的家事案件中,可承担行使探望权的陪同工作,减少双方矛盾的激化,维护未成年人合法权益。

6.5 司法程序中涉及的其他未成年人社会工作服务

社会工作者对因家庭监护缺失或监护不当导致人身安全受到威胁或侵害的

未成年人，以及民事、行政、公益讼诉案件中涉及的未成年人，应提供心理疏导、精神关爱、家庭教育指导、权益维护等服务，优化资源配置，加强社会支持。

7 服务方法

7.1 基本服务方法

社会工作者宜运用 MZ/T 094、MZ/T 095、MZ/T 071 中的个案工作、小组工作、社区工作等社会工作直接服务方法，以及社会工作行政和社会工作研究等间接服务方法。

7.2 针对特定需要的介入方法

7.2.1 个案管理

以协调整合的方式为未成年人建构一套完整的服务输送网络，并以需求导向的方式提供社会工作专业服务，使来自相同或不同部门中的工作人员能彼此沟通协调，以专业的团队合作方式提供未成年人所需的服务，并扩大服务的效果。

7.2.2 危机介入

通过多专业合作方式协调资源，对可能危及未成年人自身和他人生命安全的问题实施紧急干预；根据需要，通过协调及整合资源，以中途之家、类家庭、收寄养等方式为不适合在原家庭居住的未成年人提供安置房屋，进行综合援助。

7.2.3 家庭治疗

通过介入未成年人的家庭，探索未成年人问题背后的家庭结构和互动关系，协助未成年人实现与其家庭成员之间的良性互动，改善并重建其家庭关系。

7.2.4 朋辈辅导

组织年龄相仿、文化、生活环境和经历相似，或具有共同语言的未成年人参与服务，交流互动、分享经验、唤起共鸣，协助未成年人改善朋辈关系、建立朋辈支持、实现互助成长。

7.2.5 历奇辅导

通过体验性活动，有目的地把未成年人带离舒适区，经历新奇，协助未成年人进行自我探索、自我觉察、自我成长。

7.2.6 亲社会行为训练

通过优化家庭、学校和社会的环境，塑造良好的人际互动关系，积极干预未成年人的不适当行为，促进未成年人与环境、习俗、文化规范之间的良好互动，协助未成年人建立成熟的自我意识、积极的人际关系、健康的群体适应能力，发展亲社会行为。

8 委托与服务流程

8.1 委托流程

公安机关、检察机关、审判机关、司法行政部门应通过委托、合约管理、过程监察、反馈、评估等流程与社会工作服务机构开展转介、协调、合作等工作（见附录A）。

8.2 服务流程

社会工作者应按照接案、预估、服务设计、服务实施、服务成效评估、结案、回访跟进等社会工作服务流程开展专业服务（见附录A）。

9 服务保障

9.1 制度要求

9.1.1 委托制度

未成年人司法社会工作服务开展前应签订委托协议，明确服务的范围、标的、数量、质量要求、评估标准，以及服务期限、资金支付方式、权利义务和违约责任等。

9.1.2 社会工作服务制度

社会工作服务机构应建立社会工作服务制度，包括但不限于：

a) 服务运行管理制度；

b) 督导制度；

c) 志愿者管理制度；

d) 应急处置制度；

e) 服务改善制度。

9.1.3 人力资源管理制度

社会工作服务机构应建立人力资源管理制度，包括但不限于：

a) 能力建设制度；

b) 薪酬保障制度；

c) 考核评估及激励制度；

d) 专岗人才储备制度；

e) 职业晋阶发展制度。

9.1.4 行政管理制度

社会工作服务机构应建立行政管理制度，包括但不限于：

a) 财务管理制度；

b) 档案管理制度；

c) 信息管理制度；

d）投诉处理制度。

9.1.5 部门合作与协调制度

未成年人工作的相关部门之间及与社会工作服务机构间宜建立合作与协调制度，包括但不限于：

a）定期会商研讨制度；

b）未成年人转介制度；

c）未成年人保护衔接制度。

9.2 机构要求

开展未成年人司法社会工作服务的社会工作服务机构应同时满足以下条件：

a）业务范围包含以未成年人为对象开展的社会服务；

b）符合本标准中制度要求、人员要求与场地要求的相关规定；

c）机构需设立伦理委员会，监管处理涉伦理事件。

9.3 人员要求

9.3.1 社会工作者

社会工作者应同时满足以下条件：

a）获得国家颁发的社会工作者职业水平证书或具备国家承认的社会工作专业大学专科及以上学历；

b）遵循社会工作伦理原则；

c）掌握社会工作专业知识和方法，熟悉相关法律知识；

d）接受继续教育，不断提升专业服务能力。

9.3.2 社会工作督导

9.3.2.1 内部督导

社会工作服务机构应聘请在未成年人司法服务领域从事社会工作服务满五年以上（含五年）且取得中级及以上社会工作者职业水平证书，对社会工作价值伦理有认同度、拥有良好的社会工作专业知识、具有丰富的实务经验和督导技巧的社会工作者作为内部督导。

内部督导应定期为新进入社会工作服务机构的社会工作者、经验不足及需要支持的社会工作者、实习生等，提供行政、教育和支持性督导。

9.3.2.2 外部督导

社会工作服务机构宜请未成年人司法服务相关领域的专家学者作为外部督导。

外部督导宜定期为社会工作服务机构的社会工作者提供专业知识、实务技巧、服务方法、实践研究等方面的培训与督导。

9.4 场地要求

未成年人司法社会工作服务应建立未成年人专门服务场所,包括但不限于:

a) 能够顺利开展服务及保障未成年人隐私的独立空间;

b) 服务场所内部总体装饰遵循温馨、舒适、安全等原则,具备满足办公需求的设施设备;

c) 根据未成年人的身心发展特点和服务需求,划分办公区、展示区、面谈区、活动区等工作区域;

d) 结合未成年人司法社会工作服务对象的个性化特点,场所陈列和功能与预防未成年人违法犯罪和维护未成年人合法权益的总体目标相一致。

10 服务质量评价和持续改进

10.1 服务质量评价

未成年人司法社会工作服务应建立服务评估机制,由委托方直接开展或委托第三方对服务过程及服务成效进行评估,包括但不限于:

a) 过程评估:

——对服务过程进行监测;

——对服务进展进行定期与阶段性评估;

——对服务对象改变程度进行评估;

b) 成效评估:

——对服务目标达成情况进行评估;

——对服务影响力进行评估;

——对服务满意度进行评估。

10.2 持续改进

10.2.1 服务质量改进

社会工作服务机构应根据服务质量评估结果持续改进未成年人司法社会工作服务质量。

10.2.2 实践研究

社会工作服务机构宜开展未成年人司法社会工作实践研究,完善服务的同时形成服务模式并加以推广。

委托与服务流程

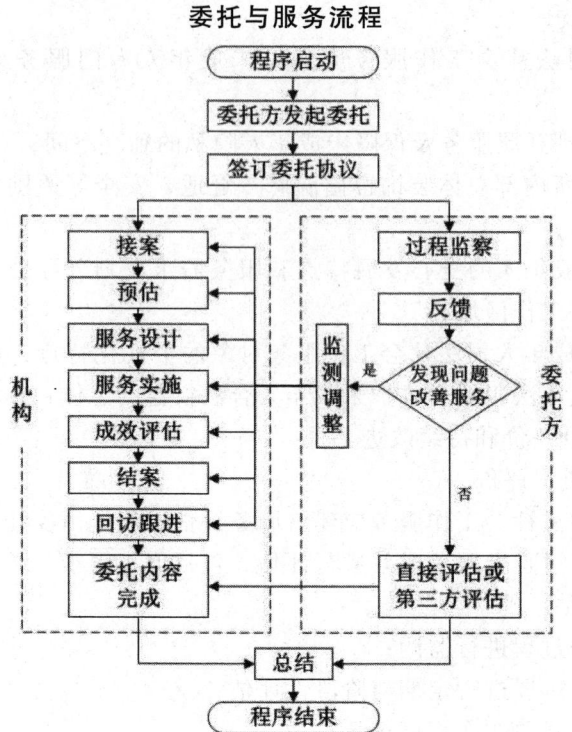

参考文献

一、专著类

1. 吴燕：《未成年人检察实务教程》，法律出版社 2016 年版。
2. 郎胜：《中华人民共和国刑事诉讼法释义》，法律出版社 2012 年版。
3. 邹瑜：《法学大辞典》，中国政法大学出版社 1991 年版。
4. 傅国云：《行政检察监督研究：从历史变迁到制度架构》，法律出版社 2014 年版。
5. 吴燕：《上海观护二十五年》，中国检察出版社 2018 年版。
6. 魏渭堂：《亲职教育》（第三版），新文京开发出版股份有限公司 2013 年版。
7. 郭翔：《犯罪学辞典》，人民出版社 1989 年版。

二、期刊类

1. 刘立霞、郝小云：《论未成年人刑事案件中的合适成年人制度》，载《法学杂志》2011 年第 4 期。
2. 史华松：《合适成年人参与制度的"吴中经验"研究》，载《常熟理工学院学报（哲学社会科学）》2011 年第 1 期。
3. 吴燕：《新刑诉法成年人到场制度实务研究》，载《青少年犯罪问题》2013 年第 6 期。
4. 陈建明、钱晓峰、吴寅星：《未成年人刑事案件社会调查制度的实践与完善》，载《青少年犯罪研究》2010 年第 1 期。
5. 吴燕、胡向远：《新〈刑诉法〉对未成年人案件社会调查制度的构建》，载《上海政法学院学报（法治论丛）》2014 年第 1 期。
6. 曾新华：《未成年人全面调查制度若干问题之探讨》，载《法律科学（西北政法大学学报）》2014 年第 2 期。
7. 吴孟栓、李昊昕、王佳：《〈关于审查起诉期间犯罪嫌疑人脱逃或者患有严重疾病的应当如何处理的批复〉解读》，载《人民检察》2014 年第 4 期。

8. 吴燕：《附条件不起诉适用规则详解》，载《青少年犯罪问题》2015 年第 3 期。

9. 李章仙：《"封存"还是"消灭"？——评新刑诉法犯罪记录封存条款》，载《预防青少年犯罪研究》2015 年第 2 期。

10. 卢君：《"未成年人犯罪记录封存制度"的反思与完善》，载《法律适用》2014 年第 11 期。

11. 吴燕：《未成年被害人司法保护的检察实践与思考》，载《上海法学研究》2019 年第 8 期。

12. 宋志军：《未成年人刑事法律援助有效性实证分析》，载《国家检察官学院学报》2019 年第 4 期。

13. 吴燕：《浅析性侵害案件未成年被害人权益保护——以民法典第 191 条规定为出发点》，载《中国检察官》2020 年第 9 期。

14. 姚建龙、刘昊：《"梅根法案"的中国实践：争议与法理——以慈溪市〈性侵害未成年人犯罪人员信息公开实施办法〉为分析视角》，载《青少年犯罪问题》2017 年第 2 期。

15. 张寒玉、王英：《办理性侵未成年人犯罪案件证据指引》，载《青少年犯罪问题》2019 年第 4 期。

16. 姚建龙、林需需：《性侵未成年人刑法适用若干疑难与争议问题辨析》，载《中国应用法学》2019 年第 2 期。

17. 李兵：《〈关于审理未成年人刑事案件具体应用法律若干问题的解释〉的理解与适用》，载《人民司法》2006 年第 4 期。

18. 赵卿、李庆：《未成年人民行检察工作应实现五个转变》，载《人民检察》2017 年第 24 期。

19. 党瑜、张垚：《未成年人检察公益诉讼的权力边界探析——从一起"4a 级景区儿童票"公益诉讼案谈起》，载《预防青少年犯罪研究》2019 年第 4 期。

20. 王炜：《检察机关提起公益诉讼的理论与实践》，载《中国青年社会科学》2018 年第 1 期。

21. 苑宁宁：《未成年人司法新模式：罪错行为分级处遇》，载《人民检察》2020 年第 19 期。

22. 吴燕、黄冬生、孙萍、钟芬：《罪错未成年人分级处遇制度研究》，上海市检察官协会 2019 年重点课题。

23. 路琦、郭开元、张萌、张晓冰、胡发清、杨江澜：《2017 年我国未成年人犯罪研究报告》，载《青少年犯罪问题》2018年第6期。

24. 姚建龙：《犯罪后的第三种法律后果：保护处分》，载《法学论坛》2006年第1期。

25. 张良驯：《对工读学校"去工读化"现象的研讨》，载《中国青年研究》2016年第4期。

26. 肖建国、付俊杰、王会军：《未成年人违法犯罪预防视角下的工读学校适合教育》，载《预防青少年犯罪研究》2018年第3期。

27. 路琦、郭开元、刘燕、张晓冰：《新时期专门学校教育发展研究》，载《中国青年研究》2018年第5期。

28. 姚建龙、孙鉴：《从"工读"到"专门"——我国工读教育的困境与出路》，载《预防青少年犯罪研究》2017年第2期。

29. 于阳、徐翠红：《惩治未成年人违法犯罪：工读学校构建与工读教育完善》，载《预防青少年犯罪研究》2019年第2期。

30. 石军：《中国工读教育内部发展的困境与对策研究》，载《预防青少年犯罪研究》2012年第9期。

31. 石军：《中国工读教育六十年国际研讨会综述》，载《青少年犯罪问题》2015年第6期。

32. 郭开元：《犯罪预防视阈中的专门学校教育改革和发展》，载《青少年犯罪问题》2017年第3期。

33. 王瑞剑：《工读学生视角下的专门学校干预：困境与纾解》，载《预防青少年犯罪研究》2017年第2期。

34. 吴燕：《涉罪未成年人社会观护体系的构建与完善》，载《预防青少年犯罪研究》2015年第5期。

35. 宋英辉、上官春光、王贞会：《涉罪未成年人审前非羁押支持体系实证研究》，载《中国检察官》2014年第17期。

36. 上海市徐汇区人民检察院未检科：《合适保证人制度的探索与研究研讨会会议综述》，载《预防青少年犯罪研究》2015年第5期。

37. 关颖：《亲职教育的意义、特点及其制度构建》，载《预防青少年犯罪研究》2014年第5期。

38. 吴宗宪、张雍锭：《未成年缓刑犯社区矫正中强制亲职教育的制度构建》，载《江西社会科学》2018年第8期。

39. 路琦、郭开元、张萌、张晓冰、胡发清、杨江澜：《2017年我国未成年人犯罪研究报告——基于未成年犯与其他群体的比较研究》，载《青少年犯罪问题》2018年第6期。

40. 游涛、张盈:《以强制性亲职教育问责教养失职监护人——涉罪未成年人监护人法律责任探究》,载《预防青少年犯罪研究》2015年第1期。

41. 吴宗宪、张雍锭:《未成年缓刑犯社区矫正中强制亲职教育的制度构建》,载《江西社会科学》2018年第8期。

42. 王颖颖:《论在涉罪未成年人帮教中开展强制亲职教育——以河南省登封市人民检察院的实践为例》,载《中国检察官》2018年第7期。

43. 赵晓风:《论未成年人违法犯罪心理干预机制建构》,载《预防青少年犯罪研究》2015年第1期。

44. 滕洪昌、李月华:《对我国涉罪未成年人心理测评实践的反思》,载《青少年犯罪问题》2019年第2期。

45. 赵卿:《未成年人心理疏导和矫治制度研究》,载《青少年犯罪问题》2015年第1期。

46. 刘邦惠:《违法犯罪青少年心理矫治探析》,载《犯罪学》2018年第1期。

47. 雷小政:《涉罪未成年人心理辅导与矫治机制改革》,载《中国刑事法杂志》2014年第1期。

48. 滕洪昌、李月华:《论我国涉罪未成年人心理咨询的现状与完善——以未成年人检察实践为例》,载《青少年犯罪问题》2018年第1期。

49. 吴燕:《刑事诉讼程序中未成年人司法保护转介机制的构建——以上海未成年人司法保护实践为视角》,载《青少年犯罪问题》2016年第3期。

50. 孙谦:《关于建立中国少年司法制度的思考》,载《国家检察官学院学报》2017年第4期。

51. 姚建龙:《少年司法的转介:一个初步的探讨》,载《未成年人检察》(第一辑)2016年第16期。

52. 刘仁琦:《嵌入、契合与实效:我国少年司法转介机制研究——附条件不起诉社会支持体系的完善》,载《青少年犯罪问题》2018年第5期。

三、学位论文

1. 毕汝仙:《我国涉罪未成年人社会观护体系探究》,浙江大学2018年硕士学位论文。

2. 吕莉茹:《触法未成年人司法转处机制研究》,华东政法大学2016年硕士学位论文。

四、报纸类

1. 薛淑兰、赵俊甫、肖凤：《〈关于依法惩治性侵害未成年人犯罪的意见〉有关问题的解读》，载《人民法院报》2014年1月4日。

五、网络资料

1. 《全国人大常委会7项立法解释大解读，两虚一逃不适用于认缴登记制公司》，2021.5.10，http：//www.shhd.cn/sh/ArticleInfo.aspx？nid＝6306。

2. 《上海：去年6月以来开展巡回检察50次》，2019.1.25，http：//news.jcrb.com/jxsw/201905/t20190512_2000454.html。

3. 《建设专门法治通道，强化未成年人司法保护——最高检第九检察厅、第十检察厅负责人就12309中国检察网"未成年人司法保护专区"答记者问》2021.5.8，http：//www.rmlt.com.cn/2019/1129/562824.shtml。

4. 《青少年被"欺负"可以"一键式"上报检察机关 上海市未成年人权益保护监督平台今天启动》，2021.5.29，http：//news.eastday.com/eastday/13news/auto/news/society/20200112/u7ai9024505.html。

5. 《三部门联合出重拳！这类人员学校不得录用》，2021.4.8，https：//baijiahao.baidu.com/s？id＝1678187548680757836&wfr＝spider&for＝pc。

6. 《最高检指导案例第42号：齐某强奸、猥亵儿童案》，2021.4.8，http：//blog.sina.com.cn/s/blog_13e6c3ba30102z5gt.html。

7. 《最高人民检察院第十一批指导性案例》，2021.5.28，https：//www.spp.gov.cn/spp/jczdal/201811/t20181118_399377.shtml。

8. 《最高检：探索以儿童证言为中心的审查证据规则》，2021.5.13，https：//www.spp.gov.cn/spp/zdgz/201912/t20191220_450819.shtml。

9. 《梁琪：检察机关提起参与民事公益诉讼的探索和实践》，2020.6.1，http：//www.jcrb.com/procuratorate/procuratorforum/201206/t20120604_876366.html。

10. 《张军：加强双向保护综合保护 自觉扛起新时代未成年人保护的检察责任》，2020.7.14，https：//www.spp.gov.cn/spp/tt/202001/t20200120_453311.shtml。

11. 《最高检发布《关于加强新时代未成年人检察工作的意见》》，2020.7.14，http：//news.jcrb.com/jsxw/2020/202004/t20200430_2152464.html。

12. 《内设机构改革一年间："四大检察"齐头并进》，2020.7.14，ht-

tp：//news. sina. com. cn/sf/news/fzrd/2020 – 04 – 14/doc – iircuyvh7708201. shtml。

13.《"一手托两家"，做实新时代行政检察》，2020.7.16，http：//newspaper. jcrb. com/2019/20190227/20190227_ 004/20190227_ 004_ 1. htm。

14.《全国首例未成年人网络保护民事公益诉讼案办结，强化儿童个人信息网络保护！》，2021.4.15，https：//mp. weixin. qq. com/s/NrhRrkMEZxwPn6SQyqFYeg。

15.《10 年来上海未成年人犯罪数量逐年下降 占全部刑事案件比例从 10% 降至 1.5%》，2021.4.25，https：//baijiahao. baidu. com/s? id = 1649543451221067740&wfr = spider&for = pc。

16.《全国家庭教育指导大纲》，2020.7.31，https：//baike. baidu. com/item/全国家庭教育指导大纲/9183749? fr = aladdin。

17. 心理干预百度百科，2020.10.18，https：//baike. baidu. com/item/心理干预/3937014? fr = aladdin。

18. 访谈法百度百科，2020.10.18，https：//baike. baidu. com/item/访谈法/11003465? fr = aladdin。

19. 观察法百度百科，2020.10.18，https：//baike. baidu. com/item/观察法/11003465? fr = aladdin。

20. 问卷法百度百科，2020.10.18，https：//baike. baidu. com/item/问卷法/11003465? fr = aladdin。

21. 投射法百度百科，2020.10.18，https：//baike. baidu. com/item/投射法/11003465? fr = aladdin。

22. 心理危机干预百度百科，2021.4.15，https：//baike. baidu. com/item/%E5%BF%83%E7%90%86%E5%8D%B1%E6%9C%BA%E5%B9%B2%E9%A2%84/7386584? fr = aladdin。

23.《让成长不再有"隐秘的角落"上海今出台〈未成年人司法社会工作服务规范〉》，2020.8.2，https：//wap. xinmin. cn/content/31777067. html? from = timeline。

后　记

　　大约六七年前,检察出版社的周密老师向我约稿,建议我将各类讲课稿稍作扩展后集结成书,并寄来了其他领域实务专家的著作让我参考。曾几度起笔,但终究还是忙于琐事搁置下来。2019年终于下决心开始写作,也是因为次年就是我从检三十年、从事未检工作十八年的特殊节点,如果在这个时候出版,无疑是对自己检察芳华的最好纪念,就如同工作中我们常常要给一个未成年人举办成人礼。2020年对所有的人来说都是特殊的一年,于我而言,无论是疫情期间被隔离在家,还是之后的每一个周末和节假日,几乎都在收集资料和撰写书稿中度过。书稿本在八月底已基本完成,但新修订的《预防未成年人犯罪法》出台后,对罪错未成年人的分级处遇较以往有重大调整,于是又将专题三全部重写;未成年人民事、行政、公益诉讼检察部分,也因为今年新的司法解释陆续出台而再次修改。书稿历时近两年,期间反复修改十余稿,终于在今年九月完成。书名《未成年人检察实务操作》沿用了我讲课时常用的名称,体例也是按照讲课的形式,其中有一个重要原因就是书稿的基础大多是自己以往的讲课稿、论文课题之类,也正因此内容之间的内在逻辑性尚有欠缺。

　　拙作得到了很多老师、同仁的指导和帮助。特别要感谢宝山区检察院的蔡领、青浦区检察院的钟芬,无论是前期资料、案例收集,还是后期法条、文书核对等,他们自始至终参与其中;书稿中的未成年人刑事执行、民事、行政、公益诉讼是未检的新业务,九部负责这几项工作的同事管浙、翁伟丰等亲自帮忙修改相关文稿;书稿完成后,同事刘宇和长宁区检察院的黄冬生副检察长先后提出宝贵意见,松江区检察院的朱展麟帮忙校对完善;为本书作序的宋英辉教授、姚建龙教授无论是在日常工作中,还是在理论研究方面都给予我无私的指导和帮助。写书过程中,曾经向很多老师、同仁讨教学习,纸短情长,在此一并拜谢!

　　儿子周楚天自幼懂事勤奋,自己白天忙工作晚上去健身,直到他去了外地读大学才忽然痛觉:孩子自此远离了……时间太快陪伴太少亏欠太多,多希望能从头当一次他的妈妈啊!儿子一直是我的骄傲,我们相互支持、彼此鼓励、共同成长，所以当他自告奋勇要为我作序时，我既欣慰又感动。儿子曾问我为什么要写这本书，毕竟专业性太强，受众非常有限，我想，更多的还是一份情怀吧！我们国家的未成年人检察史迄今为止仅有短短的三十五年，三十五年前，长宁区检察院"少年起诉组"的那两名检察官恐怕怎么也想不到薪火相传到今天，从事这项工作的全国未检人已有一万多名。身为这段历史的见证者、亲历者和传承者，我坚信，三十五年后，未成年人检察也必将伴随我国未成年人保护事业的不断进步，实现更大的跨越式发展！

我将无我，不负韶华，仅以本书纪念我的未检生涯。

2021年9月于上海